Christoph Braunschweig

DAS DEUTSCHE NARRENSCHIFF

Wie feige Karrieristen, selbsternannte
Intellektuelle und politisch korrekte Gutmenschen
unser Land ruinieren

Bibliografische Information der Deutschen Nationalbibliothek
Die Deutsche Nationalbibliothek verzeichnet diese Publikation in der Deutschen Nationalbibliografie;
detaillierte bibliografische Daten sind im Internet über **http://d-nb.de** abrufbar.

Für Fragen und Anregungen:
info@finanzbuchverlag.de

1. Auflage 2015

© 2015 by FinanzBuch Verlag
ein Imprint der Münchner Verlagsgruppe GmbH,
Nymphenburger Straße 86
D-80636 München
Tel.: 089 651285-0
Fax: 089 652096

Redaktion: Ulrike Kroneck
Korrektorat: Sonja Rose
Umschlaggestaltung: Kristin Hoffmann, München
Umschlagabbildung: unter Verwendung von iStock-Abbildungen
Satz: FotoSatz Pfeifer GmbH, Gräfelfing
Druck: CPI books GmbH, Leck
Printed in Germany

ISBN Print 978-3-89879-909-6
ISBN E-Book (PDF) 978-3-86248-728-8
ISBN E-Book (EPUB, Mobi) 978-3-86248-729-5

Weitere Informationen zum Verlag finden Sie unter

www.finanzbuchverlag.de

Beachten Sie auch unsere weiteren Verlage unter
www.muenchner-verlagsgruppe.de

Inhalt

In diesem Buch wird die klare und verständliche Sprache der *geschlechter-gerechten* Sprache vorgezogen – dies ganz bewusst. Die *geschlechtergerechte* Sprache geht nämlich von der törichten Vorstellung aus, das natürliche Geschlecht habe mit dem grammatikalischen Geschlecht irgendetwas zu tun. Der bekannte Autor Wolf Schneider, langjähriger Leiter der Henri-Nannen-Journalistenschule, und vom *Spiegel* als »Sprachpabst« tituliert, kritisiert die *geschlechtergerechte* Sprache als »Schwachsinn«, der aber durch die geschickte PR-Kampagne einer Gruppe militanter Feministinnen durchgesetzt wurde.

Gewidmet

Ludwig von Mises (1881–1973), dem »letzten Ritter des Liberalismus« (Guido Hülsmann)

»In der freien Marktwirtschaft dient jeder seinen Mitbürgern und diese wiederum dienen ihm. Die wirklichen Herren des marktwirtschaftlichen Systems sind die Verbraucher. Der Souverän ist nicht der Staat, sondern das Volk. Ein sozialistischer Staat ist zwangsläufig ein totalitärer Staat. Die Entwicklung des Kapitalismus beruht darauf, dass jeder das Recht hat, den Kunden besser und/oder billiger zu bedienen. Und diese Methode, dieses Prinzip hat in einem verhältnismäßig kurzen Zeitraum die ganze Welt verändert. Es machte eine beispiellose Zunahme der Weltbevölkerung möglich. Trotz aller seiner Vorzüge wird der Kapitalismus erbittert angegriffen und kritisiert. Tatsächlich entstand der Hass gegen den Kapitalismus nicht in den Massen, nicht unter den Arbeitern, sondern unter den aristokratischen Grundbesitzern, dem Adel Englands und des europäischen Kontinents.

Jene, die sich heute »Liberale« nennen, vertreten politische Ziele, die genau das Gegenteil dessen sind, was die Liberalen des 19. Jahrhunderts in ihren Programmen befürwortet haben. Der Staat muss seinen Haushalt ausgleichen und darf keine Schulden machen.«

Ludwig von Mises

»Wenn ich in der Geistesgeschichte nach ähnlichen Gestalten (wie Ludwig von Mises) im sozialwissenschaftlichen Bereich suche, fände ich sie nicht unter Professoren, selbst kaum bei Adam Smith, sondern muss ich ihn mit Denkern wie Voltaire oder Montesquieu, Tocqueville und John Stuart Mill vergleichen.«

Friedrich August von Hayek (Wirtschaftsnobelpreisträger von 1974) in der Einleitung zu den Erinnerungen von Ludwig von Mises, Stuttgart/New York 1978

»Sein ganzes Leben stand Ludwig von Mises als Fels wider die Brandung des Zeitgeistes. Alle seine Kritiker widerlegte Mises mit den monumentalen Werken Die Gemeinwirtschaft (1922) und Nationalökonomie (1940). Dennoch stand der kollektivistische, nationalistische Zeitgeist gegen ihn, auch der akademische.

Wer in seinem ganzen Leben nur ein einziges Buch über Freiheit, Markt und Liberalismus lesen kann oder will, der möge dafür das Mises-Werk von 1927 Liberalismus wählen.«

Roland Baader (im Vorwort zur Logik der Freiheit)

»Als strikt marktwirtschaftlicher Jude war er ein doppelter Außenseiter im roten Wien und an der Universität.«

Philip Plickert: Der letzte liberale Ritter, FAZ vom 1.9.2013, S. 36

Über die Deutschen

»Es gibt kein gutmütigeres, aber auch kein leichtgläubigeres Volk als das deutsche. Zwiespalt brauchte ich nie unter ihnen zu säen. Ich brauchte nur meine Netze auszuspannen, dann liefen sie wie scheues Wild hinein. Untereinander haben sie sich gewürgt, und sie meinten, ihre Pflicht zu tun. Törichter ist kein anderes Volk auf Erden. Keine Lüge kann grob genug ersonnen werden: die Deutschen glauben sie. Um eine Parole, die man ihnen gab, verfolgen sie ihre Landsleute mit größerer Erbitterung als ihre wirklichen Feinde.«

Napoleon

Statt eines Vorworts

Zur gesellschaftspolitischen Lage in Deutschland

Wählerbestechungsdemokratie und permissiver Zeitgeist machen unsere Wohlfahrtsgesellschaft zu einem Narrenschiff: Wir zerstören die Freiheit im Namen der Freiheit!

Die Diskrepanz zwischen dem hohen Niveau der deutschen Wirtschaft und der gesellschaftspolitischen Realität ist beängstigend. Deutschland vergreist, verdummt und verliert sukzessive seinen Wohlstand, während sozialistische Ideen die Politik dominieren.

So wird die Demokratie zur Ochlokratie, zur wahren Pöbelherrschaft, und wählt sich in den finanziellen und moralischen Abgrund: von der öffentlichen Wohlfahrt über die Schulden- und Eurokrise in die Unfreiheit!

Es ist die Idiotie unserer Zeit, dass eine ehrgeizige und beschränkte politische Avantgarde und ihr aggressives Mitläufertum (die Medien) keinerlei Widerspruch dulden, obwohl sie bestenfalls hochgebildeten Unsinn verbreiten!

Daher ist es höchste Zeit, dass die Notbremse gezogen wird!

Es geht um die Verteidigung der persönlichen Freiheit gegenüber dumpfer Gleichmacherei, verantwortungsloser Schuldenmacherei und zunehmender Überwachung.

Es geht um die breite Masse der Bevölkerung, die als zivilisatorische Geisterfahrer mit ihrer Entchristlichung, ihrer Gleichgültigkeit und ihrer politischen Selbstentmündigung die Zukunft verspielt.

Merksätze aus klassisch-liberaler Sicht

Neue Schulden darf man nicht machen, um die alten Schulden zu bezahlen.

George Washington, 1776

Eine ethische Rechtfertigung dafür, im ergrauenden Europa künftige Generationen mit möglichst hohen Schulden zu belasten, kann ich nicht erkennen.

Erich Weede

Die größten Gefahren für die Freiheit lauern in heimtückischen Eingriffen durch Eiferer mit gutem Willen, aber ohne Verständnis.

Justice L. D. Brandeis, US Supreme Court 1927

Unsere Marktwirtschaft ist auf zwei »sozialistischen« Fundamenten errichtet: dem staatlichen Zwangsgeld und dem staatlich manipulierten Zins. Deshalb befindet sich die Marktwirtschaft ständig in Lebensgefahr.

Karl Braunschweig

Der Wohlfahrtsstaat ist ein unersättliches Geldfressmonster, und die Zentralbanken sowie Geschäftsbanken sind seine unermüdlichen Inflationsmaschinen. Die Geschichte des ungedeckten Papiergeldes ist eine Geschichte des Scheiterns – von der Antike bis heute.

Roland Baader

Die Menschen schreiten auf zwei verschiedenen Wegen auf die Knechtschaft zu. Der Hang zum Wohlstand hält sie davon ab, sich um die Regierung zu kümmern, und die Liebe zur Wohlfahrt macht sie von den Regierenden immer abhängiger.

Nach Alexis de Tocqueville

Die Sozialreligion des Wohlfahrtsstaates macht den Menschen zum beliebig lenkbaren Kollektivwesen. So entsteht eine neue Form des Untertans: der »betreute Mensch«. Und die sozialen Betreuer frönen ihrer »verborgenen Herrschaftsgier«. Die betreuende Bevormundung und Entmündigung führt zur egoistischen Anspruchshaltung aller gegen den Staat.

Nach Helmut Schelsky

Geleitwort

Seit 2010 versucht die Politik, die Schulden- und Eurokrise irgendwie in den Griff zu bekommen. Doch es ist kein Ende in Sicht – trotz aller Garantien, neuer Kredite und Versprechen. Im Gegenteil: Die Krise frisst sich immer weiter. Die Situation ist gekennzeichnet durch das Zusammentreffen unterschiedlicher, aber eng miteinander verzahnter Krisen. Der drohende Verlust der finanziellen Stabilität aufgrund überbordender Schuldenberge ist evident. Die Pfeiler unseres Wohlstandes stehen im schlammigen Grund eines riesigen Schuldenmeeres. Die Finanz- und Sozialsysteme der westlichen Wohlfahrtsstaaten steuern dem Zusammenbruch entgegen – sie werden längst nur noch mit budgetpolitischen Tricks aufrechterhalten.

Die EU droht zudem wegen der Währungsunion zu erodieren – rechtstaatliche Prinzipien und demokratische Legitimation werden im Rahmen einer angeblich »alternativlosen Euro-Rettung« einfach über Bord geworfen. Die Deutschen wollen »solidarisch« sein. Solidarisch retten sie den Euro, korrupte Eliten und die Banken, vergessen aber nachzurechnen, ob sie sich diese Solidarität auf Dauer überhaupt leisten können. Und diejenigen, die tatsächlich unter der Krise leiden, wie etwa die griechische Bevölkerung, gehen ohnehin leer aus. So zerreißt der Euro Europa, weil er zusammenzwingt, was aus ökonomischen und kulturellen Gründen in dieser Form nicht funktionieren kann.

Obwohl Steuer- und Sozialabgaben Rekordhöhen erreichen, steigen die Staatsschulden unaufhörlich weiter, werden die Armen immer ärmer, bereichern sich staatlich privilegierte Gruppen ungeniert, schrumpft die Mittelschicht, verlassen die Leistungsträger das Land. Die Deutschen als weltweit bewunderte Vollbringer technischer Meisterleistungen mutieren zu einer Avantgarde des Kleinmuts und träumen von der »Klimarettung«. Sie haben ihre innere Werteordnung verloren. Dem besonderen Schutz der Ehe und der Kinder messen sie kaum noch Bedeutung zu, obwohl es um den Kern der bürgerlichen Gesellschaft geht. Und weil sie im christlichen Glauben kein Seelenheil mehr finden, beten sie inständig den »ökologischen Rosenkranz« in der Kathedrale des real existierenden Sozial-Sozialismus. Freiwillig lassen sie sich vom »Kümmerstaat« entmündigen. Ihr Weg in den »Wohlfahrtszwangsstaat« ist selbstverständlich mit besten Vorsätzen wohlmeinender Gesellschaftskonstrukteure gepflastert. Doch der Weg in den alles nivellierenden Wohlfahrtsstaat ist eine Sackgasse: Er zerstört die Eigenverantwortung als Grundlage jeglicher Moral, vergiftet den Blutkreislauf der Volkswirtschaft und gefährdet dadurch Wohlstand und Freiheit.

Das westliche Wohlfahrtsstaatsmodell – die »Wählerbestechungsdemokratie« – ist am Ende, finanziell und moralisch. Allzu viele Menschen geben sich deshalb einfach den narkotischen Reizen der perfekt organisierten Vergnügungsindustrie hin.

Es scheint, dass es dem Menschen in seiner soziokulturellen Entwicklung bisher noch nicht gelungen ist, den gewaltigen Evolutionssprung von der »kleinen Welt«, dem Stammes- und Hordenleben, in die moderne und arbeitsteilige Industriegesellschaft (»große Welt«) zu schaffen. Der Mensch ist in die »große Welt« regelrecht hineingestolpert, seine Verhaltensmuster sind genetisch aber noch der vormaligen »kleinen Welt« verhaftet. Die vermeintliche Sicherheit des wärmenden staatlichen Kollektivs entspricht seinen Erfahrungen und Gefühlen aus der »kleinen Welt«, dem patriarchalischen Horden- und Stammesleben. Er muss quasi seine Urinstinkte und atavistischen Gefühle unterdrücken, um nun in der »großen Welt« mit ihrer anonymisierten und abstrakten Arbeitsteilung (sowie ihrer zur Selbstverantwortung verpflichtenden Freiheit) zurechtzukommen. Im Zweifelsfall entscheidet er sich daher gegen die anstrengende Freiheit. Dies gilt fatalerweise gerade in Krisenzeiten.

Die EU-Spitzen sehen ihr Heil offensichtlich in einem staatszentralistischen Moloch. Damit zerstören sie Vielfalt und Wettbewerb – gerade das, was den Erfolg des freiheitlichen Europas begründet. Die Akzeptanz der gegenwärtigen Politik beruht in erster Linie auf ihrer Sinnentleerung, ihrer Reduktion auf den reinen Machterhaltungstrieb, dem Wegdrücken aller wichtigen und notwendigen Grundsatzentscheidungen, die von einer politischen Klasse, die von Überzeugungen getragen wäre, gehaltvoll diskutiert werden würde. Stattdessen herrschen mehrheitsfähiger Opportunismus und quotenfähiger Populismus. Und das Prinzip der kandidatengebundenen Listenwahl führt zu einer systematischen Negativauswahl im politischen Ausleseprozess – so wird die Demokratie zur Ochlokratie.

Allzu viele Ökonomen lieben die falschen Ideen, weil es sich mit ihnen im Schlagschatten der Politik und unter vollen Segeln des Zeitgeistes ganz reputierlich leben lässt. Sie sind zu *Kreislaufingenieuren* und *Technikern der Wirtschaft* verkommen und stumpf geworden gegenüber den ungeheuren sozialphilosophischen Fragen unserer Zeit, die auch der streng theoretischen Arbeit der Ökonomie erst Sinn, Würde und Tiefe geben (Wilhelm Röpke). Sie erkennen nicht, dass man Staat und Währung nicht trennen kann. Hier zeigt sich beispielhaft, wie einseitige Überspezialisierung letztlich zur Verdummung führt. Ihre makroökonomische *Kurvenklempnerei* mutierte zur reinen Hilfswissenschaft des Wohlfahrtsstaates. Sie betreiben mathematisierte Metaphysik statt Ökonomie.

Der Autor beschreibt die Realität des westlichen Wohlfahrtsstaatsmodells und die Strömungen des Zeitgeistes ebenso treffend wie pointiert. Er hält unserer nihilistischen Gesellschaft ihre zahlreichen Illusionen und Irrtümer, ihre Gleichgültigkeit, ihren Mangel an Zivilcourage und ihre geistige Bequemlichkeit vor Augen. Und es ist dieses Leiden am sinnentleerten Leben, dieses »existenzielle Vakuum« (Victor E. Frankl), was viele Menschen verunsichert und anfällig macht für staatliche »Betreuung«. So hat der Wohlfahrtsstaat mit seiner öden Gleichmacherei (als Ausdruck eines krankhaften Sozialneids) und seiner schamlosen Schuldenmacherei (als Ausdruck einer zynischen Wählerbestechungsdemokratie) dazu geführt, dass die Menschen die Wurzeln von Wohlstand und persönlicher Freiheit vergessen haben. Wohlstand und Wohlergehen scheinen in gewissem Sinne zivilisationsfeindlich. Denn die eigenverantwortliche Freiheit wird hierzulande nur geduldet, heimisch fühlt sie sich in Deutschland nicht. Doch »Freiheit ist die Gesundheit der Seele«, sagte Denis Diderot. Daher gilt es, den historisch tief sitzenden Antiliberalismus der Deutschen zu überwinden, dem »sozial-sozialistischen Mainstream« zu widerstehen, die öffentlichen Sprechblasen der »political correctness« als Merkmal totalitärer Staaten zu entlarven und zu ignorieren.

Dem Leser dieser zeitdiagnostischen Essays wird klar: Wir sind nicht nur verantwortlich für das, was wir tun, sondern auch für das, was wir nicht tun. Und: »Verschwiegene Wahrheiten werden giftig.« (Friedrich Nietzsche)

André F. Lichtschlag, Gründer und Herausgeber
des Magazins eigentümlich frei

Freiin Alexandra von Beaulieu Marconnay,
Alt-Philologin und Psychologin

Februar 2015

Vorbemerkungen

»Kein Glück ohne Freiheit« lautete der Wappenspruch der Familie von Arthur Schopenhauer. »Allzu viele Menschen lieben nicht die Freiheit, sie suchen ihr Glück lieber in der vermeintlichen Sicherheit der Gleichheit. Sie wollen nicht für sich selbst, andere und die Gesellschaft verantwortlich sein«, schrieb der libertäre Freiheitsdenker Uwe Timm. Der Grundgedanke im Liberalismus ist in der Tat ein anderer: Menschen sind sich ihrer Eigenverantwortung bewusst, sie sollen in die Lage versetzt werden, ihre Interessen und Bedürfnisse selbst wahrzunehmen, unabhängig von den staatlichen Vormündern. Dazu gehört die Marktwirtschaft, die ihnen die Möglichkeit auf ein eigenes Einkommen und somit persönliche Freiheit bietet. Doch der Liberalismus wird permanent denunziert (»soziale Kälte«), um davon abzulenken, dass einem Marktversagen stets ein Staatsversagen vorausgeht, was man dann gerne dem Liberalismus bzw. dem Kapitalismus anhängt. Die Staatsschulden und die Euro-Ideologie ruinieren das Geld, die Freundschaft und am Ende die Demokratie. Euro-Europa droht an der Unfähigkeit und Verbohrtheit seiner Eliten zu scheitern. Doch Widerspruch wird vom »Mainstream« nicht gebilligt. »Man ist immer viel, viel besser dran, wenn man mit der Mehrheit irrt, statt allein recht zu behalten«, heißt es so treffend bei John Kenneth Galbraith.

Die Diskrepanz zwischen dem hohen Niveau der deutschen Wirtschaft und der gesellschaftspolitischen Realität ist erschreckend. Die unsäglichen Talkshow-Inszenierungen unserer Erregungsgesellschaft, in denen eine Art von »Instant-Moral« als Politikersatz einer scheinbar undurchsichtigen Welt gepredigt wird, geben täglich Zeugnis von der zunehmenden Verdummung unserer sogenannten »Wissensgesellschaft«. Der typisch Halbgebildete ist dem Unverstandenem, Halberfahrenen ausgeliefert, das grobschlächtige Weltbilder erzeugt und die Neigung zur Ideologisierung fördert. Wirtschaftliches und gesellschaftspolitisches Geschehen im Kontext einordnen und selbst beurteilen zu können, fällt immer schwerer in einer Zeit, die zunehmend von reinem Spezialwissen geprägt ist. Doch wer die benachbarten Fachdisziplinen nicht kennt, wird komplexen Themen

nicht gerecht. Wer wiederum nur die Gegenwart kennt, hat Schwierigkeiten, sie zu verstehen; denn sie ist nur verständlich aus dem, woraus sie
erwachsen ist. Aufgrund der Vielschichtigkeit stehen all diese Dinge miteinander in Verbindung und beeinflussen bzw. verstärken sich gegenseitig.

Als Ziel dieser Veröffentlichung soll dem Leser aus ganz verschiedenen Blick-
richtungen die Krisis unserer Zeit erläutert werden – wohlwissend, dass die
meisten Menschen unangenehme Wahrheiten lieber verdrängen. »Die Welt
will belogen sein«, heißt es schon im *Narrenschiff* Sebastian Brands aus dem
Jahr 1494. Zwar kann man die Realitäten ignorieren, aber man kann nicht
die Konsequenzen der ignorierten Realität ignorieren (nach Ayne Rand).

Dieses Buch beinhaltet keine wissenschaftliche Abhandlung, sondern
Zusammenfassungen verschiedener Quellentexte. Der Leser wird so der
Mühe enthoben, die teilweise langen Originaltexte durchlesen zu müssen. Es sind die Gedanken vieler Autoren, die gesammelt wurden. Diese
im Laufe der Zeit notierten Niederschriften sind als Aide-mémoire zu
verstehen. Auf einen wissenschaftlichen Anmerkungsapparat wird daher
bewusst verzichtet, aber alle Quellen sind berücksichtigt.

Christoph Braunschweig, Bad Neuenahr im Dezember 2014

Wussten Sie

> dass die Güterproduktion in den in den vergangenen vier Jahr-
> zehnten um den Faktor 4, das Kredit- und Geldvolumen aber um
> den Faktor 40 gewachsen ist?

> dass bisher noch jede staatliche Papiergeldwährung untergegangen
> ist?

> dass es allein im 20. Jahrhundert 25 Hyperinflationen gegeben hat?

> dass es bereits 70 geplatzte Währungsunionen in der Geschichte
> gab?

> dass Ludwig Erhard und Karl Schiller strikt gegen Eurogeld waren?

> dass die »Euro-Rettungsmaßnahmen« alles andere als »alternativlos« sind, sondern gewaltigen Schaden im Euroraum anrichten?

> dass Ludwig Erhard Staatsverschuldung und Inflation entschieden ablehnte?

> dass die deutschen Staatsschulden gut 8 Millionen Euro Zinsen in der Stunde kosten?

> dass nur die Österreichische Schule der Nationalökonomie eine brauchbare Theorie zum Verständnis der Finanzkrise liefert – nicht aber der »Keynes«?

> dass die Schulden der USA höher sind als das gesamte Welt-Sozialprodukt?

> dass Warren Buffet das US-Defizit als »nukleare Bombe« und die sogenannten Derivate als »finanzielle Massenvernichtungswaffen« bezeichnet hat?

> dass es überhaupt keinen sinnvollen Grund gibt, die Geldmenge von außen (von außerhalb des Marktes) zu vermehren, sondern dass dadurch nur Schaden entsteht?

> dass es nicht möglich ist, einen Wohlstandszuwachs durch das Drucken von Geld oder durch das Herbeizaubern von Krediten aus nichtvorhandenem Sparvermögen zu erzeugen?

> dass in Deutschland 40 Prozent der Erwachsenen ihr Haupteinkommen vom Staat beziehen und die Nettosteuerzahler inzwischen in der Minderheit sind?

> dass die Finanzwissenschaft die Lehre von der »staatlichen Kleptokratie« ist?

> dass das, was als »Turbokapitalismus« und »Neoliberalismus« beschimpft wird, in Wahrheit staatlicher Turbo-Etatismus ist?

➤ dass Tatsachenbehauptungen in der ökonomischen Vulgärliteratur (teilweise sogar in wissenschaftlichen Texten) weit verbreitet sind, obwohl sie völlig absurd und unsinnig sind?

➤ dass Deutschland, dem sozialistischen System, das 1989 so erbärmlich scheiterte, heute näher ist als der Marktwirtschaft?

➤ dass jeder Forscher, der an den Klimawandel glaubt, staatlich gefördert wird, während auf die Skeptiker Druck ausgeübt wird?

➤ dass der deutsche »Gutmensch« stets das Gute denkt, aber nie das Gute tut?

➤ dass der Wohlfahrtsstaat in Überschuldung und Inflation endet, weil Neid und Gier so frech sind, dass sie unter dem Deckmantel von »Solidarität« und »Gerechtigkeit« auftreten und die verhängnisvolle Wählerbestechungsdemokratie ständig befeuern?

➤ dass Macht und Einkommen von Politikern genau in dem Maße steigen, in dem sie Probleme verursachen und erfinden, zu deren Lösung ausgerechnet sie sich für befähigt halten?

➤ dass die Medien die Entmündigung der Bürger im Sinne der Politik betreiben?

➤ dass sich der »Staatsfeminismus« frauen- und kinderfeindlich auswirkt?

➤ dass unser staatsgelenkter Wissenschafts- und Bildungssektor durch einen fortwährenden Niedergang gekennzeichnet ist?

➤ dass Vermassung, Angst und Kulturverfall den Überwachungsstaat fördern?

➤ dass der Atheismus die bürgerliche Gesellschaft zerstört?

➤ dass staatlich konstruierte Multi-Kulturen und ungeregelte Einwanderung jede Zivilgesellschaft langsam aber sicher unterminiert?

Einleitung

Der Kapitalismus hat diejenigen, die über Jahrhunderte die Reichen waren, nämlich die Feudalkaste, arm gemacht und abgeschafft; stattdessen hat er die Massen der Bevölkerung, die seit Anbeginn der Gesellschaftsbildung in Armut und Elend gelebt haben, zu breitem und früher unvorstellbarem Wohlstand geführt. Kapitalismus bzw. Marktwirtschaft haben insbesondere den Deutschen nach dem völligen wirtschaftlichen und moralischen Zusammenbruch 1945 innerhalb weniger Jahre Massenwohlstand und somit auch persönliche Freiheit gebracht. Die entwürdigende Zuteilung von Essensmarken und das zeitraubende und nervende Schlange-Stehen vor halbleeren bzw. leeren Geschäften war plötzlich Vergangenheit. Ludwig Erhard machte den »kleinen Mann« zu »König Kunde«, nach dessen Pfeife die Produzenten (Unternehmen) zu tanzen und sich anzustrengen haben. Nur wer die Wünsche der Konsumenten am besten erfüllt, kann auf ansehnlichen Gewinn hoffen. Garantiertes Privateigentum, Vertragsfreiheit, Wettbewerb, hoch qualifizierte Berufsausbildung, ein humanistisch geprägtes Bildungssystem und generelle staatliche Zurückhaltung waren die entscheidenden Erfolgsfaktoren, die Deutschland zur zweitstärksten Industrienation werden ließ. Was ist heute daraus geworden?

Wir leben längst von der Substanz, die Staatschulden erreichen immer neue Rekordhöhen, unsere Infrastruktur zerfällt genauso wie unser Bildungssystem, die meisten neuen Arbeitsplätze entstehen im Ausland, unser Steuersystem gilt weltweit als Irrwitz, unser Volksvermögen wird in Brüssel verpfändet, die EU ist auf dem Weg zu einer »EUdSSR«, die »Political Correctness« schreibt uns vor, was wir denken und sagen dürfen, die Parteien haben sich den Staat zur Beute gemacht und frönen der »Wählerbestechungsdemokratie«, allzu viele Bürger sind zu feigen Karrieristen geworden, der christliche Glaube ist einem gleichgültigen Nihilismus gewichen, die Amtskirche biedert sich dem Zeitgeist an, die Massenmedien und die (selbsternannten) Intellektuellen finden (trotz des Zusammenbruchs der sozialistischen DDR) ihr Seelenheil ausschließlich in bösartigen Verleumdungen von Kapitalismus, Marktwirtschaft und Bürgertum. Den Wohlstand betrachten sie als gegeben und verstehen nicht, dass dieser ständig neu erarbeitet werden muss – durch wagemutige Unternehmer und fleißige Arbeitskräfte.

Was ist geschehen? Roland Baader hat es auf den Punkt gebracht:

»Wir erkennen ein Land mit einem staatlichen (sprich: sozialistischen) Rentensystem, mit einem staatlichen Gesundheitswesen, einem staatlichen Bildungswesen, einem weitgehend staatlichen Verkehrswesen, mit staatlich und gewerkschaftlich gefesselten Arbeitsmärkten, einem konfiskatorischen Steuersystem, einer Staatsquote von über 50 Prozent, mit einem erheblich regulierten Wohnungsmarkt, einem massiv subventionierten und regulierten Agrarsektor und einer in ein kompliziertes Geflecht zwischen Markt und Staat eingebundenen Energiewirtschaft und mit mindestens 100 000 Betrieben in kommunalem Eigentum. Wir haben es also bei dem, was hierzulade (und auch in anderen Ländern) als Kapitalismus bezeichnet wird, in Wirklichkeit mit einem staatsverkrüppelten Rumpfkapitalismus ... zu tun.«

Es ist erstaunlich, welch hohe wirtschaftliche Leistung selbst dieser verkrüppelte Kapitalismus immer noch erbringt. Doch langsam aber sicher drohen uns die Staatsschulden zu verschlingen und ein schleichender Sozial-Sozialismus nimmt uns schrittweise unsere persönliche Freiheit.

Genau wie die Nacht nicht plötzlich hereinbricht, kommt auch die Unfreiheit nicht schlagartig. In beiden Fällen gibt es eine Zeit des Zwielichts, in der alles scheinbar noch unverändert ist. Im Zwielicht muss man besonders achtsam sein und auf jede Veränderung schauen, so klein sie auch sein mag, damit die Gesellschaft nicht zum ahnungslosen Opfer der bösartigen Liebe der kollektivistischen Ideologen und wohlmeinenden Gesellschaftskonstrukteure wird (frei nach dem US-Verfassungsrichter William O. Douglas).

Praktisch alle totalitären Regime – und dazu werden im Endeffekt zwangsläufig alle kollektivistischen Regierungen – haben ihren Totalitarismus nicht mit einem großen Knall etabliert, sondern auf geordnete Art und Weise, gemäß den Regeln von Demokratien, die dem gefährlichen

Flirt mit der Selbstzerstörung nicht widerstehen konnten, erläutert Naomi Wolf, Tochter eines jüdischen Holocaust-Überlebenden. Der kollektivistische, betreuende Staat hat anfangs nie ein spektakuläres, oder gar offen grausames Gesicht. Manchmal sind die Anfänge nur daran zu erkennen, dass die Leute durchaus unbewusst beginnen, ihre Worte abzuwägen, zum Beispiel im Rahmen einer vorgegebenen »politischen Korrektheit« und der zunehmenden Tabuisierung tatsächlicher Probleme und Fehlentwicklungen.

John Adams schrieb in einem Brief vom 7. Juli 1775: »Unglücklicherweise ist es, wie die Geschichte immer wieder zeigt, zwar unendlich schwierig, eine freie Gesellschaft zu erhalten, aber umso leichter, sie zu zerstören.« Einzig der klassische Liberalismus verteidigt die persönliche Freiheit. Doch im obrigkeitsstaatlich geprägten Deutschland hat er nie richtig Wurzeln schlagen können.

Unsere schamlose Wählerbestechungsdemokratie wählt sich regelrecht in den finanziellen und moralischen Bankrott. Viele Menschen haben daher Angst vor sozialem Abstieg, durchschauen aber die Ursachen des Verfalls nicht. Sie suchen stattdessen ihre vermeintliche Rettung ausgerechnet beim Staat und werden zu Bütteln staatlicher Bevormundung. Sie entledigen sich damit ihrer Eigenverantwortung und verlieren ihre Freiheit. Sie suchen die vermeintliche Sicherheit und Wärme des staatlichen Kollektivs, doch die *soziale Wärme* des staatlichen Kollektivs ist in Wirklichkeit nur die dumpfe Schwüle des »Massenvieh-Stalles« (Roland Baader).

Die EU-Währungsunion bereitet ihnen zwar Unbehagen, weil der Versuch, durch eine gemeinsame Währung einen *Demos* zu schaffen, in Wahrheit einen europäischen *Dämon* geboren hat. Doch statt zu verhindern, dass ihr Vermögen in Brüssel verpfändet wird, geben sie sich lieber ihrer Weltfrömmigkeit hin, träumen von »Klimarettung« sowie »totaler sozialer Gerechtigkeit« und lassen sich von der Unterhaltungsindustrie ablenken – schließlich sind die Kühlschränke ja noch voll, die Tankstellen nachts geöffnet und die Bundesliga unterhaltsam. Und sie gehorchen dem Tugendterror der »political correctness« bis zur Selbstverleugnung. Wo die Tugend der Toleranz gegenüber anderen Meinungen so zugrunde gerichtet wird, ist es um die

Freiheit einer Gesellschaft schlecht bestellt. Der Sozial-Sozialismus nimmt seinen Lauf. Am Ende werden viele vieles verlieren.

Quellen:

Roland Baader: *Das Kapital am Pranger*, Gräfeling, 2005, S. 56 ff.

Roland Baader: *Die belogene Generation*, 3. Aufl., Gräfeling 2001, S. 65.

Roland Baader: Vom Sozialismus …, in: *Die Enkel des Perikles*, Gräfeling, 1995, S. 295.

I Interview zur Krisis unserer Zeit

1. Frage: *Deutschland scheint von der Schulden- und Eurokrise bisher noch relativ unberührt. Wird sich das ändern?*

Antwort: Was geht mich der Euro an, denkt Familie Ahnungslos. Der Lohn vom Arbeitgeber kommt pünktlich und die Staatsverschuldung ist das Problem der Regierung. Fremd-Denken ist nicht nur für Familie Ahnungslos Normalität. Und so merkt Familie Ahnungslos auch gar nicht, dass die Zeit allgemein gesicherter Einkommen und Auskommen langsam aber sicher zur Neige geht, wenn nichts Durchgreifendes geschieht. Die systemimmanente Verschuldungsspirale des modernen Wohlfahrtsstaates ist praktisch allen westlichen Demokratien gemein. Die EU-Währungsunion hat die Situation noch deutlich verschärft: einerseits, weil sie Volkswirtschaften mit viel zu unterschiedlicher Wettbewerbsfähigkeit in das Prokrustesbett einer Einheitswährung zwingt, andererseits, weil sie den Euro-Ländern den Aufbau zusätzlicher Kreditpyramiden ermöglicht hat. Die Probleme verstärken sich permanent. Lösungen von politischer Seite sind nicht zu erwarten. Die Situation gleicht einem brennenden Haus ohne Ausgang. Aber Deutschland träumt, zumal Politik und Massenmedien die Bevölkerung in trügerischer Sicherheit wägen und gezielt ablenken bzw. tabuisieren. Gustav Stresemann meinte, die Deutschen würden nicht nur um ihr tägliches Brot bitten, sondern auch um ihre tägliche Illusion. Und bis jetzt haben die Deutschen tatsächlich das enorme Risiko- und Gefahrenpotenzial der Schulden- und Eurokrise (noch) nicht erkannt. Doch das wird sich ändern, denn der Ausstieg aus dem Schneeballsystem der Schuldenmacherei kann nur noch mit enormen Verlusten bewerkstelligt werden: steigende Steuer- und Abgabenlast vor allem für die Mittelschicht, aufgeblasene Vermögenswerte und sinkende Sozialleistungen. Am Ende droht ein »Vermögensschnitt«.

2. Frage: *Die Massenmedien berichten stets, dass die Regierungen die Krise im Griff hätten und das Schlimmste bereits überstanden sei. Was ist davon zu halten?*

Antwort: Laut den Berechnungen der Postbank verloren die deutschen Sparer bereits im Jahr 2013 immerhin 14 Milliarden Euro. Im Jahr 2014 wird der Verlust bereits 21 Milliarden Euro betragen, weil die Zinsen unterhalb der Inflationsrate liegen. Das Platzen der immer größer werdenden Blasen im Vermögensgüterbereich lässt zudem darauf schließen, dass die Inflation irgendwann auf breiter Front in den Konsumgüterbereich überschwappt. Die Inflation wird in diesem Moment als »Taschendieb des kleinen Mannes« für die breite Bevölkerung unmittelbar spürbar werden. Spätestens dann wird jedem Bürger klar, dass die Staatsschulden seine eigenen Schulden sind. Die Lage an den Finanzmärkten ist heute noch deutlich schlechter als vor der Lehman-Insolvenz. Die Zentralbanken haben inzwischen faktisch die Kontrolle über die Schuldenflut verloren und drucken unbegrenzt Geld. In den global geschaffenen Kredit-Pyramiden (multiple Wertschriftenverbriefung) sind die Kapitalflüsse längst außer Kontrolle geraten. Der giftige Cocktail von keynesianischer »Mainstream-Ökonomie«, Schulden-Tsunami, fatalen Euro-Rettungsmaßnahmen sowie geldgierigen Bank- und Investmentgesellschaften führt unvermeidlich zum Crash. Die USA müssen inzwischen bereits Staatsanleihen ausgeben, nur um die Zinsen der bestehenden Schulden zu bedienen. Irgendwann werden sich die USA vollständig über die Notenpresse finanzieren müssen. Damit ist der Finanz-Crash vorhersehbar.

3. Frage: *Ist die Schuldenkrise ein Symptom des kapitalistischen Systems?*

Antwort: Nur die freie Marktwirtschaft und die stabile D-Mark haben nach dem Krieg zuwege gebracht, dass der »kleine Mann« sich aus der Erniedrigung der Essensmarkenverteilung befreien konnte und zum souveränen Verbraucher aufgestiegen ist, dass er als Konsument über Quantität und Qualität der Produkte und somit über den Erfolg der Unternehmen entscheidet. Der Wettbewerb ist der denkbar effizienteste Koordinationsmechanismus und zugleich Machtzerschlagungsapparat überhaupt. Heute fehlt die banale Einsicht, dass nur Wettbewerb, Marktwirtschaft und eine stabile Währung auf Dauer Massenwohlstand und somit persönliche Freiheit garantieren. Stattdessen wird in den Medien von »Kapitalismuskrise« schwadroniert, obwohl es gerade der Staatssektor war, der die Krise erzeugt hat. Er hat in Europa atemberaubende Schulden angehäuft, in den USA rund 30 Millionen Hypotheken verschleudert, die nicht bedient werden

können. Hier wie dort haben Politik und staatliche Zentralbanken eine
Billionen-Blase aufgepumpt. Das entschuldigt nicht Gier und Exzesse des
privaten Finanzsektors. Doch wer von »Kapitalismuskrise« spricht, muss in
Wahrheit von der »Staatsgeld-Kapitalismuskrise« westlicher Prägung sprechen. Es liegt nicht am Kapitalismus mit seinem Prinzip von Privateigentum und Kapitalaufbau, dass sich der Wohlfahrtsstaat überschuldet, denn
jede Diktatur geht ja auch regelmäßig pleite. Es ist sowohl im demokratischen Wohlfahrtsstaat als auch in der Diktatur das staatliche Geldmonopol,
das noch immer über die Verschuldung in den Bankrott geführt hat. Die
Vorgehensweise der Regierungen, Schulden mit noch höheren Schulden zu
bekämpfen, kommentierte Roland Baader sehr treffend folgendermaßen:

>*Da man allgemein die weltweit agierenden Brandstifter (Regierungen) und
ihre Brandsätze (staatliches Geldmonopol) sowie ihre Pyromanie (Verschul-
dungs- und Liquiditätsschöpfungswahn) für legal, notwendig und richtig
hält, bedarf es einer vollbesetzen Feuerwehr (IWF) – obwohl es offensichtlich
ist, dass sich beide, Brandstifter und Feuerwehr, wechselseitig und zum hoch-
dotierten Löschen hochschaukeln.*<*

4. Frage: *Warum wird der Kapitalismus immer wieder als kalt und ungerecht bezeichnet?*

Antwort: Es ist der große, gleichsam angeborene Nachteil kapitalistischer Gesellschaften, dass sie keinen greifbaren Lebenssinn vermitteln,
der die täglichen Sorgen, Leiden und Ängste der Menschen rechtfertigt.
Der Mangel an utopischen Vorgaben und unverrückbaren Wahrheiten,
der abstrakte Charakter des marktwirtschaftlichen Regelwerkes und die
Nichtbefriedigung mystischer Sehnsüchte erzeugen eine depressiv verstimmte und verunsicherte Gesellschaft. Zur großen Verführungsmacht
des Kollektivismus gehörte schon immer, dass er eine Art von pseudore-
ligiösem Welterklärungssystem bot, das die Verhältnisse nicht nur in ein
einfaches Gegenüber von Gut und Böse, Freund und Feind teilt, sondern
den Menschen auch jene Gewissheiten schenkt bzw. geschickt vorgaukelt,
nach denen sie so begehrlich verlangen. Damit kann die kapitalistische
Gesellschaft mit ihrem rein verstandesmäßigen Ansatz nicht dienen. Ralf
Dahrendorf hat die politischen und wirtschaftlichen Prinzipien daher
treffend als »cold projects« bezeichnet. Die Schwierigkeit liegt für eine

freie, liberale Gesellschaft darin, dass mit der Entkoppelung der religiösen von der politischen Zone auch der Grundstock an sinngebenden Vorgaben verloren gehen kann, die ein Gemeinwesen benötigt.

5. Frage: *Im Zusammenhang mit der Schuldenkrise fällt häufiger das Wort »Schuldensozialismus«. Was hat es damit auf sich?*

Antwort: Für Ludwig Erhard war es noch ganz selbstverständlich: Man kann auf Dauer nicht mehr ausgeben als man einnimmt. Doch der moderne Wohlfahrtsstaat macht genau dieses. Der inzwischen angehäufte Kredit- und Schuldenberg dient erkennbar nicht dem Zukunftsaufbau, sondern einzig der Befriedigung einer schier unstillbaren Gier nach gegenwärtigem Konsum und Erleben. Die schamlose Verschuldung zulasten kommender Generationen steht für den völligen Verlust aller Grundsätze der Ordnungspolitik, für den Verlust von Anstand und Moral der permissiven und sinnentleerten Wohlstandsgesellschaft. »Wachstum durch neue Schulden«, heißt das skandalöse Motto des überschuldeten Sozialstaates. Genauso gut könnte man einem Drogensüchtigen »helfen«, indem man ihm den nächsten Schuss finanziert. Die politikgesteuerte EZB betreibt letztlich Staatsfinanzierung über die Notenpresse und agiert mit marktunüblichen Niedrigzinssätzen, da sonst die Regierungen die Schuldenlast zinsmäßig nicht mehr tragen könnten. Die EZB kauft den Regierungen quasi Zeit, die diese aber keineswegs dazu nutzen, um die dringend erforderlichen Strukturreformen durchzuführen. Jeder Euro Schuld ist eine vorweggenommene Enteignung der Bürger (Wolfram Weimer). Was Sozialisten über Jahrzehnte nicht geschafft haben, die bürgerliche Gesellschaft massenhaft zu enteignen, wird durch den Schuldenwahnsinn wohl doch noch gelingen. In den Rettungsschirmen schlummern Nachschusspflichten bis zu 700 Milliarden Euro, bei der Bundesbank haben sich sogenannte Target-2-Salden in Milliardenhöhe angesammelt. Im Namen der »europäischen Solidarität« belasten die deutschen Politiker die deutschen Steuerzahler nun auch noch mit den Fremdschulden der anderen Länder der EU-Währungsunion. Bisher wurde nicht ein einziges Problem gelöst, nicht ein einziger Euro Staatsschulden getilgt. Die künstliche Niedrigzinspolitik führt zur Fehlallokation der Investitionsressourcen und erzeugt Stagflation. Die vom Zentralbanksystem gigantisch aufgeblasene Geldmenge führt zu immer größeren Vermögenspreisblasen, erzeugt allerdings (entgegen allen Hoffnungen und Behauptungen) kein Wirtschaftswachstum im produktiven Bereich. Längst zerfällt der überschuldete Wohlfahrtsstaat in eine von den Transferleistungen profitierende Bevölkerungsmehrheit einerseits und eine Minderheit des fleißigen Mittelstandes andererseits, die systematisch ausgeplündert wird. Am Ende scheitert der überschuldete Wohlfahrtsstaat genauso wie der Sozialismus. Im Sozialismus wird die Wirtschaft erst sozialisiert und ist dann schnell ruiniert. Im Kapitalismus wird eine Volkswirtschaft durch Umverteilung und Schuldenmacherei ruiniert, ehe sie anschließend sozialisiert wird. Bei Marie von Ebner-Eschenbach heißt es: »Es würde viel weniger Böses auf Erden getan, wenn das Böse nicht im Namen des Guten getan würde.«

6. Frage: *Was hat es mit dem sogenannten »Target-System« auf sich?*

Antwort: Die extrem unausgeglichenen Leistungsbilanzen führen zu entsprechenden Verwerfungen im System der Zentralbanken. Es ist daher inzwischen ein riesiges Schattenkreditsystem der europäischen Zentralbanken über die sogenannten Target-Kredite entstanden. Dies sind die gemeinschaftlich besicherten Kredite Deutschlands an die Krisenländer, die es diesen ermöglicht, mehr zu importieren, als es ohne Kredit möglich wäre. Beim Target-System handelt es sich um Kreditgeschäfte über Zentralbanken statt über private Banken oder über den Staat. Die deutschen Exporte wurden bzw. werden zum Teil durch deutsche Kredite finanziert. Die Krisenländer können diese aber nicht zurückzahlen. Daraus folgt, dass Deutschland seine Exportgüter quasi selber finanziert und teilweise verschenkt. Die Exporterlöse der deutschen Unternehmen werden also im Endeffekt indirekt durch den deutschen Steuerzahler via Rettungsmaßnahmen für die Krisenländer beglichen. Denn bei einem Crash von Griechenland wäre das relativ geringe Eigenkapital der EZB rasch aufgebraucht. Deshalb verhält sich die EZB auch gegenüber Schuldenschnitten so ablehnend. Den Ausfall müssten demnach die Steuerzahler tragen. Die Transferunion wird u. a. durch das System der Target-Kredite quasi durch die Hintertür eingeführt – und unter Umgehung der Parlamente.

7. Frage: *Wir leben zurzeit in der größten Geldblase der Geschichte. Was geschieht, wenn diese Blase platzt?*

Antwort: Der scheinbare Wohlstand, der in den vergangenen vier Jahrzehnten erreicht wurde, ist in gewissem Sinne eine Illusion. Faktisch muss der Lebensstandard im Rahmen einer notwendigen Bereinigung sinken, weil das Scheinwachstum allein auf dem Verhältnis zwischen Schulden und Sozialprodukt beruht. Es lässt sich nicht grenzenlos ausweiten. Steigende Vermögenspreise werden getrieben durch die wachsende Diskrepanz zwischen Schulden und Einkommen. Solche Prozesse laufen, bis sie brechen – und genau diesem Punkt nähern sich die Märkte. Das bestehende Finanzsystem hat wegen unverantwortlicher Kreditvergabe und Geldschöpfung längst versagt. Die aus dem Nichts geschaffene Geldschwemme (sogenanntes Fiat Money) führt zu immer neuen, immer größeren Vermögenspreisblasen, die dann platzen. Zurzeit wird der Crash lediglich durch die diversen »Rettungsmaßnahmen« hinausgezögert – im Grunde muss man es als Konkursverschleppung bezeichnen. Die aufgelaufenen Schuldenberge bedürfen schließlich der Bereinigung. Letztlich muss also das Privatvermögen der Bürger gegen die Staatsschulden »verrechnet« werden. Die Regeln zur Neubewertung von Schulden und Vermögen sowie die Verrechnungseinheiten, die dafür gelten sollen, sind nicht vorhersehbar und haben, genau wie das Steuerrecht, mit Logik (oder gar Gerechtigkeit im aristotelischen Sinne) nichts zu tun. Sie werden von der jeweiligen Regierung erlassen, von der Bürokratie umgesetzt und kontrolliert. Spätestens dann versteht der einzelne Bürger, dass die Staatsschulden vom ihm zu bezahlen sind.

8. Frage: *Die Banken pumpen mit billigem EZB-Geld die Blase immer weiter auf. Welches Ereignis beendet das Schneeballsystem?*

Antwort: Die Bankinstitute und auch die anderen Akteure auf dem Finanzmarkt konnten der Versuchung nicht widerstehen, Geld nur mit Geld und nicht mit der Wertschöpfung von Gütern und Dienstleistungen zu verdienen. Zudem verdienen sie alle prächtig daran, als »Kombattanten« der Politik die Staatsschuldenfinanzierung durchzuführen. Die Rettung der Banken durch den Steuerzahler und die eigenen Sparer führt wiederum dazu, dass sich die Banken wie früher verhalten – obwohl das der direkte Weg in ihre Krise war. Das ganze System hat längerfristig keine Überlebenschance und steht notwendigerweise vor großen Umbrüchen, es macht also keinen großen Sinn, die Erfahrungen der vergangenen sechs

Jahrzehnte einfach in die Zukunft fortzuschreiben. Es gibt keine Patent-
rezepte und keine exakten Voraussagen für die Zukunft. Sobald es zu einer größeren Vertrauenskrise kommt, wird das Finanzsystem kollabieren.
Praktisch alle westlichen Wohlfahrtsgesellschaften sind zu Schulden-Jun-
kies mutiert. Nur noch immer gigantischere Geldspritzen können sie weiterhin am Leben erhalten. Gleichzeitig sind sie aber nicht bereit, ihren
Lebensstandard notwendigerweise den tatsächlichen Verhältnissen anzupassen – bis irgendwann der »Goldene Schuss« kommt, der sie von ihrer
Sucht endgültig erlöst. Während die Staaten ins Nirwana hinübergleiten
und irgendwann eine Währungsreform durchführen, zahlen die Sparer,
Anleger und Rentner die Zeche. Es ist vollkommen egal, ob die Verschuldung durch einen Krieg (wie nach dem Ersten Weltkrieg) oder durch eine
ungebremste Schuldenorgie eines Staates verursacht wird. Wenn jemand
Privatinsolvenz beantragt, fragt auch niemand danach, ob er sich mit einem Autokredit oder einer Hypothek auf sein Haus finanziell übernommen hat. Irgendwann muss die Zeche immer bezahlt werden. Speziell für
die Euro-Zone gilt: Die Transfer-Union überträgt die Staatsschulden auf
die Schultern der EU-Bürger (de facto also vor allem auf die Schultern der
deutschen Bürger!): Die privaten Einkommen und Vermögen werden sozialisiert, die Staatsschulden privatisiert. Nicht zuletzt dann bestätigt sich
wieder einmal die alte Weisheit in der Geschichte staatlichen Papiergeldes
sowie fehlgeschlagener Währungszusammenschlüsse: Staatliches Papiergeld kehrt früher oder später stets zu seinem inneren Wert zurück: null!

9. Frage: *Im Bereich der verschiedenen Währungen gibt es keinen Wettbewerb mehr. Was hat diese Gleichschaltung für Folgen?*

Antwort: Die wichtigsten Zentralbanken haben ihre Geldpolitik verein-
heitlicht. Weltweit sorgen sie für negative reale Zinsen und weiten die
(Basis-)Geldmenge immer weiter aus, um Staaten und Banken vor dem
Konkurs zu retten. Zudem haben sie »Liquiditäts-Swap-Abkommen« eingerichtet, mit denen Geschäftsbanken in jeder gewünschten Währung
refinanziert werden, und dies unlimitiert und zu Tiefstzinsen. Dass die
großen Zentralbanken ihre Geldpolitik gleichgeschaltet und dadurch
den Währungswettbewerb faktisch ausgeschaltet haben, erleichtert ihnen die Inflationierung (der Schulden). Die gemeinsame Inflationspolitik
hält die Wechselkursschwankungen in engen Grenzen. Für Anleger hat

das unangenehme Folgen: Sie können nicht mehr von einer Währung auf eine andere ausweichen, um sich vor drohender Geldentwertung zu schützen. Der verminderte Wettbewerb zwischen den Währungen birgt zudem die Gefahr, dass die Inflationspolitik – als Reaktion auf die Schuldenkrise – stärker ausfällt. Schließlich wird ja die Abwanderungsoption außer Kraft gesetzt. So problematisch dieses geldpolitische Zentralisierungsbestreben ist, so folgt es doch einer unerbittlichen Logik: Das Aufrechterhalten nationaler Papiergeldsysteme macht eine engere und bedingungslose Kooperation zwischen den nationalen Papiergeldanbietern erforderlich. Die daraus folgende Machtkonzentration beschwört den Missbrauch der Notenpresse geradezu herauf. Durch einen Währungswettbewerb hingegen würde automatisch Druck auf die EZB ausgeübt, den Euro möglichst stabil zu halten. Da Staaten und Geschäftsbanken beim Währungswettbewerb nicht mehr davon ausgehen könnten, dass die EZB ihnen zu niedrigen Zinsen unbegrenzt Geld zur Verfügung stellt, würde der Druck auf die Regierungen, ihre Haushalte tatsächlich nachhaltig zu sanieren, massiv steigen und die Banken würden freiwillig ihre Geschäftsrisiken begrenzen.

10. Frage: *Der Teufelskreis der kollektiven Unvernunft aus Politikerversprechen und Wähleranspruch führt letztlich in die Überschuldung und Inflation. Kann man aus diesem Teufelskreis überhaupt aussteigen?*

Antwort: Die Logik der Selbstzerstörung des Wohlfahrtsstaates aufgrund unsoliden Finanzgebarens wurzelt in dem fatalen Teufelskreis der kollektiven Unvernunft von Politikerversprechen und Wähleranspruch. Für die Politiker aller Parteien ist das Verteilen von Sozialleistungen auf Pump, die schamlose Verschuldung zulasten kommender Generationen, wegen der sofort wählerwirksamen Auswirkungen über die Maßen verführerisch. Permanent werden neue »Gerechtigkeitslücken« entdeckt, die zu entsprechenden Umverteilungsmaßnahmen führen. Der Wähler, der einerseits die Politiker verachtet, hält andererseits mit seinem Anspruchsverhalten genau diesen Teufelskreis in Gang. Jeder fürchtet, ansonsten bei der Verteilung des Sozialkuchens benachteiligt zu werden. Da viele Bürger so denken, gerät das ganze System zwangsläufig in die finanzielle Schieflage. Zu hohe Schulden werden mit noch höheren Schulden »bekämpft«, weil die eigentlich notwendigen Sparmaßnahmen und Strukturreformen beim Wähler

als nicht durchsetzbar gelten. Zwar stimmt der einzelne Bürger durchaus
der Notwendigkeit zum Sparen zu, aber bitte nur bei anderen Leuten oder
Gruppen – das »St. Florian-Prinzip« lässt grüßen. Individuelle Rationalität
wird zur kollektiven Irrationalität. Der Wohlfahrtsstaat beruht auf der Fiktion, dass jedermann auf Kosten von jedermann leben könne. Unter dem
weiten Mantel der staatlichen Fürsorge wird die Entmündigung des einzelnen Bürgers versteckt. Das weiche Klima des herrschenden Sozialpro-
tektionismus korrumpiert die Menschen, die entsprechend heftigen Widerstand gegen jede in Aussicht gestellte Leistungsverringerung bekunden.
Ludwig Erhard ging zu Recht davon aus, dass man solche umverteilenden
Systeme später erfahrungsgemäß kaum mehr ändern könne, weil die Zahl
derer, die davon profitieren, im Endeffekt immer größer ist als die der
Zahler. Dass Staatsverschuldung nichts anderes als vorgezogener Konsum
ist, der in der Zukunft ausfällt, verstehen die meisten Leute nicht. Die verantwortungslose Schuldenpolitik der Regierungen basiert finanztechnisch
auf dem staatlichen Geldmonopol. Deshalb hat der Staat folgerichtig das
Geldmonopol an sich gezogen. Nur so kann er sein politisches Geschäftsprinzip, die Wählerbestechungsdemokratie, in Gang halten. Die Wählerbestechungsdemokratie beruht also auf Schuldenfinanzierung, die wiederum zur Geldmengenausweitung und späteren Geldentwertung führt. Ein
Ausstieg aus diesem Teufelskreis, den man auch als »demokratische Krankheit« bezeichnen kann, ist nur möglich, wenn das staatliche Zwangsgeld
durch ein privates Marktgeld im Sinne eines Währungswettbewerbs zum
staatlichen Geld ergänzt würde.

11. Frage: *Warum gibt es in Deutschland keine wirklich liberale Partei?*

Antwort: Die deutsche Geschichte ist durch einen historisch stark ausgeprägten Antiliberalismus geprägt; sie wird gewissermaßen zentral von der
Tatsache bestimmt, dass das deutsche Bürgertum durch den Dreißigjährigen Krieg (1618–1648) tief und nachhaltig ruiniert wurde. Anders als
in Frankreich und in England und als in der Schweiz oder in den Niederlanden, fiel damit das deutsche Bürgertum als Motor der neuzeitlichen
Wirtschafts- und Gesellschaftsentwicklung weitgehend aus. Seine Rolle
übernahm stattdessen der absolutistische Obrigkeitsstaat. Das durch den
Dreißigjährigen Krieg ruinierte Bürgertum erlebte und erlitt im Gegenüber zur höfisch-aristokratischen Welt permanent seine eigene Ohnmacht.

Dadurch entwickelte sich im Vergleich zu anderen westlichen Staaten eine besondere deutsche Kultur. So wurde die Romantik weit stärker als die Aufklärung zur deutschen Epoche. Darüber hinaus wurde Deutschland maßgebend durch das »staatsfrohe« Luthertum geprägt. Hinsichtlich des späteren preußisch-evangelischen Obrigkeitsstaates fühlt man sich an die Klage Max Webers erinnert, wonach Deutschland so vorzüglich verwaltet und so dilettantisch regiert werde. Die Schwäche des deutschen Bürgertums, die Übermacht und die Leistungskraft des Obrigkeitsstaates blockierten die Entwicklung freiheitlicher Institutionen. Die deutsche Romantik (Johann Gottlieb Fichte) war eine regelrechte Gegenbewegung zur »Vernunftseuphorie« der Aufklärung. Für den preußischen Staatsphilosophen Georg Friedrich Hegel war der Staat eine Art »Gottersatz«: Welch ein Gegensatz zu John Locke, der sich in England strikt gegen Staatsgläubigkeit, Untertanengeist und mangelnde Zivilcourage aussprach. Es kam zu einer nachhaltigen Ablehnung der »westlichen« liberalen Ideen mit ihrer Betonung der persönlichen Freiheit und des Parlamentarismus. Die Überhöhung des Staatsgedankens durchsetzte in Deutschland sogar den politischen Liberalismus und machte ihn schwach und kurzlebig. Die liberalen Ideen von Kontrolle und Eingrenzung staatlicher Macht fanden keine entscheidende Resonanz. Die Revolution von 1948 scheiterte, weil die tiefsitzende Ehrfurcht vor dem Staat den bürgerlichen Eliten die Knie weich werden ließ. Die völlige Demoralisierung der liberalen Bewegung in Deutschland war damit perfekt. Die Folgen konnten bis in die heutige Zeit nie überwunden werden. Dem diabolischen Spiel, das Bismarck mit den Liberalen trieb, waren diese nicht gewachsen. Später in der Weimarer Republik zerfiel der politisch gespaltene Liberalismus weitgehend. Nach dem Zweiten Weltkrieg konnten sich der politische Liberalismus im Gegensatz zu den Christdemokraten und den Sozialdemokraten nicht auf eine breite milieugeprägte Wählerstruktur stützen. Das allgemeine Verhältniswahlrecht bedeutete zudem oft eine schlechtere Ausgangslage für die Liberalen. Der eigentliche Liberalismus – also der klassische Liberalismus – mutierte in seiner politischen Ausformung mehr und mehr zur Libertinage, sodass er in den heutigen politischen Parteien keine Heimat (mehr) hat. Die traurige Rolle der FDP im Rahmen der Schulden- und Eurokrise spricht für sich.

12. Frage: *Wie lange kann Deutschland noch mit seinen Schulden weitermachen?*

Antwort: Wenn alle gesetzlich festgelegten Zahlungsverpflichtungen von Bund, Ländern und Gemeinden richtigerweise einbezogen werden, ergibt sich für Deutschland eine öffentliche Verschuldung in Höhe von über 80 Prozent des BIP. Noch viel schlechter fällt die Schuldenbilanz Deutschlands aus, wenn bedacht wird, dass praktisch alle Gebietskörperschaften in großem Stil auf Pump leben und dringend notwendige Investitionen unterlassen. Zu der offen ausgewiesenen öffentlichen Verschuldung von gut 2 Billionen Euro, zu den Ausgaben für den EU-Rettungsschirm, zu den Ausgaben zur Stützung öffentlicher Banken, zu den im »Sondervermögen« ausgelagerten öffentlichen Schulden, zu den nicht durch Rückstellungen abgesicherten Pensionslasten für Beamte, zu den öffentlichen Zuschüssen für die Sozialversicherungen – zu all diesen Belastungen der kommenden Generationen müssten eigentlich noch die hohen Zahlungsverpflichtungen hinzugezählt werden, die der Verfall der öffentlichen Infrastruktur verursacht. Die Abwassernetze in vielen Großstädten befinden sich in einem maroden Zustand. Für Instandhaltung und Erneuerung fehlt ein dreistelliger Milliardenbetrag. Etwa 20 Prozent des Abwassers versickert heute bereits durch Risse und Löcher in den Rohren und Kanälen. Die schlechte Beschaffenheit des Schienennetzes verursacht unnötig hohe Energiekosten. Besonders drastisch ist der Substanzverzehr des Straßennetzes. Auch Deutschland als das vermeintlich noch stabilste Land der Eurozone steckt also längst im Schuldensumpf. Die verdeckte Staatsschuld ist mit 6,2 Billionen Euro noch viel höher als die offene Verschuldung mit gut 2 Billionen Euro. Insgesamt hat Deutschland demnach (noch ohne die Eurogarantien!) gut 8 Billionen Euro Schulden und Verpflichtungen. Rein statistisch beginnt jedes Neugeborene sein Leben mit 100 000 Euro Schulden. Es ist immer eine Frage der Zeit, wann die Gläubiger ihr Vertrauen verlieren. Der Zeitpunkt als solcher lässt sich nicht bestimmen. Noch nie hat ein Staat in der Geschichte jemals seine Schulden zurückgezahlt. Einstweilen »bekämpfen« die Regierungen die Schuldenberge durch »financial repression«: Nullzinspolitik und Inflation gehen zulasten der Steuerzahler, Sparer und Anleger. Daneben werden die Steuern und Abgaben weiter erhöht. Da all dies jedoch rein rechnerisch angesichts der gigantischen Schuldenhöhe nicht ausreicht, wird es über kurz oder lang doch zu einem Schuldenschnitt bzw. einer Währungsreform kommen müssen. Fachleute gehen mit einer 70-prozentigen Wahrscheinlichkeit davon aus, dass dies innerhalb der nächsten 15 Jahre eintreten wird.

13. Frage: *Hat der Staat überhaupt eine Chance aus der Schuldenspirale auszusteigen, wenn man bedenkt, dass rund die Hälfte der Deutschen vom Staat direkt oder indirekt Transferleistungen erhalten?*

Antwort: Charakteristisch für das Prinzip des Wohlfahrtsstaates ist es, dass es die ständig anwachsende Zahl von Transferempfängern in der Hand hat, sich auf Kosten anderer Gruppen (Leistungseliten) zu bereichern. De facto gibt es für den überzogenen und überschuldeten Wohlfahrtsstaat keine realistische Chance mehr, aus eigener Kraft und Einsicht aus der Schuldenspirale auszusteigen. Hat sich das Krebsgeschwür der Verschuldung erst einmal tief genug in die Volkswirtschaft hineingefressen, haben die Drogen »Subvention« und »Sozialgeschenk« erst zur Abhängigkeit geführt, ist es zu spät für eine Umkehr. Es ist der Fluch der bösen Tat, der dem Wohlfahrtsstaat innewohnt: zuerst auf Schulden Wahlgeschenke verteilen, dann pleitegehen und zuletzt die eigenen Bürger und möglichst auch die der »solidarischen« Partnerländer für das Versagen der politischen Klasse zur Kasse bitten. Im Gestrüpp der wuchernden Sozialstaatsbürokratie blüht Misswirtschaft, greifen Zerfall und Korruption um sich. Am Leviathan der sozialstaatlichen Verwaltungsbürokratie verschleißt sich die Gestaltungskraft der politischen Intelligenz. Dem vagen Ziel der Gerechtigkeitsoptimierung folgend ist der Staat immer weniger in der Lage, seiner eigentlichen Aufgabe gerecht zu werden. Es bleibt abzuwarten, wie die politischen Parteien, die bisher *Zuteilungsparteien* waren, mit der Rolle als *Zumutungsparteien* zurechtkommen. Zur Zeit ist der durch die Krise in Deutschland ausgelöste Leidensdruck offenbar noch nicht hoch genug, um die allgemeine Lethargie in eine Mobilisierung des nachdenkenden Teils Deutschlands zu überführen (Arnulf Baring).

14. Frage: *Es wird in den Medien beklagt, dass die Schere zwischen Arm und Reich sich immer weiter öffne. Welche Gründe gibt es dafür?*

Antwort: Als Folge der politisch unverantwortlichen Schuldenmacherei im Rahmen der Wählerbestechungsdemokratie fluten die Zentralbanken die Finanzmärkte mit Geld, um den überschuldeten Staaten einen zeitlichen Aufschub zu gewähren (dies in der falschen Hoffnung, die Staaten würden dieses Zeitfenster dazu nutzen, ihre Haushalte in Ordnung zu bringen.) Die »Rettungsmaßnahmen« führen zu einer Zwei-Klassen-Gesellschaft

und vergrößern die Spanne zwischen Reich und Arm: Auf der einen Seite
stehen der Finanzsektor und die Wohlhabenden, die von den steigenden
Vermögensgüterpreisen (Aktien, Immobilien usw.) profitieren. Doch für
den Durchschnittsbürger bedeuten steigende Preise für Energie und Nah-
rung Probleme. Die dem ungedeckten, staatsmonopolistischem Geld stets
anhaftende Inflation öffnet die Schere zwischen Arm und Reich immer
mehr, denn die Niedrigzinspolitik verbilligt künstlich den Kapitaleinsatz
gegenüber dem Faktor Arbeit. Dies geht zulasten der Geringverdiener.
Auch vom unvermeidbaren Anstieg der Arbeitslosigkeit im Schlepptau
einer inflationären Entwicklung sind die sozial Schwächeren überproportional betroffen. Die Erhöhung der Preise trifft ebenfalls vor allem die
Geringverdiener und die Rentner. Im Gegensatz zu den Wohlhabenden
kann sich der »kleine Mann« der Inflation nicht entziehen. Obwohl also
die Politik ständig lauthals die wachsende Kluft zwischen Arm und Reich
beklagt, um weitere Umverteilungsmaßnahmen zu rechtfertigen, ist sie es
selbst, die für diese Diskrepanz sorgt.

15. Frage: *Kann die gemeinsame Schuldenhaftung über den ESM (Euro-
pean Stability Mechanism) genau die Dynamik entwickeln, die Deutschland in den Crash treibt?*

Antwort: Bei der Beantwortung dieser Frage muss man zwischen einer
wirtschaftlichen und einer politischen Komponente unterscheiden. Der
ESM ermöglicht im Endeffekt den unbegrenzten Zugriff auf die nationalen Haushalte durch demokratisch nicht kontrollierbare, rechtlich
immune und von den Bürgern nicht überprüfbare EU-Funktionärsein-
richtungen. Der letzte verbliebene Bereich nationaler Souveränität, das
Haushaltsrecht und im Ergebnis die Verfassung werden damit ausgehebelt. Die ESM-Mittel werden aber vermutlich gar nicht zur Gänze gebraucht. Die elektronische Notenpresse der EZB füllt die Finanzierungs-
lücken geräuschlos. Die Behauptung des EZB-Rates, dass das geschaffene
Geld ja neutralisiert werde, verfängt nicht. Wenn Nichtbanken, wie Ver-
sicherungen, Pensionskassen und Private beginnen, ihre Anleihen zu verkaufen, muss die EZB das neu geschaffene Geld direkt auf die Konten der
Verkäufer überweisen. Das erhöht den umlaufenden Zahlungsmittelbe-
stand. Dabei ist zu beachten, dass die Euroraum-Banken lediglich Staatsanleihen in Höhe von knapp 1600 Milliarden Euro halten. Der Großteil

der ausstehenden Staatsschulden in Höhe von etwa 7000 Milliarden Euro dürfte vor allem bei Nichtbanken im In- und Ausland liegen. Die fatale Logik des ungedeckten Papiergeldes wird also zu einer weiteren Ausweitung der Geldmenge führen. Die Zentralbanken wollen die Zahlungs- und Konjunkturprobleme mit der Ausgabe von immer neuem Geld lösen. Letztlich wird die vermeintliche Problemlösung selbst zum zentralen Problem: zur offen zutage tretenden Geldentwertung. Spätestens dann wird die Haltung der Bürger gegenüber den »Rettungsinstrumenten« drastisch umschlagen. Die politische Komponente ist darin zu sehen, dass die Bürger erst dann die wahre Bedeutung und das tatsächliche Risiko der Haftungsgarantien für sich realisieren, wenn die Haftung zieht – und das wird sie auf jeden Fall. Dann werden die bisher eher abstrakt wirkenden »Rettungsinstrumente« zu Brandbeschleunigern, sowohl in wirtschaftlicher als auch in politischer Hinsicht.

16. Frage: *Ist das Zentralstaatsmodell generell dem Modell kleiner, eigenständiger Staaten unterlegen?*

Antwort: Die Vorstellung, Europa könne nur als große, zentrale Staatenfusion wirtschaftlich auf Dauer mit den USA und Asien mithalten, ist politisch fatal und ökonomisch falsch. Europas Stärke ist vielmehr seine gewachsene, wettbewerbliche Vielfalt. Im Übrigen hat sich die Zahl der Nationen in der Nachkriegszeit etwa verdreifacht. International ist die Fusion nicht die Regel. Unter den reichsten Ländern der Welt sind auffallend viele kleine Länder, wie z. B. die Schweiz, Norwegen, Singapur usw. Den Wohlstand, den Estland, Lettland und Litauen seit der Selbstständigkeit (und lange vor ihrem EU-Beitritt) erreicht haben, beweist den Vorteil der ach so geschmähten Kleinstaaterei. Solange solche kleinen Staaten eine sichere rechtsstaatliche Ordnung haben und freie Märkte sowie offene Grenzen dafür sorgen, dass die begrenzte Fläche ihren Wohlstand nicht beeinträchtigt, sind sie in aller Regel deutlich effizienter und wettbewerbsstärker als Großstaaten. Ohnehin lässt die Globalisierung gerade den kleinen Ländern mehr Freiheit, ihren Markt durch internationalen Handel zu vergrößern. Der Aufstieg Westeuropas zur führenden Wirtschaftsregion – im Unterschied etwa zu China, das Europa bis ins 16. Jahrhundert hinein wirtschaftlich mindestens ebenbürtig war – wird von den Historikern übereinstimmend mit der politischen Dezentralisierung Europas in

Verbindung gebracht. Kleinstaaten müssen eine Niedrig-Steuerstrategie und eine klare Ordnungspolitik praktizieren, ansonsten wandern insbesondere die produktivsten Bürger und Unternehmen ab. Durch uneingeschränkten Freihandel kann sich sogar die kleinste territoriale Einheit in den Weltmarkt integrieren und jeden Vorteil nutzen, der aus der internationalen Arbeitsteilung entsteht. Europa täte also eine »Verschweizerung« wesentlich besser als die offenbar angestrebte künstliche EU-Zwangsvereinheitlichung (Rainer Hank).

17. Frage: *Der EU-Zentralstaat wird immer mächtiger, ist das eine gesteuerte Entwicklung oder Zufall?*

Antwort: Maastricht war im Kern kein wirtschaftliches, sondern ein politisches Projekt. Die Aufgabe der D-Mark war der Preis, den die Franzosen für die Wiedervereinigung forderten. Ökonomische Argumente für den angeblichen Vorteil einer Gemeinschaftswährung wurden erst später sozusagen nachgereicht. Die Vormachtstellung und das Zinsdiktat der Deutschen Bundesbank, die die im Vergleich zu Frankreich höhere Wettbewerbsfähigkeit der mittelständisch und marktwirtschaftlich geprägten deutschen Unternehmen widerspiegelte, sollte aus französischer Sicht unbedingt gebrochen werden. Im *Le Figaro* hieß es: »Maastricht ist Versailles ohne Krieg«. Ein zwangsweise herbeigeführter Bundesstaat Europa, der auf demokratisch nicht legitimierte Art und Weise von den EU-Spitzen quasi durch die Hintertür eingeführt wird, hat in dieser Form allerdings aus rein ökonomischen Gründen keine dauerhafte Chance. Auf krummen Wegen und auf einem schiefen Fundament mit ökonomischen Fehlanreizen kann man keine zukunftsträchtige politische Union aufbauen (Holger Steltzner). Das Streben Brüssels nach Zentralisierung gefährdet in Wahrheit das Erbe Europas: Vielfalt, Dezentralität, Wettbewerb und Freiheit. Die Menschen brauchen ein wettbewerbsfähiges und somit wirtschaftlich starkes Europa. Eine »Griechenlandisierung« spaltet Europa in wirtschaftlicher, politischer und gesellschaftlicher Hinsicht. Insofern war die Einführung der EU-Währungsunion die wohl folgenschwerste Fehlentscheidung der gesamten Nachkriegsgeschichte. Bei sichtbarer Überforderung der Spitzenpolitiker auf offener Bühne fallen die europäischen Regierungen im Rahmen der Bekämpfung der Schuldenkrise auf vormoderne Politikmethoden à la Bismarck zurück, indem sie eine EU-Superstaatsgründung regelrecht von oben herab durchpauken. Einigen Spitzenpolitikern geht es offenbar sowieso weniger um das (unmögliche) Gelingen der Währungsunion, sondern vielmehr um das Überwinden der souveränen Nationalstaaten, sozusagen als Erfüllung einer geheimen politischen Staatsraison. Hierfür wird auch die jüngere deutsche Geschichte von interessierter politischer Seite instrumentalisiert. Wenn sich der Oktroy aus Brüssel durchsetzt, läuft das genau auf das Gegenteil jener Demokratie hinaus, für die Europa bisher stand. Das erfolgreiche Konzept von Marktwirtschaft und Wettbewerb in Vielfalt wird so einer falsch verstandenen europäischen Einigungsidee geopfert. Ralf Dahrendorf hatte es bereits 1995 prophezeit: »Die Währungsunion ist ein großer Irrtum, ein abenteuerliches, waghalsiges und verfehltes Ziel, das Europa nicht eint, sondern spaltet.« Der britische Außenminister William Hague sagte: »Es war Wahnsinn, dieses System zu schaffen, jahrhundertelang wird darüber als eine Art historischen Monuments kollektiven Wahnsinns geschrieben werden.«

18. Frage: *Warum spielen alle mit: Parteien, Banken, Gewerkschaften, Verbände, Unternehmen und Medien?*

Antwort: Die Ursache für diese sachlogisch nicht nachvollziehbare Haltung liegt letztlich in der Verführung des »leichten Geldes« (»Fiat Money«) begründet.

Alle mögen aus jeweils unterschiedlichen Gründen die Politik des »leichten Geldes«, die mit dem Euro und der Schuldenkrise verbunden ist. Der schuldenfinanzierte Sozialstaat hat den demokratischen Prozess zum Schlachtfeld der Gruppenegoismen gemacht, sowie Parteien und Regierungen zu gleichmacherischen Umverteilungsagenturen. Durch die Einführung der EU-Währungsunion konnten die Regierungen neue Kreditpyramiden zur Schuldenfinanzierung aufbauen. Die Politiker lieben also das »leichte Geld«, weil sich der Staat und seine Machtelite damit beliebig verschulden können, ohne jemals an Rückzahlung denken zu müssen. Ohne das »leichte Geld« auf Grundlage des staatlichen Geldmonopols würden sie ihre Macht und Pfründe verlieren. Die Unternehmen lieben das »leichte Geld«, weil sie sich Kunden wünschen, die mit dem geliehenen Geld zahlen. Die Bürger selbst lieben das »leichte Geld«, weil sie sich damit Wünsche in der Gegenwart erfüllen können, für die sie eigentlich lange sparen müssten und weil sich ihre Immobilien- und Wertpapier-vermögen damit inflationär aufblähen und ihnen das Gefühl vermitteln, ständig reicher zu werden. Die Zentralbanken lieben das »leichte Geld«, weil sie damit Regulierungspotenz über die gesamte Volkswirtschaft ge-winnen und das von ihnen kontrollierte Bankensystem ins Gigantische ausdehnen können. Die Ökonomen lieben das »leichte Geld«, weil sie seit Keynes daran glauben, dass man damit jede Konjunktur und Wachs-tumsdelle beheben könne. Und die Banken lieben das »leichte Geld«, weil sie damit viel mehr Geld zum Ausleihen haben und ihre Zinseinnahmen vervielfachen können. Die Komplizenschaft von Staat und Bankensys-tem ist evident. Der Staat ist ein unersättliches Geldfressmonster, und die Zentralbanken bzw. die Geschäftsbanken sind seine unermüdlichen Inflationsmaschinen, die daran bestens verdienen.

Der entstehende Scheinreichtum begeistert alle Beteiligten. Sie sind dem Aberglauben verfallen, dass man mit beliebig erzeugtem Geld den Reich-tum erhöhen und das Wirtschaftswachstum beschleunigen könne, dass man sich »reich konsumieren« und »reich verschulden« könne (Roland Baader). Dass am Ende der wirtschaftliche und gesellschaftliche Kollaps steht, verstehen nur die wenigsten Bürger. Roland Baader hat das alles klarsichtig beschrieben.

19. Frage: *Ist die schleichende Beschränkung der Bürgerrechte eine zwangsläufige Folge des überschuldeten Wohlfahrtsstaates?*

Antwort: Um den Staatsbankrott möglichst lange hinauszuzögern, muss die Regierung zwangsläufig alles Geld, was möglich ist, aus denjenigen, die Steuern zahlen, auf irgendeine Weise herauspressen. Jetzt tritt das staatli-che Gewaltmonopol in Aktion. Ergebnis ist der gläserne, total überwach-te Bürger, der sich bereits durch bloße Bargeldzahlung an der Tankstelle verdächtig macht. Paradoxerweise nimmt die Staatsgläubigkeit der meis-ten Menschen bei fortschreitender, verantwortungsloser Schuldenpolitik sogar noch zu. Die auf verantwortungsloser Staatsverschuldung beruhen-den sozialen Wohltaten erzeugen eine zunehmende Sozialabhängigkeit, die den Bürger systematisch zum sozialen Untertan der Sozialstaatsfunk-tionäre macht. Schuldenmacherei und Gleichmacherei verstärken das würdelose Gerangel um die Verteilung des Sozialstaatskuchens und zerstören dadurch vor allem Ethik und Moral des Gemeinwesens. Die intellektuelle Korruption und der moralische Verfall sind ein künstliches Erzeugnis der öffentlichen Gelder aus Steuern und Staatsverschuldung. Indem der Staat seinen Bürgern einredet, die staatlich organisierte Umverteilung sei gerecht und daher recht, macht er sie zu Mittätern, denen auch im privaten Bereich das Gefühl für Recht und Ordnung verloren geht. Das Ausgeben von nicht vorhandenem Geld und von Geld, das anderen Leuten gehört, ist die verführerischste von allen Arten der Korruption. In dieser Art »Schacherdemokratie« bzw. »Bakschisch-Staat« bleibt für Moral und Anstand nicht mehr viel Platz. Auch das hat Roland Baader so trefflich beschrieben.

20. Frage: *Die »political correctness« führt mehr und mehr dazu, dass abweichende Meinungen gerade auch zum Thema der Staatsschulden- und Eurokrise kaum mehr in der Öffentlichkeit vertreten werden können. Was hat es damit auf sich?*

Antwort: Das Phänomen der »political correctness« erzeugt eine Atmosphäre allgemeiner Befangenheit und schüchtert ein – durch Tabus, durch informelle Sprachregelungen und vor allem durch Ächtung derer, die dagegen verstoßen. Das Grundrecht der Meinungsfreiheit ist längst durch die »political correctness« aufgehoben. Es ist letztlich die hässliche Fratze des Kollektivismus, die in Wahrheit hinter der »political correctness« lauert, weil sie alle vom Mainstream abweichende Meinungen brandmarkt und regelrechte Sprech- und Denkverbote bewirkt. Zum Beispiel wird öffentlich meist über Gerechtigkeit diskutiert, wenn Gleichheit gewollt und gemeint ist. Der mediale Zeitgeist setzt nicht auf das freie Individuum, sondern auf das Kollektiv und den Staat als Problemlöser. Kein Wunder, sympathisieren doch 35 Prozent aller Journalisten mit den Grünen und 25 Prozent mit der SPD. Nur 7,5 Prozent fühlen sich der CDU verbunden. Mitglieder der »Nationalen Armutskonferenz« haben beispielsweise eine Liste der »sozialen Unwörter« aufgestellt. »Sozial Schwache« steht ganz oben auf der Verbotsskala: Von der »Teilhabe« ausgeschlossen zu sein, besage schließlich nicht, ob ein Mensch »sozial veranlagt« ist oder nicht. »Alleinerziehend« darf man auch nicht sagen, denn mit diesem Begriff sei häufig »mangelnde soziale Einbettung« assoziiert. Das, was die

ganz normalen Menschen wirklich bewegt, wird von den maßgeblichen
Meinungs-Journalisten einfach als »Stammtischgerede« abqualifiziert und
bleibt unerörtert; diese Journalisten nehmen wenig von dem wahr, was im
Lande wirklich vorgeht. Man kann die Ignoranz und Schläfrigkeit der veröffentlichten Meinung, die Abneigung gegen eine vorurteilslose Bilanz unserer Zustände, den Mehltau der Gestaltungsarmut, der auf allen öffentlich erörterten politisch relevanten Problemen liegt, nirgendwo so deutlich
sehen wie bei der »political correctness«. Unwissen und Unverständnis
über das wahre Wesen unserer Wirtschaftsordnung, allgemeine Lust an
der Negation und Hang zum Katastrophismus zeichnen viele Medien aus.
Dadurch entsteht eine systematische Umdeutung der für das Funktionieren der Marktwirtschaft zentralen Bestandteile: Leistungswille wird mit
Gier übersetzt, Erfolg mit Unbarmherzigkeit, Unternehmertum mit Ausbeutung. Ihre Empörung richtet sich nie gegen schamlose Schuldenmacherei, gegen Geldentwertung oder gar zunehmende Strangulierung der
freien Wirtschaft, sondern auf die Marktwirtschaft als Institution. Die
unvergleichliche Erfolgsgeschichte der Marktwirtschaft wird einfach umgedeutet in eine Bedrohungssaga. Und so wirft man der Marktwirtschaft
Verfehlungen vor, die sie nicht zu verantworten hat. Moral ist nach ihrem
Selbstverständnis nur dann gegeben, wenn sie selbst an den Schalthebeln
der Macht sitzen. Daher zielen sie auf eine autoritäre Entwertung von individueller Freiheit und erarbeitetem Einkommen und Vermögen ab. Sie
unterstützen maßgeblich die Entsolidarisierung der Gesellschaft von denjenigen, die die Hauptlast der Staatsausgaben tragen. Die »political correctness« hat in Wahrheit nichts mit Moral und Gerechtigkeit zu tun – der
Trick besteht darin, eine radikale Gleichheitsideologie als »moralisch« und
»gerecht« zu verkaufen, und zwar um den Preis der Pervertierung aller tatsächlichen Moral und Gerechtigkeit. Die Frage der »richtigen Gesinnung«
ist für die selbsternannten Hüter der »political correctness« in Wirklichkeit
eine bloße Machtfrage. So sind sie denn Getriebene ihrer eigenen Scheinmoral, die sie mit hohler Phrasendrescherei übertünchen; der Ausweg in
eine realistische Sicht der Dinge ist ihnen verwehrt. Sie ziehen ihre geistreichen Irrtümer der trivialen Realität vor. Die »political correctness« ist das
Schwert der Wählerbestechungsdemokratie, weil es sie wirkungsvoll vor
der Enttarnung schützt. So darf zum Beispiel nicht ausgesprochen werden,
dass der Euro eine Schulden- und Gelddruckmaschine ist, die zwangsläufig zuerst die Krisenländer und anschließend die Gläubigerländer ruiniert.

Wegen seiner eurokritischen Haltung musste der CDU-Bundestagsabgeordnete Klaus-Peter Willsch seinen Posten im Haushaltsausschuss räumen; bei der Bundestagswahl 2013 hatte er in seinem hessischen Wahlkreis 52,1 Prozent der Erststimmen erhalten. Weil der Euro in gewissem Sinne als *Kind des Holocausts* gilt, verbietet es sich für die Deutschen von selbst, frei und offen darüber zu reden bzw. zu diskutieren.

21. Frage: *Was sagen Sie zum Thema »Mindestlohn«?*

Antwort: Viele Leute glauben, dass es bisher keinen Mindestlohn gab. Und sie meinen, dass sich die Lage für die Arbeitnehmer verbessert, wenn ein branchenübergreifender, flächendeckender gesetzlicher Mindestlohn eingeführt wird. Beides ist falsch. Richtig ist nur, dass es bislang keine einheitliche Lohnuntergrenze gab, die für alle Branchen und Regionen gilt. Durch die »Allgemeinverbindlicherklärung« von Tarifverträgen besteht allerdings die Möglichkeit anzuordnen, dass alle Unternehmen Tariflohn zahlen. Davon wurde schon öfter Gebrauch gemacht. Zudem wurden in den vergangenen Jahren branchenspezifische Mindestlöhne gesetzlich fixiert. Noch viel wichtiger als diese Instrumente ist jedoch der sogenannte »richterliche Mindestlohn«. Demnach unterstellt das Bundesarbeitsgericht, dass eine Lohnabrede nichtig ist, wenn der Lohn mehr als ein Drittel unter dem branchenüblichen liegt. Der Arbeitgeber ist dann verpflichtet, nach Tarif zu zahlen, auch wenn er nicht tarifgebunden ist. Im Südwesten Deutschlands liegen die Tariflöhne und damit auch der »richterliche Mindestlohn« sogar deutlich über den Mindestlöhnen. Mit Einführung des gesetzlichen Mindestlohns werden die Lohnuntergrenzen einheitlich auf 8,50 Euro abgesenkt. Bei Neueinstellungen in nicht tarifgebundenen Unternehmen werden geringqualifizierte Arbeitnehmer künftig nur noch den Mindestlohn erhalten – auch wenn dieser mehr als ein Drittel unterhalb des Tarifniveaus liegt. Mitarbeiter, die in solchen Betrieben bereits einen höheren Lohn erhalten, können keine Gehaltserhöhungen mehr erwarten, wenn der Tariflohn steigt. Der gesetzliche Mindestlohn wird in wirtschaftlich schwachen Branchen und Regionen zu Arbeitsplatzverlust, in wirtschaftlich starken hingegen teilweise zu Lohneinbußen führen. Der Staat erschwert vor allem jungen Leuten und Geringqualifizierten den Zugang zum Arbeitsmarkt. Geringqualifizierte, Teilzeitbeschäftigte und Angestellte in kleinen Betrieben müssen um ihren bestehenden Arbeitsplatz fürchten. Viele junge Leute aus den neuen Bundesländern werden nicht mehr in Aushilfsjobs arbeiten können. Das alles geht also vor allem zulasten der ohnehin sozial Schwachen. Für sie schränkt sich entsprechend die Möglichkeit zum beruflichen und wirtschaftlichen Aufstieg ein. Auch dadurch öffnet sich die Schere zwischen Armen und Reichen immer mehr.

22. Frage: *Sorgt die moderne Sozialstaatsbürokratie für soziale Gerechtigkeit?*

Antwort. Die »soziale Gerechtigkeit« ist zur Zivilreligion unserer sich selbst schädigenden und nihilistischen Wohlfahrtsgesellschaft geworden – einer Gesellschaft, die Individualität und Leistung höchstens im Mittelmaß erträgt. Die moralgetränkte Diffamierung der Wohlhabenden, die mit ihren Steuern die größte Last des Sozialstaates tragen, schützt diese selbstgerechten und trägen Angestellten des öffentlichen Dienstes und Beamte, die es sich längst in der Sozialstaatsbürokratie so richtig bequem gemacht haben. Diese neue Feudal-Klasse profitiert selbst hemmungslos von der staatlichen Umverteilungsmaschinerie und lebt letztlich davon, dass es den sozial Schwachen nicht besser geht, sondern dass diese Kundschaft möglichst immer weiter anwächst. Auf jeden Bedürftigen kommen in Deutschland nämlich heute zehn Personen, die damit beschäftigt sind, die Sozialtransfers zu verwalten, zu manipulieren, zu verplanen und hin- und herzuschieben. Eine florierende Wirtschaft ist deshalb geradezu der Todfeind der Wohlfahrtsbürokratie. Es geht diesen staatsgläubigen Umverteilern und Moralaposteln in Wirklichkeit um die Festschreibung des Status quo, weil dadurch die sozial Schwächeren in Unmündigkeit und Abhängigkeit gehalten werden können. Für diese neue Klasse von »Feudalisten des Sozialstaates« ist klar: Vater Staat regelt alles! Sie sind erfüllt von der Sehnsucht nach dem wärmenden Kollektiv, das ihnen selbst jegliche Eigenverantwortung und Eigeninitiative abnimmt.

Der Staat sollte nichts anderes sein als die Instanz, die das Regelwerk für den freien Verkehr freier Bürger sicherstellt. Es war der demokratische Nationalstaat westlicher Prägung, der mit seiner Garantie des Privateigentums und der Vertragssicherheit die Grundlagen für wirtschaftliche und gesellschaftliche Entfaltung schuf. Daraus entwickelte sich Massenwohlstand und persönliche Freiheit. Für die Moral und persönliche Lebensführung seiner Bürger ist der Staat nicht zuständig; er hat nicht zu bestimmen, was die Bürger glauben sollen oder wissen dürfen. Der alles regelnde und somit überwachende Sozialstaat mit seiner wuchernden Sozialstaatsbürokratie verschlingt nicht nur Unsummen an Steuergeldern, er ist vielmehr der natürliche Feind einer freien Gesellschaft. Er befriedigt lediglich die atavistischen Gefühle einer modernen, arbeitsteiligen Industriegesellschaft, die in ihrem sozio-kulturellen Evolutionsprozess mental und emotional immer noch in der kleinen, patriarchalischen Horden- und Stammesgesellschaft früherer Geschichtsepochen lebt. Mit »sozialer Gerechtigkeit« hat der hypertrophierte Sozialstaat in Wahrheit nichts zu tun.

23. Frage: *Wie ist das Verhältnis zwischen Politik und Banken zu beurteilen?*

Antwort: Die Kasino-Mentalität und die verrohten Sitten in gewissen Teilen des Finanzgewerbes sind das Ergebnis davon, dass der elementare Grundsatz der Marktwirtschaft, wonach Risiko und Haftung zusammengehören, außer Kraft gesetzt wurde. Die Politik hat zugelassen, dass Finanzunternehmen nicht alle ihre Geschäfte in der Bilanz aufführen, sondern verschleiern bzw. verheimlichen. Sie hat zugelassen, dass Banken ihre Risiken nicht mit ausreichend Eigenkapital unterlegen mussten. Sie hat den Eigenhandel der Finanzunternehmen mit Finanzprodukten nicht so eingeschränkt, wie es erforderlich gewesen wäre. Sie hat zugelassen, dass Kreditrisiken bis zu 100 Prozent weitergegeben wurden. Im Ergebnis erpressen die Banken die Politik nun mit dem Argument: »Too big as to fail«. Da die Banken wissen, dass sie vom Steuerzahler aufgefangen werden, geht im Prinzip alles weiter wie bisher. Und oft genug überlässt die Politik sogar die Gesetzesarbeit gleich den Finanzinstituten. Ordnungspolitisch wäre es angebracht, dass sich die Banken aus der Finanzierung von Staaten generell heraushalten. Die Staaten sollten sich ihr Geld von privaten und institutionellen Investoren besorgen. Käme es dann zu einem Schuldenschnitt, würden die Banken nicht als Transmissionsriemen das Virus überall hin übertragen. Grundsätzlich müssten sich alle Regierungen der EU nur noch in ihrem Land verschulden dürfen. Ausländer dürften keine Staatsanleihen mehr zeichnen. Dadurch würde das Potenzial für Staatsschuldenkrisen in der Zukunft stark verringert. Dass man im Übrigen Banken genauso einem geordneten Insolvenzverfahren unterziehen kann wie jedes Unternehmen und dass dabei keineswegs ein Banken-Run entstehen muss, wird der Öffentlichkeit verschwiegen. De facto wurde die Kontrolle über die Weltwirtschaft in die Hände eines Kartells von Banken gegeben.

24. Frage: *Das staatliche Geldmonopol ist also ein Hauptproblem?*

Antwort: Kern des Verschuldungsproblems der westlichen Demokratien ist offensichtlich ein systemimmanenter Konstruktionsfehler des Finanzsystems: Aufgrund des staatlichen Geldmonopols haben die Politiker direkt bzw. indirekt Zugriff auf die Notenpresse. Das ist die Finanzierungsgrundlage ihrer Wählerbestechungsdemokratie. Die Staatsverschuldung nimmt so ihren Lauf. Ludwig Erhard hatte jegliche Staatsverschuldung strikt abgelehnt, vor allem wegen der negativen Auswirkungen auf die Währungsstabilität. Mit großer Skepsis begleitete er die Entwicklung hin zur »Gefälligkeitsdemokratie«. Ohne das Geldmonopol könnte der Staat seine Schuldenmacherei nicht permanent ausdehnen. Während die reale Güterwirtschaft aus guten Gründen privat-wirtschaftlich organisiert ist, ist das Geldwesen staatlich monopolisiert. Realwirtschaft und Finanzwirtschaft können deshalb nicht reibungslos ineinander übergreifen. Aus dieser Diskrepanz resultieren die immer wiederkehrenden Probleme: Schuldenmacherei, verschärfte Konjunkturzyklen, staatliche Konjunkturpakete auf Pump, Spekulationsblasen, Stagnation, Rezession, Inflation und schlimmstenfalls ein Währungsschnitt bzw. eine Währungsreform.

Das staatliche Geld ist letztlich ein marktfremdes Geld, das den Blutkreislauf einer Marktwirtschaft wegen seines Inflationsvirus sukzessive vergiftet; es ist der Treibstoff, der die verhängnisvolle Wählerbestechungsdemokratie in Gang hält. Solange Geld per Kreditschöpfung aus dem Nichts entstehen kann (diese Möglichkeit beruht nicht auf marktwirtschaftlichen Mechanismen, sondern auf dem staatlichen Privileg), kann es auch jederzeit wieder ins Nichts verschwinden. Angebot und Nachfrage bestimmen nicht nur die Güterpreise einer Volkswirtschaft, sondern auch den Preis des Geldes (also die Kaufkraft). Je mehr davon angeboten wird, desto wertloser wird es. Währungshistorisch gesehen, sind daher noch alle staatlichen Papiergeldwährungen kläglich gescheitert oder spektakulär zusammengebrochen (Friedrich A. von Hayek).

»Schuldenpolitik geht von den keynesianisch vergifteten Staaten aus. Sie steuert so diskret wie unvermeidlich auf eine Situation zu, in der die Schuldner ihre Gläubiger wieder einmal enteignen werden – wie schon so oft in der Geschichte der Schröpfungen, von den Tagen der Pharaonen bis hin zu den Währungsreformen des Zwanzigsten Jahrhunderts. Neu ist an den aktuellen Phänomenen vor allem die pantagruelische Dimension der öffentlichen Schulden. Ob Abschreibungen oder Insolvenz, ob Währungsreform, ob Inflation – die nächsten Großenteignungen sind unterwegs«,

heißt es bei Peter Sloterdijk.

Ohne das beliebig vermehrbare staatliche Geld würde die Welt zurzeit nicht am Abgrund, kurz vor dem finanziellen Zusammenbruch stehen. Das staatlich monopolisierte Papiergeldsystem ist allerdings nicht reformfähig. Ein denkbarer Ausweg wäre die Zulassung eines privaten Marktgeldes neben dem staatlichen Geld. Es gibt historische Beispiele für Währungswettbewerb (»Free Banking«) etwa in Schottland oder Kanada. Im 19. Jahrhundert zirkulierte dort stabiles Geld. Freies Marktgeld ist die beste Versicherung gegen die Folgen der Willkür des staatlichen Papiergeldmonopols, die immer wieder in Inflation geendet hat und die auch heute wieder den Geldwert bedroht.

25. Frage: *Wie könnte die Einführung eines privaten Marktgeldes aussehen und was wäre das Ergebnis?*

Antwort: In einem ersten Schritt müssten alle staatlichen Regulierungen beseitigt werden, mit denen das staatsmonopolistische Geld zum einzig zulässigen gesetzlichen Zahlungsmittel erklärt wird. In einem zweiten Schritt müssten die Geldmengen in einem festen Umtauschverhältnis zum Gold, das noch in den Kellern der Zentralbanken lagert, fixiert werden. Drittens müssten z. B. private Münzprägeanstalten zugelassen werden. Der Staat könnte seinerseits weiterhin auf der Zahlung der Steuern und Abgaben mit dem Eurogeld bestehen, aber die Bürger und Unternehmen müssten die Freiheit haben, bei allen Verträgen und Transaktionen auch anderes, privat geprägtes Geld zu verwenden oder zu vereinbaren. Dies natürlich nur im wechselseitigen Einverständnis, wie es bei privaten Vertragsabschlüssen sowieso selbstverständlich ist. Weiterhin müsste es ein verfassungsrechtliches Verbot jeder Art von Steuern und Abgaben auf Wertsteigerungen der privat geprägten Münzen oder auf deren Verwendung geben, also keine Steuern oder Angaben auf die Münzen selbst, auch wenn die Geschäfte, die damit getätigt werden, selbstverständlich weiterhin der normalen Besteuerung unterliegen. Diese privaten Geldarten würden sowohl untereinander als auch gegenüber dem Staatsgeld in einen Stabilitätswettbewerb eintreten, und es wäre dabei völlig egal, wohin sich die Preise für Gold und Silber oder für andere unterlegte Sachwerte entwickeln (Roland Baader). Der Emittent von privatem Marktgeld hält dies im eigenen Interesse knapp und somit stabil, weil es sonst an Wert (Kaufkraft) verlieren würde, was für ihn einen Vermögensverlust darstellen würde. Im Rahmen dieses marktwirtschaftskonformen Währungswettbewerbs wären alle Beteiligten in der Lage, dasjenige Geld frei nachfragen und anbieten zu können, das ihren Wünschen und Vorstellungen am besten entspricht. Durch diesen Währungswettbewerb würde automatisch Druck auf die EZB ausgeübt, den Euro möglichst stabil zu halten. Anderenfalls würde der Euro gegenüber den konkurrierenden freien Währungen abgewertet, sodass die Leute ihn nicht mehr als Wertaufbewahrungsmittel akzeptieren würden und auch nicht mehr akzeptieren müssten. Nur die gesetzliche Zulassung von privatem Marktgeld würde den Teufelskreis der kollektiven Unvernunft in der Massendemokratie von nicht gedeckten Wahlversprechen der Politiker und forderndem Wählerverhalten beenden. Jegliche Schuldenmacherei würde ansonsten das staatliche Geld desavouieren und die Leute würden automatisch auf das private Geld umsteigen. Privates Marktgeld als Parallelwährung zum Euro wäre deshalb die beste Lösung hinsichtlich der immer wiederkehrenden Schulden- und Finanzkrisen.

26. Frage: *Wie wird sich die EU-Währungsunion weiterentwickeln?*

Antwort: Margret Thatcher hatte es treffend analysiert:

»Weil die Deutschen eine Scheu davor haben, sich selbst zu regieren, versuchen sie ein europäisches System zu schaffen, in dem sich keine Nation mehr selbst regiert. Doch auf lange Sicht kann ein derartiges System keine Stabilität besitzen, und angesichts von Deutschlands Größe und seinem Übergewicht in ihm unmöglich Ausgewogenheit herrschen.«

Die Erzwingung eines europäischen Bundesstaates durch die politischen Eliten ist im Prinzip der Putsch eines gesetzlosen Systems. Der Euro wirkt als Spaltpilz, weil er Spannungen und Konflikte schafft, die es anderenfalls nicht gegeben hätte. Die Krisenländer sind aufgrund ihrer Überschuldung, ihrer mangelnden Wettbewerbsfähigkeit und der nicht mehr vorhandenen Möglichkeit zur Währungsabwertung zur sogenannten inneren Abwertung verdammt – zum wirtschaftlichen und sozialen Abstieg. Es kommt bei ihnen zwangsläufig zu Rezession und Deflation, verbunden mit hoher Arbeitslosigkeit und entsprechendem sozialen Sprengstoff. So kommt es es dort z. B. zu einer feindseligen Rhetorik gegenüber Deutschland, weil Deutschland (aus guten Gründen!) nicht so ohne Weiteres bereit ist, die Transferunion zu schaffen und die Staatsfinanzierung über die Notenpresse zuzulassen, zumal enorme Forderungsausfälle aus dem Haftungspotenzial und langfristig Inflation drohen. Die Krisenländer werden sich dauerhaft als Mezzogiorno innerhalb der Währungsunion etablieren. Mit der Fortführung des Euro-Projektes droht Europa die Ausuferung der Wirtschaftskriege aller gegen alle und die gemeinsame Verarmung von Euro-Rettern und -Geretteten. »Europa schafft sich eine Zukunft als Industriemuseum«, sorgte sich Wilhelm Hankel. Als »Stabilitätsunion« wurde die EU-Währungsunion einst der Bevölkerung verkauft, jetzt wird sie über eine Haftungs- und Schuldengemeinschaft zur eurozentralistischen Transferunion. Diese Transferunion wird durch die indirekte Umfunktionierung der Ersparnisse der Deutschen, Österreicher und Niederländer künstlich am Leben gehalten. Es gibt keinen schmerzfreien Weg mehr aus der Krise. Das »europäische Esperantogeld« (Andreas Tögel) verurteilt die teilnehmenden Länder zu einer dauerhaften Stagflation wie in Japan. Ein Blick nach Japan zeigt, dass durch die nicht enden wollenden keynesianischen Rettungsmaßnahmen und Bail-outs im Endeffekt nur »Zombie-Banken« künstlich beatmet werden, und dass die gesamte Unternehmensstruktur des Landes nach und nach infiziert wird. Das Ergebnis ist die ökonomische und politische Versumpfung einer führenden Industrieregion. Das schuldeninduzierte Wohlfahrtsstaatsmodell und die ökonomisch unhaltbare EU-Währungsunion verurteilen die EU auf Dauer zu einer subventionsgeplagten, wachstumsschwachen Union, die in ihrer Gesamtheit kontinuierlich an internationaler Wettbewerbsfähigkeit verlieren wird. Die deutsche Politik opfert den in der Nachkriegszeit von allen Schichten des Volkes hart erarbeiteten Wohlstand für eine »Vision«

eines europäischen Zentralstaates. Eine »EUdSSR« war sicher nicht das
Ziel der Gründungsväter der EU.

Laut Milton Friedman wird das verfehlte Euroexperiment entweder durch
Gläubigeraustritte und/oder eine permanente Selbstinflationierung been-
det werden. Es sei denn, Europa wolle sich im Frieden wie durch einen
Krieg ruinieren.

27. Frage: *Wie erklärt sich das Scheitern der Ökonomen hinsichtlich der
Schulden- und Finanzkrise?*

Antwort: Das schuldeninduzierte Wohlfahrtsstaatsprinzip, eine ökonomisch unhaltbare Währungsunion und ein fehlkonstruiertes Geld- und
Finanzsystem sind Problembereiche, an denen das westliche Demokratiemodell durchaus scheitern könnte. Um das realistisch zu erkennen,
bedarf es nicht einmal einer wirtschaftswissenschaftlichen Ausbildung.
Doch selbst unter den Ökonomen ist der wirtschaftspolitische Diskus-
sionsrahmen extrem verengt. Ihre makroökonomischen Standardmodelle
sind an den Klippen der Realität sämtlich zerschellt. Weil sich die Zunft
der Ökonomen zu wenig um das kümmert, was jenseits von Angebot und
Nachfrage liegt, kann sie sich kein Bild mehr von Wirtschaft und Gesellschaft als Gesamtheit machen und versteht die Krise im Kern nicht. Sie
glauben, alles lasse sich mit mathematischen Modellen erklären. Doch
die Wirtschaftsgeschichte lehrt, dass die Ökonomie in Wechselwirkungen
mit anderen gesellschaftlichen Phänomenen steht. Die Makroökonomen
bewegen sich nur allzu oft lediglich in einem riesenhaften szientistischen
Leerlauf (Wilhelm Röpke) und können mit all ihren spitzfindigen Theori-
en und ihren beeindruckenden mathematischen Modellen die Vielgestal-
tigkeit der wirtschaftlichen Wirklichkeit (Walter Eucken) eben doch nicht
einfangen. Die Meinung, dass man mit irgendwelchen objektiv physikalischen Werteinheiten rechnen könne, verrät laut Röpke nichts anderes als
einen vollständigen Mangel an ökonomischer Bildung. Ihre narzisstische
Selbstverliebtheit in Dogmen und rechenhafte Modelle hatte Ludwig Erhard als unzureichend empfunden. Man betreibt einen Messbarkeitswahn
der Wirtschaft, ohne sie wirklich zu verstehen. Die heutigen Volkswirte
sind überwiegend hoch spezialisierte Theoretiker oder Empiriker, die wenig Erfahrung mit der komplexen wirtschaftspolitischen Realität haben

und diese oft auch gar nicht suchen. Die »Barbarei des Spezialistentum«
(Ortega y Gasset) hat sich breitgemacht. Die Hyperspezialisierung vor
allem der jüngeren Wirtschaftswissenschaftler erklärt ihre oft auffällige
»Ignoranzkompetenz« (Caspar Hirschi). Je kleinteiliger sie arbeiten, desto
stärker sind sie den Kräften ihres eigenen Nichtwissens ausgeliefert. Und
die Volkswirtschaftslehre versucht sich in einem regelrechten »Naturwis-
senschaftsneid« durch Mathematisierung scheinbar gänzlich den exakten
Naturwissenschaften anzugleichen (Rahim Taghizadegan). Naturwissen-
schaftlern stehen oft die Haare zu Berge, wenn sie die mathematische
Selbstbefriedigung in ökonomischen Publikationen betrachten, die auf
absurden Annahmen beruht und Phänomene beschreibt, die weder in der
Natur noch in der Wirtschaft vorkommen. Oft genug ist auch die Mathematik schlampig, da Bedingungen zu Anwendungen von Formalismen
geflissentlich übergangen werden. Viele der neueren ökonomischen Lehr-
bücher sind voll von aalglatter, quacksalbernder Wissensfassade – noch
gefährlicher aufgrund der Mathematik, die Genauigkeit und Richtigkeit
vortäuscht. In der Volkswirtschaftslehre hat die Instrumentalisierung der
Wissenschaft die Suche nach Erkenntnis abgelöst – dies führt zwangsläufig zum Versagen bei der Erklärung der wirtschaftlichen Wirklichkeit.
Mit pseudo-brillanten ökonometrischen Modellen beeindrucken sich die
Mainstream-Ökonomen gegenseitig und erfüllen damit die Evaluierungs-
kriterien des heutigen Hochschulwesens, doch an der Realität scheitern
sie regelmäßig. Kaum einer dieser Lehrstuhl-Ökonomen stellt zum Beispiel das staatliche Geldmonopol offen in Frage. Einer der Gründe dafür
mag darin liegen, dass fast alle Mainstream-Ökonomen entweder Staatsdiener sind oder Angestellte im Bereich der Bank- und Finanzindustrie.
Dazu zählen auch diejenigen Ökonomen, die ihr Geld z. B. als Berater im
Schlagschatten der Politik bzw. der Finanzindustrie verdienen. Als staatsfrohe Ökonomen verfahren sie nach dem Motto: »Wessen Brot ich ess,
dessen Lied ich sing.« Da in Europa der Bereich der Bildung und Forschung weitgehend in staatlicher Hand liegt, sind unabhängige Wissenschaftler, die der Politik keine Gefälligkeiten schulden, selten. Auch die
Tradition unabhängiger Privatgelehrter ist fast ausgestorben. In den USA
dominiert zudem die Fed mit einem riesigen Netzwerk von Beratern, Dozenten, Schülern und angestellten Ökonomen das Gebiet der Ökonomie
so vollständig, dass eine echte Kritik am staatlichen Zentralbanksystem
ein Karriererisiko darstellt. Die keynesianische Staatsverschuldungsmanie

und Interventionsgläubigkeit der Mainstream-Ökonomen hat zwar langfristig verhängnisvolle Folgen, aber sie liefert den politischen Eliten eine pseudowissenschaftliche Grundlage für ihre schamlose Schuldenmacherei. Viele Wirtschaftswissenschaftler und die meisten Investmentbanker haben wenig Ahnung von der realen Wirtschaft. Beide Gruppen, die übrigens zum Großteil das Führungspersonal in den Zentralbanken stellen, haben i. d. R. nicht einen einzigen Tag in der realen Wirtschaft gearbeitet.

Ganz im Gegensatz zu diesen Mainstream-Ökonomen haben die zahlenmäßig weit unterlegenen Ökonomen der Österreichischen Schule der Nationalökonomie (auch Wiener Schule genannt) die Staatsschuldenkrise richtig vorhergesehen und in ihren Analysen vor den fatalen Konsequenzen deutlich gewarnt. In ihrer monetären Konjunkturtheorie verbinden die »Austrians« die klassische Zinstheorie mit der Idee des natürlichen Zinses von Knut Wicksell. Deshalb können sie in Abgrenzung zu den Keynesianern Konjunkturzyklen (Boom and Bust) konsistent erklären. Die Keynesianer glauben hingegen fatalerweise immer noch, dass Sparen nicht mehr nötig sei, weil man ja beliebig Kredit durch »deficit-spending« schaffen kann. Diesen nach wie vor bestimmenden Teil der Volkswirtschaftslehre müsste man richtigerweise als »ideologisierte Wirtschaftswissenschaft« bezeichnen. Diese ideologisierte Wirtschaftswissenschaft, die sich (zum Teil fälschlicherweise) auf Keynes beruft, von der Fed weltweit gesteuert und kontrolliert wird, ist tatsächlich auf dem Weg zu einer trostlosen Wissenschaft (»Dismal Science«).

28. Frage: *Aber hat nicht z. B. die Austeritätspolitik von Heinrich Brüning Anfang der Dreißigerjahre die Katastrophe erst herbeigeführt und damit die keynesianische Deficit-spending-Politik – zumindest in der damaligen, ganz spezifischen Situation – bestätigt?*

Antwort: Nein, ganz im Gegenteil: Das Deutsche Reich war schon 1929/30 praktisch bankrott und bekam keinen Kredit mehr. Bis heute wird der damalige Reichskanzler Heinrich Brüning als ein Beispiel für falsche Sparpolitik herangezogen. Aber angesichts der tatsächlichen Probleme hatte er kaum andere Möglichkeiten. Inklusive Reparationen und privaten Auslandsschulden lag die deutsche Verschuldung 1930 bei 90 Prozent des Sozialproduktes. Deutschland hatte über Jahre mehr importiert als exportiert, und es hatte enorme Defizite in den öffentlichen Haushalten. (Nebenbei bemerkt: Das Defizit in der Handelsbilanz war deshalb so folgenschwer, weil die deutsche Wirtschaftsstruktur traditionell auf die Produktion und den Export von Industriegütern ausgerichtet war – und ist.) Das alles wurde großteils über Auslandskredite finanziert, die vor allem amerikanische Banken sehr großzügig gewährten. Das Reparationsregime schien eine Garantie dafür zu sein, dass diese Kredite von Deutschland bedient wurden. Doch 1929 änderte sich die Situation. Der Transfer der Reparationen war mit dem Young-Plan nicht mehr garantiert. Auf einmal wurde den Leuten auch klar, dass Deutschland wegen seines Defizits im Außenhandel die Schulden gar nicht bezahlen konnte. Deshalb drehten die amerikanischen Banken den Geldhahn zu. Die sogenannten »Goldenen Zwanziger« waren in Wahrheit eine geborgte Konjunktur, die den Politikern einige Jahre lang die Lösung der ernsten Probleme erspart hatte. Die Produktivität stieg kaum, der private und öffentliche Konsum lag hingegen höher als vor dem Ersten Weltkrieg. Im Ausland erregte das Argwohn: Die Deutschen behaupteten, sie könnten keine Reparationen zahlen, dabei gaben die öffentlichen Hände mehr Geld aus als die Siegermächte. Ökonomisch war dies ein Hasardspiel, politisch ging es seit dem Kriegsende und der verheerenden Inflation darum, diese sehr instabile Republik irgendwie zu festigen. Da außenpolitisch keine Erfolge zu verzeichnen waren, ging es nur über den Geldbeutel – durch neue Sozialleistungen und eine großzügige Lohnentwicklung. Schon vor der Weltwirtschaftskrise hatte das Reich Mühe, seine Beamten jeweils pünktlich zu bezahlen. Es gab abenteuerliche Ideen, das Defizit zu finanzieren. Das Deutsche Reich war bereits mit einem gewaltigen Sanierungsproblem in die Krise hineingegangen. Schon die Vorgänger von Brüning mussten sparen. Brünings Regierung führte eine Krisensteuer ein und erhöhte die schnell einnahmewirksamen Verbrauchsteuern sowie die Umsatzsteuer. Insgesamt wollte er Bedingungen herstellen, die Wachstum wieder möglich machten. John Maynard Keynes veröffentlichte sein Hauptwerk erst 1936. In Deutschland wurden jedoch schon ab 1918 hohe Defizite in Kauf genommen, um die innenpolitische Lage zu beruhigen und durch Staatsausgaben Arbeitsplätze zu schaffen. Die Folgen dieser Politik wurden den Leuten dann mit der Hyperinflation von 1923 deutlich vor Augen geführt. Doch die Keynesianer haben den Politikern immer das erzählt, was diese hören wollten. Deren Gegner haben den Politkern erzählt, was Politiker nicht hören wollen. Die Keynesianer waren also stets im Vorteil. Außerdem konnte das inkohärente Werk von Keynes immer so interpretiert werden, wie es die Mainstream-Ökonomen gerade brauchten.

29. Frage: *Die amerikanische Federal Reserve (Fed) ist doch eine private Institution. Spielt sie dennoch eine staatsmonopolistische Rolle?*

Antwort: Die Fed ist zwar rechtlich offiziell eine private Institution, doch spielt sie als »Imperator Rex« des internationalen Geld- und Finanzsystems bekanntlich eine überragende Rolle. Der Vorsitzende der Fed wird vom amerikanischen Präsidenten eingesetzt; es handelt sich also erkennbar um eine hochpolitische Institution. Steht diese herausragende Position zur Neubesetzung an, wählt der jeweils amtierende US-Präsident einen Notenbankchef aus, der seiner geldtheoretischen Ausrichtung entspricht. Unter Ronald Reagan war das z. B. der angebotstheoretisch ausgerichtete Paul Volcker, der der Chicago-Schule (Milton Friedman) nahestand. Ben Bernanke wurde von den Vertretern der Chicago-Schule in aller Öffentlichkeit als »Mann ohne Plan« bezeichnet, der es nicht verdiene, als Fed-Vorsitzender wieder ernannt zu werden. Man erkennt somit unschwer die staatspolitische Bedeutung der Fed. In den USA dominiert die Fed mit einem riesigen Netzwerk von Beratern, Dozenten, Schülern und angestellten Ökonomen das Gebiet der Volkswirtschaftslehre so vollständig, dass sich Kritik an der Fed von selbst verbietet. Seit Jahrzehnten hat die Fed die gesamte Berufssparte der Geldtheorie- und Geldpolitik-Ökonomen auf die eine oder andere Art und Weise auf ihrer Gehaltsliste. Pro Jahr beträgt z. B. die Summe, die die Fed für Aufträge an Ökonomen in Sachen Geld- und Wirtschaftspolitik ausgibt rund 500 Millionen Dollar. Wenn man zu den derzeit auf der Gehaltsliste stehenden Ökonomen diejenigen addiert, die dort in der Vergangenheit gelistet waren, dazu die Wirtschaftswissenschaftler, die Subventionen erhalten sowie diejenigen, die auf Subventionen hoffen, dann wird deutlich, dass es sich um eine Mehrheit der amerikanischen Ökonomen-Zunft handelt. Hinzu kommt, dass die Fed die Herausgeber amerikanischer Zeitschriften auf ihrer Gehalts- und Unterstützungsliste hat. Fast die Hälfte der Herausgeber bei den ökonomischen Top-Zeitschriften ist auf die eine oder andere Art und Weise mit der Fed verbunden. Ein wirklich kritischer Artikel über die Fed in einer einzigen maßgeblichen Fachzeitschrift ist undenkbar. Darüber hinaus muss man wissen, dass es sich bei jeder Stellenbewerbung auf den Berufsfeldern der Ökonomen auszahlt, zeigen zu können, dass man von der Fed geschätzt wird. Ganz nebenbei sei darauf hingewiesen, dass der Nobelpreis für Wirtschaftswissenschaften keine Ehrung ist, die nach dem Willen von Alfred Nobel eingeführt wurde, sondern ein Preis, der von der staatlichen schwedischen Zentralbank vergeben wird.

30. Frage: *Wie kann man die Kernpunkte der »Österreichische Schule der Nationalökonomie« beschreiben?*

Antwort: Der Großteil der keynesianisch geprägten Lehrstuhl-Ökonomie der vergangenen Jahrzehnte war im besten Fall spektakulär nutzlos und im schlimmsten Fall sogar ausgesprochen schädlich. Die Theorie von Keynes fußt auf einem falschen Ausgangspunkt: Die übliche Vorstellung, auf der die gesamte Keynes'sche Analyse beruht, ist irreführend. Sie stellt die Beziehungen zwischen Endnachfrage und Beschäftigung so dar, als seien sie dem Verhältnis zwischen dem am Ende einer Röhre ausgeübten Sog und dem am andere Ende angesaugten Zugstrom analog. Zwischen den beiden Enden liegt ein elastisches oder veränderliches Reservoir, dessen Größe von einer ganzen Reihe von Umständen abhängt, die in der Analyse von Keynes weitgehend vernachlässigt werden. Das fortwährende Einpumpen zusätzlichen Geldes an Punkten des ökonomischen Systems zieht die Arbeit und andere Produktionsmittel in Beschäftigungen, die nur solange dauern können, wie die Vermehrung der Geldmange in demselben Ausmaß andauert – oder vielleicht nur solange, als sie sich mit einer bestimmten Rate weiter beschleunigt. So wird vorübergehend Nachfrage erzeugt, die allerdings aufhören muss, wenn die Vermehrung der Geldmenge endet oder sich verlangsamt. Was diese Politik hervorbringt, ist nicht so sehr ein Beschäftigungsniveau, das auf andere Weise nicht hätte zustande gebracht werden können, als vielmehr eine Verteilung der Beschäftigung, die nicht unbegrenzt aufrechterhalten werden kann und die nach einer gewissen Zeit nur mit einer Inflationsrate aufrechterhalten werden kann, die bald zu einer Desorganisation aller Wirtschaftstätigkeit führt. Arbeitslosigkeit zeigt z. B. an, dass die Struktur der relativen Preise und Löhne verzerrt worden ist (meist durch monopolistische oder staatliche Preissetzungen bzw. Eingriffe) und dass zur Wiederherstellung der

Übereinstimmung der Nachfrage und des Angebots vom Faktor Arbeit in allen Sektoren entsprechende Änderungen der relativen Preise und eine Umlenkung von Arbeit notwendig sind. Die Vernachlässigung des Problems, die Produktionsstruktur (vor- und nachgelagerte Produktion bzw. Investitionsgüter- und Konsumgüterproduktion) durch relative Preise zu ordnen, ist die entscheidende Ursache für das Versagen der makroökonomischen Theorie. Die Keynesianer erkennen nicht, dass die bisherige Instabilität der Marktwirtschaft eine Folge davon ist, dass die wichtigsten Regulatoren des Marktmechanismus, nämlich Geld und Zins, ihrerseits von der Regierung vom Marktprozess ausgenommen sind. Die »Österreichische Kapital- und Konjunkturtheorie« besagt, dass eine zu hohe Geldschöpfung in Verbindung mit einem künstlich niedrigen Zins zwangsläufig zu Verzerrungen der Kapitalallokation und der Wirtschaftsstruktur führt, die letztlich der schmerzhaften Korrektur (Rezession) bedürfen. Die Keynesianer können die Herkunft von Einlagen der Anleger nicht erklären, sie setzen diese daher einfach als gegeben voraus und behaupten fälschlicherweise, dass zu viele Ersparnisse und zu wenig Investitionsmöglichkeiten den realen Zins unter die Nulllinie drücken würden. Doch jeder Bankauszubildende weiß natürlich, woher die Einlagen kommen: Schließt eine Bank mit einem Kunden einen Kreditvertrag ab, erhält dieser eine entsprechende Gutschrift auf seinem Konto. Es ist also der Kredit, der Einlagen schafft, und es sind nicht Einlagen, die als Kredite weiterverliehen werden. Die Kreditnachfrage ist folglich gering und der Zins niedriger, wenn zuvor zu viel und falsch investiert wurde, somit also zunächst eine Bereinigungsphase erfolgen muss (Thomas Mayer).

Zur Charakteristik der Österreichischen Schule der Nationalökonomie gehört im Gegensatz zur formalisierten keynesanischen Mainstream-Ökonomie u. a. ihr erkenntnisbezogener, epistemologischer Zugang, der jeder Objektivierung und Messbarkeit widersteht, weil er reale Menschen als freie Akteure in den Mittelpunkt rückt. Die »Austrians« brauchen weder vollständig rationale noch irrationale Menschen für die Erklärung des wirtschaftlichen Geschehens; ihr Denkansatz arbeitet mit Menschen, die im Großen und Ganzen nach den ewigen ökonomischen Gesetzmäßigkeiten der Knappheit, der Knappheitsüberwindung und des Strebens nach Gewinn handeln, mit Menschen also, wie sie nun einmal sind. Sie benötigen dafür keine hochgestochenen mathematisierten Theoriemodelle, weder Globalgrößen noch Durchschnittsgrößen (die sowieso nicht aufeinander wirken), sondern vielmehr ihren nationalökonomisch geschulten und geschärften Verstand.

Die Vertreter der Österreichischen Schule haben sich nie die autistische Ökonomie ihrer Gegner aufzwingen lassen, in der mathematische Formalisierung zum Selbstzweck geworden ist und imaginäre Welten modelliert werden, die mit der realen Welt wenig oder nichts gemeinsam haben. Die Österreichische Schule erstrebt stattdessen, ausgehend von der subjektiven Wertlehre, das Ziel, alle wirtschaftlichen Erscheinungen in einer geschlossenen Kausalkette auf entsprechende Vorgänge im Innersten der Menschen zurückzuführen. Ihre Methode wird deshalb auch als kausalgenetische bzw. psychologische Methode bezeichnet. Sie bedient sich des Verfahrens der isolierenden Abstraktion und bevorzugt verbale Darstellungen. Zentral für die Österreichische Schule ist die Idee der Schöpfung von Wissen durch den Markt und die Betrachtung der dynamischen Unsicherheit wirtschaftlicher Abläufe. Die Vertreter der Österreichischen Schule bekennen sich zum Kapitalismus, meinen damit aber etwas gänzlich anderes als den Status quo des maßlosen Scheinwachstums; sie meinen eine Ordnung, die den Kapitalaufbau für produktive Investitionen begünstigt, statt mittels Kreditausweitung und Schuldenwirtschaft unsinnige Konjunkturprogramme zu initiieren. Sie behaupten nicht, dass Staatsschulden für das »Gemeinwohl« verwendet würden; damit bekommt Verantwortungslosigkeit nur einen schöneren Namen. Sie können sich dabei auf Aristoteles berufen: Der Weltweise hatte bereits vor über 2000 Jahren seine Griechen vor dem Wahn gewarnt, Wirtschaften für den realen Bedarf (»Oikonomia«) mit dem Geldverdienen durch reine Geldgeschäfte (»Chremastia«) zu verwechseln. Gerade in der heutigen Schulden- und Finanzkrise kann die Österreichische Schule maßgeblich helfen, die Ursachen der Krisis zu verstehen und Lösungswege aufzuzeigen. Dies vor allem auch deshalb, weil die »Austrians« eben nicht nur Ökonomen sind:

» ... *niemand kann ein großer Ökonom sein, der nur Ökonom ist, und ich bin sogar versucht hinzuzufügen, dass der, der ausschließlich Ökonom ist, leicht zum Ärgernis, wenn nicht gar zu einer wirklichen Gefahr wird*«,

heißt es bei Friedrich A. von Hayek.

Der Erfolg von Keynes beruht einerseits darauf, dass er (wenn auch unfreiwillig, weil nicht richtig verstanden) der Politik eine vermeintlich wissenschaftlich fundierte Rechtfertigung für ihre schamlose Schuldenmacherei im Rahmen der Wählerbestechungsdemokratie liefert. Andererseits fußt sie darauf, dass sich seine Theorie unmittelbar auf die täglichen Eindrücke des Kaufmanns an der Ecke beruft, der glaubt, dass sein Wohlstand vor allem vom Gesamtnachfragevolumen abhänge.

31. Frage: *Wie sieht es mit der Ausbildung des akademischen Nachwuchses an den wirtschaftswissenschaftlichen Fakultäten aus?*

Antwort: Sinn für Realität und geschichtliches Bewusstsein machen laut Joseph A. Schumpeter letztlich einen guten Ökonomen aus. Die Dogmengeschichte ist ein wesentliches Gebiet wirtschaftswissenschaftlicher Forschung, das heutzutage leider völlig vernachlässigt wird. So fehlt heute vielen Absolventen ein fundiertes Wissen über die geschichtlich-philosophischen Entwicklungsstränge ihrer eigenen Disziplin. Ohne tiefere Kenntnisse der Geschichte des ökonomischen Denkens, fehlt ihnen die Fähigkeit, Dinge richtig einordnen und analysieren zu können. Wer die eigene Entwicklungsgeschichte nicht kennt, der hängt in der Gegenwart sozusagen in der Luft. An den meisten Fakultäten wird heute zusammenhangloses Spezialwissen eingepaukt. Speziell in der Volkswirtschaftslehre ist eine autistische und ideologisierte, mainstreamgesteuerte Richtung entstanden, die durch eine falsch verstandene Formalisierung und Mathematisierung der wirtschaftlichen Wirklichkeit geradezu Hohn spricht. Der Wirtschaftsnobelpreisträger Wassily Leontief, selbst der Mathematik nicht gerade abhold, kommentierte diesen überzogenen Mathematisierungstrend treffend mit den Worten:

»Die ökonomischen Fachzeitschriften sind Seite für Seite mit mathematischen Formeln gefüllt, die dem Leser mehr oder minder plausible, aber völlig willkürliche Annahmen zu präzise formulierten, aber irrelevanten theoretischen Schlussfolgerungen präsentieren.«

Der renommierte ökonomische Theoriegeschichtler Marc Blaug stellt fest:

»Die moderne Ökonomik ist krank. Die Ökonomik ist zunehmend zu einem intellektuellen Spiel geworden, das um seiner selbst willen gespielt wird

und nicht wegen seiner praktischen Bedeutung für unser Verständnis der wirtschaftlichen Welt.«

War die Volkswirtschaftslehre früher gerade dafür bekannt, ein umfassendes Verständnis komplexer Zusammenhänge insbesondere auch durch eine fachübergreifende Betrachtung im Sinne einer breit angelegten Bildung zu vermitteln, ist sie heute weitgehend in ein zusammenhangloses Spezialwissen – ohne erkennbaren Realitätsbezug – zerfallen. Mit einem klassischen Studium im Sinne Humboldts hat das nichts mehr zu tun. Durch die Einführung der Bachelor- und Master-Studiengänge hat sich diese Situation noch deutlich verschlechtert. Gerade auf dem Gebiet der Wirtschaftspolitik macht sich diese betrüblichen Entwicklung sehr stark bemerkbar, zumal viele Ökonomen unter diesem Mangel an breit gefächertem Erfahrungswissen leiden. Die Lehrstuhl-Ökonomie ist zum Ideenlieferant der staatlichen und banktechnischen Schuldenfinanzierung degeneriert. Allzu viele Professoren sind zu servilen akademischen Zuträgern der politischen Machteliten und der mit der Politik kungelnden Hochfinanz-Kaste geworden.

32. Frage: *Wie ist die Wirtschaftsberichterstattung in den Medien zu beurteilen?*

Antwort: Gehaltvolle wirtschaftspolitische Ausführungen weichen immer mehr interessensgelenkten Statements. Dem ökonomischen Laien fällt es entsprechend schwer, den Dingen wirklich auf den Grund zu gehen. Für die Medien sind wirtschaftspolitische Aspekte vor allem dann interessant, wenn sie bei aktuellen Anlässen in leicht verdaulicher Weise, appetitlich und moralisch korrekt für die Massen präsentiert werden. Das Ziel lautet, mit unterhaltsamen, flott aufbereiteten, schlagwortartigen und emotional aufgeladenen Thesen möglichst zeitnah an die Öffentlichkeit zu gehen. Die moralisch einwandfreie Präsentation dient dazu, dem behaupteten Chaos auf den Märkten einen Sinn zu geben, der Bevölkerung die Schuldigen und Sündenböcke zu präsentieren, und sich der eigenen Integrität zu versichern. Diese Art von kulturwissenschaftlicher Ökonomie der Medien ist zwar optimiert, was ihre Wahrnehmung in der Öffentlichkeit angeht, wissenschaftlich aber unseriös. Mal eher grobschlächtig, mal eher subtil wird eine Art von naturgesetzlichem Gegensatz zwischen Ethik und Marktwirtschaft insinuiert. Wir leben in einer Zeit der aufgedrehten Journaille und hektischen Medienwelt, die der zunehmenden digitalen Demenz und Verdummung der Spielkonsolen-Generation entspricht. Kontemplatives Nachdenken auf der Grundlage einer fundierten Allgemeinbildung gehört offenbar der Vergangenheit an. Zum Thema Euro muss man heute schon ausländische Medien nutzen, um die Wahrheit zu lesen: Die Eliten machen zu viel Geld mit dem Euro, eine Auflösung der Währungsunion ist nicht in ihrem Interesse. Das ist laut dem ehemaligen niederländischen EU-Kommissar Frits Bolkestein das Problem:

»Die Eliten profitieren, die einfachen Leute zahlen die Zeche. Unsere Eliten haben sich ganz und gar der politischen Idee des Euro verschrieben. Es ist einfach schon zu viel politisches Kapital in das Euro-Projekt investiert worden. Auch hier fürchten sie, zu viel zu verlieren, wenn sie ihren Fehler öffentlich einräumen würden.«

Deshalb wird es auch immer schlimmer werden, solange es so weitergeht.

Frage 33: *Wie steht die Kirche zu Wirtschaftsfragen?*

Antwort: Schon seit vielen Jahren ist besonders bei der evangelischen Amtskirche eine Verfestigung wirtschaftsfeindlicher Ressentiments zu beobachten. Es breitet sich eine diffuse und unreflektierte Ablehnungshaltung gegenüber der Wirtschaft aus. Auf den Kirchentagen ernten Theologen, Künstler, Politiker und Gewerkschafter breiten Applaus, wenn sie heftig in den wirtschaftskritischen und moralingesäuerten Entrüstungskanon einstimmen. Wo der Protestantismus einst auf die Autonomie und die Eigenverantwortlichkeit des Individuums setzte, macht sich heute eine Art Vollkasko-Mentalität und Eigenentmündigung breit. Wo die Kirche einst bejahend in die Moderne blickte und der kritischen Reflexion Raum bot, bietet sie heute nur noch platte Kapitalismuskritik an – immer empörungsbereit und meistens ungetrübt von jeglichem Sachverstand. Freiheit, Verantwortung und Veränderungsbereitschaft – Errungenschaften der Reformation und Grundlage erfolgreichen Unternehmertums – spielen in der evangelischen Amtskirche keine Rolle. Dass Zukunftsfähigkeit maßgeblich von Wachstum abhängt, liegt außerhalb ihres Erkenntnishorizonts. Ähnliches gilt leider auch für die katholische Kirche. Kapitalismus und Marktwirtschaft haben mehr für die Sicherung eines würdigen und freien Lebens bewirkt als die Kirchen. Die freie Marktwirtschaft dient dem Menschen, alles andere ist ein Popanz (Heike Göbel). Das Christentum ermöglichte einst die Selbstbefreiung des Menschen und schuf dadurch die Grundlage für eigenverantwortliches Handeln in Gesellschaft und Wirtschaft. Die Kirche sollte sich dessen stärker bewusst zeigen.

Frage 34: *Was würde Ludwig Erhard zum heutigen Wohlfahrtsstaat sagen?*

Antwort: In seinem Buch *Deutsche Wirtschaftspolitik – der Weg der Sozialen Marktwirtschaft* heißt es:

»Nichts ist darum in der Regel unsozialer als der sogenannte ‚Wohlfahrtsstaat‘, der die menschliche Verantwortung erschlaffen und die individuelle Leistung absinken lässt, denn kein Staat kann seinen Bürgern mehr geben als er ihnen vorher abgenommen hat – und das, noch abzüglich der Kosten einer zwangsläufig immer mehr zum Selbstzweck ausartenden Sozialbürokratie.«

Die menschliche Leidenschaft für materielle Gleichheit reizt die Schwachen, die Starken auf ihre Stufe herabzuziehen. In klaren Worten warnte er in seinem Buch *Wohlstand für Alle*:

»Die Blindheit und intellektuelle Fahrlässigkeit, mit der wir dem Versorgungs- und Wohlfahrtstaat zusteuern, kann nur zu unserem Unheil ausschlagen. Dieser Drang und Hang ist mehr als alles andere geeignet, die echten menschlichen Tugenden: Verantwortungsfreudigkeit, Nächsten- und Menschenliebe, die Bereitschaft zur Selbstvorsorge und noch vieles Gute mehr, allmählich aber sicher absterben zu lassen – und am Ende steht nicht die klassenlose, wohl aber die seelenlos mechanisierte Gesellschaft.«

Die mit dieser Entwicklung automatisch einhergehenden ständigen Steuererhöhungen kommentierte sein Staatssekretär Alfred Müller-Armack mit den Worten: »Die gegenwärtigen Steuersätze tragen den Charakter der Beschlagnahme ehrlichen Gewerbes und lähmen jegliches Interesse an zusätzlicher Aktivität. Darüber hinaus weicht der Saat zunehmend auf die versteckte Steuer der Inflation aus.« Ludwig Erhard bezeichnete die Inflation als Volksbetrug. Jegliche Verschuldung des Staates lehnte er grundsätzlich ab: »Jede Ausgabe des Staates beruht auf einem Verzicht des Volkes.« Für ihn war völlig klar, dass der Wohlfahrtstaat allein schon durch seine unsolide Finanzierung sein eigenes Ende herbeiführt. Die heutige Abkopplung der Sozial- und Geldpolitik von der realen Wirtschaft hätte er als verhängnisvollen Irrtum bezeichnet.

Hinsichtlich der Eurokrise ist anzumerken, dass Erhard ein Integrationsskeptiker war, weil er Zentralismus generell ablehnte. »Wehe dem, der glaubte, man könnte Europa etwa zentralstaatlich zusammenfassen, oder könnte es unter eine mehr oder minder ausgeprägte zentrale Gewalt stellen«, warnte er 1963. »Nein, dieses Europa hat seinen Wert auch für die übrige Welt gerade in seiner Buntheit, in der Mannigfaltigkeit und Differenziertheit des Lebens. Das sind die Elemente, die unserem Dasein Farbe geben und das Leben lebenswert machen.«

Frage 35: *Was kann man angesichts der Krisis heute jungen Menschen überhaupt noch raten?*

Antwort: Das Niedrigzinsniveau macht es schwer, eine tragfähige Altersvorsorge aufzubauen. Der Staat wird sich bei einer alternden und schrumpfenden Bevölkerung immer weniger soziale Wohltaten leisten können. Die jungen Menschen müssen sich also mit der Überschuldung des Wohlfahrtsstaates konkret auseinandersetzen. Wenn bei ihnen die Rente ansteht wird es kritisch, weil dann die vom Staat übernommenen Schulden und Garantien fällig werden (Hans-Werner Sinn). Die heute dafür verantwortlichen Politiker sind dann nicht mehr im Amt, sondern genießen ihren komfortablen Ruhestand, während die Gesellschaft die Konsequenzen ihrer Beschlüsse ausbaden muss. Ein weiterer Aspekt ist zu beachten: Dem Westen gehen die qualifizierten Arbeitskräfte aus. Dies wird verschärft durch zwei Gegenbewegungen: höhere Lebenserwartung und einen großen Zuwachs von Arbeitskräften in den aufstrebenden Entwicklungsländern. Werden wir also in Zukunft abhängig von deren Arbeitskraft, und wenn ja, bringen wir entweder unser Kapital in die Entwicklungsländer oder holen wir stattdessen die Arbeitskräfte zu uns? Bislang haben wir diese Entscheidung vermieden, indem wir über unsere Verhältnisse gelebt haben. Die Schuldenkrise ist das Ergebnis. Der Westen muss in jedem Fall umdenken und lernen, bescheidener zu werden. Trotz aller Expertenmeinungen, weiß kein Mensch, wohin die Reise des Geldes gehen wird, und mit dieser Ungewissheit werden die Anleger auch in Zukunft leben müssen. Keiner kennt den genauen Verlauf der Staatsschuldenkrise. Unbekannt sind die zukünftigen Preise für Aktien, Immobilien und Gold. Sicher ist nur die Unsicherheit – das ist die bittere Wahrheit.

Frage 36: *Stellt der Islamismus eine konkrete Gefahr für unsere Zukunft dar?*

Antwort: Die Ziele des Islam sind in seiner Heiligen Schrift, dem Koran (nach Auffassung der Muslime das ultimative, nicht verhandelbare und ewig gültige Wort Allahs) in einer Radikalität formuliert, die keinen Zweifel aufkommen lässt – wird doch in über zwanzig Suren dazu aufgerufen, »Ungläubige« umzubringen. Hans P. Raddatz kommentiert dies wie folgt:

»In keiner anderen Kultur, geschweige denn Religion, findet sich die Kodifizierung von Mord, Raub, Versklavung und Tributabpressung als religiöse Pflicht. In keiner anderen Religion findet sich die geheiligte Legitimation von Gewalt als Wille Gottes gegenüber Andersgläubigen, wie sie der Islam als integralen Bestandteil seiner Ideologie im Koran kodifiziert und in der historischen Praxis bestätigt hat.«

Einen gläubigen Muslim, der den Inhalten des Korans abschwört, wird man wohl kaum finden. Überall, wo Muslime zur Mehrheit gelangen, unterdrücken sie die christliche Kultur. Die Verfolgung von Christen in islamischen Ländern nimmt stetig zu. Die Gründe für den Zorn der Islamisten auf die westliche Welt liegen darin begründet, dass für den Islam die offensichtliche technologische, wirtschaftliche und kulturelle Überlegenheit des Westens völlig unerträglich ist, weil sich der Islam als die weit überlegene Religion und Kultur versteht; das macht sie so empfindlich, das führt zu Frustration und Gewalt. Für Christen – und Juden – wird der Mensch als Ebenbild Gottes geschaffen. In jedem einzelnen Menschen wird Gott sichtbar. Daher rühren alle unsere westlichen Vorstellungen von unantastbarer Menschenwürde, von Freiheit, Gleichheit vor dem Gesetz und vom Wert des Individuums. Alle abendländische Rechtskultur geht darauf zurück. Im Islam ist diese Vorstellung jedoch Frevel. Im Islam haben Männer, Frauen und Ungläubige einen sehr unterschiedlichen

ethischen und rechtlichen Status. Bis hin zur Sklaverei, die im Koran vor-
kommt und als gerecht gilt, weil von Allah gegeben. Im Islam ist die Bestimmung des Menschen nicht Freiheit und Selbstbestimmung, sondern
absoluter Gehorsam gegen Allah. Das Wort »Islam« bedeutet übersetzt:
Unterwerfung. Gott liebt alle Menschen, auch die, die ihn nicht lieben
und sogar seine Feinde. Islamisten können sich das nicht vorstellen: Allah
liebt nicht, sondern herrscht absolut und befiehlt. Aus islamistischer Sicht
muss der Mensch Muslim sein und ist es von Natur aus. Nicht Muslim
zu sein, ist eine Auflehnung – geradezu eine Perversion; mit solchen Ver-
worfenen kann es keine Gemeinschaft geben. Im Islam ist eine Trennung
von Staat und Kirche völlig unmöglich: Der Islam ist Staat und will herrschen, absolut. Das Werkzeug seiner Herrschaft ist die Scharia, das Gesetz
Allahs. Nicht der Mensch herrscht, sondern Allah. Sure 2,223 des Korans
sagt: »Eure Frauen sind euch ein Acker. Gehet zu eurem Acker, wann ihr
wollt.« Der Koran macht die Frauen rechtlos und beschränkt sie auf ihren
sexuellen Gehorsam. Das Christentum und der Islam sind zwar beide ab-
rahamitische Religionen, aber in ihrer heutigen Ausprägung eben inkom-
patibel (eine Ausnahme stellen lediglich die ismaelitischen Nizariten dar).

Doch der Westen vergisst oft etwas, was die Nichtwestler niemals vergessen: Der Westen eroberte die Welt nicht durch die Überlegenheit seiner Ideen und Werte oder seiner Religion, sondern vielmehr durch seine
Überlegenheit bei der Anwendung von organisierter Gewalt. Die großen
Religionen sind ausnahmslos in nichtwestlichen Kulturen entstanden und
in der Regel älter als die westliche Kultur. Die im Westfälischen Frieden
etablierte Trennung von Religion und Staat, ein ureigenes Ergebnis westlicher Kultur, geht zu Ende. Die intrakulturelle Auseinandersetzung um
politische Ideen aus dem Westen wird mehr und mehr abgelöst von einer
interkulturellen Auseinandersetzung um Kultur und Religion. Wählerbestechungsdemokratie, Werteverlust, Permissivität und Entchristlichung
bringen den Westen in eine schlechte Lage.

Quellen:

Frits Bolkestein: »Blamiert bis auf die Knochen«, Interview in der *Jungen Freiheit* vom
31.10.2014, S. 3.
Ludwig Erhard: *Deutsche Wirtschaftspolitik – der Weg zur Marktwirtschaft*, Düsseldorf 1962,
S. 393.

Ludwig Erhard: *Wohlstand für Alle*, Düsseldorf 1957, S. 248 ff.

Philipp-Rainer Fäth: »Gefahr für den Rechtsstaat«, Leserbrief in der *FAZ* vom 12.11.2013, S. 30

Heike Göbel: »Ein bisschen Frieden«, in: *FAZ* vom 24.12.2013, S. 9.

Wilhelm Hankel: *Die Euro-Lüge*, 3. Aufl., Wien 2010, S. 56.

Karl-Ludwig Kley: »Siehe, das sind die Gottlosen«, in: *FAZ* vom 10.7.2013, S. 12.

Thomas Mayer: *Geld ohne Ende*, in: *FAZ* vom 15.12.2013, S. 38.

Alfred Müller Armack: *Genealogie der Sozialen Marktwirtschaft*, Bern 1981, S. 97.

Philip Plickert: »Ludwig Erhards Geburtshaus wird ein Museum«, in: *FAZ* vom 17.10.2013, S. 15.

Hans-Peter Raddatz: *Von Allah zum Terror?*, 2. Aufl., München 2002.

Paul Rosen: »Das dicke Ende kommt«, in: *Junge Freiheit* vom 16.8.2013, S. 1.

II Die Wählerbestechungsdemokratie

Die Schulden- und Eurokrise ist im Grunde die Folge einer seit Jahren andauernden krisenhaften Entwicklung in Politik und Gesellschaft. Es handelt sich um eine Krisis des dominanten Wirtschafts- und Lebensstils der westlichen Massendemokratie. Der schuldeninduzierte Wohlfahrtsstaat ist zu einem System der Ausbeutung der Versichertengemeinschaft durch die Versicherten geworden. Weil viele Leute etwas herausholen wollen, müssen alle viel bezahlen. Individuelle Rationalität wird zur kollektiven Irrationalität. Das Parlament degeneriert zu einer Entnahmegesellschaft mit beschränkter Haftung. Der Wohlfahrtsstaat führt durch sein unsolides Finanzgebaren letztlich sein eigenes Ende herbei. Am Ende steht der wirtschaftliche und moralische Ruin: Der überschuldete Wohlfahrtsstaat scheitert genauso wie der Sozialismus.

Die Logik der Selbstzerstörung des Wohlfahrtsstaates beruht auf dem fatalen Prinzip der Wählerbestechungsdemokratie. Die politische Siegesformel lautet: Allen alles versprechen! Permanent werden neue »Gerechtigkeitslücken« entdeckt, die zu entsprechenden Umverteilungsmaßnahmen führen. Der Wähler, der einerseits die Politiker verachtet, hält andererseits mit seinem Anspruchsverhalten diesen fatalen Teufelskreis in Gang. Jeder glaubt, ansonsten von anderen Leuten beim Kampf um die Verteilung des Sozialkuchens übervorteilt zu werden. Da viele Bürger so denken, gerät das ganze System automatisch in eine finanzielle Schieflage. Politik und Banken arbeiten bei der Finanzierung der Staatsschulden über das »Fiat-Money-System« Hand in Hand, d. h. sie schaffen Geld aus dem Nichts. So bildet sich eine Geldblase und die Staatsschulden steigen immer weiter. Die bereits viel zu hohen Schulden werden durch noch höhere Schulden »bekämpft«, weil die eigentlich notwendigen Sparmaßnahmen und Strukturreformen ausbleiben. »Politik ist eine große Kunst. Man muss die Menschen überzeugen, dafür zu bezahlen, dass man sie bestiehlt«, heißt es bei Andrzej Majewski.

Neu ist die ungeheuerliche Dimension der öffentlichen Schulden, zumal der Euro den Ländern der Währungsunion die Schaffung neuer

Schuldenberge ermöglicht hat. Der Wohlfahrtsstaat braucht stets mehr Geld, als er durch das normale Steueraufkommen abdecken kann. (Selbst die zurzeit höchsten Steuereinnahmen in der Geschichte überhaupt reichen ihm nicht.) Deshalb hat der Staat folgerichtig das Geldmonopol an sich gezogen und konsequenterweise sein Geld zum einzig zugelassenem Zahlungsmittel erklärt. Die verantwortungslose Schuldenfinanzierung führt zu einer entsprechenden Geldmengenausweitung und späteren Geldentwertung.

Nicht zufällig sind bisher alle staatlichen Papiergeldwährungen gescheitert! Trotzdem werden immer mehr Menschen aus ihrem kurzfristigen Eigennutzkalkül heraus zu Befürwortern staatlicher Maßnahmen zum Erhalt des längst überschuldeten Systems. Um Staats- und Bankenpleiten möglichst lange hinauszögern zu können, akzeptieren sie weitreichende Einschnitte in die Eigentums- und Freiheitsrechte – mit entsprechender Zunahme von Regulierungen, Überwachung und Bürokratie. Die jeweilige Regierung versucht die notwendigen Strukturreformen solange hinauszuzögern, bis sie die tickende Zeitbombe von Staatsverschuldung, Rezession, Arbeitslosigkeit und Inflation an die nachfolgende Regierung weiterreichen kann.

Die Politik versucht nur noch der öffentlichen Meinung zu folgen, statt diese argumentativ zu beeinflussen. So wird die Meinung der Massen zum Lenker der Politik. Dadurch zerbröckeln alle Anschauungen und es wächst die Gleichgültigkeit der Massen gegen alles, was ihnen nicht einen Vorteil bringt. Wird die Schuld für den Staat zu groß – und das ist immer irgendwann der Fall –, erklärt er den Bankrott in Form eines Währungsschnitts oder einer Währungsreform.

Die meisten Menschen verstehen nicht, dass Staatsschulden ihre eigenen Schulden sind. Die auf schamloser Schuldenmacherei beruhenden sozialen Wohltaten erzeugen eine zunehmende Staatsgläubigkeit der Menschen; sie werden schließlich zu entmündigten Untertanen der Sozialstaatsmaschinerie. Die staatliche Schuldenmacherei zerstört zudem Ethik und Moral des Gemeinwesens. Die intellektuelle Korruption und der geistig-moralische Verfall sind ein künstliches Produkt der öffentlichen Gelder aus Steuern und Staatsverschuldung. »Wo das Christentum verschwindet, erfinden

Habsucht, Neid und Geilheit tausend Ideologien, um sich zu rechtfertigen«, heißt es bei Nicolas Gomez Davilla. Indem der Staat seinen Bürgern einredet, die staatlich organisierte Umverteilung sei gerecht und daher recht, macht er sie zu Mittätern, denen auch im privaten Bereich das Gefühl für Recht und Moral zunehmend verloren geht. Das Ausgeben von nicht vorhandenem Geld und von Geld, das anderen Leuten gehört, ist eine subtile Form der Korruption. Es kommt zu einem würdelosen Gerangel um die Verteilung des Sozialkuchens. In dieser Lage ist für Moral und Anstand nicht mehr viel Platz. Moral – als allgemein verbreitetes und dauerhaft stabiles Element in einer Gesellschaft – kann es ohne die Berücksichtigung ökonomischer Gesetzmäßigkeiten, ohne den persönlichen Zwang zur Knappheitsüberwindung, nicht geben. Im Schlaraffenland wäre das Phänomen Moral unbekannt. Im Wohlfahrtsstaat wird Moral jedoch zum reinen Popanz.

Die Rettungsinseln des am Bedarf vorbei ausgebildeten Intellektuellenproletariats sind die Politik und die Sozialstaatsbürokratie. Ihre Zugehörigkeit zur politischen Kaste bedeutet: Wer den Mopedführerschein hat, darf auch jeden Jumbo-Jet fliegen. Deshalb werden sich auch die Bruchlandungen unaufhörlich fortsetzen (Roland Baader). Die mildtätige Rhetorik dieser gut bezahlten Sozialstaatsfunktionäre verdeckt deren rücksichtslos kalkulierte Machtpolitik – koste sie, was sie wolle. Konsequent spielen deren Protagonisten mit der Angst ihrer Mitmenschen vor Armut und Arbeitslosigkeit, vor Krankheit, Elend und Not. Carlos A. Gebauer:

»Erbarmungslos werden die Bewegungsfreiheiten des Einzelnen mit allen der Bürokratie zu Gebote stehenden gesetzesregulatorischen Instrumentarien beschränkt. Wie scheinbar nur zufällig profitieren dann zuerst die Funktionäre der Gewerkschaften und die Repräsentanten staatlicher und parastaatlicher Institutionen von auszehrenden Steuerlasten.«

Der Wohlfahrtsstaat prämiert systematisch familien-, gemeinschafts- und leistungsschädliches Verhalten und bestraft das, was man einmal als abendländische Tugenden bezeichnet hat, nämlich Fleiß (lat. industria), Eigenverantwortung, Sparsamkeit, Eigenvorsorge und familiären Zusammenhalt. Roland Baader: »Wer die Bestrafung bei richtigem und die Belohnung bei falschem Verhalten bei seinem Hund konsequent durchführen würde, der hätte bald den größten Ganoven der Hundewelt im

Haus.« Die sozialstaatlich erzwungene »Nächstenliebe« in Form des Umverteilungs- und Abzockerstaates lässt die wahre, freiwillige, ehrlich empfundene und persönliche Nächstenliebe absterben.

Die dem ungedeckten, staatsmonopolistischen Geld stets anhaftende Inflation führt zwangsläufig zu einer Umverteilung von unten nach oben. Im Gegensatz zu den Wohlhabenden kann sich der »kleine Mann« nicht der Geldentwertung entziehen; er hat in der Regel gar nicht die Mittel, um über seine Haushaltsausgaben hinaus in »inflationsgeschützte Anlagen« (Aktien, Immobilien, Gold) zu investieren. Ungerechte Umverteilung findet bei Inflation auch auf anderem Wege statt: Diejenigen, die zuerst Zugang zum neuen Geld haben (z. B. Empfänger staatlicher Mehr- und Neuausgaben), gewinnen, weil sich die Preise erst zeitverzögert erhöhen, die Frühbezieher des neuen Geldes also auf noch unveränderte Preise treffen.

Der Wählerbestechungsdemokratie wohnt eine kollektive Unvernunft bzw. »kollektive Korruption« (Thorsten Polleit) inne. Ob Politiker oder Wähler, jeder ordnet sein Handeln stets nur seinen eigenen kurzfristigen Interessen unter, sodass es am Ende zwangsläufig zum finanziellen Kollaps kommt. Irgendwann gibt es keinen finanziellen Spielraum mehr; für die wirklich Bedürftigen hat der Staat dann nichts mehr übrig. Solange Staat und Banken auf der Grundlage des staatlichen Geldmonopols die Verschuldungsspirale immer weiterdrehen können, wird sich am Schuldensumpf nicht viel ändern. Nur die Ergänzung des staatlichen Zwangsgeldes durch ein privates Marktgeld würde der Schuldenmacherei und der ständigen Geldentwertung die Grundlage entziehen, was insbesondere den sozial Schwächeren, also den Hauptgeschädigten jeglicher Geldentwertung, nachhaltig nützen würde. Bei Friedrich August von Hayek heißt es:

»Der einzige Weg ... letztlich die Zivilisation zu retten, wird darin bestehen, den Regierungen die Macht über das Geld zu entziehen. ... Die bisherige Instabilität der Marktwirtschaft ist die Folge davon, dass der wichtigste Regulator des Marktmechanismus, das Geld, seinerseits von der Regulierung durch den Marktprozess ausgenommen ist.«

Nach Hayek ist der moderne Wohlfahrtsstaat ein »kalter« Sozialismus, geleitet durch die Idee der Umverteilung, der staatlichen Produktion von

(öffentlichen) Gütern und eines weitgehenden Systems der »sozialen Sicherheit«. Durch die Kulmination der staatlichen Interventionen besteht
die Gefahr, dass wie beim »heißen« Sozialismus des Zentralplans die Wirtschaft einem einheitlichen Ziel und Plan unterworfen wird. Das führt
notwendigerweise zum schleichenden Verlust politischer Freiheit.

Die Wirtschaftsrechnung im Sozialismus scheitert zwangsläufig an der
Tatsache der Wissensteilung und an der Abwesenheit von freien Preisen als
Knappheitsanzeigern. Konjunkturschwankungen (Boom and Bust) werden verstärkt, weil die Signale intertemporaler Knappheit zwischen dem
Konsumgüterbereich und dem Produktionsgüterbereich, die vom Zinssatz ausgehen, von der Geldseite her gestört werden. Die Geldmengenausweitung führt zur Verzerrung der Wirtschaftsstruktur (Fehlallokation der
Investitionsressourcen) und zerstört die Wirtschaftsrechnung durch den
Ausweis von Scheinreichtum bzw. Scheinwachstum. Eine auf die Stärkung
der Kaufkraft der Konsumenten abzielende Politik (»Deficit Spending«)
behindert bloß die notwendige Rückbildung der Verzerrungen und verlän-
gert dadurch die Krise unnötig. Denn es kommt auch in der Rezession nur
auf die relativen Preise (das Verhältnis der Preise zueinander, Preisspannen)
bzw. auf die strukturelle Relation von Konsum- und Kapitalgütersektor
an. Die Produktionsstruktur und ihre Veränderung im Konjunkturverlauf
wird – wie bereits ausgeführt – von den relativen Preisen gesteuert, nicht
jedoch, wie von den Keynesianern behauptet, vom allgemeinen Preisni-
veau. Rezession bzw. Depression stellen stets ein Strukturproblem dar, die
absolute Höhe der (gesamten) Nachfrage ist nicht entscheidend. Die Zeit
ist das zentrale Element, um den Produktionsprozess verstehen zu können.
Gerade die Zeit, die von der Investition zur Produktion vergeht, erfordert, dass der Konsument sich bis dahin mit seinem Konsum zurückhält,
da sonst die Preise steigen. Der im Verhältnis zum natürlichen Zins zu
niedrige Geldzins der Zentralbank bewirkt eine relativ zu den freiwillig
aufgebrachten Sparmitteln zu kapitalintensive Produktionsstruktur. Der
Zins regelt die Umverteilung der Produktion heutiger Konsumgüter für
den Konsum von morgen. Fällt der (nicht manipulierte) Zins, so zeigt
dies an, dass man bereit ist, auf Konsum heute zu verzichten, um eine
höhere Produktion morgen zu ermöglichen. Gemessen an der Norm des
neutralen Geldes, resultiert die Geldschöpfung in »falschen Preisen«, d. h.
einem zu niedrigen Zinssatz, und damit einer Verfälschung der Spar- und

Investitionsentscheidungen. Wenn Kapital keinen Preis mehr hat, sind Fehlinvestitionen und Kapitalverschwendung die automatische Folge. Früher oder später muss deshalb die Geldschöpfung aufhören, der Geldzins auf das Gleichgewichtsniveau steigen und die übermäßige Investition muss sich zurückbilden. Nach der (künstlichen) Verlängerung der Produktionsperiode im Aufschwung muss es nun zu einer Verkürzung kommen und die Produktionsstruktur muss sich an das Volumen der (freiwillig) verfügbaren Sparmittel anpassen. Der »keynesianisch« erzeugte Boom ist ein rein monetäres Phänomen, die sich zwangsläufig anschließende Rezession hingegen die logische, strukturelle Anpassung. Deshalb ist es nicht möglich, die strukturellen Verwerfungen monetär zu bekämpfen. Die Krise ist also nicht das Problem, sondern die Folge des Problems. Ebenso ist ein Börsenkrach nicht das Problem, er zeigt vielmehr, dass die Marktakteure von der inflationären Scheinwelt Abschied nehmen und sich wieder auf die Realität besinnen (Gregor Hochreiter). Nur Sparen und kapitalintensivere Produktion sind daher die Quellen des wirtschaftlichen Fortschritts. Eine monetär, durch Geldschöpfung ausgelöste Aufschwungphase der Konjunktur bewirkt nur strukturelle Fehlentwicklungen in der Wirtschaft; die letztlich unumgängliche und zugleich relativ träge Anpassung der Produktionsstruktur bewirkt dann eine entsprechend krisenhafte Umstrukturierung der Wirtschaft (Rezession).

Der entscheidende Schwachpunkt des Theoriegebäudes von Keynes besteht darin, dass es nicht auf einer Kapitaltheorie beruht. In der Realität basiert die Produktionsstruktur allerdings auf einem Netzwerk von Tausenden von Unternehmen, die mit und nebeneinander agieren. Ohne eine Vorstellung davon zu haben, wie dieser Produktionsprozess abläuft, ist es nicht möglich, sinnvolle Aussagen über die Wirkung wirtschaftspolitischer Maßnahmen zu treffen. Bei Keynes verlaufen diese Prozesse synchron und ohne Zeitverzögerung, was eben nicht der Realität entspricht. Dennoch arbeiten die »Fähnriche verbeamteter Wissenschaft« (Dietrich Eckardt) im Rahmen der makroökonomischen Wissenschaftstheorie weiterhin auf vollen Touren und wollen nicht einsehen, dass das einzige Ergebnis darin besteht, dass sie sich immer mehr einsanden. Die Vorstellung, dass ein wachsendes Geldvolumen wirtschaftlich und gesellschaftlich wohltätig und wünschenswert wäre, ist laut Roland Baader einer der größten Irrtümer unserer Zeit. Dieser Irrtum hält sich seit

Jahrhunderten. Er hat zahllose Währungen ruiniert, großes Leid über die breite Bevölkerung vieler Staaten gebracht und gesellschaftliche und politische Zusammenbrüche erzeugt. Statt weiter am Prinzip des keynesianischen »deficit spending« festzuhalten, tut eine Rückbesinnung auf die ordnungspolitischen Grundsätze des klassischen Liberalismus not. Der Politik die Verfügungsmacht über das Geld zu entziehen, ist also die wirksamste und dauerhaft sicherste Methode der Herrschaftsbeschränkung (und damit der Freiheitssicherung). Das Aufgeben des staatlichen Geldmonopols ist letztlich eine Frage des Überlebens unserer (noch halbwegs) freien Gesellschaftsordnung. Eine im Wohlstand aufgewachsene Generation ist leichte Beute für die Illusion vom mühelosen Wohlstand ohne harte Arbeit und konsequentes Sparen. Schon Ludwig Erhard quälte die Sorge, dass der Nachkriegsmaterialismus, der zunächst für den notwendigen Kapitalaufbau nach dem Krieg notwendig war, bald eine Unersättlichkeit und ein Anspruchsdenken nach sich ziehen könnte, das letztlich zum schuldeninduzierten Wohlfahrtsstaat führen würde.

Der heute in der Tat weitverbreitete Glaube (besser: Aberglaube), die Politik (Regierung, Parlament, Parteien und Behörden) könnte bzw. müsste für Wachstum, Vollbeschäftigung, Wohlstand, soziale Sicherheit und Geldwertstabilität in gewünschter Form sorgen, ist ein verhängnisvoller Irrtum. Er zeugt von Unwissenheit und Illusionismus einer träge gewordenen Wohlfahrtsstaatsgesellschaft – oder aufseiten der »Macher von kalter Berechnung und zynischer Arroganz« (Rahim Taghizadegan). Ludwig Erhard:

»Man kritisiert die marktwirtschaftlichen Vorgänge, lastet sie der Marktwirtschaft an, obwohl es Inflationsfolgen sind, die nicht im Markt, sondern in der Überforderung des Marktes durch zu lockere Geldpolitik, zu hohe Löhne oder durch eine inflationistische Erweiterung der Staatsaufgaben liegen.« Er warnte explizit: *»Die Blindheit und intellektuelle Fahrlässigkeit, mit der wir dem Versorgungs- und Wohlfahrtsstaat zusteuern, kann nur zu unserem Unheil ausschlagen.«*

Wenn der Kollaps irgendwann erfolgt und seine Ursachen falsch interpretiert werden – nämlich perfiderweise mit erhobenem Zeigefinger dem Kapitalismus zugeschrieben werden, steht der westlichen Welt eine dunkle Zeit bevor. Nur Leistungswettbewerb, freie Marktwirtschaft und eine stabile Währung machen die Menschen wohlhabend und sichern ihre persönliche Freiheit. Es geht um eine Rückbesinnung auf die klassische Ordnungspolitik, es geht um mehr Hayek und weniger Keynes. Es gilt die Erkenntnis von Wilhelm Röpke:

>*Das Verlangen nach Sicherheit, an sich natürlich und legitim, kann zu einer Besessenheit werden, für welche die Menschen, ob sie sich dessen bewusst sind oder nicht, schließlich den Preis der Freiheit und Menschenwürde zahlen müssen. Am Ende wird offenbar, dass, wer bereit ist, diesen Preis zu zahlen, weder Freiheit und Menschenwürde noch Sicherheit hat, weil es Sicherheit nur in Freiheit und im Schutz vor Willkür gibt.*«

Das Gift der Freiheitsvergessenheit der Wohlfahrtsgesellschaft wirkt laut Mathias Döpfner wie ein Opiat:

>*Es betäubt, es schläfert ein, es schafft die schönsten Gefühle. Und wenn man wach wird, ist es zu spät. Wer die Freiheit nicht verteidigt, verliert sie. Wer die Freiheit mit den falschen Mitteln verteidigt, verrät sie.*«

Der hypertrophierte Sozialstaat baut Schuldentürme bis in den Himmel. Roland Baader: »Es ist daher nicht falsch, ihn als ,Große Hure Babylon' zu bezeichnen sowie seine politischen Lenker als Gauner und seine willig Verführten als Ansammlung von Prostituierten.« Vor allem die gesellschaftspolitischen Verwerfungen führen zur Desorientierung der Bürger. Die tragende Gesellschaftsschicht, das Bürgertum, zerfällt. Die Wählerbestechungsdemokratie erklärt zu einem nicht unwesentlichen Teil die tiefen Ursachen der Schulden- und Eurokrise.

Quellen:

Roland Baader: *Fauler Zauber*, 2. Aufl., Gräfeling 1998, S. 58.
Roland Baader: *Geld, Gott und Gottspieler*, Gräfeling 2007.
Christoph Braunschweig: *Die demokratische Krankheit*, München 2012.
Christoph Braunschweig: *Wohlfahrtsstaat – leb wohl!*, Münster/Berlin 2013.
Mathias Döpfner: *Die Freiheitsfalle*, München 2011, S. 24.
Carlos A. Gebauer in: Roland Baader: *Freiheitsfunken*, Düsseldorf 2012, Vorwort.
Wilhelm Röpke: *Jenseits von Angebot und Nachfrage*, 5. Aufl., Bern u. Stuttgart 1979, S. 249 u. 250.
Rahim Taghizadegan: *Wirtschaft wirklich verstehen*, 2. Aufl., München 2011.

III Die tiefen Ursachen der Schulden- und Eurokrise

Die Staatsschuldenproblematik, die im Prinzip das gesamte westliche Demokratiemodell betrifft, wurde durch die Einführung der verhängnisvollen EU-Währungsunion in den betreffenden Ländern noch deutlich verschlimmert: Handelsbilanzdefizite und die Staatsschuldenhöhe stiegen nochmals signifikant an. Die Währungsunion als solche wiederum kann nicht funktionieren, weil viel zu unterschiedliche Volkswirtschaften unter eine Währung gezwungen werden. Der Euro ist nicht das Zugpferd zur politischen Einigung, er stiftet vielmehr Zank und Uneinigkeit, und er ist zum Scheitern verdammt. Der Euro-Zone fehlen die beiden entscheidenden Anti-Inflationsventile: Wechselkurs und Zahlungsbilanz. Die wenigen Überschussländer (allen voran Deutschland) bezahlen die wachsenden Defizite der bis über beide Ohren verschuldeten Krisenländer. Es gibt so oder so keinen schmerzfreien Weg mehr aus der Krise. Mit ihrer verantwortungslosen Währungsunion und der damit verbundenen Schulden- und Transferunion hat die EU sich selbst in eine Falle manövriert.

Eine besondere Tragik des Geschehens liegt darin, dass der Euro als Spaltpilz wirkt. Die Krisenländer sind aufgrund ihrer nicht mehr vorhandenen Möglichkeit der Währungsabwertung zur inneren Abwertung, sprich zum wirtschaftlichen und sozialen Abstieg verdammt, während die Exporterlöse Deutschlands, die früher die hiesige Binnenkonjunktur stärkten, weil sie die Realeinkommen steigen ließen, nunmehr geräuschlos die Defizite der Europartner finanzieren und zudem in den *Target-Salden* verdampfen.

Durch die Kunstwährung Euro erodiert die Substanz des geeinten Europas in seiner Gesamtheit. Dies gilt nicht nur in wirtschaftlicher, sondern auch in politischer und kultureller Hinsicht. Man muss davon ausgehen, dass sich die südeuropäischen EU-Krisenländer dauerhaft als »Mezzogiorno« innerhalb der Euro-Zone etablieren. Als »Stabilitätsunion« wurde die EU-Währungsunion einst der Bevölkerung *verkauft*. »Die Wahrheit siegt durch sich selbst, die Lüge braucht stets einen Komplizen«, heißt es bei Epiktet. Die EU-Währungsunion baute bereits bei ihrer Entstehung auf Rechtsbrüchen auf, und sie sichert ihre Existenz ebenfalls nur über Rechtsverstöße. Die Währungsunion ist eine Wunschvorstellung einer politischen Ideologie, nicht jedoch das Ergebnis ökonomischer Sinnhaftigkeit. Ein künstlich geschaffenes Gebilde illusionistischer Vision und wirtschaftlicher Gegensätze kann nicht zu einer auf Dauer angelegten Einheit gebündelt werden. Diese Transferunion wird lediglich durch die indirekte Umfunktionierung der Ersparnisse der Deutschen, Niederländer und Österreicher künstlich beatmet. Der Euro verurteilt die betreffenden Teilnehmerländer zu einer dauerhaften Stagflation wie in Japan und wird auf Dauer den gewohnten Lebensstandard nicht mehr ermöglichen.

Ludwig Erhard bezeichnete sich selbst zu Recht als Liberalen und als Europäer – gerade deshalb lehnte er jedwedes Eurogeld strikt ab. Karl Schiller warnte seine eigene Partei davor, den Fehler zu begehen, Deutschland in Europa wie ein Stück Zucker im Tee aufgehen zu lassen.

Wenn sich nun im Zeichen von Fiskal-, Schulden- und Bankenunion der Oktroy aus Brüssel durchsetzt, läuft das genau auf das Gegenteil jener Demokratie hinaus, für die Europa bisher stand. Das erfolgreiche Konzept von Marktwirtschaft und Wettbewerb in Vielfalt wird so einer falsch verstandenen europäischen Einigungsidee geopfert. Einigen Spitzenpolitikern geht es offenbar sowieso weniger um das (unmögliche) Gelingen der Währungsunion, als viel mehr um das Verschwinden der souveränen Nationalstaaten. Dies gilt besonders für Deutschland, wo Selbsthass und Verblendung bei vielen Intellektuellen konstitutiven Charakter haben.

Alle sogenannten Rettungsmaßnahmen bieten keinen logischen Ansatz, weil dadurch die strukturellen ökonomischen Ungleichgewichte und politischen Regelverstöße als zentrale Ursachen der Krise nicht berührt werden.

Offensichtlich geht es jetzt praktisch der gesamten politisch-medialen Klasse darum, das fulminante Scheitern ihres »Großprojektes Euro« nicht eingestehen zu müssen, stünde sie damit doch selbst vor einem finalen Legitimationsverlust. Vielmehr geht es der politischen Klasse darum, sich

möglichst Zeit zu kaufen, was es auch immer an weiteren Schulden kostet.
Immer mehr beschleicht den aufmerksamen Beobachter das beklemmen-
de Gefühl, dass der zwanghafte politische Euro-Rettungswahn nach dem
Motto »Wollt ihr den totalen Euro?« bis zum bitteren Ende durchgezogen
wird. Dabei sagt der gesunde Menschenverstand selbst dem ökonomischen Nichtfachmann, dass eine geregelte Staatsinsolvenz jeder Problem-
verschleppung, die am Ende sowieso nicht funktioniert, vorzuziehen ist.

Was wäre passiert, wenn Griechenland nicht »gerettet« worden wäre?
Griechenland hätte einen geregelten Konkurs durchgemacht, seine Schulden wären auf ein tragbares Maß reduziert worden, es wäre aus dem Euro
ausgeschieden, hätte seine Drachme soweit abgewertet, dass die Wettbewerbsfähigkeit wieder angestiegen wäre und somit Arbeitslosigkeit und
Depression tatsächlich nachhaltig hätten bekämpft werden können. Stattdessen ist nun die geradezu absurde Situation entstanden, dass die Retter
den zu Rettenden hinterherlaufen müssen, damit diese sich retten lassen,
um dann die Retter zu beschimpfen. Hier wird der Irrsinn zur politischen
Methode.

Wenn Politik und Massenmedien heute von »Europa« sprechen, hat man
es mit einer Verdrängung einer peinlichen und dennoch offensichtlichen
Wahrheit zu tun: Die sogenannte Verfassung Europas ist illegitim. Über
den Text, der unter diesem Namen durchgehen sollte, wurde nie von den
Völkern abgestimmt. Wenn er jedoch zur Wahl stand wie in Frankreich
oder den Niederlanden, wurde er glatt abgelehnt. Juristisch betrachtet,
geht es also nicht um eine behauptete Verfassung, sondern – im Gegenteil
– um einen Vertrag zwischen Regierungen: internationales Recht, kein
Verfassungsrecht. Der europäischen Verfassung fehlt das grundlegende
demokratische Element, weil die europäischen Bürger nicht darüber entscheiden durften. Und dann hat man das ganze Projekt der Ratifizierung
durch die Völker einfach stillschweigend auf Eis gelegt, wie es Giorgio
Agamben in einem Interview mit der *FAZ* erläutert. Die EU-Regierung
ist ebenso illegitim wie die sogenannte europäische Verfassung. Die Bürger müssen sich klarmachen, dass diese scheinbar unendliche Krise mit
der Demokratie als solcher unvereinbar ist. Daher ist die heutige Staats-
schulden- und Eurokrise inzwischen zum Herrschaftsinstrument selbst
geworden. Sie dient den EU-Spitzen dazu, politische und ökonomische

Entscheidungen zu legitimieren, die faktisch die Bürger enteignen und ihnen jede Entscheidungsmöglichkeit nehmen. Jean-Claude Juncker, Vorsitzender der Euro-Gruppe, hat die Vorgehensweise der EU bezeichnenderweise wie folgt beschrieben:

»Wir beschließen etwas, stellen das dann in den Raum und warten einige Zeit ab, was passiert. Wenn es dann kein großes Geschrei gibt und keine Aufstände, weil die meisten gar nicht begreifen, was da beschlossen wurde, dann machen wir weiter – Schritt für Schritt – bis es kein Zurück mehr gibt.«

Letzter Höhepunkt dieser Art von EU-Politik ist die Aufnahme Kroatiens als 28. EU-Mitgliedsland. Das ist kaum noch nachvollziehbar, denn die Euro-Zone steht vor dem Zusammenbruch und dennoch werden immer neue Länder aufgenommen. Und es sind keinesfalls wirtschaftlich solide Staaten. Nein, es kommen immer neue Schuldenländer hinzu. Kroatien ist eines davon. Es ist nicht übertrieben, wenn man das Land als ökonomischen Scherbenhaufen bezeichnet. Dennoch hat der Deutsche Bundestag Mitte Mai 2013 ohne Gegenstimme für den Beitritt gestimmt. Im Beitrittsjahr 2013 wird für Kroatien ein Haushaltsdefizit in Höhe von 5 Prozent des BIP erwartet; erlaubt sind aber nur 3 Prozent. Das Wirtschaftswachstum wird 2013 bei minus 0,5 Prozent liegen. Italien, Kroatiens wichtigster Handelspartner, ist fast komplett ausgefallen. Die kroatische Industrie steuert nur 15 Prozent zum BIP bei. Tourismus und Landwirtschaft sind die größten »Einnahmequellen«. Die Arbeitslosenquote liegt mit 23 Prozent fast auf der Höhe von Griechenland (26,4 Prozent). Die Auslandsverschuldung beträgt 100 Prozent des BIP. Kroatien nimmt Platz 81 im Global Competitiveness Report (einer Rangliste der Volkswirtschaften mit den höchsten Wachstumschancen) ein – noch hinter Botswana (Deutschland: Platz 6). Kroatien ist auf Platz 62 auf der Rangliste von Transparency International – hinter Kuba und Namibia (Deutschland: Platz 13). Dazu kommt eine geringe Wettbewerbsfähigkeit, da die Löhne doppelt so hoch sind wie etwa in Rumänien oder Serbien. Die Lohnnebenkosten sind hoch, die Steuern steigen und die Bürokratie ist ein Wachstumshemmer. Die Korruption ist allgegenwärtig. Investoren warten häufig jahrelang auf Baugenehmigungen. Statt dringend benötigter Reformen wurde der öffentliche Sektor ausgeweitet. Schon jetzt arbeiten mehr als 30 Prozent im öffentlichen Dienst. Die Sozialausgaben betragen 75 Prozent der öffentlichen Ausgaben. In Deutschland beträgt der Anteil nicht einmal die Hälfte. Auch die private Verschuldung ist in Kroatien vergleichsweise hoch. Ähnlich wie die US-Amerikaner besitzen viele Kroaten gleich mehrere Kreditkarten und machen viel zu hohe Schulden. Waren 2008 rund 4 Prozent aller Kredite notleidend, sind es jetzt schon 15 Prozent: eine Blase, die das Bankensystem Kroatiens in ernsthafte Schwierigkeiten bringen kann. Mit Kroatien wurde also ein weiteres Schuldenland in die EU aufgenommen. Die hohe Verschuldung, Rekordarbeitslosigkeit, mangelnde Wettbewerbsfähigkeit und eine generell unterentwickelte Industrie lassen nichts Gutes ahnen.

Die EU-Verschuldung wird also immer größer. Doch für Goldman Sachs, George Soros und die anderen Profiteure des ruinierten Weltfinanzsystems sind Finanzmärkte, auf denen sie mit staatlichem Monopolgeld jonglieren, längst keine Märkte mehr, sondern höchst profitable Finanzierungsinstrumente überschuldeter Wohlfahrtsstaaten: Der Staatsmonopolkapitalismus triumphiert gegen die marktwirtschaftliche Ordnung (Christian Schwiesselmann)!

Peter Graf Kielmansegg weist in seinem Buch *Die Grammatik der Freiheit* explizit darauf hin, dass die wichtigste Lektion des 20. Jahrhunderts die Erkenntnis sei, dass Demokratie und Verfassungsstaatlichkeit in einem symbiotischen Verhältnis zueinander stehen, nicht bloß historisch zufällig, sondern mit einer inneren, systemischen Notwendigkeit. Nur so gewinnt die repräsentative Demokratie, die nicht aus der Versammlungsdemokratie, sondern aus der ständischen Repräsentativverfassung hervorgegangen ist, ihre legitimitätsstiftende Identität.

Die Grundfeste der humanistischen, vielfältigen und vitalen Kulturgeschichte Europas werden von den EU-Politikern einfach liquidiert und münden in dem primitivpolitischen Ausspruch: »Scheitert der Euro, scheitert Europa.« Das wirtschafts- und gesellschaftspolitische Wunschmodell der politischen Klasse, der soziale Versorgungsstaat mit seiner hypertrophierten Bürokratie, hat bereits die motivierende und kulturelle Kraft von tradierter Identität, Zusammenhalt und selbstbewusstem Bürgertum zerstört (Wolfram Weimer). Die Abschaffung des selbstbewussten Bürgers im Sinne eines Citoyen entspricht typischerweise dem Selbstverständnis

der heutigen politischen Klasse, die sich immer weniger als Teil des demokratischen Gemeinwesens versteht, sondern eher als Manager-Avant-
garde einer Bevölkerung, die es zu bevormunden gilt. Insbesondere die
Europapolitik wird nach Art des aufgeklärten Absolutismus betrieben:
Die Spitzenfunktionäre maßen sich an, besser als ihre Untertanen zu wissen, was gut für sie ist. Sie entscheiden für ihre Untertanen – ohne jede
demokratische Legitimation. Aus Eigeninteresse wurde der EU-Integra-
tionseifer zum politisch-moralischen Imperativ erhoben. Dies führt, wie
die Währungsunion zeigt, zu dramatischen Fehlentscheidungen, deren
folgenschwere Konsequenzen die Bürger tragen müssen. Die Politik ig-
norierte wieder einmal sämtliche ökonomischen Gesetzmäßigkeiten, und
verlor – wie immer.

Seit der EU-Währungsunion ist Europa tief gespalten – wirtschaftlich,
sozial und politisch. Wer ein wirklicher Freund des europäischen Projekts
ist, muss deshalb für eine schnelle Auflösung der fatalen Währungsunion
eintreten. Die Rückkehr zu einem flexiblen System nationaler Währungen – unter Beibehaltung des Euro in Form der frühere Verrechnungsein-
heit ECU – wäre z. B. geeignet, will man das europäische Projekt nicht
vollends gegen die Wand fahren.

Das schuldeninduzierte Wohlfahrtsstaatsprinzip und die ökonomisch
verhängnisvolle EU-Währungsunion gefährden letztlich Freiheit und Demokratie. Die Kernursache ist der entscheidende Konstruktionsfehler des
Geld- und Finanzsystems: das staatliche Geldmonopol! Die Geschichte
des staatlichen Geldes ist eine Geschichte des Scheiterns, von der Antike
bis heute. Es ist keine staatliche Papiergeldwährung bekannt, die nicht im
Zeitablauf ihre Kaufkraft praktisch völlig eingebüßt hat. Währungshistorisch gesehen, sind bisher noch alle staatlichen Papiergeldwährungen
entweder kläglich gescheitert oder spektakulär zusammengebrochen. Laut
Friedrich A. von Hayek ist die Geschichte des Geldes eine Geschichte
von Lug und Betrug. Der Staat braucht stets mehr Geld, als er durch
das normale Aufkommen aus Steuern, Abgaben, Gebühren und sonstige
Zwangseinnahmen abdecken kann. Es war kein Zufall, dass der Goldstandard bei Ausbruch des Ersten Weltkriegs in allen beteiligten Ländern abgeschafft wurde und man mittels der schon bestehenden oder neu
geschaffenen Zentralbanken auf das beliebig vermehrbare, ungedeckte

Geld überging. Mit Gold als Geld hätte weder der Erste noch der Zweite Weltkrieg geführt werden können. Gern besorgt sich der Staat auch Geld durch direkte Verschuldung, indem er Staatsanleihen emittiert. Die Besitzer der Staatsanleihen können freilich nur solange mit Verzinsung und Rückzahlung rechnen, wie sie selbst und ihre Kinder dem Staat als Steuerzahler genügend Mittel dafür zur Verfügung stellen, d. h., indem sie ihre Forderungen selbst begleichen. Wird die Schuld für den Staat zu groß (und das ist immer irgendwann der Fall!), erklärt er den Bankrott in Form einer Währungsreform oder eines Währungsschnitts. Die Gläubiger und Geldvermögensbesitzer verlieren alles oder fast alles. Dabei ist auch noch zu beachten, dass die an den Staat fließenden Kredite von besseren (produktiveren) Verwendungen abgezogen werden, was wiederum die Wettbewerbsfähigkeit der Volkswirtschaft und somit die Höhe des allgemeinen Lebensstandards negativ beeinflusst. Die auf schamloser Staatsverschuldung beruhenden sozialen Wohltaten erzeugen eine zunehmende Sozialabhängigkeit, die wiederum die Staatsgläubigkeit verstärkt. Die Menschen werden regelrecht zu »Sozialsklaven«, ohne es selbst zu merken.

Die Schuldenmacherei des Sozialstaates zerstört aber auch Ethik und Moral des Gemeinwesens. Die intellektuelle Korruption und der geistig-moralische Verfall, so der englische Soziologe Dennis O'Keeffe von der University of North London in seinem Werk *Political Correctness and Public Finance* von 1999, sind ein künstliches Erzeugnis der öffentlichen Gelder aus Steuern und Staatsverschuldung. Indem der Staat seine Bürger erzieht, an der staatlich organisierten Umverteilung mitzumachen, macht er sie zu Mittätern, denen auch im privaten Bereich das Gefühl für Recht und Moral zunehmend verloren geht.

Die schlimmste Folge von Überschuldung und Inflation besteht darin, dass die Grundlage der freien Wirtschaft zerstört wird: die Wirtschaftsrechnung. Da die Preise sich nicht alle gleichmäßig und mit gleicher Geschwindigkeit verändern, wird es für die Unternehmen immer schwieriger, Bleibendes von Vorübergehendem zu unterscheiden und ihre Betriebskosten oder die Nachfrage der Konsumenten zu beurteilen. Indem die Inflation illusionäre Gewinne erzeugt und die Wirtschaftsrechnung verzerrt, hält sie den freien Markt davon ab, ineffiziente Investitionen zu verhindern und effiziente zu belohnen. Inflation bestraft Sparsamkeit und ermuntert zum Schuldenmachen – auch in Projekten und Bereichen, die ohne Inflation längst als unrentabel identifiziert wären. Das gestörte Prinzip der Ressourcenallokation führt zu Vermögenspreisblasen und künstlich verstärkten Konjunkturausschlägen. Die gesamte Wirtschaftsproduktivität sinkt.

Der politische Druck auf die Zentralbanken, immer noch mehr Geld bereitzustellen, steigt erfahrungsgemäß gerade in Krisenzeiten deutlich an, und niemand stemmt sich dagegen: Politiker, Banken, Bürger, Zentralbanken, Gewerkschaften und Ökonomen mögen alle aus unterschiedlichen Gründen das »leichte Geld«, weil sie die langfristig fatalen Folgen ausblenden. In den vergangen gut vierzig Jahren haben Staats- und Finanzbereich auf diese Art und Weise Kredite aus dem Nichts geschaffen und damit Blasen, aber nicht Substanzielles. Die Welt lebt daher heute in der größten Finanzblase aller Zeiten. Der verhängnisvolle Kreislauf von zu hohen Staatsschulden und zu niedrigen Zinsen verstärkt sich fortlaufend. Der überbordende Sozialstaat führt durch seine systemimmanente Schuldensucht sein eigenes Ende herbei. Früher oder später führt Schuldenmacherei immer zu Rezession und Geldentwertung. Ohne das beliebig vermehrbare Geld würden die westlichen Demokratien jetzt nicht vor dem finanziellen Zusammenbruch stehen. Walter Eucken hat darauf hingewiesen, dass alle Bemühungen, eine Wettbewerbsordnung zu verwirklichen, umsonst sind, wenn die Stabilität des Geldwertes nicht gesichert ist. Von Lenin ist der Spruch überliefert: Um die bürgerliche Gesellschaft zu zerstören, muss man ihr Geldwesen verwüsten. Der deutsche Nationalökonom F. A. Meyer sagte, dass dann, wenn das Geldwesen ruiniert sei, nur der staatliche Befehl zur Regulierung aller wirtschaftlichen Einzeltransaktionen bleibe. Somit wäre dann die Grundlage für eine kollektivistische Befehlswirtschaft (Wilhelm Röpke: »Kommandowirtschaft«) endgültig gelegt.

Während die reale Güterwirtschaft aus guten Gründen privatwirtschaftlich organisiert ist, ist das spiegelbildlich zu verstehende Geldsystem ein staatliches Monopol. Realwirtschaft und Finanzwirtschaft sind deshalb nicht miteinander verzahnt. Genau aus dieser Diskrepanz resultieren letztlich die immer wiederkehrenden Probleme: Schulden, Rezession, Depression, Inflation und übertriebene Konjunkturzyklen. Das staatlich

monopolisierte Papiergeldsystem ist dem marktwirtschaftlichen Gütersys-
tem derart wesensfremd, dass man es nicht in ausreichendem Maße refor-
mieren könnte, sondern durch ein marktwirtschaftlich konformes System
von »Privatgeld« ergänzen muss. Gemäß Ludwig von Mises und Friedrich
A. von Hayek gibt es keinen wirksameren Schutz gegen den inflatorischen
Missbrauch des Geldes durch die Regierungen und gegen eine allzu nach-
giebige Geldpolitik der nationalen Zentralbanken, als wenn die Bürger
jedes Landes jenes Geld, dem sie kein Vertrauen (mehr) entgegenbringen,
zurückweisen und sich stattdessen jener Währung bedienen dürfen, zu
der sie Vertrauen haben. Da Staaten und Geschäftsbanken bei einem solchen Währungswettbewerb nicht mehr davon ausgehen können, dass die
EZB ihnen zu Niedrigzinsen unbegrenzt Geld zur Verfügung stellt, würde
der Druck auf die nationalen Regierungen massiv steigen, endlich ihre
Haushalte nachhaltig zu sanieren, und die Banken würden von ganz allein
ihre Geschäftsrisiken begrenzen. Die Marktwirtschaft ist dem Leviathan
Staat wehrlos ausgeliefert, solange dieser das Monopol auf ihr Blut – das
Geld – hat (nach Roland Baader).

Ein freies Marktgeld, dessen Produktion dem marktwirtschaftlichen Prinzip unterliegt, würde die meisten Störungen des Wirtschaftskreislaufes
von vornherein ausschließen bzw. stark begrenzen. Die Politiker könnten
nämlich nur noch so viel Geld ausgeben, wie tatsächlich im Haushalt
vorhanden ist. Durch einen solchen ordnungspolitisch wünschenswerten
Währungswettbewerb zwischen staatlichem Geld (inflationierbar) und
privatem Marktgeld (stabiles Geld) würde die »demokratische Krankheit«
des schuldeninduzierten Wohlfahrtsstaates geheilt werden.

Das staatliche Geldmonopol ist eben eine planwirtschaftliche Appara-
tur, die im Prinzip aus den gleichen Gründen nicht funktioniert, wie alle
staatlichen Zentralplanwirtschaften nicht funktionieren. Die Mitarbeiter
der EZB sehen das offenbar genauso, oder wie ist es sonst zu erklären, dass
sie einen Inflationsschutz ihrer Pensionen fordern?

Immer wieder wird jedoch selbst von Ökonomen behauptet, dass Geld
kein normales Gut darstelle und deshalb nur vom Staat verwaltet werden
könne. Aus übergeordneten Gründen würden für bestimmte Güter und
Institutionen die ökonomischen Marktgesetze nicht gelten dürfen. Diese

Behauptung kümmert die ökonomischen Gesetzmäßigkeiten allerdings herzlich wenig. In Wahrheit kann man die ökonomischen Gesetzmäßigkeiten genauso wenig beeinflussen und steuern wie die Erdumdrehung. Der Staat als Unternehmer und Befehlshaber über wirtschaftliche Prozesse ist jedenfalls immer und überall die denkbar schlechteste Wahl. Dies gilt – wie die Währungsgeschichte eindrucksvoll zeigt – insbesondere hinsichtlich des Geldes. Ausgerechnet das Management des Geldes ist dem Staat, dem erfahrungsgemäß unfähigsten Unternehmer überhaupt, anvertraut. Staatliche Systeme können in einer Welt, die sich der Wirkung ökonomischer Gesetzmäßigkeiten nun einmal nicht entziehen kann, nur denkbar ungeeignete Systeme sein. In Wirklichkeit bedarf das Geldangebot einer Volkswirtschaft weder einer Herrschaftsmacht (Staat) noch eines hoheitlichen Regulators der Geldmenge (staatliche Zentralbank). Der freie Markt sorgt automatisch für die Menge des umlaufenden Geldes, geradeso wie er die Mengen der Konsum- und Kapitalgüter erzeugt, nämlich nach den Gesetzmäßigkeiten von Angebot und Nachfrage und nach Maßgabe des Preises (Roland Baader). Im Hinblick auf die Erkenntnis, dass es auf Dauer kein gesundes Staatswesen mit einem kranken Geld- und Finanzwesen gibt, muss man das staatliche Papiergeldmonopol als Dämon unserer Zeit bezeichnen. Denn ohne diese fatale Fehlkonstruktion des Geld- und Finanzwesens könnte bzw. müsste sich jede Regierung in ihrer Wirtschaftspolitik richtigerweise auf reine Ordnungspolitik beschränken. Das staatliche Papiergeldmonopol ist hingegen der Treibstoff, der den Teufelskreis aus Politikerversprechen und Wähleransprüchen im Rahmen der schuldeninduzierten Wählerbestechungsdemokratie in Gang hält. Subventionen und Inflation sind die Drogen, die Politiker wie Wähler abhängig machen und die Realität verzerren. Nicht mehr wettbewerbsfähige, unwirtschaftliche Strukturen werden unnötig konserviert. Der durch das staatliche Papiergeldmonopol finanziell künstlich genährte Wohlfahrtsstaat gerät so zwangsläufig in die Schuldenspirale. Theoretisch denkbare gesetzliche Regelungen, die die hemmungslose Verschuldungspolitik des Staates verhindern sollen, sind leider unrealistisch, weil der Staat – auch in der Demokratie – selbst der »Letztrichter« in eigener Sache ist (Hans-Hermann Hoppe).

Staatliches Papiergeld macht die Marktwirtschaft krank. Kommt sie schließlich ins Wanken, erschallt der Ruf nach Bändigung des Kapitalismus und sozialer Gerechtigkeit. Damit nähern sich die Wölfe des »Sozial-Sozialismus« (Roland Baader) und die Hyänen des totalitären Staates.

Es stellt sich natürlich die Frage, warum die notwendige Abschaffung des staatlichen Papiergeldmonopols bisher kaum thematisiert wird, obwohl diese durchaus schicksalhafte Problematik das gesamte westliche Wohlfahrtsstaatsmodell betrifft. Der relativ banale Grund liegt darin, dass Politiker und Währungshüter daran kein Interesse haben. Der mehrheitlich bestimmende Zweig der Volkswirtschaftslehre hat sich selbst desavouiert, weil hier der Begriff »Sparen« durch den Begriff »Kredit« ersetzt wurde. Dass man sich allenfalls reich sparen kann, sich aber niemals reich konsumieren kann, wird geflissentlich verdrängt. Man glaubt stattdessen, dass das Sparen nicht mehr nötig sei, weil man beliebig Kredit durch »deficit-spending« schaffen kann. Das ist natürlich blanker Unsinn, entspricht aber dem Impetus des schuldeninduzierten Wohlfahrtsstaates. Bei Joseph A. Schumpeter heißt es: »Der Zustand des Geldwesens eines Volkes ist ein Symptom aller seiner Zustände.«

Den realexistierenden Kapitalismus nennt Kristof Berking daher treffend »Zentralbankwirtschaft«. In der »Zentralbankwirtschaft«, so stellt Christoph Berking fest, wird demnach

»alles der monetären Zentralplanwirtschaft des Teilreserve-Banksystems auf Papiergeldbasis unterworfen. Mit expliziter Erlaubnis vom Staat schöpfen Banken Geld aus dem Nichts und verleihen es insbesondere an den Staat, der auf diese Weise mehr ausgeben kann als er einnimmt. So werden die Menschen schleichend enteignet und zu Schuldnern gemacht eines Ausbeutungskartells aus Finanzklerus und politischer Klasse. Dieses Papiergeldregime und der noch oben draufgesattelte Euro-Sozialismus werden früher oder später kollabieren.«

Die Menschheit hat mehr als tausend Jahre gebraucht, um festzustellen, dass sie keine Könige, Kaiser und Fürsten braucht, die ihr vorschreiben, was zu tun ist. Hoffentlich dauert es keine weiteren tausend Jahre, bis die Menschen begreifen, dass sie dafür auch keine Politiker und Funktionäre mit alleiniger Macht über das Geld brauchen. Das staatliche Papiergeldmonopol hat noch jede Gesellschaft in den Bankrott geführt. Denn wer mehr ausgibt als er einnimmt, geht pleite – selbst Karl Marx hat es gewusst. Obgleich der umsorgende Wohlfahrtsstaat für den sozialen Untertan lediglich ein temporäres Paradies auf Pump darstellt, beginnt bei den meisten Leuten das Gewissen leider erst dort, wo der vermeintliche eigene Vorteil aufhört.

Nur die freie Marktwirtschaft und eine stabile D-Mark haben zuwege gebracht, dass der kleine Mann von der Erniedrigung der Essensmarkenverteilung zum souveränen Verbraucher aufgestiegen ist, dass er als Konsument zum »König Kunde« wurde. Der Wettbewerb zerstört eo ipso jegliche Machtpositionen, er ist der effizienteste Machtzerschlagungsapparat überhaupt, denn jeder Anbieter (Unternehmer/Unternehmen) kann sein egoistisches Gewinnziel nur realisieren, wenn er nach der Pfeife des Konsumenten springt. Marktpreise sind automatisch Preise, die die Verbraucher bereit und in der Lage sind, zu zahlen, und jeder erhält nach seinen eigenen Fähigkeiten und Chancen die Möglichkeit zum sozialen Aufstieg. Ohne Wettbewerb und offene Märkte hat es noch in keinem Land der Welt Massenwohlstand und persönliche Freiheit gegeben. Im Leistungswettbewerb der Marktwirtschaft liegt also eine zutiefst ethische und moralische Dimension. Jenseits von Angebot und Nachfrage ist die Marktwirtschaft also vor allem ein sittlich begründetes Gesamtkonzept (Wilhelm Röpke). Anders als Marxisten und Sozialisten sind deshalb die Vertreter des klassischen Liberalismus immer weit davon entfernt gewesen, ihre eigenen Lehren »pseudoreligiös zu immunisieren« (Hans Willgerodt). Der klassische Liberalismus hat allerdings den vermeintlichen Nachteil der ungleichen Verteilung der Güter, obgleich gerade darin erst seine unvergleichliche Produktivität und Innovationskraft als Grundlage für den Massenwohlstand begründet ist. Der entscheidende Nachteil des klassischen Liberalismus und seiner Grundgedanken liegt laut Ludwig von Mises vermutlich darin, dass man über eine fundierte Bildung und tiefe wirtschaftswissenschaftliche Kenntnisse verfügen muss, um sie zu begreifen.

Dass die von individueller Freiheit geprägte Wettbewerbsgesellschaft Höheres zustande bringt, als ein Einzelverstand oder eine Zentralinstitution je planen oder voraussehen könnte, können ihr viele Intellektuelle einfach nicht verzeihen. Unverzeihlich ist in ihren Augen auch der Tatbestand, dass ein fähiger Handwerker in einer Marktwirtschaft durchaus viel mehr

verdienen kann als eine habilitierte Geistesgröße. Bei vielen Intellektuellen ist aufgrund nicht vorhandener Wirtschaftskenntnisse eine Art Pseu-
do-Theologie der Staatsgläubigkeit bis hin zum unverhüllten Sozialismus
festzustellen, der weniger den Massen als denen jener Intellektueller entspricht, denen der sozialistische Staat die ersehnten Machtstellungen verspricht und selbstverständlich auch ihren gut verborgenen Sozialneid materiell befriedigt.

Es ist bezeichnend, dass die Begriffe Individualismus und Sozialismus ursprünglich von den Saint-Simonisten, den Urhebern des modernen Sozialismus, gebildet worden sind. Sie prägten zuerst den Begriff Individualismus zur Bezeichnung der Wettbewerbswirtschaft, deren Gegner sie
waren, und erfanden dann das Wort Sozialismus zur Bezeichnung der
zentral geplanten Gesellschaft, in der alle Tätigkeiten nach demselben
Prinzip gelenkt werden wie in einer Einzelfabrik. Während der klassische
Liberalismus Chancengleichheit in individueller Freiheit sucht, sucht
der Sozialismus absolute Gleichheit – somit gezwungenermaßen in Beschränkung und Zwang. Im Sozialismus vereitelt die Leidenschaft für die
Gleichheit die Hoffnung auf Freiheit. Eine ganze Welt liegt laut Friedrich
A. von Hayek zwischen der gleichen Behandlung aller Menschen und
dem Versuch, sie gleich zu machen. Die erste ist die Bedingung für eine
freie Gesellschaft, die zweite bedeutet eine neue Form der »Knechtschaft«
(Hayek). George Bernard Shaw hat die mangelnde Wertschätzung für
Markt und Wettbewerb auf den einfachen Nenner gebracht:

*»Freiheit bedeutet Verantwortlichkeit; das ist der Grund, weshalb die meisten
Menschen sich davor fürchten.«*

Das deutsche Bürgertum war immer schon wirtschaftlich rege, politisch
jedoch unwillig und in gewissem Sinne unmündig. Unsere depressiv verstimmte, ängstliche Gesellschaft flüchtet sich in Nostalgie und Innerlichkeit. Es geht um die Abwendung möglichst jeder Veränderung, um die
Sicherung und Bewahrung des Status quo und den Wunsch, sich in eine
pseudo-biedermeierliche heile Welt zurückzuziehen (Stichwort: »Cocooning«). Die typische »Rentner-Demokratie« (Roman Herzog) ist ein
Reich der Sorgen. Und Sorgen gedeihen vor allem dort, wo viel zu verlieren ist. Die selbstgefällige Rückwärtsgewandtheit der gut situierten, grün

angehauchten Hedonisten mit ihrer Besserwisserei mag den Fortschritt
eine Zeit lang ausblenden, aber Zukunft und Fortschritt warten nicht. Entweder man gestaltet den Fortschritt selbst aktiv mit oder man wird von ihm
überrollt. Ein krakenhafter Staat und eine grotesk ausufernde Sozialstaatsbürokratie strangulieren die Marktwirtschaft immer stärker. Der Weg vom
einstigen marktwirtschaftlichen Wirtschaftswunderland zum neo-feudalen
Sozial-Sozialismus (Roland Baader) schmeichelt dem Zeitgeist, endet aber
letztlich im Verlust von Wohlstand und Freiheit für alle Bürger.

»Überlassen wir die Vernunft den Philosophen, aber verlangen wir nicht
von ihr, in der Regierung der Menschen eine zu große Rolle zu spielen«,
heißt es bei Gustave Le Bon. Ein Blick in das abendliche Fernsehpro-
gramm mit den diversen Talkrunden genügt, um festzustellen, dass das
Niveau immer mehr verflacht. Ende des 18. Jahrhunderts schrieb der englische Historiker Edward Gibbon in seiner *History of the Decline and Fall
of the Roman Empire*: »Die Entwicklung eines übermäßigen, obsessiven
Interesses an Sport und Berühmtheiten (»Celebrities«) war einer der Faktoren des Kollapses der größten Zivilisation, die die Menschheit je gekannt
hat.« Gibbons Beschreibung des Untergangs des weströmischen Reiches
lässt in vielem geradezu frappierende Parallelen zur heutigen Wohlfahrtsgesellschaft erkennen. Unwillkürlich gewinnt man mehr und mehr den
Eindruck, die Massendemokratie wird irgendwann tatsächlich zur Ochlokratie (Herrschaft des Pöbels), wie es der griechische Historiker Polybios
(200–120 v. Chr.) bereits voraussagte. Die Demokratie für sich allein ist
dann nur der Sieg der Zahl über die Vernunft (frei nach Dostojewski).

Die richtige Balance zwischen Freiheit und Gleichheit zu finden, ist jedenfalls ein Problem, das der Menschheit schon seit der Antike allergröß-
te Schwierigkeiten macht, wie schon der diesbezügliche Antagonismus
zwischen Platon und Aristoteles zeigt. Auch den richtigen Umgang mit
Geld hat die Menschheit bisher nicht gelernt. Beides: Die für den Sozialstaat charakteristische Bevorzugung der Gleichheit zulasten der Freiheit (eine andere Freiheit gibt es nicht!) und das verhängnisvolle staatliche
Geldsystem ergeben die Grundmixtur der Krisis. Bei Cicero heißt es:

*»Der Staatshaushalt muss ausgeglichen sein. Die öffentlichen Schulden
müssen verringert werden. Die Arroganz der Behörden muss gemäßigt und*

kontrolliert werden. Die Zahlungen an ausländische Regierungen müssen reduziert werden, wenn der Staat nicht bankrottgehen soll. Die Leute müssen wieder lernen zu arbeiten, statt auf öffentliche Rechnung zu leben.«

Dann wäre es nicht mehr aussichtslos, wenn ein Politiker vor das Wahlvolk tritt und sagt: Wählt mich, ich will euch vier Jahre lang in Ruhe lassen! (Roland Baader)

Es ist überflüssig, darauf hinzuweisen, dass der angestrengte Fleiß nicht die oberste Qualitätsanforderung an einen Politiker sein sollte – weiß man doch, dass gescheite Faulpelze in aller Regel besser für ihr Volk sind.

Der Wohlfahrtsstaat beruht laut dem französischen Ökonom Frédéric Bastiat letztlich auf der Fiktion, dass jedermann auf Kosten von jedermann leben könne. Somit entspricht der reife Wohlfahrtsstaat im Kern dem Grundprinzip des Kollektivismus. Und der Kollektivismus in allen seinen Spielarten (Kommunismus, Sozialismus, Nationalsozialismus, Faschismus) ist der Todestrieb in der Geschichte, wie der russische Mathematiker und Philosoph Igor Schafarewitsch in seinem Buch *Der Todestrieb der Geschichte – Erscheinungsformen des Sozialismus* treffend analysiert hat. Da ist es umso tragischer, dass gut zwanzig Jahre nach dem ruhmlosen Untergang bzw. Bankrott der DDR der Sozialismus erneut in den vom Sozialstaat benebelten Köpfen in dem Maße an Anziehungskraft gewinnt, wie verdrängt wird, welche Konsequenzen dauernde Umverteilung, wachsende Staatsquote und Gleichheitswahn (Sozialneid!) als Doktrin nach sich ziehen: Es ist der Weg in die Unfreiheit und in die Armut, eben der Weg in die Knechtschaft. Von Alexis de Tocqueville ist der folgende Ausspruch überliefert worden: »Um die politische Freiheit zu verlieren, genügt es, diese nicht festzuhalten, und sie entflieht.«

Armut und Unfreiheit sind nicht schicksalhaft vorgegeben, sie haben stets ihre Ursachen; ihre engsten Verbündeten sind interventionistische Regulierung, Staatsbürokratie sowie sozial-sozialistische Wirtschafts- und Sozialpolitik. Die bösartige Menschenliebe der Kollektivisten sieht ihre erbittertsten Feinde in der Freiheit und Kreativität der Individuen. Es wird heute eher akzeptiert, dass alle gleich arm sind, als dass alle wohlhabend, aber darunter einige wohlhabender als andere sind. Der Begriff Armut wird passenderweise so definiert, dass als arm gilt, wer über weniger als das Durchschnittseinkommen verfügt. Nach dieser Definition kann Armut also niemals besiegt werden! So gibt es immer Grund für Sozialneid. Und am lautesten erschallt der Ruf nach Umverteilung, wenn es so gut wie nichts mehr zu verteilen gibt. Der heutige Wohlfahrtsstaat ist eine »Neidbeschwichtigungsökonomie« (Gerd Habermann) und somit eine (gemäßigte) Variante des Sozialismus. Die Erkenntnis, dass nur eine marktwirtschaftlich organisierte Wettbewerbsgesellschaft auch für Hilflose so viel erübrigen kann, dass Armut als Massenerscheinung verschwindet, wird unterschlagen. Der Sozial-Sozialismus beinhaltet vielmehr die größte Gefahr für die freie Marktwirtschaft und die offene Gesellschaft. Sein Fortschritt wird auch dadurch ermöglicht, dass viele Bürger den Umstand nicht begreifen, dass Staatsleistungen nur von ihnen selbst finanziert werden können.

Die Gleichmacherei unterbindet systematisch das natürliche menschliche Streben nach Selbstverwirklichung. Der Wohlfahrtsstaat bricht das Selbstvertrauen seiner Bürger und macht sie bewusst von fremder Hilfe anhängig, er politisiert das ganze Leben und führt eine ganze Gesellschaft in das »Sozialprotektorat« (Gerd Habermann) der Staatsgewalt. Der heutige, degenerierte Wohlfahrtsstaat mit seinem Endziel der Bekämpfung der Selbstständigkeit und Eigeninitiative führt automatisch zur *Entbürgerlichung* der Gesellschaft. Die Entbürgerlichung zeigt sich auch am Erscheinungsbild der Bevölkerung, dem weitverbreiteten Vandalismus und sonstigen Verwahrlosungsphänomenen. Dazu zählt auch die soziale Pathologie der Familienauflösung. Immanuel Kant sprach im 18. Jahrhundert im Hinblick auf den preußischen Wohlfahrtsdespotismus vom »zahmen Hausvieh«, dass durch diese Bevormundungspolitik erzeugt werde. Konrad Lorenz sprach in unserer Zeit von »Verhausschweinung«. Wer die Bürger vor den normalen Lebensrisiken schützen will, muss sie zugleich beherrschen und raubt ihnen Erfahrungsmöglichkeiten. So ist der Wohlfahrtsstaat stets ein Zwangsstaat (Wegnahme von Eigentum, Einschränkung der Vertragsfreiheit). Die Leute merken nicht, dass der Fiskalsozialismus sie mit ihrem eigenen Geld vom Staat abhängig macht. Pessimismus und Wehleidigkeit, dazu Anspruchsmentalität, breiten sich immer mehr aus. Jeder stellt zunächst einmal Ansprüche an andere, bevor er an eigene Möglichkeiten denkt, die ihm (raffinierterweise) von den Funktionären beschnitten wurden.

Ludwig Erhard würde sich im Grabe umdrehen, wenn er sähe, was seine Nachfolger (auch in der Union!) angerichtet haben.

Eine politische Partei, die tatsächlich uneigennützig nur das Gemeinwohl stützen wollte, bräuchte gar kein Parteiprogramm – es würde vollkommen ausreichen, sich an das zu halten, was Abraham Lincoln (1809–1865) wie folgt formuliert hat:

»Man kann keinen Wohlstand schaffen, wenn man die Sparsamen entmutigt. Man kann die Schwachen nicht stärken, wenn man die Starken schwächt. Man kann dem Arbeitnehmer nicht helfen, indem man die Arbeitgeber schröpft. Man kann nicht Brüderlichkeit fordern, wenn man den Klassenkampf schürt. Man kann auf geborgtem Geld keine Sicherheit gründen. Wenn man mehr ausgibt, als man verdient, werden Schwierigkeiten nicht ausbleiben. Man kann nicht Mut und Charakterstärke erwarten, wenn man Eigeninitiative und Unabhängigkeit unterdrückt. Man kann den Menschen nicht auf Dauer helfen, wenn man für sie tut, was sie selber tun könnten und sollten.«

Wie weit das weiche Klima des Sozial-Sozialismus die Leute heute schon korrumpiert hat, zeigt der Widerstand gegen jede in Aussicht gestellte Leistungskürzung. Es ist weit und breit keine Form von Reformbereitschaft auszumachen. Die Leute wissen nur, was sie nicht wollen: Steuererhöhungen, Sozialabbau, Subventionsabbau, Lohnflexibilität, Arbeitsplatzverlust. Der Prozess der Verdummung und Realitätsverweigerung führt dazu, dass sie unter den Rock von »Mutti« (Kanzlerin Merkel) flüchten. Die Merkel-CDU hat inzwischen das Menschenbild der SPD übernommen: antireligiös, antikapitalistisch, »durchgegendert«, dem Islam zugewandt, verstaatlichte Kinder, entmündigt im Namen eines vermeintlichen Umwelt- und Konsumentenschutzes, zufrieden in der Geiselhaft des EU-Menschheitsbeglückungsprogramms und bis in alle Einzelheiten staatlich gelenkt und kontrolliert.

»Es gibt nichts, für das ich sagen könnte – danke EU«, sagte ein Jugendlicher im französischen Fernsehen. Die EU ist so undemokratisch, dass sie sich selbst nicht als Mitgliedsstaat akzeptieren würde. Die EU-Spitzen regieren die EU nicht demokratisch, sondern wie ein selbstgerechtes

Imperium, schreibt Sven Kesch. Daher benötigt sie eine beinahe religiös erhöhte europäische Ideologie. Die EU ist auf dem Weg in einen perfekten sozialistischen Überwachungsstaat einer technokratischen Beamten- und Fiskaldiktatur. Brüssel ist die größte Verordnungs- und Geldvernichtungsdemokratie seit dem Zweiten Weltkrieg. Es ist ein gesamteuropäisches Problem geworden, dass niemand die Courage hat, den Menschen die Wahrheit zu sagen (Karl Fürst zu Schwarzenberg, vormaliger Außenminister von Tschechien). »Wer in der Demokratie schläft, wacht in der Diktatur auf«, heißt es bei Johann Wolfgang von Goethe.

Politische Diktatur fängt immer mit Versprechungen und sozialen Geschenken an. Das Höchstmaß an sozialer Gerechtigkeit ist erreicht, wenn alle so gut wie nichts mehr haben und als gleichgeschaltete Masse von den parasitären Sozialstaatsfunktionären befehligt werden – dies selbstverständlich alles nur zu ihrem eigenen Wohl!

An der Bewältigung der geistigen und moralischen Krise unserer desorientierten Gesellschaft wird sich entscheiden, ob der Weg zum trostlosen und grauen Kollektivismus oder zur Renaissance freiheitlicher Ideale und bürgerlicher Werte führt.

Benedetto Croce (1866–1952) betitelte den klassischen Liberalismus treffend als »Religion der Freiheit«, Thomas Paine (1736–1809) als »Grammatik der Freiheit«. Der Sozialismus hingegen ist laut Dennis O'Keeffe »ein System, das dem Zweck dient, die Massen zu schwächen und sie zur Anbetung parasitärer Eliten zu bewegen.« Die Entscheidung liegt bei uns.

Eine zwangsläufige Folge der Schulden- und Eurokrise ist u. a. auch der forcierte Zugriff des Staates auf das Geld seiner Bürger: Zu hoch empfundene Steuerlast führt zu entsprechender »Steuervermeidungsstrategie« der Steuerzahler.

Quellen:
Giorgio Agamben in einem Interview mit der *FAZ* vom 25.5.2013, S. 44.
Roland Baader: *Freiheitsfunken*, 2. Aufl., Düsseldorf 2012, S. 49.
Roland Baader: *Geldsozialismus*, Gräfeling 2010.
Roland Baader: *Geld, Gott und Gottspieler*, Gräfeling 2007.

Roland Baader: *Kreide für den Wolf*, Böblingen 1993

Kristof Berking: Für ein Volk von Eigentümern, in: *17 Zeilen für die Freiheit*, Freiheitswerk, Berlin 2013.

Christoph Braunschweig: *Die demokratische Krankheit*, München 2012.

Christoph Braunschweig: *Wohlfahrtsstaat – leb wohl!*, Münster/Berlin 2013.

Gerd Habermann: *Der Wohlfahrtsstaat: Ende einer Illusion*, München 2013

Friedrich A. von Hayek: *Die Verfassung der Freiheit*, Tübingen 2005.

Francois Heisbourg: Wickelt den Euro ab!, in: *Die Welt* vom 17.1.2014, S. 2.

Christian Hillgruber: Amt und Verantwortlichkeit, in: *FAZ* vom 25.5.2013, S. 8.

Hans-Hermann Hoppe: *Der Wettbewerb der Gauner*, Berlin 2012.

Sven Kesch: *Kurs halten, bis zum Untergang Europas*, 123 Website 2013.

Ludwig von Mises: *Vom Wert der besseren Ideen*, München 2012.

Thorsten Polleit: *Der Fluch des Papiergeldes*, München 2011.

Wilhelm Röpke: *Civitas Humana*, 4. Aufl., Erlenbach-Zürich/Stuttgart-Erlenbach 1979.

Christian Schwiesselmann: Der Pate, in: *Junge Freiheit* vom 16.5.2014, S. 3.

Hans-Werner Sinn: Wir sitzen in der Falle, in: *FAZ* vom 18.2.2012, S. 12.

Erich Weede: Die Krise der Staathaushalte in Europa, in: *NZZ* vom 8.5.2014, S. 14.

Hans Willgerodt: *Beiträge zur politischen Ökonomie*, Stuttgart 2011.

IV Steuerhinterziehung und Steuerverschwendung

Beim Kirchenvater Augustinus heißt es: »Nimm das Recht weg – was ist dann ein Staat noch anderes als eine große Räuberbande.« Dass der Staat Steuern erhebt, stets zum Wohle der Allgemeinheit, wird von den modernen Steueruntertanen als Normalität angesehen, wobei sie aber völlig übersehen, dass der demokratische Staat hier ein Prinzip der Monarchie übernommen hat. Er betrachtet den Bürger als sein Eigentum und verfügt über das Einkommen seiner Bürger ganz und gar monarchistisch: ohne zu belegen, für welche Zwecke das Geld seiner Bürger verwendet wird. Ein Staat, der seine Bürger mit einer ständig wachsenden Staatsquote belastet, hat offenbar kein Vertrauen in seine Bürger und nimmt ihnen die Möglichkeit, ihr Leben eigenständig zu leben und über einen persönlichen Freiraum zur Verwendung ihrer Einkommen zu verfügen. Er nutzt seine Verfügungsgewalt stattdessen, um seine Bürger großzügig mit ihrem eigenen Geld zu versorgen. Damit nimmt er ihnen aber die Möglichkeit, besser für sich selbst zu sorgen. Dass Politiker, die eine Erhöhung der Steuersätze auf das Einkommen der Bürger fordern, damit Leistung unter Strafe stellen, kommt ihnen selbstverständlich gar nicht in den Sinn, vielmehr bilden sie sich noch ein, sie vollbrächten hiermit eine gute Tat – für wen eigentlich? (Uwe Timm).

Im Rahmen der »Euro-Rettungspolitik« ist Eigentum inzwischen zur Illusion und politischen Verhandlungsmasse verkommen. Die Art und Weise, wie Dritte über persönliche Eigentumsrechte verfügen, ist geradezu erschreckend. Das Weltwirtschaftsforum Davos bewertet anhand von Indikatoren die Eigentumsrechte weltweit. Es überrascht, dass EU-Länder wie Spanien und Italien schlechter abschneiden als China oder Brasilien, während Finnland und die Schweiz diesbezüglich als die sichersten Länder gelten. Deutschland liegt knapp hinter China oder Barbados und weit unter Hongkong. Das enorme Ausmaß der Steuerhinterziehung in Deutschland ist eine Art Rebellion gegen den Steuerstaat, der selbst Recht und Gesetz gebrochen hat und seine hart arbeitende Bürger u. a. für Milliardenschulden anderer Länder aufkommen lässt. Eine versteckte Enteignung der Steuerzahler und Sparer erfolgt zudem über Zinsen, die im Rahmen der überschuldeten Staatshaushalte unter die Inflationsrate gedrückt werden.

Wer sich mit dem Phänomen der Steuerflucht beschäftigt, muss nach den Ursachen dafür fragen. Diese sind offensichtlich: Es ist relativ normal, dass Bürger versuchen, die Steuerlast möglichst zu senken, am besten gleich ganz zu vermeiden. Diejenigen, die das noch nie versucht haben, leben vermutlich von anderer Leute Steuern. Entscheidend ist, inwieweit die Leute das Steuersystem innerlich akzeptieren. Wenn der Staat das Steuersystem vor allem dazu nutzt, immer neue »Gerechtigkeitslücken« zu schließen, entscheidet am Ende die Stärke der Lobbys, wer wie viel Steuern zu zahlen hat. Dieses Prinzip ist der Anfang der Erosion der Steuermoral der Bürger, zumal der Staat immer weitere neue Gesetze, neue ministerielle Anweisungen und immer neue Gerichtsurteile produziert, was zur völligen Intransparenz führt. Das System wird immer unverständlicher und ist selbst von hoch spezialisierten Steuerfachleuten nicht mehr zu durchschauen. Dies impliziert automatisch ein subjektives Gefühl der Ungerechtigkeit. Der immer größer werdende Reformstau korreliert positiv mit immer hysterischeren Kampagnen gegen echte oder vermeintliche Steuerhinterzieher. Wenn die mediale Einheitsfront wieder mal auf einen möglichst prominenten »Steuersünder« eindrischt, gilt selbstverständlich für die selbsternannten Gralshüter der Steuermoral kein Steuergeheimnis. Bei Steuersündern kommt eine Regel zum Zuge, die bei jedem anderen Straftatbestand abgelehnt wird: Der Zweck allein heiligt alle Mittel. Henryk M. Broder formuliert das folgendermaßen:

»Dass ein Kindesmörder mehr Rechtssicherheit genießt als ein Steuerhinterzieher, passt zu der Tatsache, dass Steuerbetrug meist relativ härter bestraft wird als Totschlag oder Körperverletzung mit Todesfolge. Peter Graf, der Vater von Steffi Graf, wurde wegen Steuerhinterziehung zu drei Jahren und neun Monaten Haft verurteilt. Die Schläger, die Johnny K. auf dem Alexanderplatz in den Tod geprügelt hatten, bekamen Strafen zwischen viereinhalb und zwei Jahren und drei Monaten, kamen also vergleichsweise preiswert davon.«

(Nur ganz nebenbei sei darauf hingewiesen, dass Steuervermeidung im Gegensatz zu Mord, Ehebruch und übler Nachrede kein Verstoß gegen die Zehn Gebote, der Grundlage aller Gesetze, ist.)

Dass ein »Steuersünder« in aller Regel – trotz seines Schweizer Bankkontos – mehr Geld beim Finanzamt abgeliefert hat als die meisten, die jetzt über ihn herfallen, bleibt natürlich unerwähnt. Der Sturm der Entrüstung, der losbricht, wenn ein »Steuersünder« der Masse zum Fraß vorgeworfen wird, sagt mehr über den Geisteszustand und die Befindlichkeit einer Gesellschaft aus als über den betreffenden »Sünder«. Um abzulenken wollen Politik und Massenmedien dem Volk unbedingt einen Sündenbock präsentieren. Die emotional aufgeladene Thematik »Jagd nach Steuersündern« ist tatsächlich bestens geeignet, um abzulenken: von schamloser Staatsverschuldung, folgenloser Verschwendung von Steuergeldern, Anstiftung zum Diebstahl von Steuerdateien, Hehlerei mit gestohlenen Steuerdateien, Bruch des Steuergeheimnisses in der Steuerverwaltung und dreister Selbstbedienungsmentalität.

Auch gilt es abzulenken von der Frage, wieso die höchsten Steuereinnahmen in der Geschichte immer noch nicht ausreichen, sondern immer weitere Steuererhöhungen ins Haus stehen? Fast schon wie ein schlechter Scherz mutet es in diesem Zusammenhang an, dass sich ausgerechnet der nordrhein-westfälische Finanzminister (SPD) in einer Talkshow als moralischer Richter aufspielt, wurden doch seine rot-grünen Landeshaushalte für die Jahre 2010 und 2011 vom obersten Gericht Nordrhein-Westfalens gekippt, weil sie verfassungswidrig waren. Diese Ungeheuerlichkeit wird bezeichnenderweise mit keinem Wort erwähnt. Kaum thematisiert wird auch das krasse Missverhältnis zwischen Steuerhinterziehung Einzelner und Steuerverschwendung durch die Politik. Beides gilt als Betrug, aber nur die Steuerhinterziehung ist kriminalisiert. Die politisch motivierte Steuerverschwendung ist noch nicht einmal eine Ordnungswidrigkeit, trotz des Amtseides, den die Politiker ablegen. Sie schwören, dass sie den Nutzen des deutschen Volkes mehren wollen, tatsächlich geht es ihnen ausschließlich um die Wählerstimmenmaximierung zu ihrem eigenen Nutzen. Aktuelle Beispiele sind: Berliner Flughafen, Nürburgring, Elbphilharmonie und Stuttgarter Hauptbahnhof; die milliardenteure Energiewende (als Ergebnis einer politischen Panik) gar nicht mitgerechnet. 1,5 Milliarden Kosten für die bisherigen Untersuchungen in Gorleben wollen manche Politiker aus rein parteipolitischem Kalkül einfach abschreiben, um neue Milliarden für weitere »Forschungen« zulasten der steuerzahlenden Bürger zu verbraten. Wir zerstören unsere Landschaften und Meere mit Windenergieanlagen und treiben die Strompreise in die Höhe – das alles mit Steuergeldern!

Die steuerliche Progression nimmt den Leuten inflationsbedingt einen immer größeren Teil ihres Einkommens. Am Ende denkt jeder Steuerzahler zu Recht oder Unrecht, er sei der Verlierer dieses undurchschaubaren Systems und sucht dementsprechend nach Auswegen. Dann muss er auch noch zur Kenntnis nehmen, dass deutsche Politiker die stille Enteignung von Bürgern fremder Länder (Zypern) zugunsten dortiger maroder Banken befürworten. Wie lange, fragt er sich, wird es wohl noch dauern, bis auch hier die Bürger über Nacht (teil)enteignet werden? Der Bundestag hat 2009 wegen des insolvenzbedrohten Immobilienfinanziers Hypo Real Estate die Enteignung von Banken legalisiert, und somit den Steuerzahler in die Haftung genommen. Andererseits schaffen Politiker steuerliche Anreize für Investitionen, die wirtschaftlich unsinnig sind und für die Bürger enorme Zukunftsbelastungen nach sich ziehen (siehe das Beispiel Ökostrom). Darüber hinaus schüren sie mit ihrem Kampf gegen »Schwarzgeld« und Bargeld die Angst bei den Bürgern, dass das Geld zukünftig nicht mehr sicher bzw. frei verfügbar ist.

Bezeichnenderweise fragt sich niemand, warum eigentlich Bürger der Schweiz ihr Geld nicht in andere Staaten bringen, obwohl die Schweiz selbst alles anderes als ein steuerliches El Dorado ist? Die Schweizer Bürger haben das, was den Bürgern in den meisten EU-Staaten inzwischen abhanden gekommen ist: Vertrauen! Vertrauen ist das wichtigste Kapital jedes Staatswesens. Wenn die Bürger Vertrauen in die Redlichkeit ihrer Politiker haben, bringen sie ihr Geld nicht weg. Darüber sollten die Politiker nachdenken – anstatt zum Beispiel im Rahmen der EU-Währungsunion einen fulminanten Rechtsbruch nach dem anderen zu begehen und ohne jede demokratische Legitimation Entscheidungen über die Köpfe ihrer Bürger hinweg zu treffen.

Nicht die Steuerhinterzieher richten den Staat zugrunde, es sind die selbstgerechten Pharisäer aus der Politik und den Massenmedien, die in ihrer ideologischen Verblendung Maß und Anstand verloren haben. Indem sie den Verlust der Rechtsstaatlichkeit billigend in Kauf nehmen, richten sie das Gemeinwesen zugrunde.

Die per Zwangsabgabe eingetriebenen Gelder aus dem Rundfunk-Beitrag für den öffentlich-rechtlichen Rundfunk werden indirekt auch zur Parteienfinanzierung verwendet. Bisher war man der Auffassung, die Sender sind den Parteien nur über den Weg der Berichterstattung verbunden. Allerdings braucht sich der Gebührenzahler keine Sorgen um sein Geld zu machen: Es kann nicht als fauler Kredit verloren gehen, weil es schon weg ist. Wie sagte doch der ARD-Vordenker Jörg Schöneborn so treffend wie entlarvend: »Der Rundfunk-Beitrag ist eine Demokratie-Abgabe«. Die Bürger, die mehrheitlich zu all dem schweigen, mögen an den Ausspruch des englischen Staatsphilosophen Thomas Hobbes denken: »Schweigen ist Zustimmung«.

Für alle Hochsteuerländer ist es natürlich ein Ärgernis, dass es Länder mit niedrigeren Steuern gibt; diese werden daher mit dem Begriff »Steueroasen« diskriminiert. Von Steueroasen könnte logischerweise nur dann die Rede sein, wenn sie im Vergleich zu Steuerwüsten stehen. Im Grunde streben die hoch verschuldeten Wohlfahrtssaaten zu einem Steuerkartell, das sie vor unangenehmem Wettbewerb bewahren soll, indem den Bürgern keine Alternativen mehr verbleiben. Die Abschaffung von Steuerwettbewerb erleichtert es, überschuldete Wohlfahrtsstaaten zu finanzieren. Wer sich über »Steuerflucht der Reichen« entrüstet, der sollte auch zur Kenntnis nehmen, dass es in Deutschland eine Schattenwirtschaft von 350 Milliarden Euro gibt. Jeder siebte Euro geht demnach am Fiskus vorbei – daran ist also offensichtlich das ganze Volk beteiligt. Dies ist eine Antwort vieler Leute auf moralisches Unrecht, als das sie die übermäßige Besteuerung empfinden. Koeffizient für das Maß der Entmündigung der Gesellschaft ist die Abgabenquote. Die Abgabenquote beschreibt das Verhältnis der Gesamtheit von Steuern und Sozialbeiträgen zum Bruttoinlandsprodukt in jeweiligen Preisen. Die Abgabenquote stieg im Wohlfahrtsstaat Deutschland von 1960 mit etwa 30 Prozent auf über 40 Prozent des BIP oder auch fast 70 Prozent – je nach Berechnung. Sie dürfte damit heute höher liegen als im 17. oder 18. Jahrhundert und selbst im Mittelalter (Gerd Habermann). Je höher die Abgabenquote ist, desto größer ist die Schattenwirtschaft. Darum ist sie in der Schweiz auch entsprechend gering. Die Ausdehnung der Schattenwirtschaft belegt, dass genug Arbeit da ist, nur eben nicht zu den Preisen und sonstigen Umständen, die vom Staat künstlich über den Marktpreis in die Höhe getrieben wurden. Die Schattenwirtschaft boomt regelrecht, denn sie ist ein Ventil der Unzufriedenheit, die sich sonst eventuell in sozialen und politischen Unruhen ausdrücken könnte. Die Schattenwirtschaft wird zu einem wichtigen, wenn auch vom Staat polizeilich bekämpften Teil der Schaffung von Sozialprodukt – sprich: Wohlstand, der übrigens seinerseits wiederum zu Staatseinnahmen führt.

Der deutsche Steuerzahler finanziert großteils die EU. Doch Brüssel entfremdet die Menschen immer mehr von Europa. Statt als »Raum der Freiheit« (Philip Plickert) wird die EU zunehmend als Kampfgebiet für kleinkarierte, bürokratische Detailvorschriften wahrgenommen. 40 000 hoch bezahlte EU-Beamte überziehen immer mehr Lebensbereiche und Wirtschaftssektoren mit einem engen Netz von Verboten, Geboten und Regulierungen aller Art. Mit ihrem Hang zur Gleichmacherei und Zentralisierung verletzt die EU das Subsidiaritätsprinzip gröblich. Jetzt will die EU »Steuersünder« in einer Art konzertierter Aktion in allen Ländern an den Pranger stellen. Die EU-Beamten zahlen selbst kaum Steuern. Für den britischen UKIP-Parteichef ist das schlicht Heuchelei. EU-Abgeordnete erhalten zum Beispiel eine Entschädigung von monatlich knapp 8000 Euro brutto. Sie leisten eine spezielle EU-Steuer, die in etwa 12 Prozent beträgt. Hinzu kommen allerdings zahlreiche Zulagen und Vergünstigungen. Etwa 3000 EU-Beamte verdienen mehr als der niederländische Ministerpräsident, der ein Jahressalär in Höhe von 144 000 Euro erhält.

Wir leben in einer irrealen Scheinwelt, eben in einem Sozialstaat, der automatisch ein Steuerstaat ist und seinen Bürgern suggeriert, je mehr Steuern dieser Staat bei ihnen eintreibe, desto besser stehe es um das Allgemeinwohl. Die verantwortungslose Verschwendung von Steuergeldern gelangt nicht auf den Prüfstand, weil jene, die per Einnahmezwang den Staat mit dem Geld seiner Bürger versorgen, sich selbst für die wahren Wohltäter der Gesellschaft halten und fest davon überzeugt sind, sie müssten die Leistungsträger, also besonders wohlhabend gewordene Bürger, mit immer höheren Abgaben belasten. Die Leistungsträger sind jedoch für die Gesellschaft von entscheidender Bedeutung, schaffen sie doch den Großteil produktiver Arbeitsplätze mit entsprechenden Beiträgen zu den Sozialversicherungen und Lohnsteuereinnahmen für den Staat. Internationale Vergleiche zeigen sehr eindrücklich, dass Länder mit vergleichsweiser moderater Steuerbelastung und zudem einfachen, durchsichtigen Besteuerungssystemen einen insgesamt höheren Lebensstandard aufweisen. Auch ist dort die Schere zwischen Arm und Reich signifikant geringer. Dringend notwendige Reformen erweisen sich jedoch in Berlin als undurchführbar: Es gibt zu viele einzelne Interessensgruppen und Lobbys, die vom jetzigen System profitieren oder zumindest glauben, dass sie für sich mehr rausschlagen können als andere.

Es zeigt immer wieder, dass gute Absichten, die einen ideologischen Hintergrund haben, oft verheerende Folgen haben. Die deutsche Steuergesetzgebung ist durchdrungen von dem Gedanken, »sozial gerechte« Umverteilung durchzuführen. Das Ergebnis ist eine selbst für Spezialisten undurchsichtige Mega-Steuergesetzgebung, die niemand mehr für angemessen hält. Der Steuerzahler wird automatisch unter Generalverdacht gestellt und die vermeintliche Jagd nach »Steuersündern« rechtfertigt die Einführung eines engmaschigen Überwachungsstaates, in dem elementare Bürgerrechte keine Rolle mehr spielen. Wie ein Drogenabhängiger letztlich alles tut, um an Nachschub zu kommen, so kennt der von Schuldensucht gezeichnete Sozialstaat ebenfalls keinerlei Skrupel, um auch noch den letzten Steuercent aus den Steuerzahlern herauszupressen. Unsere reale Staatsquote hat bereits 70 Prozent erreicht; in der Sowjetunion betrug die Staatsquote am Ende rund 85 Prozent. Politiker, Funktionäre und die ganze Bürokratie leben von der gut getarnten Ausbeutung der letzten Netto-Steuerzahler.

Ludwig Erhard sagte im Jahr 1953: »Das wäre doch wirklich ein grotesker Zustand, wenn wir zunächst alle Steuern zahlen und dann alle anstehen, um schließlich vom Staat zu unserer eigenen Sicherheit unsere eigenen Mittel zurückerhalten.« Doch inzwischen sind wir auf dem Weg in einen totalen Steuerstaat. Roland Tichy:

»Der Finanzhunger des Staates ist grenzenlos, schon weil Steuerverschwendung folgenlos bleibt. Um mehr als drei Milliarden Euro verteuert sich bisher der Berliner Flughafen; das Tausendfache der Summe, die Uli Hoeness hinterzogen hat. Aber wird der Aufsichtsratsvorsitzende Klaus Wowereit dafür bestraft? Nein, er darf weiterhin Berlin kaputtregieren ...«

Die Diskussion um diese Thematik zeigt, dass die staatlich betriebene Gleichmacherei von einem gestörten Verhältnis zwischen Freiheit und Gleichheit in der Wohlfahrtsgesellschaft zeugt.

Quellen:

Erich Blessmann: Wider kriminelle Besteuerung, Leserbrief in der *Jungen Freiheit*, 17.5.2013, S. 23.

Henryk M. Broder: Sündenbock, in: *WamsS* vom 11.2.2014, S. 2.

DeutscheWirtschaftsNachrichten: SPD in Geldnot, veröffentlicht am 24.5.2013.

Ronald Gläser: Hoeneß ist nur ein Symptom, in: *Junge Freiheit* vom 26.4.2013, S. 1.

Gerd Habermann: *Freiheit oder Knechtschaft?*, München 2011, S. 13 u. 173.

Joachim Hornke: Auch Steuerverschwendung bestrafen, Leserbrief in der *FAZ* vom 8.5.2013, S. 30.

Michael Ohlmer: Die letzte Chance für unsere Demokratie?, Leserbrief in der *FAZ* vom 8.6.2013, S. 7.

Philip Plickert: Posse ums Ölkännchen, in: *FAZ* vom 24.5.2013, S. 11.

Roland Tichy: Lügen der Steuerpolitik in: *Wirtschaftswoche*, 13.5.2013, S. 1.

Uwe Timm: Wer zahlt, Leserbrief in der *Welt* vom 17.4.2013.

V Platon oder Aristoteles – Gleichheit oder Freiheit?

Die Ideen und Gedanken der Philosophen haben die Welt nicht weniger verändert als die Technik. Philosophen haben sich nicht nur mit die Frage beschäftigt, was die Welt im Innersten zusammenhält, oder wie man zu persönlichem Glück gelangt, sondern zu allen Zeiten haben sie sich Gedanken darüber gemacht, wie Menschen am besten zusammenleben können. So haben sich die Philosophen intensiv mit dem Staatswesen, der Politik und der Wirtschaft beschäftigt. Zwei prinzipielle Denkrichtungen sind dabei in der westlichen Philosophie deutlich zu erkennen, die sich stark voneinander unterscheiden und die sich bis in die heutige Zeit hinein auswirken. Sie lassen sich mit den Stichworten Freiheit und Gleichheit grob charakterisieren und ihre Wurzeln reichen zurück bis in die Antike. Zum ersten Mal erkennbar werden die beiden verschiedenen Denkrichtungen im konträren Politik- und Staatsverständnis von Platon und Aristoteles (Horst Poller).

Die Unterschiede in der Denkweise der Platoniker und Aristoteliker sind über die Jahrhunderte hin bestehen geblieben. Das begann bei den Kirchenvätern und in der Scholastik, mit Augustus als Anhänger Platons und Thomas von Aquin als ausgesprochenem Aristoteliker. Vor allem im Zeitalter der Aufklärung zeigte sich, dass die deutsche und europäische Philosophie dem Idealismus von Platon den Vorzug gibt, während in der angelsächsischen Welt Aristoteles der Vorzug gegeben wird.

Für John Locke und andere liberale Denker ist die Freiheit des Individuums der höchste Wert, Privateigentum und ein durch Gewaltenteilung kontrollierter Staat sollen sie garantieren. Diese Vorstellungen haben durch Thomas Jefferson, dem dritten Präsidenten der Vereinigten Staaten, auch in der amerikanischen Verfassung ihren Niederschlag gefunden. In Europa hingegen setzte sich vor allem die idealistische Denkweise von Rousseau durch, der von Platon schwärmte und die Freiheit des

Individuums einem »Gemeinwillen« unterordnete. Das Ergebnis war damals zunächst Robespierres blutige Schreckensherrschaft in der Französischen Revolution. In Frankreich wurde schon kurz nach der Revolution die Freiheit der Gleichheit geopfert. In Europa gewann der Sozialismus, wie ihn Karl Marx als eine Mixtur aus Rousseau und Hegel zusammengebraut hatte, die Oberhand. In Deutschland und Europa hat sich ein Wertekanon herausgebildet, in dem die Werte Gleichheit und Sicherheit dominieren. Diese ideengeschichtliche Spur beginnt bei Platons Staatsutopie und führt über absolutistische Strukturen und deren Auflösung durch Rousseau hin zu den Ideologien von Marxismus und Faschismus und endet in der sogenannten Frankfurter Schule von Adorno und Marcuse und den »68-ern«. Und selbst das ewige Scheitern in der Praxis hat nichts an der Anziehungskraft der kollektivistischen Ideologie gerade in Europa verändert.

Die Verfassung der Vereinigten Staaten beruht hingegen auf den Idealen, wie sie in der Unabhängigkeitserklärung festgeschrieben wurden und wie sie aus den Idealen der englischen Aufklärung, vornehmlich aus der Philosophie von John Locke, hervorgegangen sind. Man kann diese Philosophie auch als Philosophie des gesunden Menschenverstandes bezeichnen, aus der sich wiederum die Ökonomie des gesunden Menschenverstandes im Sinne der Marktwirtschaft ableitet. Die Wurzeln dieser Philosophie lassen sich bis zu Aristoteles zurückverfolgen. Ihr höchster Wert ist die persönliche Freiheit jedes einzelnen Menschen. Das demokratische Bewusstsein des klassischen Liberalismus umschließt beides: individuelle Freiheit als höchstes Gut und Gleichheit; Gleichheit allerdings in Form von Gleichheit der Chancen und nicht als Gleichheit des Lebens.

Die beiden unterschiedlichen Denkrichtungen in der westlichen Welt sind demnach durch den Antagonismus von Freiheit und Gleichheit charakterisiert, und das entspricht im politischen Sprachgebrauch in etwa dem Unterschied von »rechts« und »links«. Die Störung des Gleichgewichts zwischen Individuum und Kollektiv zugunsten des Kollektivs beruht auf einer geistig-moralischen Krise der Gesellschaft. Das hatten bereits Benjamin Constant (1767–1830) und Alexis de Tocqueville (1805–1859) erkannt, die beide als Klassiker des Liberalismus gelten.

Es waren ursprünglich christliche Märtyrer gewesen, denen die Menschen die moderne Freiheit verdanken. Dank ihrer Unbeugsamkeit wurde der spätrömische Despotismus im Namen der christlichen Universalreligion gebrochen und das Eigenrecht der Einzelperson, das die moderne Freiheit kennzeichnet, erkämpft. Religiöse Überzeugungen sind natürlich nur dann ein Gegengewicht gegen das Unterwerfung fordernde Staats-Kollektiv und ein Anker der Freiheit, wenn sie nicht zur Uniformierung der Gesinnung durch äußere kirchliche Herrschaft führen und wenn sie nicht in einer Staatsreligion wurzeln und so nicht selbst zum Instrument der Unterwerfung und des Konformismus werden. Der italienische Soziologe Gaetano Mosca (1858–1941), hat den Satz aufgestellt, dass die Trennung von weltlicher und geistlicher Herrschaft die wesentliche Vorbedingung für das Gleichgewicht der gesellschaftlichen Kräfte sei, die allein den Rechtsschutz des Individuums gegenüber der Kollektivität gewährleiste. Mosca setzt die von John Locke und von Montesquieu über David Hume, Edmund Burke, Wilhelm von Humboldt, Benjamin Constant, Pierre-Paul Royer-Collard, Alexis de Tocqueville, John Stuart Mill und Lord Acton zu verfolgende Linie des liberalen Denkens fort und bildet zusammen mit Benedetto Croce (1866–1952) und Guglielmo Ferrero (1871–1942) ein Triumvirat des italienischen Liberalismus. Man kann die Wahrheit der Aussage Moscas an dem Schicksal solcher Zivilisationen verfolgen, die eine Theologisierung des Staates entwickelt haben, die jedes freie individuelle Leben erdrückt.

Dies gilt zum Beispiel für die indische Zivilisation, die nach ihrer anfänglichen Blüte in eine schauerliche Erstarrung verfiel, nachdem der Brahamismus sich durchgesetzt hatte. Oder die mohammedanische Zivilisation, deren rätselvolle Versteinerung nach den glänzenden Anfängen der arabischen Kultur vom eifervollen und intoleranten »Caesaro-Papismus« (Wilhelm Röpke) der Sultane abgelöst wurde, ungefähr zu gleichen Zeit, da im christlichen Abendland der umgekehrte Vorgang begann. Die Beispiele der Verschmelzung des politischen und des theologischen Systems zeigen jene Ausnahmestellung der christlichen Zivilisation, ohne die die abendländische Geschichte einen radikal anderen Verlauf genommen hätte. Zu einer festen und dauerhaften Verschmelzung ist es hier nicht gekommen, nicht nur deshalb, weil die Bibel im Gegensatz zum Koran glücklicherweise nur wenig direkt anwendbare Vorgaben enthält, und

nicht nur, weil der Zölibat der katholischen Kirche das Entstehen einer
erblichen Priesterklasse verhindert hat. Vor allem die Rivalität zwischen
der westlichen Kirche und der weltlichen Gewalt hemmte eine solche
Entwicklung, im Gegensatz zur östlichen Kirche, die in Byzanz wie in
Russland mit der weltlichen Macht zu einer erstarrenden weltlich-religi-
ösen Despotie verwuchs. So konnte im Abendland aus der »Potenz der
Religion«, die zur stärksten Übersteigerung der Staatsmacht führen kann,
ein ständiges Gegengewicht des Staates entstehen, ohne das die europäische Freiheitsidee nicht möglich gewesen wäre. Diese entscheidende Wirkung liegt allerdings nicht nur in diesem historischen Glücksfall begründet. Die letzte und tiefste Ursache ist vielmehr die christliche Lehre selbst,
die im Gegensatz zur Gesellschaftsauffassung der heidnischen Antike den
einzelnen Menschen mit seiner unsterblichen Seele in den Mittelpunkt
rückt. Vor dem Staat gibt es jetzt die Einzelperson und über dem Staat
den universalen Gott. Die revolutionäre Tat des Christentums bestand
laut Guglielmo Ferrero darin, dass es den »esprit pharaonique de l'État
ancien« zertrümmerte.

Das Hauptgewicht gegen Staatsmacht und Kollektivismus ist die wirtschaftliche Unabhängigkeit des einzelnen Bürgers. Wo gäbe es im kollektivistischen Staat, in dem jeder Mensch in seiner nackten Existenz von
der Obrigkeit abhängig ist, noch wirklich freie Menschen? Der utopische
Idealismus im Sinne Platons führt zwangsläufig zum Kollektivismus. Im
entwürdigenden Kampf aller gegen alle um staatliche Zuteilungen, stützt
der Kollektivismus Charakterlosigkeit, Egoismus, krumme Rücken, Krie-
chertum, Rücksichtslosigkeit und Bürokratismus.

Dass schon der Niedergang der hellenistischen Welt nicht zuletzt in einem erstarrenden wirtschaftlichen Kollektivismus seine Ursache gehabt
hat und dass das insbesondere für das Ägypter-Reich der Ptolemäer gilt,
in der eine strikte Zentralplanwirtschaft geherrscht zu haben scheint, ist
laut Roland Baader von Michael Rostovtzeff beschrieben worden. Auch
das Römische Kaiserreich hatte sich zum bürokratischen Staats-Leviathan
entwickelt und ist an der dadurch verursachten Vernichtung der Individualität und Spontaneität letztlich zugrunde gegangen. Am Ende des
zweiten Jahrhunderts n. Chr. war die Gemeindeselbstverwaltung nahezu überall erloschen. Das Netz einer gigantischen und alles umfassenden

Bürokratie hatte das ganze Reich überwuchert. In Verbindung mit den ständigen Kriegszügen und der Überdehnung der äußeren Grenzen (auch das ganz typisch für kollektivistische Staatssysteme) war das Schicksal irgendwann endgültig besiegelt.

Darüber hinaus zeigt nicht nur das Beispiel des Römischen Reiches, sondern die gesamte Geschichte vergangener Reiche und Hochkulturen, dass lange vor dem äußeren Zusammenbruch der innere Verfall einsetzt.

Es bleibt festzuhalten, dass Liberalismus und Kollektivismus laut Alexis de Tocqueville nichts miteinander gemein haben, außer dem Wort Gleichheit: Während jedoch der Liberalismus Gleichheit in Freiheit anstrebt, sucht der Sozialismus Gleichheit in der Beschränkung und Knechtung. Ganze Welten liegen laut Friedrich A. von Hayek zwischen der gleichen Behandlung aller Menschen und dem Versuch, sie gleich zu machen. Die gleiche Behandlung ist die Grundlage für eine freie Gesellschaft, das Gleichmachen bedeutet eine neue Form der Knechtschaft.

Was der Individualismus im Sinne der persönlichen Freiheit lehrt, ist, dass die Gesellschaft nur solange etwas Größeres ist als der einzelne Mensch, als sie eben frei ist. Wenn sie unter Lenkung und somit Gewalt abgleitet, wird sie zwangläufig auf die Maße der Kraft des Einzelverstandes reduziert, der sie lenkt bzw. beherrscht. Denn Völker befinden sich unerwartet im Besitz von Einrichtungen und Institutionen, die zwar das Resultat menschlichen Handelns sind, aber nicht das Ergebnis menschlicher Absicht. Beispiele sind soziale Institutionen wie das Geld, das Recht, die Sprache und der Markt. Die spontane Zusammenarbeit freier Menschen bringt Dinge hervor, die größer sind, als der einzelne Menschenverstand jemals erfassen kann. Die Anmaßung von Wissen (Friedrich A. von Hayek), wie sie dem kollektivistischen Staatsidealismus Platons (»Politeia«) zugrunde liegt, reduziert hingegen Staat und Gesellschaft auf eine niedrige Stufe der Zivilisation, weil Fortschritt und Entwicklung zwangsläufig und zwangsweise unterdrückt werden. Laut Platon darf sich der Einzelne nicht individualistisch oder gar egoistisch »ausleben«, sondern er muss sich als Glied der Gemeinschaft fühlen und sich in ihrem Dienst betätigen. Platon setzt fatalerweise Individualismus mit Egoismus gleich und argumentiert so für den Kollektivismus. Sein Hass gegen das Individuum und eine Freiheit werde allerdings ständig als menschlich, selbstlos und christlich idealisiert, meint Karl R. Popper. Perikles hatte das anders gesehen. Für ihn war Individualismus in Verbindung mit Altruismus ein hohes Ziel und in dieser Form ist der Individualismus laut Popper auch »die Grundlage unserer abendländischen Zivilisation geworden.«

Die krassen Einseitigkeiten seines Konzeptes hat Platon wohl im Laufe der Jahre selbst eingesehen, denn in seinem Alterswerk, den »Nomoi« (Gesetze), ist vieles gemildert und lebensnäher gefasst.

»Doch wir müssen der Tatsache in die Augen schauen, dass die individuelle Freiheit mit einer völligen Befriedigung unseres Sinnes für verteilende Gerechtigkeit nicht vereinbar ist«, heißt es bei Hayek. Im modernen, ständig umverteilenden Wohlfahrtsstaat mit seiner Gleichmacherei und Schuldenmacherei verliert der Bürger Schritt für Schritt seine Freiheit, die ihm der klassische Liberalismus einst erkämpft hatte. »Wie abgestumpft, infantil, entmündigt und verdeppt seid Ihr denn inzwischen in Eurem Wurmdasein, um das alles als ‚normale Politik‘ zu fressen?«, fragt Roland Baader ketzerisch und aufrüttelnd.

Bei Ortega y Gasset heißt es: »Das ist die größte Gefahr, die heute die Zivilisation bedroht: die Verstaatlichung des Lebens, die Einmischung des Staates in alles.«

Nach Hannah Arendt befassen wir uns mit Geschichte, um urteilsfähig zu bleiben. Eines lehrt die deutsche Geschichte: Freiheit ist nichts Selbstverständliches und ohne Freiheit ist alles nichts.

Die 68er-Generation hat ihre Lektion jedenfalls nicht gelernt, sondern bestenfalls völlig missverstanden.

Quellen:

Roland Baader: *Kreide für den Wolf,* Böblingen 1992, S. 306 ff.
Christoph Braunschweig: *Die demokratische Krankheit,* München 2012.
Christoph Braunschweig: *Wohlfahrtsstaat – leb wohl!,* Münster/Berlin 2013.
Helmut Krebs: *Klassischer Liberalismus,* BoD, Norderstedt 2014.
Horst Poller: *Die Philosophen und ihre Kerngedanken,* München 2011.

VI Die 68-er: Ein kurzer Nachruf

Bildung hat Jürgen Habermas grundsätzlich anderen überlassen; dementsprechend sehen seine Werke aus. Herbert Marcuse (1898–1979), ebenfalls Mitglied der sogenannten Frankfurter Schule, war die repräsentative Figur dieser Protestbewegung, die in Wahrheit substanzlos war. Sein grüblerisches Exegeten-Getue blieb letztlich ohne Echo. Da er die Realität sowieso verachtete, sah er sich auch bis zuletzt nicht widerlegt. An seiner tollkühnen Mixtur von Marx, Freud und Heidegger war letztlich nichts schlüssig. Vielmehr muss man ihn als geschickten Eklektiker bezeichnen, der sich aus allen intellektuellen Moden am Wege ein eigenes Bildungserlebnis zusammenzimmerte, ihre Stichworte unbekümmert kreuzte und zugegebenermaßen effektvoll nutzte. Er hatte tatsächlich ein gutes Gespür für schlagende Formeln und Parolen. »Doch was er als theoretische Einsicht bot, war in Wirklichkeit nur gedankenhaft maskierte Parole« (Joachim Fest). Seine Wirkung beruhte in erster Linie darauf, dass er einer desorientierten Gesellschaft genau solche suggestiven Stichworte und Parolen gab, nach der diese in ihrer utopischen Sehnsucht nach idealistischer Gesellschaftsordnung verlangte. Offensichtliche Widersprüche spielten da keine Rolle mehr, und offensichtlichen Unsinn vermochte Marcuse durch ein charismatisches Auftreten zu überdecken. Was alle Parolen und Schlagworte miteinander verband, war der romantische Widerspruch zur Realität. Gerade die Unschärfe seiner Begriffe und Parolen machte laut Joachim Fest ihre agitatorische Brisanz aus. Wenn man theoretisch nicht mehr weiter weiß, wird man moralisch aggressiv. Marcuse hatte genug machiavellistische Kälte, um nichts zu widerrufen, als radikale Gruppen die Bewegung zur Gewalt missbrauchten. Joachim Fest:

»Nicht selten war der Protest Komplize seiner Entartung. Schüler Rousseaus, die sie waren, suchten sie das Modell einer idealisierten Zukunft in einer verklärten Vergangenheit. Sie waren unfähig, eine soziale Energie zu erzeugen, weil ihre einzige Triebfeder letztlich kollektiver Narzissmus war. Wenn heute noch die inzwischen ergrauten und längst zum Kapitalismus konvertierten 68-er von ihren damaligen ,Leistungen' fabulieren, so hat das wenig mit der

Wahrheit zu tun. Manche, so sagt ein arabisches Sprichwort, nennen ihre Läuse Gazellen. Auf jeden Fall haben sie die Privilegien einer Gesellschaft in Anspruch genommen und genossen (Stichwort: ,Toskana-Fraktion'), die sie verabscheuten.«

Im Endeffekt war die ganze 68-er Bewegung nichts anderes als eine verweste Nachgeburt des Marxismus sowie ein klassischer Generationenkonflikt: Es ging schlicht um die Macht bzw. die Teilhabe an der Macht. Die 68-er wollten endlich an die Fleischtöpfe der Macht kommen. Das haben sie auch geschafft. Nur eines war ihnen nicht möglich: sich offen dazu zu bekennen. Joseph Martin Fischer, der sich »Joschka« Fischer nennt, ist ein Paradebeispiel für einen 68-er, der vom Saulus zum Paulus mutierte.

Die 68-er haben sich wie keine andere Generation vor ihr hemmungslos den materiellen Segnungen des Kapitalismus hingegeben. Offensichtich auch in Ermangelung eigener Herausforderungen haben sie ihre inneren Energien auf den Protest gegen »das kapitalistische System« gerichtet. Dass der Kapitalismus die Grundlage ihrer eigenen materiellen Wohlfahrt ist, hat ihre Wut auf das »System« nur noch gesteigert. »Soziale Gerechtigkeit« wurde ihr Impetus, um den eigenen Wohlstand moralisch zu rechtfertigen.

Der schuldeninduzierte Wohlfahrtsstaat nahm hier seinen ideologischen Ballast auf, an dem er letztlich ertrinken wird. Liberalismus blieb den 68-ern immer fremd.

Quelle: Joachim Fest: *Aufgehobene Vergangenheit*, Stuttgart 1981, S. 115 ff.

VII Liberalismus

Der Diplom-Physiker und Kabarettist Vince Ebert äußerte sich zum Thema Liberalismus in der *Welt* wie folgt:

Gibt es in Deutschland liberale Kabarettisten? Immerhin sind wir die Zahnärzte der Künstlerbranche. Wir sind selbstständig, besserverdienend und machen unser Geld mit dem Mundwerk. Dennoch verteufeln viele meiner Kollegen konsequent die Marktwirtschaft und bezeichnen sich selbst als links. Die Linkesten unter ihnen verdienen sogar richtig viel Geld, indem sie ihrem Publikum jeden Abend erzählen, dass die Schere zwischen Arm und Reich immer weiter auseinandergeht. Neulich erst saß ich nach einer TV-Aufzeichnung mit einem Kollegen zusammen und habe ihn gefragt: »Was würdest du eigentlich tun, wenn du im Jahr eine Million zur Verfügung hättest?« Und er antwortete mir: »Ich müsste mich sehr einschränken…«

»Der Begriff »liberal« hat unter uns Kulturschaffenden einen eher halbseidenen Touch. Gleichbedeutend mit asozial, rücksichtslos und egoistisch. »Liberal« sind Guido Westerwelle, Hotelsteuer-Privilegien und Porsche fahrende Juristengattinnen in Gucci-Kostümchen. Auch in großen Teilen der Bevölkerung ist der liberale Grundgedanke nicht besonders sexy. Freiheit ist nicht so wichtig. Hauptsache, der Müll ist ordentlich getrennt. Meine Nachbarin schneidet sogar ihre alten Tetrapacks auf und stellt sie in den Geschirrspüler, bevor sie sie in die Wertstofftonne wirft. Nicht zu fassen, aber meine Nachbarin wäscht den Müll! Irgendwie kann es kein Zufall sein, dass sich »Dosenpfand« auf »Vaterland« reimt. Kommt ja sogar in unserer Hymne vor: »… ist des Glückes Unterpfaaand!

Vielleicht liegt's ja an unserer Geschichte. Deutschland war jahrhundertelang ein sehr instabiles Gebiet aus vielen Kleinstaaten. Das Land war an mehreren Grenzen offen, verwundbar und nie abschließend definiert. Und wer fast ein Jahrtausend keine sicheren Grenzen hat, macht eben nicht Freiheit, sondern Sicherheit und die bekannten preußischen Tugenden Gehorsam, Pflichtbewusstsein und Unterordnung zum Leitprinzip. Daher sind wir wahrscheinlich so versessen auf Richtlinien und Paragrafen. »Was halten Sie vom Gravitationsgesetz?« »Auf jeden Fall beibehalten!« Alles ist penibel geregelt. In einer Informationsbroschüre des Lehrerverbandes Hessen las ich einmal: Besteht ein Personalrat aus einer Person, erübrigt sich die Trennung nach Geschlechtern.

Das politisch Korrekte steckt in uns Deutschen anscheinend drin. In Berlin gibt es einen Senatsbeschluss, nach dem neue Straßen nur nach weiblichen Personen benannte werden dürfen, damit sich die Frauen nicht diskriminiert fühlen. Und man fragt sich: Was machen die bei Sackgassen? In Tiefgaragen haben Frauen inzwischen sogar eigene Parkplätze, damit männliche Lustmörder nicht so ziellos durch die Gegend irren müssen. Wir sind stolz auf unsere Demokratie, doch der Geist der Freiheit ist uns suspekt. In Wahrheit jedoch bedeutet die bloße Tatsache, dass der Wille des Volkes in einer freien Wahl zum Ausdruck kommt, nicht sehr viel. Im Grunde genommen bedeutet Demokratie lediglich, dass zehn Füchse und ein Hase darüber abstimmen können, was es zum Abendessen gibt. Freiheit dagegen bedeutet, wenn der Hase mit einer Schrotflinte die Wahl anfechten kann.

Das entscheidende Element unserer abendländischen Kultur ist nicht unbedingt die Mitbestimmung, sondern die Selbstbestimmung. Die Idee ist, dass jeder Mensch ein individuelles Wesen darstellt, das sich vollkommen frei entfalten kann. Der Philosoph John Locke nannte diese Idee »Selfownership«. Das Eigentum an mir selbst. Ein Gedanke, der nicht einmal 300 Jahre alt ist und in der Aufklärung entstand: Du darfst alles tun, was andere als vollkommen idiotisch ansehen, solange du damit keinen schädigst. Oder wie Kant es etwas intelligenter formuliert hat: Habe Mut, dich deines eigenen Verstandes zu bedienen – auch dann, wenn du keinen hast. Der englische Philosoph und Ökonom John Stuart Mill hat 1859 in seiner berühmten Schrift »On Liberty« erstmals die Freiheit propagiert, seinen eigenen, persönlichen Lebensplan zu entwerfen, indem er Kategorien einführte wie »Freiheit des Geschmacks« oder »Freiheit der Gefühle«. Ein Freiheitsbegriff, der bis dato noch vollkommen unbekannt war und den wir inzwischen alle wie selbstverständlich in Anspruch nehmen. Wir genießen den Luxus, in einer der liberalsten Gesellschaften der Welt zu leben, aber trauen uns nicht so recht, dazu zu stehen. Oft wundere ich mich darüber, wie staatsgläubig wir sind. Und wie tief verwurzelt der Glaube ist, der Staat müsse für einen Großteil unserer Annehmlichkeiten sorgen. Wie stellen uns auf Bahnhöfen bereitwillig in gelb umrandete Quadrate, damit sich beim Rauchen die Giftstoffe nicht mit der Umgebungsluft vermischen. Wir kaufen Energiesparlampen, weil uns die EU sagt, damit könne man die Erderwärmung aufhalten, oder glauben, dass ein staatliches Elterngeld junge Akademikerinnen motiviert, mehr Kinder zu bekommen. Wir fordern kantige Politiker, die uns endlich mal reinen Wein einschenken. Und wählen dann doch wieder die, die uns absurde Rentenmärchen erzählen.

Wir leben in einer Gesellschaft, in der zwei Männer Hand in Hand durch die Stadt laufen können, ohne am nächsten Baukran aufgeknöpft zu werden. Jeder in diesem Land hat die Freiheit, eine Herrenboutique in Wuppertal zu eröffnen. Oder einen Swingerclub im Oberammergau. Sie dürfen sogar ein Flugblatt mit der Aufschrift »Die FDP ist doof« drucken, ohne fürchten zu müssen, nachts von der Geheimpolizei abgeholt zu werden. Alle diese Freiheiten haben wir dem Liberalismus zu verdanken. Wir nehmen sie in Anspruch, aber tun gleichzeitig den liberalen Gedanken als ein Luxusspielzeug von verwöhnten Juristensöhnchen ab. In Wirklichkeit ist es der Liberalismus, der uns von Ländern wie Saudi-Arabien unterscheidet, wo Frauen keinen Führerschein machen dürfen.

Lange Zeit habe ich meine liberale Grundeinstellung für mich behalten. Inzwischen sage ich offen: »Ich bin ein klassischer Liberaler!« Auch, wenn ich mir dadurch oft mitleidige, verständnislose oder gar sogar beleidigende Bemerkungen anhören muss. Denn ich bin stolz auf meine liberale Grundeinstellung. Ob das jetzt der FDP gefällt oder nicht.«

In einem Leserbrief von Uwe Timm vom 27. Februar 2013 heißt es: »Lincoln brachte es auf den Punkt: Wer die Sicherheit der Freiheit vorzieht, verdient beides nicht, weder Sicherheit noch Freiheit.« Deutsche Bürger lieben nicht die Freiheit, sie suchen ihr Glück in der Sicherheit der Gleichheit. Sie wollen nicht für sich selbst, andere und die Gesellschaft verantwortlich sein, sondern betrachten den Staat als verantwortlich für ihr Wohl und ihr Schicksal und vertrauen sich ihm blind an. Der Grundgedanke im Liberalismus ist, dass die Bürger ihre Interessen und Wünsche selbst wahrnehmen (in eigener Verantwortung und Haftung) – unabhängig von staatlichen Vormündern. Dazu gehört eine produktive Marktwirtschaft, die ihnen die Chance auf ein eigenes Einkommen bietet, und dadurch ihre persönliche Freiheit garantiert.

Liberalismus wird von den Politikern als »menschenfeindlich« (eisige soziale Kälte) denunziert, auch um davon abzulenken, dass einem Marktversagen in der Regel ein Staatsversagen vorausgeht, was man gerne – wie bei der Schulden-Finanzkrise – den Liberalen ankreidet, obwohl es nicht stimmt. Eine staatliche Vormundschaft bietet auch eine Existenzgrundlage für Funktionäre, und da ist das Interesse eher gering, Menschen von der politischen sozialen Abhängigkeit zu emanzipieren. Die Liberalen werden gebraucht, damit die Freiheit nicht ganz abhanden kommt. Ein Liberaler ist ein Mensch, der davon überzeugt ist, dass er seine eigenen Interessen besser kennt als Politiker, Bürokraten oder gar »die Mehrheit«. Liberalismus ist eine »Religion der Freiheit«. Der Sozialismus hingegen ist eine »Religion der Lüge«, seine Glaubenssätze sind: Neid und Missgunst, Hass und Verachtung, Faulheit und Mittelmäßigkeit, Raub und Diebstahl (Roland Baader). Der Antikapitalismus (bzw. Antiliberalismus) ist laut Baader das hartnäckigste und am weitesten verbreitete Vorurteil der Weltgeschichte. Bei den Intellektuellen ist er dominierend, weil er deren Überheblichkeit- und Minderwertigkeitsgefühle gleichermaßen befriedigt. Im Gegensatz zum Sozialismus sind Kapitalismus und Liberalismus keine intellektuelle Kopfgeburten, sondern Ergebnisse menschlichen Handelns – deshalb der Hass der Intellektuellen. Ihr Mantra ist die gleichgeschaltete Gesellschaft, der sie selbst vorstehen.

Pol Pots *Khmer* und Maos *Rote Garden* pflegten jedem Ungleichen den Schädel einzuschlagen. Hierzulande will man die Ungleichheit mit Steuern, Abgaben und bürokratischen Reglementierungen beseitigen. Das ist zwar weniger grausam, aber die sozioökonomischen Folgen sind ähnlich, nämlich die Zerstörung von Freiheit, Recht, Familie, Gesellschaft, Tradition, Kultur und Zivilisation.

Sozialismus ist im Gegensatz zum Liberalismus ein Überfluss an Staat, das bleibt denn auch sein einziger Überfluss. In keinem einzigen sozialistischen Land der Erde und der Weltgeschichte war der Sozialismus fähig, mehr als eine graue, nihilistische und trostlose Zwangsgesellschaft zu schaffen. Der geringe materielle Wohlstand war obendrein das Ergebnis der restkapitalistischen Schattenwirtschaft (Schwarzarbeit, Schwarzmarkt, Realtausch, Nachbarschaftshilfe auf Gegenseitigkeit) sowie massiver Hilfen des »bösen« kapitalistischen Auslands. Die Fakten sind eindeutig:

Massenwohlstand herrscht nur in Ländern, die Freiheit, Rechtsstaatlich-keit, Leistungswettbewerb (freie Marktwirtschaft) und garantierte Ei-gentumsrechte gewähren. Armut herrscht, wo Unfreiheit, »Kommando-wirtschaft« (Wilhelm Röpke) und rechtliche Willkür den bitteren Alltag prägen. Es ist eine traurige Gewissheit: Eine Gesellschaft, in der Privatei-gentum systematisch denunziert wird, kann nicht in Freiheit überleben. So war es schon in der Antike. Nicht das Eindringen der Barbaren ließ das römische Imperium und mit ihm die antike Hochkultur zerfallen, sondern die Auflösung der Wirtschaftsverfassung. Ludwig von Mises:

»Das römische Reich ist versunken, weil ihm der Geist des Liberalismus ab-ging. Das Führerprinzip in der politischen Verfassung, der Interventionismus in der Wirtschaftsverfassung haben auch hier auflösend gewirkt, wie sie im-mer und überall auflösend wirken müssen.«

Es gilt die Erkenntnis von Karl Popper, dass die abendländische Zivilisa-tion im Sinne des klassischen Liberalismus, trotz allem, was man an ihr aussetzen kann, die freieste, die gerechteste, die menschlichste, die beste ist, von der man aus der Geschichte der Menschheit Kenntnis hat. Sie ist die beste, weil sie die verbesserungsfähigste ist.

Quellen:
Roland Baader: *Freiheitsfunken*, Düsseldorf 2012, S. 17 ff.
Vince Ebert: Liberalismus, in: *Die Welt* vom 22.2.2023, S. 2.
Karl R. Popper: *Auf der Suche nach einer besseren Welt*, München 1984, S. 235 ff.
Karl R. Popper: *Nationalökonomie*, Sechster Teil: Die gehemmte Marktwirtschaft, 4. Kapitel.

VIII Schulden-Kollektivismus

»Die Menschen haben zwar zuwege gebracht, das Atom zu spalten, aber nimmermehr würde es ihnen gelingen, jenes eherne Gesetz aufzusprengen, das uns verbietet, mehr zu verbrauchen, als wir erzeugen.« (Ludwig Erhard). Der heutige Wohlfahrtsstaat versucht allerdings genau dieses. Gabor Steingart: »Der inzwischen aufgehäufte Kredit- und Schuldenberg dient erkennbar nicht dem Zukunftsaufbau, sondern einzig der Befriedigung einer scheinbar unstillbaren Gier nach Gegenwart.« Die schamlose Verschuldung zulasten nachfolgender Generationen steht für den völligen Verlust von Anstand und Moral der permissiven und sinnentleerten Wohlstandsgesellschaft. Sogar die Schuldenfinanzierung durch Ankäufe von Staatsanleihen und die Bereitstellung von unbegrenzter Liquidität für Banken mit Bilanzproblemen ist inzwischen selbstverständlich. Verantwortung und Risiko sind entkoppelt worden: Früher hat sich der Bürger eine Bankbürgschaft besorgt, wenn er eine Investition tätigte, heute bürgt er für seine Bank als Steuerzahler. Noch vor einigen Jahren (vor Einführung des Euro) hätte jeder Notenbanker dieses Vorgehen als reine »Finanzpornographie« gegeißelt.

Politiker und Banker sind eine unheilvolle Allianz eingegangen, um den Staatsbankrott zeitlich solange wie nur eben möglich hinauszuschieben. Bestehende Gesetze werden einfach gebrochen bzw. durch Tricks umgangen, alle Grundprinzipien der Sozialen Marktwirtschaft sind über Bord gegangen. Das ist nicht mehr die Marktwirtschaft, die Ludwig Erhard schuf, und damit dem »kleinen Mann« Wohlstand und persönliche Unabhängigkeit ermöglichte. Das ist nicht mehr der Rechtsstaat, vor dessen Gesetzen alle gleich sind. Das ist nicht mehr die Freiheit, die Ludwig Erhard meinte, als er den gelernten deutschen Staatsuntertan zum selbstbestimmten Bürger machte. Denn ihm lag gerade als Marktwirtschaftler auch die Welt »jenseits von Angebot und Nachfrage« (Wilhelm Röpke) am Herzen. Marktwirtschaftler bevorzugen praktikable und vor allem menschengerechte Lösungen, Sozialisten lieben ideologische Losungen. Ihre derzeitige Losung lautet: Wachstum durch neue Schulden. Dieses Konzept wäre für

Staaten ohne Verschuldung schon höchst unseriös. Bei bereits hoch verschuldeten Staaten führt diese Strategie zwangsläufig in den Crash.

Zu hohe Schulden werden mit noch höheren Schulden »bekämpft«. Genauso gut könnte man auf die Idee kommen, Feuer mit Benzin zu löschen. Die politikgesteuerte EZB betreibt (illegal) Staatsfinanzierung über die Notenpresse und agiert mit marktunüblichen Zinssätzen, da sonst die Regierungen unter den Schuldenbergen regelrecht zusammenzubrechen drohen. Die EZB kauft den Regierungen quasi Zeit, die diese aber keineswegs dazu nutzen, um die dringend erforderlichen, durchgreifenden Konsolidierungsmaßnahmen und Reformen durchzuführen. Diese Vorgehensweise erinnert an ein Dopingprogramm für Schwindsüchtige. Die Krankheit der Schuldenmacherei wird nicht kuriert, stattdessen zögert man den Entzugsschmerz nur weiter hinaus. Das globale Schuldenmonster wächst immer weiter, weil die Zentralbanken ihren Kurs des Gelddruckens und der Niedrigzinsen fortsetzen (müssen): Nur so kann das Platzen der gigantischen Schuldenblase noch aufgeschoben werden. Das ganze westliche, schuldenindizierte Wohlfahrtsstaatsmodell steht am finanziellen und moralischem Abgrund: Man hat viel zu lange über seine Verhältnisse gelebt und überzogene Sozialstaaten geschaffen, die nicht mehr finanzierbar sind. Nun müsste man die Krise durch entschiedenes Sparen und gezielte Sozialreformen angehen. Doch die Politiker verteilen weiterhin lieber Wahlgeschenke.

Für die Politiker ist das Verteilen auf Pump, also die Verschuldung zulasten kommender Generationen, wegen der sofort wählerwirksamen Auswirkungen allzu verführerisch. Aufgrund des staatlichen Geldmonopols können die Politiker die »Finanzierung« der Schulden scheinbar ad infinitum fortführen. Es gibt also kaum Einsicht, dass die Überschuldungspolitik unbedingt beendet werden muss, dass die Fortführung der Wählerbestechungsdemokratie auf Schuldenbergen unverantwortlich ist. Bei Wolfram Weimer heißt es:

»Solange diese einfache, aber fundamentale Erkenntnis nicht gereift ist, wird jede neue Kreditmilliarde ein weiterer Baustein des drohenden Schuldensozialismus. Jeder Euro Schuld ist eine vorweggenommene Enteignung der Bürger. Was Sozialisten über Jahrzehnte nicht geschafft haben – die bürgerliche

Gesellschaft massenhaft zu enteignen – könnte durch den Schuldenwahn bald gelingen.«

Die vom Zentralbanksektor gigantisch aufgeblasene Geldmenge führt zu immer größeren Vermögenspreisblasen (Anlagenotstand), initiiert aber (entgegen allen Hoffnungen und Behauptungen) keine verstärkte Investitionstätigkeit im Unternehmensbereich und kein Wirtschaftswachstum im produktiven Sektor der Volkswirtschaft. Im Süden Europas verschlechtert sich die Lage zwangsläufig immer weiter, sodass eine gesellschaftliche und politische Radikalisierung absehbar ist. Das politische Management der Schulden- und Eurokrise spaltet Europa in geradezu abenteuerlicher und verantwortungsloser Art und Weise. Griechenland ist trotz aller Rettungsmaßnahmen im freien Fall. Der Schuldenberg ist einfach erdrückend. Allein 290 Milliarden Euro, etwa das 1,5-Fache des Bruttoinlandsproduktes, schuldet der griechische Staat Investoren aus aller Welt. 2012 gab das Land Anleihen im Volumen von rund 93 Milliarden Euro aus. Zyperns Banken sind faktisch pleite. Portugal hält derzeit über 200 Milliarden Euro an Verbindlichkeiten aus Staatspapieren, das sind knapp 80 Prozent des Bruttoinlandsprodukts. 13,7 Milliarden neuer Anleihen kamen 2012 hinzu. In 2013 werden Staatspapiere in Höhe von knapp 20 Milliarden Euro fällig. Irland braucht weitere Hilfe aus Brüssel. Konkret fallen in Irland allein aus Staatspapieren rund 175 Milliarden Euro Verbindlichkeiten an, das ist mehr als das Bruttoinlandsprodukt in Höhe von rund 160 Milliarden Euro. Rund 940 Milliarden Euro an Verbindlichkeiten in Form von Staatspapieren hält Spanien, über 90 Prozent des Bruttoinlandsprodukts. Knapp 100 Milliarden neue Schulden nahm das Land in 2012 auf, 151 Milliarden muss es in 2013 refinanzieren. Fast wäre Italien im Jahr 2011 unter der Schuldenlast zusammengebrochen. Italien hält insgesamt 2,13 Billionen Euro Schulden in Staatspapieren, 291 Milliarden kamen allein in 2012 hinzu. Ein wenig mehr, rund 312 Milliarden Euro, werden in 2013 fällig und müssen refinanziert werden. Italiens Wirtschaft ist seit Krisenbeginn um acht Prozent geschrumpft, während Deutschland wenigstens noch Vorkrisenniveau erreicht. Die Lage in Frankreich verschlechtert sich mit immer höherer Geschwindigkeit. Der produktive Industrieanteil ist in den vergangenen vier Jahrzehnten von 30 auf 13 Prozent gefallen und der Schrumpfungsprozess geht weiter. Frankreich hat mehr Verbindlichkeiten aus laufenden

Staatsanleihen zu verbuchen als Deutschland. Rund 1,75 Milliarden Euro oder rund 86 Prozent des Bruttoinlandprodukts. Großbritannien ist mit 86 Prozent verschuldet. In Belgien übertreffen die laufenden Staatsanleihen mit einem Volumen von 440 Milliarden Euro das Bruttoinlandsprodukt um 17 Prozent.

Nach einer Studie der weltweit tätigen Wirtschaftsprüfer- und Wirtschaftsberatungsgesellschaft Ernst & Young sitzen Banken allein im Euroraum auf 918 Milliarden Euro Krediten, die von Unternehmen und Privatleuten nicht zurückgezahlt werden können. Dass die Schuldensucht der westlichen Wohlfahrts- bzw. Sozialstaaten der Sucht eines extrem Drogenabhängigen nach dem nächsten Schuss entspricht, zeigt folgender Zahlenvergleich am Beispiel Deutschlands: In 2011 sind rund 600 Milliarden Euro an Steuergeldern in die Staatskasse geflossen – so viel wie nie zuvor in der Geschichte. Das deutsche Steueraufkommen ist damit sogar höher als die gesamte Wirtschaftsleistung des größten Ölförderlandes der Welt, nämlich Saudi-Arabien. Und dennoch reicht es für den Sozialstaatsmoloch nicht.

Solidarität oder Gerechtigkeit bilden keinerlei ethische Rechtfertigung für diese exzessive Schuldenmacherei des permanent umverteilenden Staates. Längst zerfällt der degenerierte Sozialstaat in eine ausbeuterische Sozialfunktionärsschicht und die von den Transferleistungen profitierende Bevölkerungsmehrheit einerseits und eine Minderheit des fleißigen Mittelstandes andererseits, die systematisch ausgepowert wird. Da die Mehrheit der Bevölkerung inzwischen Transfereinkommensbezieher oder von Steuern und Sozialabgaben lebende Sozialfunktionäre sind, hat die Mehrheit der Bevölkerung und somit der Wähler ein entsprechendes Interesse an der weiteren Ausplünderung der Leistungsträger. Die Schuldenkrise, die der Eurokrise vorausgegangen ist und ihr in gewissem Sinn zugrunde liegt, verschlimmert sich deshalb immer mehr.

Europas Krisenstaaten verpassten die Globalisierung, retteten sich aber in den Euro. Anders als erwartet haben die alten, halbfeudalen Eliten in diesen Ländern bis heute weder ihre Machtbasis verloren, noch haben sie einen Gemeinsinn entwickelt, der über die Egoismen ihrer Clans oder mafiöser Cliquen hinausreicht. Die historische Chance einer Modernisierung ihrer Volkswirtschaften mittels der Zinsvorteile durch den Euro haben sie nicht genutzt. Stattdessen wird nun von Deutschland Solidarität eingefordert – frei nach einem Spruch, den man Georges Clemenceaus zuschreibt: »Le boche payere tout«. Im Namen europäischer Solidarität belasten die deutschen Politiker die deutschen Steuerzahler nun auch noch mit den Fremdschulden Europas. Mit ihrer falschen »Euro-Rettungspolitik« zerstören die Politiker zudem das politische Vertrauenskapital, das die Gründungsväter der EU so mühsam aufgebaut haben. Die marktwidrige Politik zur »Euro-Rettung« ist aufgrund ökonomischer Gesetzmäßigkeiten so oder so zum Scheitern verurteilt und schürt nur weiteren Unfrieden unter den Völkern. Wenn man die elementaren Grundsätze der klassisch-liberalen Ordnungspolitik völlig aus den Augen verloren hat und sich im Morast sozialstaatlicher Interventionspolitik festgefahren hat, nützt es eben nichts, immer noch mehr Gas zu geben. Es ist ganz offensichtlich davon auszugehen, dass die politische Klasse die Euro-Rettung bis zum bitteren Ende fortführen wird. Der Grund ist, dass man mit dem Euro und der Euro-Rettungspolitik im Grunde den europäischen Staat erzwingen will. Die politische Union wird gegen Vertrag und Verfassung aufgebaut. Die Errichtung einer Fiskalunion läuft verhängnisvollerweise auf einen eurokratischen Zwangsstaat hinaus – eine wachstums- und innovationsschwache Schulden- und Transferunion, die von Zynikern der Machterhaltung und Machtausübung jenseits demokratischer Legitimation beherrscht wird. De facto kann man von einem regelrechten Staatsstreich der EU-Spitzen sprechen. Die vom politischen Establishment angestrebte »EUdSSR« mündet automatisch in einer sozial-sozialistischen Funktionärsherrschaft. Die angebliche Solidarität ist also nur ein Vorwand der Funktionärsclique, um damit ihre Macht zu erringen bzw. zu festigen und einen Sozialfeudalismus zu eigenen Gunsten aufzubauen. Die Wettbewerbsfähigkeit einer solche »EUdSSR« wird sukzessive sinken. Eine Stagflation nach japanischem Vorbild ist die Zukunft dieses von der EU-Machtelite zwangsvereinigten Gebildes. Wenn die Menschen in Zukunft mit den Folgen dieser verantwortungslosen Schuldenpolitik und der ökonomisch unsinnigen EU-Währungsunion zu kämpfen haben, können die meisten der heutigen »Euro-Rettungspolitiker«, die man als Hasardeure und Bankrotteure bezeichnen muss, längst ihren komfortablen Ruhestand genießen, den ihnen der ohnehin schon bis zur Schmerzgrenze geschröpfte Steuerzahler finanziert.

Es gilt die unumstößliche Wahrheit: Je größer der Papiergeld-Reichtum, desto größer die Armut, die ihm folgen wird. Ungedecktes Papiergeld ist das subtilste und zugleich effektivste Werkzeug der Ausbeutung, das die herrschende politische Klasse je erfunden hat. Die Politisierung des gesamten Lebens der Bürger und ihre permanent zunehmende (Selbst) Ausbeutung ist kein Unfall, kein ungewolltes oder unvermeidliches Nebenprodukt der gesellschaftlichen Entwicklung, sondern die Geschäftsgrundlage der politischen Klasse. Die ergiebigste Kraftquelle der politischen Macht ist die geschickte Bewirtschaftung des Sozialneides (Roland Baader). Raub, Diebstahl und Erpressung haben hier nur einen anderen Namen: Schulden, Defizit, Steuern, Inflation. Im Wohlfahrtsstaat werden nicht – wie im Marxismus – die Produktionsmittel verstaatlicht, sondern die Bürger; nicht das Produktivkapital wird sozialisiert, sondern das Humankapital.

Wer die vermeintliche soziale Sicherheit der Freiheit vorzieht, wird stets in der Unfreiheit landen. Schon Alexis de Tocqueville sah den kommenden »sozialen Wohlfahrtsstaat« voraus, der es übernimmt, für all seine Untertanen zu sorgen, aber dafür unbedingten Gehorsam verlangt. Die Freiheit hat leider nur wenig wahre Freunde, aber unendlich viele Schmarotzer. Was die materielle Seite des Lebens angeht, sollten die Menschen begreifen, dass sie nur einen einzigen friedlichen Verbündeten haben: die Marktwirtschaft!

Trotz der unleugbaren Fakten, sträuben sich die meisten Menschen gegen die Wahrheit. Das erinnert an den Mann, der aus dem 50. Stockwerk fällt und beim Passieren des 20. Stockwerkes murmelt: Bis jetzt ist ja alles gut gegangen. Doch das staatsmonopolistische Geld- und Schuldensystem ist nicht mehr zu retten. Es ist bereits irreversibel ruiniert, weil alle Grundregeln der Marktwirtschaft von den Apologeten des schuldenindizierten Wohlfahrtsstaates außer Kraft gesetzt wurden. Vor allem die ordnungspolitische Sünde der Trennung von Risiko und Haftung ist fatal. Ebenso ist die Dysbalance zwischen Geldmenge und Gütermenge weltweit in unverantwortliche Höhen getrieben worden.

Die Politiker und Finanzmarktakteure sind längt mit ihrem Latein am Ende. Die IWF-Enteignungsrhetorik steht exemplarisch für ihre

Hilflosigkeit, ja Verzweiflung. Der Countdown des Zusammenbruchs läuft, wenn auch nicht von allen wahrgenommen. Das Volk wird unterhalten und abgelenkt – warum nicht auch mit Freibier-Ausschank?

Quellen:

Christoph Braunschweig: *Die demokratische Krankheit*, München 2012.

Christoph Braunschweig: *Wohlfahrtsstaat – leb wohl!*, Münster/Berlin 2013.

Wolfram Weimer: Kommentar im *Wirtschafts-Kurier*, März/April 2013, S. 1.

Roland Baader: *Freiheitsfunken*, Düsseldorf 2012.

IX Freibier!

Parteien des linken Spektrums schließen sich zwecks anstehender Wahlen zum »Bündnis für soziale Gerechtigkeit« zusammen. Der Wahlkampfleiter wird beauftragt eine durchschlagende Wahlkampagne zu entwickeln, um den Wahlsieg auf jeden Fall sicherzustellen. So kommt es zu dem überraschenden Wahlkampfslogan: »Freibier für alle!« Die linken Parteifürsten halten den Wahlkampfslogan zunächst für ungeeignet. Dann jedoch geben sie grünes Licht, schließlich seien Wahlkämpfe ja sowieso nur noch platte Propaganda. Da sei ein lustiger Wahlkampfslogan sogar ein gutes Mittel gegen die allgemeine Politikverdrossenheit. »Freibier für alle!« bedeutet: Jeder soll im Interesse der sozialen Gerechtigkeit (gemeint ist: Gleichheit) Bier umsonst erhalten. Die Bevölkerung ist belustigt, die bürgerlichen Parteien nehmen das alles nicht so richtig ernst und glauben, dass die Bevölkerung dies als billigen Wahlkampftrick durchschaut. Die Massenmedien nehmen diesen Slogan allerdings umso gieriger auf und insinuieren der Bevölkerung, dass in dem Freibierversprechen das soziale Gutmenschentum der linken Parteien zum Ausdruck kommt. Der gewiefte Wahlkampfleiter weiß aufgrund seiner ehemals abgebrochenen Studiengänge der Soziologie und Psychologie durchaus, dass die meisten Wähler die Sicherheit und Gleichheit im Kollektiv der anstrengenden Freiheit und Selbstverantwortung vorziehen. »Die glücklichen Sklaven sind die erbittertsten Feinde der Freiheit«, heißt es bei Marie von Ebner-Eschenbach. Die Gewerkschaften solidarisieren sich umgehend mit dem »Bündnis für soziale Gerechtigkeit«, zumal sich der Wahlkampfleiter als vormaliger Gewerkschaftssekretär aus ihren Reihen rekrutiert. Sie beklagen die skandalöse Kluft zwischen Arm und Reich und die unerträgliche soziale Kälte im Land. »Im Sozialismus gibt es bekanntlich keine Arbeitslosigkeit und keine kapitalistische Raubtierwirtschaft«, sagt der Gewerkschaftsvorsitzende in einer Fernseh-Talkrunde; die apart aussehende Moderatorin lächelt zufrieden und das Studiopublikum applaudiert – die entsprechende Aufforderung mittels optischem Signal wäre gar nicht nötig gewesen. In dem rein populistisch geführten Wahlkampf gewinnt dann das »Bündnis für soziale Gerechtigkeit« tatsächlich die

entscheidenen Stimmen zur Mehrheit. Noch am Wahlabend bestätigt
der Wahlsieger das Freibier-Versprechen.

In den Koalitionsverhandlungen gilt es noch einige Hürden zu nehmen:
Die Grünen pochen in den Koalitionsverhandlungen zusätzlich auf die
Durchsetzung eines absoluten Rauchverbotes. Mit ihrer Forderung, eine
allgemeine »Umweltabgabe« einzuführen, stoßen sie bei ihren Koalitions-
partnern nicht auf ungeteilte Zustimmung, setzen sich aber im Endeffekt durch. Gleiches gilt für die Steuererhöhung auf jeglichen Alkohol
in Höhe von 100 Prozent. Die ebenfalls geforderte Sonderbesteuerung
von Süßigkeiten aller Art sowie die Begrenzung des Fleischkonsums wird
vom Regierungschef mit Rücksicht auf die eigene Wählerklientel allerdings abgelehnt – zumindest vorläufig. Die LINKE setzt sich mit ihrer
Forderung zur Rehabilitierung aller ehemaligen Stasi-Mitarbeiter durch.
Die Einführung von Freibier findet die ungeteilte Zustimmung aller drei
Bündnis-Parteien!

Doch dann geschieht etwas Schreckliches: Der Vorsitzende des Islamischen Kulturvereins Deutschland e. V. ruft eine Pressekonferenz ein. Vor
den Vertretern praktisch aller führenden Medien und sonstigen Institutionen beklagt sich der Vereinsvorsitzende bitterlich über die Freibier-Akti-
on. Vor dem Hintergrund des islamischen Alkoholverbots, zeige sich hier
eine zynische Geringschätzung und eine Diskriminierung des Islams in
Deutschland. Vertreter der evangelischen Amtskirche äußern Verständnis
und Betroffenheit. Gemeinsam mit dem islamischen Kulturverein werden
zum Zeichen der Solidarität und Verbundenheit an verschiedenen Orten
spontan Schweigemärsche organisiert. Der allgemeine Betroffenheitskult
erreicht schnell einen Höhepunkt mit der Ausstrahlung von Sondersen-
dungen im Fernsehen. In der Regierungszentrale jagt daraufhin eine Krisensitzung die nächste. Als Erstes wird das Bundesamt für Verfassungsschutz von der Regierung angewiesen, die bereits seit drei Jahren laufende
Überwachung des Vorsitzenden des Islamischen Kulturvereins mit sofor-
tiger Wirkung einzustellen. Hinweise vom Verfassungsschutz, wonach die
Überwachung aus guten Gründen stattfindet, weil der Vereinsvorsitzende
beispielsweise die Einführung der Scharia in Deutschland fordert, werden von Regierungsseite abgebügelt. Ein zuständiger Bereichsleiter vom
Verfassungsschutz wird in den vorzeitigen Ruhestand versetzt. Mit der

Redaktionsleitung vom *Spiegel* wird vereinbart, dass dortige Recherchen (aus Gründen der Staatsraison) nicht veröffentlicht werden. Schließlich macht man den Vertretern des Islamischen Kulturvereins den folgenden Vorschlag: Die Bundesregierung entschuldigt sich offiziell für ihr respektloses Vorgehen, das unentschuldbar ist. Zur Wiedergutmachung bietet die Bundesregierung Folgendes an: Sämtliche Kirchengebäude in Deutschland, die aufgrund der zunehmenden Entchristianisierung nicht mehr genutzt werden, werden auf Kosten des deutschen Steuerzahlers in Moscheen umgewandelt. Der Islamunterricht wird offiziell ins deutsche Schulwesen eingeführt. Christlicher Religionsunterricht steht, soweit er überhaupt noch stattfindet, nur noch in einigen Schulen in Bayern, Baden-Württemberg, Ostwestfalen und im Rheinland auf dem Lehrplan. Der Vorstand des Islamischen Kulturvereins gibt sich zähneknirschend mit diesem Angebot der Bundesregierung einverstanden – allerdings nur unter der Voraussetzung, dass gemeinsam ein staatliches Gremium installiert wird, das permanent über die Diskriminierung des Islam in Deutschland wacht.

Dann meldet sich plötzlich auch noch Alice Schwarzer zu Wort: Das Freibier-Versprechen stelle eine klare Benachteiligung der Frauen gegenüber dar, weil sie nachweisbar viel weniger Bier als Männer trinken. Insofern profitieren Männer in viel größerem Maße vom Freibierausschank. Die Bundesregierung reagiert umgehend mit dem Versprechen, dass eine Kommission eingesetzt werde, die diese Frage umfassend analysieren und klären werde. Ein staatlich verordneter kostenloser Weinausschank an Frauen wird bereits vorsorglich in den Raum gestellt. Den gut dotierten Vorsitz der neuen Kommission übernimmt Alice Schwarzer gleich selbst.

Nun erst kann sich die Regierung endlich an die Umsetzung ihres Freibier-Versprechens begeben. Um sicherzugehen, dass nur noch Freibier angeboten wird, muss zunächst der Verkauf von Bier verboten werden. Niemand soll sich durch den Kauf von Bier besondere Privilegien verschaffen können. Das Verbot ist somit eine notwendige Maßnahme sozialer Gerechtigkeit zum Abbau ungerechtfertigter Privilegien. Da alle Gastwirte Bier nunmehr kostenlos ausschenken, verdienen sie nichts mehr. Sie müssen deshalb in den öffentlichen Dienst übernommen werden. Bei der Eingliederung in den öffentlichen Dienst spielten Parteizugehörigkeit und

Gewerkschaftsmitgliedschaft eine entscheidende Rolle. Zur Ordnung
dieses wichtigen Zweigs des öffentlichen Diensts wird ein Regierungsbe-
auftragter für Bierausschank berufen. Ihm wird zur Sicherung von mehr
Demokratie ein drittelparitätisch besetztes Gremium zur Seite gestellt, in
dem die Gastwirte, die Konsumenten und die Kellner vertreten sind. Da
die Regierung Freibier versprochen hat, muss sie dafür Sorge tragen, dass
ausreichend Freibier zur Verfügung steht. Sie muss deshalb die Produktion von Bier kontrollieren und Investitionen der Brauereien lenken. Da
die Verantwortung des Staates für das Wohl der Bürger unteilbar ist und
die Einhaltung des Freibierversprechens nicht am unmoralischen Pro-
fitstreben kapitalistischer Brauereiunternehmen scheitern darf, ist die Verstaatlichung der Brauereien der nächste notwendige Schritt. Um die staatlichen Brauerei-Aufgaben wahrzunehmen, wird ein staatliches Bier-Amt
gegründet und ein Präsident des Amts berufen. Er trägt zusammen mit
den Unterbehörden die Verantwortung für den Bierausstoß. Die Brauereien wiederum sind vom Hopfenanbau abhängig. Ohne guten Hopfen kein gutes Bier. Die Regierung muss deshalb auch die Verantwortung
für den Hopfenanbau übernehmen. Dazu muss das staatliche Bier-Amt
durch eine Hopfenbehörde erweitert werden. Nach der Übernahme der
Gastwirte in den öffentlichen Dienst, der Verstaatlichung der Brauereien
und der Vergesellschaftung des Hopfenanbaus sind alle Voraussetzungen
für die Einlösung des Freibierversprechens geschaffen. Der Verwirklichung sozialer Gerechtigkeit im Bierkonsum steht scheinbar nichts mehr
im Wege.

Dann treten jedoch Lieferschwierigkeiten auf. Der Bierausstoß bleibt hinter den Erwartungen zurück, da die Brauer nur noch wenig eigennützige
Motivation haben und darüber hinaus mit dem Ausfüllen von Formu-
laren und der Arbeit in den demokratischen Gremien beschäftigt sind.
Um diesem Übelstand abzuhelfen, wird die Regierung den Bierausstoß
durch die Zugabe von Wasser inflationieren. Das Bierangebot wird dadurch erhöht. Aber die Qualität wird schlechter. Deshalb sind dieser Bier-
vermehrung Grenzen gesetzt. Daraus folgt der nächste und abschließende
Schritt: Das Bier wird rationiert – Freibier auf staatlichen Biermarken!

Da die Gastwirte im öffentlichen Dienst weniger Dienststunden machen,
die Brauereien weniger produzieren und die Qualität des Bieres immer

schlechter wird, sinnen die Bürger auf Auswege. Der direkte Weg zum guten Bier ist versperrt. Die sozialistische Bierordnung kann nur noch durch revolutionäre Maßnahmen verändert werden. Zur Revolution langt es jedoch nicht. So entwickelt sich ein grauer Markt für Bier. Hopfen wird heimlich angebaut – trotz Strafandrohung. Das Bier wird heimlich gebraut und Gastwirte verkaufen das neue, gute Bier heimlich gegen Entgelt – vor allem an die, die gute Beziehungen haben. Immer mehr Bier wird aus dem Ausland ins Land geschmuggelt. Es entsteht eine regelrechte Schmuggelindustrie. Um diesem profitgierigen Verhalten krimineller Volkssubjekte Einhalt zu gebieten, beschließt die Regierung die Gründung einer neuen Zollpolizei-Superbehörde mit umfassenden rechtlichen Kompetenzen. Jetzt steigt auch die Mafia in das Geschäft ein, weil sie zu Recht neue und zudem äußerst lukrative Einnahmemöglichkeiten wittert. (Ältere Bürger erinnern sich noch an die Zeiten der Prohibition in Amerika.) Die Regierung befreit die neue Zollpolizei-Superbehörde von jeglichen rechtsstaatlichen Beschränkungen, schließlich gehe es ja um den Kampf gegen das organisierte Verbrechen. Und böse Gerüchte, wonach das organisierte Verbrechen bereits enge Kontakte zu politischen Institutionen unterhalte, werden von den staatsfrommen und zeitgeistaffinen Massenmedien als völlig absurd dargestellt. Überhaupt werden in Rundfunk und Fernsehen alle kritischen Äußerungen konsequent ausgeblendet. In den Talkshows siegt inhaltsleere Eloquenz über Vernunft und Fachwissen, und wer die Ökonomie des ersten Augenscheins beherrscht, der hat, bejubelt von den bestellten Claqueuren im Hintergrund, die Gunst des Millionenpublikums auf seiner Seite. Ein »Wirtschaftskabarettist«, offenbar Professor an der Universität Bremen, geistert wie ein Kobold durch alle möglichen Talkshows und lässt seiner erschreckenden Halbbildung ungeniert freien Lauf. Wer schon sonst nichts weiß, hat wenigstens feste Meinungen. Selbst die bürgerlichen Parteien trauen sich kaum noch, eine offene Diskussion zu führen.

In seinem berühmten Buch *Psychologie der Massen* schrieb der französische Arzt und Psychologe Gustave Le Bon bereits 1895 über die Mechanismen der Beeinflussung der Massen:

»Meinungen werden zu Glaubenssätzen erhoben, die Überzeugungen der Menschen nehmen religiöse Gefühle an, das Unwirkliche hat stets Vorrang vor

dem Konkreten, Zuneigung wird schnell zur Anbetung, Abneigung schnell zu Hass, womit Unduldsamkeit und Fanatismus verbunden wird. Dadurch wird der Mangel an Urteilskraft und kritischem Geist, soweit er vorhanden war, unterdrückt. Nicht mehr Vernunftgründe zählen, sondern Behauptung und Wiederholung, die sich wie Krankheitserreger in der Volksseele ausbreiten. Unsere Regierungen sind nicht mehr fähig, eine vernünftige Meinung zu lenken, es fehlt ihnen an Mut, die beweisbare Wahrheit auszusprechen. Damit wird die Meinung der Massen immer mehr zum Lenker der Politik. Regierungen und Presse horchen das Volk aus und machen daraus ihre Programme.«

In seinem Opus magnum *Kapitalismus, Sozialismus und Demokratie* schreibt Joseph A. Schumpeter: »Demokratie ist die Herrschaft des Politikers.« Politiker haben demnach kaum eine eigene politische Präferenz, kämpfen nur selten für Überzeugungen. Stattdessen richten sie sich nach dem, was ihnen Stimmen bringt. Politiker handeln mit Stimmen wie Tchibo mit Kaffee. Die Wähler wiederum zeigen sich kurzfristig verführbar. Schließlich sind die Themen komplex, und die meisten meiden den Aufwand der Meinungsbildung. Rationale Argumente stechen selten. Im Kampf um des Wählers Gunst finde sich – so heißt es bei Le Bon,

»… der gleiche Trick, durch wiederholte Behauptung eine Meinung zu schaffen – und dieser Trick ist genau so lange erfolgreich, als er rationale Argumente vermeidet. Immerhin: Der Wettbewerb um Macht in der Demokratie verhindert zumindest eine zu starke Konzentration derselben in der Hand weniger oder gar eines Einzelnen.«

Irgendwann stehen dann die nächsten Wahlen an. Das Wahlvolk ist wegen des schlechten Bieres, der extremen Staatsverschuldung, der permanenten Preissteigerungen und der riesigen Transferzahlungen im Rahmen der »Euro-Rettung« beunruhigt. Die Regierung ist über die allgemein maue Stimmung in der Wahlbevölkerung konsterniert. Wie können sich die Menschen trotz der »Politik der sozialen Gerechtigkeit« nur so undankbar gegenüber der Regierung zeigen? Die Führung der Regierungspartei findet im klassisch-liberal gesinnten Bürgertum den idealen Sündenbock. Der Regierungssprecher verkündet:

*»Statt den Kapitalismus mit seinem unmenschlichen Leistungsdruck, die un-
gerechte Verteilung und das systemimmanente Chaos der Marktwirtschaft
sowie die entfesselten Finanzmärkte anzuprangern, besitzen diese Leute die
Frechheit, den ‚Sozialstaat' infrage zu stellen, indem sie diesen als Agentur für
Brot und Spiele verunglimpfen. In ihrer Borniertheit und sozial destrukti-
ven Art fabulieren diese Unbelehrbaren, dass die staatlich rundum betreuten
Menschen in Wirklichkeit nur glückliche soziale Sklaven seien, die ihre Freiheit nicht vermissen, solange einer da ist, der sich kümmert.«*

Der Wirtschaftsminister fragt: »Weshalb nur immer diese Nörgelei der
Leute? Warum trinken die Leute nicht Wein statt Bier, wenn ihnen das
Bier nicht mehr schmeckt? Und wieso regen sich die Leute überhaupt
wegen der Rekordverschuldung auf? Weshalb diese völlig unbegründete
Angst? Kapieren die denn nicht, dass wir einfach nur neues Geld drucken
brauchen, damit alles sozialverträglich weiterlaufen kann?« Selbst viele
Ökonomen würden schließlich diese Meinung vertreten.

In dieser Situation erinnert sich der Regierungschef an den erfolgreichen
Wahlkampfleiter der vorangegangenen Wahl. Doch dieser hatte nach der
letzten Wahl den hoch dotierten Posten als Vorstandsvorsitzender der seinerzeit neu gegründeten »Bundesbehörde für Wirtschaftsförderung Zen-
tralafrikas« zugeschanzt bekommen. Er kann also jetzt nur als inoffizieller
Berater fungieren. Nach ausgiebiger Analyse aller demoskopischen Befra-
gungen wird schließlich im Rahmen einer dreitägigen Klausurtagung im
Brenner'schen Hof in Baden-Baden gemeinsam beschlossen, dass das Er-
folgskonzept des letzten Wahlkampfes einfach wiederholt wird. Das neue
Wahlkampfmotto heißt jetzt: »Kostenlose Smartphones für alle Bürger!«

Was lernen wir aus dieser kleinen Geschichte? Die »soziale Gerechtigkeit« ist zur Zivilreligion einer sich selbst schädigenden, nihilistischen
Gesellschaft geworden – einer Gesellschaft, die Individualität und Leistung höchstens im Mittelmaß erträgt. Die moralgetränkte Diffamierung
der Wohlhabenden, die mit ihren Steuern die größte Last des Sozialstaats
tragen, schützt alle selbstgerechten Minderleister, die es sich in der Sozialstaatsbürokratie längst richtig gemütlich gemacht haben. Die riesige So-
zialindustrie profitiert selbst hemmungslos von der staatlichen Umverteilungsmaschinerie und lebt letztlich davon, dass es den sozial Schwachen

nicht besser geht, sondern dass diese als Kundschaft möglichst immer noch weiter anwächst. Eine ganze »Industrie« nährt sich an den Milliarden Euro, die angeblich zur Linderung der Arbeitslosigkeit ausgegeben werden, aber in Wirklichkeit die Arbeitslosigkeit erst richtig zementieren. Statt tatsächliche benötigte Hilfen zu erhalten, müssen sich Langzeitarbeitslose sinnlosen Maßnahmen unterziehen und werden von den Job-Centern wie Schulkinder behandelt. So, wie die Maßnahmen von den Job-Centern bzw. Arbeitsagenturen angelegt sind, richten sie nur Schaden an. Doch allein die Weiterbildungsmaßnahmen zur Eingliederung in den Arbeitsmarkt bringen Gewerkschaften und Arbeitgeberverbänden Milliarden, sind sie doch meistens Träger der »Bildungseinrichtungen«. So verdienen sie auch noch an ihrem Tarifkartell, das wesentlich an der Arbeitslosigkeit schuld ist. Es geht diesen staatsgläubigen Umverteilern in ihrer bösartigen Menschenliebe in Wahrheit um die Festschreibung des Status quo, weil dadurch die sozial Schwachen weiter in Unmündigkeit und Abhängigkeit gehalten werden können. Eine florierende Wirtschaft ist deshalb geradezu der Todfeind der Wohlfahrtsbürokratie (Roland Baader).

So ticken diese scheinheiligen und zynischen Ankläger der faktischen sozialen Ungerechtigkeit. Sie sind erfüllt von der Sehnsucht nach dem großen Bruder und ihr Lebensmotto lautet: Sozialismus ist schön! Beim Mittagessen in der Kantine ereifern sie sich über sogenannte Steuerflüchtlinge und Steueroasen. Ihr Bier, das sie verbilligt über eine staatliche Abgabestelle für den öffentlichen Dienst beziehen, ist von besserer Qualität als das Bier für die Normalverbraucher, hat allerdings auch nicht mehr die Qualität wie vor der Verstaatlichung der Brauereien. Aber was soll's, trösten sie sich: Hauptsache Schluss mit den ehemals profitverseuchten Privatbrauereien und dem unmenschlichen Leistungsdruck. Im kuscheligen sozialistischen Kollektiv fühlen sie sich richtig wohl: Vater Staat regelt alles für sie.

Na denn, Prost!

X Unternehmerbrief an die GEZ

Von Dietrich W. Thielenhaus, Unternehmer

Liebe GEZ,

schon bei dieser Anrede sträubt sich die Feder bzw. der PC. Sie sind nicht »lieb«. Dank intensiver Bemühungen haben Sie es geschafft, bei den Deutschen zum Inbegriff eines roten Tuches zu werden. Es gibt hierzulande wohl kaum eine andere öffentlich-rechtliche Institution, die sich so hoher Antipathie-Werte erfreut.

Seit vielen Jahren schikanieren Sie die Bundesbürger mit hirnrissigen Fragebögen und Kontrollbesuchen ihrer erfolgsabhängig bezahlten Drückerkolonnen und Kopfgeldjäger. Wer hofft, Sie seien jetzt von der Bildfläche verschwunden, irrt. Sie haben sich nur ein neues Etikett aufgeklebt. Sie nennen sich jetzt auf den ersten Blick etwas sozialverträglicher, gleichwohl gewollt irreführend »ARDZDF Deutschlandradio Beitragsservice«. Sie mögen für vieles stehen, sicherlich aber nicht für Service.

Die jetzt von Ihnen eingeführte Zwangsabgabe setzt neue Maßstäbe für absurden Wildwuchs und dreiste Selbstbedienungsmentalität im öffentlich-rechtlichen Bereich. Es ist mehr als zynisch, dass nun auch blinde, taube und demente Menschen zur Kasse gezwungen werden. Das gilt ebenso für die Bürger, die ohne Computer, TV-und Radiogeräte auskommen. Gleichwohl werden Sie die neue Rundfunkabgabe mit allen verfügbaren Mitteln eintreiben. Dazu gehören nach Ihrem Verständnis Rasterfahndung, Datenabgleich, Hausbesuche und Pfändungen. Den Unternehmen bringt das neue System ebenso extreme wie unlogische Kostensteigerungen von bis zu 1.800 Prozent, Kommunen sollen plötzlich bis zum 13-Fachen mehr zahlen. Zu hoffen ist, dass die jetzt anlaufende Klagewelle diese Abzockerei stoppen wird. Letztlich dürfte Ihre Rasenmäher-Methode einer verfassungsmäßigen Überprüfung nicht standhalten.

Wie in Staatsbetrieben üblich, konzentrieren sich die Sender offensichtlich nicht aufs Sparen, sondern auf die Ausweitung ihrer Budget-Spielräume, obwohl erheblicher Handlungsbedarf für umfassende Kostenreduzierungen besteht. ARD und ZDF betreiben derzeit mit 26 600 Angestellten und über 100 Tochtergesellschaften 22 TV-Sender und 64 Radioprogramme. Zur musikalischen Erbauung dienen allein bei der ARD elf Orchester, vier Big-Bands und fünf Chöre. Legendär sind die Ruhestandsbezüge, die z. B. der WDR seine Mitarbeitern eingeräumt hat: Auch beim Einkauf prominenter Moderatoren und großer Sportereignisse wird geklotzt und nicht gekleckert. Die Zahl der Mitarbeiter, die von den Olympischen Spielen in London berichtet haben, war mit 480 größer als das gesamte deutsche Olympia-Team.

Dass das im internationalen Vergleich einzigartige Jahresbudget von zuletzt 7,4 Milliarden Euro zu qualitativen Höhenflügen geführt habe, kann beim besten Willen nicht behauptet werden. Im Gegenteil: Wiederholungen und unterbelichtete Formate dominieren heute zunehmend die öffentlich-rechtliche TV-Realität. Kein Wunder, dass vielerorts die Auffassung vertreten wird, das deutsche Fernsehen sei eher schmerzgeldpflichtig als gebührenpflichtig.

Wenn Sie kriminelle Manipulationen, wie massive Unterschlagungen und Betrügereien, innerhalb der TV-Anstalten mit demselben Ehrgeiz wie das Eintreiben von Gebühren verfolgen würden, hätten sich die inzwischen verurteilten Straftäter nicht so ungehindert bedienen bzw. schmieren lassen können.

Das gilt auch für die dubiosen Product-Placement-Aktivitäten, die – wie jeder Zuschauer weiß – nicht nur bei »Wetten, dass« das Geschehen bestimmt haben. Bezahlte Schleichwerbung ist zur Selbstverständlichkeit geworden. Regeln und Vorgaben, die das verhindern sollen, werden schlicht übersehen oder bewusst missachtet. Vor allem die Automobilindustrie nutzt dankbar die gebotenen Spielräume. Es ist sicherlich kein Zufall, dass bei den beliebten Rosamunde-Pilcher-Verfilmungen (ZDF) die guten Menschen stets in fabrikneuen Mercedes-Produkten durchs schöne Cornwall kutschieren. Noch raffinierter ist die ARD bei der Abendserie »Um Himmels willen« vorgegangen. Hier haben »schlaue«

Drehbuchautoren den »Bürgermeister Wöller« in den ersten Jahren zum Besitzer eines Citroën-Autohauses gemacht. Mit dieser Scheinlegitimation hat man die entsprechenden Autos und das Firmenlogo bis über jede Schmerzgrenze hinaus großformatig ins Bild gerückt. Anzunehmen, dass hier nicht erhebliche Gelder auf unterschiedlichen Wegen an unterschiedliche Empfänger geflossen sind, wäre mehr als naiv.

Es wäre interessant zu erfahren, wie viel Prozent der eingenommenen Gelder schon vom bürokratischen GEZ-Moloch selbst verbrannt werden. Kostengünstiger wäre zweifellos, die als Rundfunkgebühr getarnte Steuer konsequenterweise direkt von den Finanzämtern einziehen zu lassen.

Vielleicht hat Ihr geldgieriger Größenwahn aber auch etwas Gutes: Die aufgeklärten Bürger sind nicht länger bereit, sich von Ihnen nach Belieben »verwalten« und abzocken zu lassen. Die sich erst allmählich erschließende Skandal-Dimension stellt Sie in den Brennpunkt der öffentlichen Aufmerksamkeit und Kritik. Und sie führt zu überfälligen Grundsatzfragen wie nach der Existenzberechtigung öffentlich-rechtlicher Medien, die sich eigentlich nur noch durch das Privileg der Zwangsabgabe von den privaten Sendern unterscheiden.

Mit (un)freundlichen Grüßen

Dietrich W. Thielenhaus, Unternehmer

Wuppertal, im Januar 2013

XI Rot-rot-grüne Projektionen

Bei den allseits laufenden Verdummungsprogrammen ist es kein Wunder, dass der brave Bürger unter der Lawine des auf ihn einwirkenden Unsinns den letzten Rest an Verstand verliert. Man stelle sich vor, die Identitätsstifter des rot-rot-grünen Spektrums würden die Macht erringen: Der SPD-Bundeskanzler erzählt jeden Abend einen Witz in den Abendnachrichten, denn kollektives Lachen fördert die Volksgesundheit. Dass jemand eine scharfe Zunge hat, reicht allerdings nicht, um scharfen Verstand nachzuweisen, denn vom Verstand muss man die Eitelkeit in Abzug bringen. Daher bleibt im Endeffekt nur wenig von ihm übrig. Aber die Sozis haben eben einen Hang zu diesem Typus. Für sie sind Männer ideal (daher auch keine Frau an der Spitze!), die vor Wortkraft und Kraftwort kaum gehen können. Übrigens muss der Kanzler ein Wahlprogramm vertreten, das so gut wie alles enthält, was er vor Jahr und Tag noch als Humbug bezeichnet hätte. Nun muss er sich deshalb selbst vorkommen wie ein Clown. Der Außenminister der Grünen klatscht Nord-Koreas Präsidenten ab. Daraufhin wird das dortige Atomprogramm umgehend eingestellt. Der Finanzminister der LINKEN zieht das Vermögen von Bill Gates und Warren Buffet ein und verteilt es an die Bedürftigen.

Ganz wichtig sind die Kinder. Sofort nach der Geburt werden sie in Kitas unter staatliche Aufsicht gestellt. Das hat zwei Vorteile: Erstens gibt es durch den Wegfall elterlicher Beziehung kein individuelles Denken und Handeln mehr. So kann man das Umwelt- und Sozialverhalten aller Bürger optimal kontrollieren. Zweitens erhalten alle Kinder die gleiche Erziehung und (Un)Bildung. Außerdem betrachten sozialistische Regierungen Menschen sowieso als ihr (staatliches) Eigentum. Eigentum, über das man verfügen kann, zum Beispiel in der Form, dass man missliebige Menschen einfach einkerkert und dann gegen harte Devisen an freiheitliche Staaten verkauft, wie es der schäbige SED-Staat so dreist vorgeführt hat. Die SED-Propaganda von der Emanzipation der Frau und Geschlechtergleichstellung verdeckte den banalen Umstand, dass man im ineffizienten Sozialismus auf die volle Arbeitskraft der Frau unbedingt angewiesen war.

Private Schulen sind inzwischen vom Staat verboten, nachdem sich her-
ausgestellt hatte, dass sie sich dem verordneten Islam-Unterricht und dem
ebenfalls staatlich vorgegebenen Sexualunterricht, inklusive besonderer
Herausstellung gleichgeschlechtlicher Beziehungen, entzogen hatten.

Im Verlauf mehrerer Generationen gleichen sich die Gene aller Bevölkerungsschichten an. Das ist Chancengleichheit in höchster Vollendung.
Bleiben nur noch die Homo-Ehepaare. Im Zuge absoluter Gleichberech-
tigung bestimmen sie selbst, wer Kinder bekommen darf oder ob man
sich abwechselt. Heterosexuelle Ehepaare mit Kindern müssen eine steuerliche Sonderabgabe zugunsten von homosexuellen Ehepartnern zahlen, weil Studien von Familienforschern gezeigt haben, dass Kinder aus
Homo-Ehen wesentlich höhere Kosten mit sich bringen. Dies gilt zum
Beispiel für psychologische Behandlungen und sonstige Therapien. Im
Sinne der Gleichstellung muss dieser Nachteil für die Homo-Ehepartner
natürlich entsprechend ausgeglichen werden. In Baden-Württemberg haben SPD und Grüne das Thema »Homosexualität« im Bildungsplan verankert. Die Wertschätzung gegenüber unterschiedlichen sexuellen Iden-
titäten und Orientierungen soll nun bundesweit zu einem Leitprinzip für
alle Fächer werden.

Die Geburtenrate in Deutschland wird weiter zurückgehen, aber durch
die politisch gewollte Einwanderung ausgeglichen. Das demografische
Problem wird durch Millioneneinwanderung behoben, statt durch vernünftige Familienpolitik. Darüber hinaus glauben die LINKEN in den
Einwanderern ein neues Proletariat gefunden zu haben, nachdem ihnen
die deutsche Arbeiterschaft die Gefolgschaft verweigert hat. So wird der
nichteuropäische Ausländer schnell zum »besseren« Menschen. Da diese
Einwanderung teilweise eine Einwanderung Minderqualifizierter in die
Sozialnetze darstellt, steigt die Staatsverschuldung immer weiter und es
wird die Einführung einer neuen Steuer, der »Luxussteuer«, beschlossen.
»Unanständiger Reichtum« soll endlich verschwinden und durch »soziale
Gerechtigkeit« zum Wohle aller Menschen ersetzt werden. Für Luxuskon-
sumgüter gilt ab sofort ein Sonder-Mehrwertsteuersatz in Höhe von 35
Prozent. Vermögensteuern, Sonder-Vermögensabgaben bzw. Zwangsan-
leihen und ein deutlich höherer Einkommensteuersatz für »Besserverdie-
nende« werden Wirklichkeit.

Die Regierungen der Euro-Zone brauchen Geld, und der private Sektor
hat es. So einfach ist das. Der Trick ist, dass man den steuerlichen Raub-
zug überall unter der strahlend ehrenvolle Flagge »sozialer Gerechtigkeit«
durchziehen kann. Dabei ist klar, dass das konfiszierte Geld denen, die
es bräuchten, gar nicht zugutekommt. Es ist das Gleiche wie mit den
Bail-outs für Griechenland, Portugal und andere Länder. Die Milliarden
versickern spurlos bei Banken, anderen Gläubigern und in den monströsen Bürokratien. Die Menschen selbst haben davon gar nichts, im Gegenteil: Ärmere sinken in immer größere Armut. Was den »Besserverdie-
nenden« weggenommen wird, verschwindet komplett im Mahlstrom der
Euro-Rettung und in den tiefen Taschen der Staatsbürokratien. Selbstverständlich wird auch kein Euro davon in die dringend notwendigen
Arbeiten an der Infrastruktur oder in die Steigerung der Wettbewerbsfähigkeit fließen. Man will lediglich das kollabierende System noch länger
am Laufen halten.

Da der inzwischen spürbare Kaufkraftverlust die Wähler beunruhigt,
werden für alle Grundnahrungsmittel staatlich verordnete Höchstpreise
eingeführt. Auf dem Wohnungsmarkt werden die Mieten gedeckelt, was
die Wohnungsnot auf Dauer noch weiter verschärft. Wie die bürgerliche
Mittelschicht unter einer solchen Politik regelrecht zerbröselt, kann man
bereits heute in Frankreich beobachten: Die Franzosen haben das Gefühl,
in einen Abwärtsstrudel geraten zu sein, dessen rasende Bewegung niemand aufhalten zu können scheint. Die untere Mittelschicht gleitet mehr
und mehr in Richtung Unterschicht ab. Die dortigen Haushalte kommen
mit ihrem Einkommen nur noch schwer über die Runden, sie geraten
in völlige Abhängigkeit von der staatlichen Sozialbürokratie. Eine große
Umwälzung ist im Gang: die Erosion der Mittelschicht in praktisch allen
westlichen Wohlfahrtsstaaten – und deren Wachstum in den aufstrebenden Schwellen-Ländern. Im »sozial-sozialistischen Paradies« braucht man
keine Mittelschicht, sondern eine graue Masse, die man leicht kontrollieren und steuern kann. Die Mainstream-Medien gehen der Politik dabei
geflissentlich zur Hand. Die Priesterschaft der Intellektuellen unter den
Journalisten besteht in Wahrheit aus abhängigen Lohnschreibern- und
Rednern, oft ohne tiefe Kenntnisse, ohne kulturellen und geschichtli-
chen Bildungshintergrund, daher unfähig zu fundierten Problemanalysen
(Thorsten Hinz).

Quellen:

Leserbriefe von Viktor Böhringer, Hans Feldmann und Ernst Bruckenberger in: *Die Welt* vom 6.3.2013, S. 2.

Homosexualität im Lehrplan, in: *FAZ*, Bildungsnotizen, 16.8.2013, S. 7.

Oliver Guez: Das große französische Unbehagen oder Wie noch schwimmen im Strudel?, in: *FAZ* vom 14.8.2013, S. 28.

Thorsten Hinz: Der Geächtete, in: *Junge Freiheit* vom 28.2.2014, S. 7.

XII Der Staat und der Bürger: eine Mesalliance

Bei dem französischen Ökonom und Publizist Claude Frédéric Bastiat (1801–1850) heißt es über den Staat:

»Ich wünschte, dass man einen Preis stiftet – nicht fünfhundert Franc, sondern eine Million mit Siegerkranz und Verdienstkreuz am Band für den, der eine gute, einfache und einsichtige Definition des Wortes gibt: Der STAAT. Welch gewaltigen Dienst leistet er doch der Gesellschaft! Der STAAT. Was ist das? Wo ist er? Was tut er? Was sollte er tun?

Wir wissen darüber nur, dass er eine geheimnisvolle Persönlichkeit ist – und sicherlich die am meisten beanspruchte, gequälte, beschäftigte, angeklagte, angerufene und herausgeforderte auf der ganzen Welt.

Denn, mein Herr, ich habe nicht die Ehre, Sie zu kennen, aber ich wette zehn gegen eins, dass Sie seit zehn Monaten Utopien machen; und wenn Sie welche machen, wette ich zehn gegen eins, dass Sie den STAAT beauftragen, sie zu verwirklichen.

Und Sie, meine Dame, ich bin sicher, dass Sie sich vom Grund Ihres Herzens danach sehnen, alle Leiden der unglücklichen Menschheit zu heilen, und dass Sie nichts dagegen hätten, wenn sich der STAAT dessen annähme.

Aber ach! Der Unglückliche weiß wie Figaro nicht, wen hören und wohin sich wenden. Die zehntausend Münder der Presse und der Rednertribüne schreien auf ihn ein:

Organisieren Sie die Arbeit.

Rotten Sie den Egoismus aus.

Beschränken Sie die Unverschämtheit und Tyrannei des Kapitals.

Machen Sie Experimente über Dünger und Eier.

Überziehen Sie das Land mit Eisenbahnlinien.

Bewässern Sie die Ebenen.

Forsten Sie die Berge auf.

Gründen Sie, eröffnen Sie Genossenschaftswerkstätten.

Kolonisieren Sie Algerien.

Ernähren Sie die Kinder.

Bilden Sie die Jugend aus.

Unterstützen Sie die Alten.

Schicken Sie die Einwohner der Städte aufs Land.

Gleichen Sie die Gewinne aller Industrien an.

Leihen Sie zinslos Geld jedem, der es wünscht.

Befreien Sie Italien, Polen und Ungarn.

Züchten und vervollkommnen Sie Reitpferde.

Fördern Sie die Kunst, bilden Sie Musiker und Tänzerinnen aus.

Verbieten Sie den Handel und schaffen Sie zugleich eine Handelsmarine.

Enthüllen Sie die Wahrheit und lassen Sie in unsere Köpfe ein Korn Vernunft fallen.

Der Staat hat die Aufgabe, die Seele des Volkes aufzuklären, zu entwickeln, zu erheben, zu stärken, zu vergeistigen und zu heiligen.

Ach! Meine Herren, ein bisschen Geduld, antwortet der STAAT in erbärmlichem Ton.

Ich werde versuchen, Sie zufriedenzustellen, aber dafür brauche ich einige Mittel. Ich habe Projekte für fünf oder sechs ganz neue allerwohltätigste Steuern vorbereitet. Sie werden sehen, was für ein Vergnügen es macht, sie zu bezahlen […]

Der STAAT ist die große Fiktion, nach der sich JEDERMANN bemüht, auf Kosten JEDERMANNS zu leben […]

Aber bemerkenswert ist, wie erstaunlich blind die Öffentlichkeit dabei ist. Was müssen wir von einem Volk denken, wo man nicht zu ahnen scheint, dass die gegenseitige Plünderung nicht weniger Plünderung ist, weil sie gegenseitig ist; dass sie nicht weniger verbrecherisch ist, weil sie sich gesetzmäßig und in aller Ordnung vollzieht; dass sie nichts zum öffentlichen Wohl beiträgt; dass sie es im Gegenteil um all das vermindert, was der verschwenderische Vermittler kostet, den wir STAAT nennen? […] Es ist also ganz absurd, dass wir ihm gegenüber eine demütige Haltung von Bettlern einnehmen. Ihm ist es völlig unmöglich, gewissen Individuen der Gemeinschaft einen Vorteil zu verschaffen, ohne der ganzen Gemeinschaft einen größeren Schaden anzutun. […] Es genügt (den) Populisten, dem Volk in die Ohren zu schreien: Die Regierung betrügt dich. Wenn wir an ihrem Platz wären, würden wir dich mit Wohltaten überhäufen und von Steuern befreien. Und das Volk glaubt und das Volk hofft, und das Volk macht eine Revolution. Seine Freunde sind kaum an der Macht, als sie schon aufgefordert werden, die Sache anzugehen. Geben Sie mir also Arbeit, Brot, Unterstützung, Kredit, Ausbildung, Kolonien, sagt das Volk und dennoch, wie versprochen, befreien Sie mich von den Klauen des Fiskus.

Der neue Staat ist nicht weniger in Verlegenheit als der alte, denn Unmögliches kann man wohl versprechen, aber nicht halten. Er versucht Zeit zu gewinnen. Kredit aufzunehmen, das heißt die Zukunft aufzufressen, ist wohl das derzeitige Mittel, sie zu versöhnen. Man versucht, ein wenig Gutes in der Gegenwart zu tun, auf Kosten von viel Übel in der Zukunft. Aber dieses

Vorgehen führt das Gespenst des Bankrotts herauf, das den Kredit verjagt. Was also tun? Da trifft der neue Staat mutig seine Entscheidungen, er zieht die Streitkräfte zusammen, um sich zu erhalten, er erstickt die öffentliche Meinung, er greift zur Willkür, er macht seine alten Maximen lächerlich, er erklärt, dass man nicht verwalten kann, ohne unpopuläre Entscheidungen zu treffen. Kurz, er nennt sich Regierung.

Und darauf warten andere Populisten. Sie beuten dieselbe Illusion aus, kommen auf gleichem Wege, haben den gleichen Erfolg, und werden bald in denselben Abgrund hineinlaufen.«

Damit hat Claude Frédéric Bastiat, der vielleicht bedeutendste französische Vertreter freiheitlicher Ideen seiner Zeit, bereits vor über 150 Jahren das Staatswesen trefflich beschrieben. Die heutigen Verhältnisse hat Dietrich Eckardt glänzend in seinem äußerst lesenswertem Buch: *Eine missratene Beziehung* beschrieben:

Der moderne Staat, auch der demokratische Staat, beruht auf drei Macht-Säulen: Verfügungsgewalt über unser Geldwesen (staatliches Geldmonopol), Zwangsbesteuerung und Umverteilung von Einkommen. Der Staat als solcher ist unproduktiv. Er kann nur verteilen, was er vorher nahm, aber in Wahrheit auch das nicht, denn die ganze Staatsbürokratie will finanziert sein, und das Wohl der Regierenden schätzt der Staat stets höher ein als das Wohl der Regierten (Uwe Timm). Der Begriff »Staat« ist eigentlich irreführend. Das angelsächsische Wort »Government« ist besser, weil treffender. »Staat« erweckt den Eindruck, es seien anonyme Institutionen am Werk. »Regierung« aber weist darauf hin, dass es konkrete Personen sind, die anordnen, dass die Bürger befehligt, gegängelt, gezwungen, unterdrückt, behindert, geschubst und ausgebeutet werden. Reines Mehrheitsrecht zerstört in gewisser Weise das Recht und macht es zur Produktionsmaschine von beliebigen Gesetzen, hinter denen Gruppen- und Sonderinteressen stehen. Jeder Wahlsieger ist eine Art von Meisterdieb: Er hat sich geschickt die meisten Wählerstimmen »gekauft«, indem er Dinge versprochen hat, von denen er weiß, dass dafür gar keine Haushaltsmittel vorhanden sind; er selbst lässt sich vom Steuerzahler gut bezahlen und sorgt für die Allgegenwart des Staates im Leben seiner Bürger. Will man innerhalb der Gesellschaft etwas lernen, dann trifft man

– den Staat. Will man innerhalb der Gesellschaft etwas leisten, dann trifft
man – den Staat. Will man innerhalb der Gesellschaft etwas konsumieren,
dann trifft man – den Staat. Ob bei der Geburt, bei der Vermählung oder
beim Tod – der Staat ist immer dabei: als gesellschaftspolitischer Gestal-
ter, als Zuchtmeister, als Kontrolleur und als Kassierer. In nahezu allen Lebensbereichen ist man konfrontiert mit dem Staat. Das gesellschaftliche
Leben ist heute in erster Linie durch den Staat bestimmt. Er ist mit einer
unübersehbaren Flut von Gesetzen und Zehntausenden von Vorschriften
dazu übergegangen, nahezu jeden Bereich des staatsbürgerlichen Daseins
in wirtschaftlicher und kultureller Hinsicht zu erfassen. Diese Tendenz
hin zur staatlichen Omnipräsenz verstärkt sich immer weiter. Der Staat ist
überall spürbare Totalmanifestation der vom heutigen Zeitgeist hervorge-
brachten politischen Gesellschaftlichkeit. Politik ist – die Kommunalpo-
litik ist hier durchaus einzubeziehen – in ihren wesentlichen Teilen Staats-
sache. Insofern konkretisiert sich politische Gesellschaftlichkeit heute als
Umgang und als Auskommen des einzelnen Bürgers mit dem Staat und
umgekehrt. Der Staat verkörpert sich in Form einer bestimmten Klasse von Menschen (»Classe politique«), die innerhalb der Gesamtgesellschaft ihr (Un)Wesen treibt. Im deutschen Parteiengesetz zum Beispiel
treten »Staat« und »Volk« geradezu als Antipoden auf, zwischen denen
die Parteien zu vermitteln hätten. Dies führt im Endeffekt dazu, dass die
Bevölkerung den Staat mehr und mehr als Fremdkörper und als etwas
ihr Aufgepfropftes empfindet. »Die Funktion der Masse in der heutigen
Demokratie ist die des Zuschauers, nicht des Partizipierenden«, formuliert es der Journalist Walter Lippmann. Man könnte es auch noch wesentlich härter ausdrücken: Der Bürger als »Staatsangehöriger« ist längst
zum »Staatshörigen« degeneriert. Der Staat agiert als Schulmeister und
Polizist, aber auch als Behördenbetrieb. Als solcher beschäftigt er viel Personal und unterhält eine Vielzahl von Betriebsstätten. Der Staat erscheint
bei genauer Betrachtung als gigantisches und wegen seiner Ausdehnung
imponierendes Dienstleistungsunternehmen, also als »Firma«. Die Angestellten dieses monströsen Wirtschaftsbetriebes werden materiell bestens
versorgt. Die Firma Staat begegnet einem allenthalben, sowohl auf regi-
onaler (kommunaler) als auch überregionaler (landesweiter) Ebene. Die
Firma Staat hält einen in die Millionen gehenden Anteil der Bevölkerung in Arbeit. In Deutschland lebt mehr als ein Sechstel der arbeiten-
den Bevölkerung direkt oder indirekt vom Staat. Viele Funktionen der

Firma Staat sind personell reichlich und aufwendig besetzt. Die Chefs, die dort eine regelrechte Inhaberfunktion bekleiden, lassen sich in der Regel wie Industriekapitäne in bodyguardgeschützten Luxuslimousinen chauffieren. Sie bewohnen hinter Grün versteckte Villen, die denen der großen Industriellenfamilien nicht nachstehen. Sie genießen Privilegien, von denen die gewöhnlichen Bürger nur träumen können. Auch für ihre Sicherheit sorgt der Staatsapparat. Denn die Firma hat sozusagen einen Werkschutz in Armeestärke, der bis an die Zähne bewaffnet ist. Nicht genug damit! Es gibt in der Firma auch deutliche Anzeichen für die Erblichkeit der Macht. Wer heute vom Betriebschef als »Sohn« oder »Enkel« adoptiert wird, hat gute Chancen, den Laden zu übernehmen – wie es in der Nachfolge von Willy Brandt tatsächlich ja auch geschehen ist. Die Geschäftsübernahme wird formell natürlich den Weg über etwas nehmen müssen, das die Firmengurus eine »Wahl« nennen. Apropos Wahl: So wie in anderen Tätigkeitsbereichen, ist die Firma auch mit ihren Reklamekampagnen ganz vorn. In regelmäßigen Abständen fallen ihre Sektionen, die politischen Parteien, mit lautem Werbegerassel über die Wähler her. Dieses Gerassel trägt den kriegerisch anmutenden Namen »Wahlkampf«. Mit welcher Subtilität und Professionalität die Wahlkämpfe der Staatskader heutzutage vorbereitet und durchgezogen werden, ist selbst für Show-Profis beeindruckend.

Die Firma Staat erbringt Leistung – was für eine Firma ja nichts Ungewöhnliches ist. Aber sie erbringt ihre Leistung anders als üblich. Es erfolgt zum Beispiel keine Ausstellung von Rechnungen, die man bezahlen müsste. Ein Rechnungswesen hat die Firma gar nicht. Diese Eigenheit hat jedoch nichts, was sie als von der gewöhnlichen Realität abgehoben erscheinen ließe. Es wird nämlich auch bei der staatlichen Leistung Gegenleistung gefordert. Allerdings: Die Firma hat ihre eigene Methode, ihren Preis zu verlangen und Kasse zu machen. Sie bedient sich eines recht barocken Pauschalentgeltungs- und Umlageverfahrens. Und schließlich: Die Firma hat eine eigene Caritas-Abteilung. Der Staat als Wohltäter will erreichen, dass jeder ein Dach über dem Kopf hat und nicht verhungert. Eine Firma, die so mächtig und edel ist – wen reizt es da nicht, bei ihr sein Auskommen zu suchen?

Nichts ist so unsterblich wie eine Regierungsbehörde. Und die Firma
Staat ist als Wirtschaftsbetrieb ein Monopolkonzern. Aus dem schlich-
ten Bürger wird ein Staatsbürger, ein Untertan, der sich der staatlichen
Hoheitlichkeit unterzuordnen hat. Der verbeamteten Obrigkeit ist dies
ganz recht, denn in der Sonderwelt der Hoheitlichkeit kann den staatlichen Dienstleistungen ein probater Unantastbarkeitsnimbus verliehen
werden. Der ist bestens dazu geeignet, das politische Tätigkeitsfeld zum
ökonomischen Naturschutzpark zu erklären, in dem alles erlaubt zu sein
scheint – nur eines nicht: der Effizienzvergleich mit der übrigen (»normalen«) Wirtschaft. Im Unterschied zur Wettbewerbswirtschaft wird bei der
staatlichen Monopolökonomie dem Leistungsempfänger (Kunde, Verbraucher, Nutzer) die Macht über die Gestaltung des Preis-Leistungs-Ver-
hältnisses entzogen. Der Monopolist (Staat) kann also den Preis für seine
Leistungen unbehelligt und willkürlich festsetzen. Es kommt zum typischen monopolistischen Wucher. Beim Monopolkonzern Staat muss der
Verbraucher im Unterschied zum Privatkonzern ein festgezurrtes und
unabänderliches Unisono-Dienstleistungspaket abnehmen. Die Dienstleistungen des Staatskonzerns werden weitgehend nur als Paket vergeben
und als Paket abkassiert. Den Abnehmern bleibt nur die Friss-oder-stirb-
Option. Das staatliche Einheitskassenwesen und das Paketangebot bewirken, dass dem Verbraucher die Budgetfreiheit über ein Großteil seines
»öffentlich-rechtlichen« Leistungseinkaufs regelrecht verweigert wird. Er
muss »öffentliche« Schwimmbäder mitunterhalten, die er niemals nutzt.
Er muss Theateraufführungen mitbezahlen, die er nicht billigt und nicht
besucht. Er hat bezüglich des staatlichen Bildungsmonopols einen Kon-
trahierungszwang, d. h., er muss dieses mit Steuermilliarden vollgepump-
te und dennoch ineffiziente Einheitsbildungssystem akzeptieren, ob er
will oder nicht. Er muss sich an den ökonomischen Harakiris (»Steuer-
gräbern«) beteiligen, die er als sinnlosen Politaktionismus ablehnt. Selbst
wenn der Staat dazu überginge, ordentliche Rechnungen für die von ihm
erbrachten Leistungen zu stellen, bliebe immer noch die Nötigung für
die Abnehmer, diese als »Paket« abzunehmen und deshalb auch für Leistungen zahlen zu müssen, die er gar nicht nachfragt. Die Kasseneinheit
ist typisch für die staatliche Finanzwirtschaft. Sie ist regelmäßig verbunden mit der Budgethoheit des Parlaments. Ist die Kasseneinheit an sich
schon ein übler Verdunklungs- und Nivellierungsakt, so birgt die Kombination von Kasseneinheit und Budgethoheit die Möglichkeit einer

Totalentmündigung des Bürgers in seiner Rolle als Nutzer und Verbraucher staatlicher Dienstleistungen. Das Grundgesetz hat das Staatsinkasso nicht geregelt. Die Lücke, die das verfassungsrechtliche Versäumnis im deutschen Staatswesen ließ, konnte aber schnell geschlossen werden. Von den Nazis hatte man die in der Weimarer Republik entstandene Abgabenordnung (AO) übernommen. Und die wurde ohne große Umschweife und Änderungen wieder in Geltung gesetzt. Die Abgabenordnung besagt, dass der Dienstleister Staat seine Geldforderungen gar nicht als Gegenleistung für etwas speziell von ihm Geleistetes ansieht. Steuern sind Abgaben ohne exakt definierte Gegenleistungsverpflichtung. Die Abgabenleistung ist explizit nicht Teil eines Tauschgeschäftes. In der Abgabenordnung erklärt der deutsche Staat also ganz freimütig, was er will. Er will an das Geld der Leute, und zwar in einer Form, die ihn zu nichts Bestimmten verpflichtet. Mit ihrer Definition des Begriffs »Steuern« schließt die Abgabenordnung jede Form eines ordentlichen und leistungsbezogenen Rechnungswesens von vornherein aus. Der Staat pflegt daher ein kameralistisches Kassenwesen. Er verfährt nach dem Motto: Du – Untertan – musst mir einen von mir allein bestimmbaren Teil deines Hab und Guts geben und ich – Staat – schaue dann, was ich damit tun kann. Eine feste Mittelbindung kennt die deutsche Staatskasse nicht. So erhält der Bürger als Steuerzahler auch keine nachprüfbaren Leistungsabrechnungen.

Beispielhaft kommt diese Haltung des Staates in einer kleinen Begebenheit zum Ausdruck, die Uwe Timm in seinem Buch *Briefe an die Welt* berichtet: Er sei einmal in die Gemeindeverwaltung gegangen, um die Haushaltsbücher einzusehen. Dem dort tätigen Angestellten fehlte das Verständnis im wahrsten Sinne des Wortes. Er konnte mit dem Ansinnen ganz einfach nichts anfangen. Und als er begriffen hatte, worum es ging, antwortete er richtigerweise, dass er damit nicht dienen könne. Schließlich gäbe es einen politischen Haushalt, keine Bilanz, keine Gewinn- und Verlustrechnung. Das Geld der Bürger werde nach politischen Gesichtspunkten verteilt. Dieser Logik entsprechend, wird eine Nichtbedienung der Staatskasse als *lex specialis* des Betrugs behandelt. Damit wird jeder Konflikt zwischen (staatlichem) Leistungsanbieter und dem Bürger als Leistungsabnehmer moralisch disqualifiziert. Doch wie rechtfertigt der Staat seine moralgeschwängerte Reaktion auf die Weigerung des Untertans, seine Kasse (ohne Rechnungsstellung, ohne Leistungsnachweis und

ohne Mittelverwendungsnachweis) zu füllen, wenn allein schon die Steuergesetze so chaotisch sind, dass selbst der vormalige Bundespräsident
Roman Herzog öffentlich erklärt, dass er sie trotz exquisiter juristischer
Ausbildung nicht verstehe. Sogar Sachbearbeiter bei den Finanzämtern
weigern sich, sich durch den Wust der sich zum Teil widersprechenden
Bestimmungen hindurchzukämpfen? Die Steuergesetze haben mehr
Menschen zu Betrügern gemacht als der Teufel. Das Staatsinkasso verursacht den Hauptteil der Wirtschaftsvergehen innerhalb der deutschen Gesellschaft. Die Methode staatlicher Geldbeschaffung hat eine regelrechte
Kriminalisierung der Bevölkerung bewirkt. Diesbezüglich ist der Staat ein
regelrechter »Verbrechensproduzent«, was ihn wiederum zum Aufbau eines monströsen Kontroll- und Überwachungsapparats veranlasst.

Zum monopolistischen Wucher des Staats kommt noch die Kostenbelas-
tung durch Verschwendung. Allein schon die nachweisbare Verschwendung kann nur in Milliarden bemessen werden. Von den Milliarden, die
durch Korruption und Vetternwirtschaft verloren gehen, ganz zu schweigen. Die Fehlleistungen des Staatspersonals sind beachtlich und bleiben
für die Verursacher meistens folgenlos. Das Unkündbarkeitsprivileg ist
das fatalste aller Privilegien des Staatspersonals. In seinem Arbeitsleben
darf sich der Unkündbare verhalten wie eine Mischung aus Pensionär und
Kind, ob er das nun ausnutzt oder nicht. Der Staat ist beim Eigentum seiner Untertanen quasi immer Miteigentümer. Er ist es nicht nur deshalb,
weil er Eigentum ja nach Gutdünken (als Abgabe) konfiszieren kann. Er
ist es auch deshalb, wie er ihnen über noch Verbliebenes allenthalben Ge-
botszwänge auferlegt. Durch vielfache Rechtssetzungen behält er sich Bestimmungen über die persönliche Eigentumsverwendung vor. Insofern
gibt es in der Staatsgesellschaft gar kein Privateigentum im strengen Sinne. Es ist stets mehr oder weniger in der Hand des Staates. Der Fiskus
beansprucht in jedem Fall gewaltige Anteile der gesamtgesellschaftlichen
Ressourcen für sich und schöpft sie ab. Die Höhe heutiger Abgabenquo-
ten kannte man bislang nur in Katastrophenphasen und selbst da eher selten. Fiskalisch leben wir immer noch wie in Kriegszeiten. Da drängt sich
die Frage regelrecht auf: Wer führt hier Krieg gegen wen? Der Wucher in
den Staatsmonopolen wird weniger durch das übermäßige Gewinnstre-
ben einzelner Funktionsträger bewirkt, sondern vielmehr durch die geradezu abenteuerliche Anspruchshaltung und Inkompetenz großer Teile

des Staatspersonals, aber auch durch das überzogene Sicherheitsstreben vieler Menschen, die zum Staatspersonal drängen und damit zur weiteren Aufblähung bis in Mammutdimensionen beitragen.

In diesem Zusammenhang müssen auch die politischen Parteien genannt werden. Mit dem Artikel 21 GG werden die Parteien, also vom Wesen her private (!) Vereinigungen mit der offiziellen Zielsetzung einer »politischen Willensbildung«, zu Quasi-Verfassungsorganen. Dadurch werden die Parteien zu den eigentlichen Machtträgern im Staat. Das durch die Verfassung gedeckte bundesdeutsche Wahlgesetz begünstigt den politischen Parteiismus. So konnten aus privaten Vereinigungen politischer Willensbildung straff organisierte und öffentlich getragene Holdings zur Erlangung und Erhaltung der Macht werden. Heute ist es schon ganz selbstverständlich, dass die Politiker ihre bürgerliche Existenz aus ihrer Rolle als politische Entscheidungsträger, und das heißt in der Regel: als Parlamentarier, bestreiten; sie sind reine Berufspolitiker. Als Berufspolitiker stehen sie unter dem Druck, jedermanns Liebling sein zu müssen. Ihr Verhalten darf eigentlich gar nicht von Sachgesichtspunkten geleitet sein. Es muss von der Sorge geprägt sein, nur ja keinen Trend zu verpassen. Sie müssen schauen, dass sie mit dem jeweiligen Zeitgeist auf Duz-Fuß stehen. Deshalb entblöden sich wahlkämpfende Politiker auch nicht, ihr Publikum in medialen Wett- und Juxveranstaltungen zu suchen – als empörte und mitfühlende »Sozialapostel« oder als den schlauen Otto spielende Leichtgewichte. Erst der Parteienstaat züchtet ganz konsequent diese neue, bisher in der Menschheitsgeschichte unbekannte Spezies: die für ihren Job bezahlten Berufspolitiker bzw. Berufsideologen. Die Parteien sind nicht nur die Ideologieheimstätten ihrer Mitglieder. Den Mächtigen unter ihnen, den Parteifunktionären, bieten sie die Möglichkeit der persönlichen Existenzabsicherung. Der politische Parteiismus hat die Tendenz »Politik als bürgerlicher Beruf« entschieden gefördert, sodass es heute ein lohnabhängiges Politideologentum gibt. Die Kombination von »bürgerlicher Beruf – Ideologie« ist die Ursache für die fortschreitende »Verbonzung der Politik« (Kurt Biedenkopf). Der Parteifunktionär übt (wie übrigens auch der Gewerkschaftsfunktionär) im Sinne der üblichen Dienstleistungs- und Produktionsberufe keinen richtigen Beruf aus, auch wenn er einen solchen einst erlernt haben sollte. Er lebt von Steuergeldern, und es geht ihm um die Erringung bzw. Erhaltung von Macht.

Das Parteienwahlsystem (Verhältniswahl mit 5-Prozent-Klausel) sichert mittels der starren Landeslisten die Wahl entsprechend gefügiger Politiker in die Staatsämter.

Hier gilt die Warnung Friedrich Nietzsches: »Und behüte dich vor den Guten und Gerechten«, jedenfalls vor denen, die sich als solche feiern, den moralischen Jakobinern. Der Parteienstaat besetzt bzw. schafft möglichst viele hoch dotierte Stellen mit ganzen Mannschaften von Parteifunktionären. Inzwischen hat das dazu geführt, dass Berufskarrieren weniger durch Leistung als vielmehr durch Parteitreue zu machen sind: zum Beispiel auch in den gemeinwirtschaftlichen oder behördlichen Dienstleistungssektoren. Die Pöstchenarithmetik bei der Vergabe staatsbetrieblicher Jobs gestattet den absolut sicheren Schulterschluss zwischen Legislative und Exekutive. Die politischen Kontrolleure und die zu Kontrollierenden sind eins: über die Parteien. Das System kontrolliert sich selbst. Das hat den großen Vorteil, dass die materielle Versorgung des Systems immer gesichert ist. Die Kombination von wirtschaftlicher und politischer Macht in der Hand des Berufspolitikertums ist auf Dauer verhängnisvoll, weil sie den Rechtsstaat ad absurdum führt. Das Parteiengesetz hat es der politischen Klasse ermöglicht, sich den Staat regelrecht zur Beute zu machen. Selbst im Falle des politischen Wechsels findet bloß noch eine Rotation der Fraktionen oder ein neues Bündnissystem innerhalb ein und derselben Oligarchie statt. Trotz aller scheinbaren oder tatsächlichen parteipolitischen Gegensätze wird sie zwecks gemeinsamer Machterhaltung letztlich doch zusammengehalten. Solange sich die Oligarchie einig ist, kann sie auch durch Wahlen nicht mehr abgelöst werden (Wolfgang Caspart). Dieses in gewissem Sinn tatsächlich recht stabile System ist vor allem für diejenigen Menschen überaus verlockend, die im Leistungswettbewerb der privaten Wirtschaft als typische Underperformer sozusagen durch den Rost fallen, aber dafür eben mittels einer Parteilaufbahn mehr als entschädigt werden. Dadurch ergibt sich natürlich eine Spirale der Negativauslese des politischen Personals. So ist erklärlich, dass sich Parteipolitik letztlich weitgehend in klamaukhaftem Populismus und kurzfristiger Wahltaktik erschöpft. Politik ist ein reines Showgeschäft – einzig und allein auf den Moment ausgerichtet. Die Medien schmücken zusätzlich einiges aus und beliefern als »Schrotttransporteure« die Öffentlichkeit. Selbst Schwachköpfe in politischen Führungspositionen haben immer noch jene Restintelligenz, die es ihnen erlaubt, Geist festzustellen und dessen Träger zu eliminieren (Karlheinz Weißmann). Die Leute dulden dies und niemand reagiert. Jedes Volk hat eben ein Recht auf Dummheit. Dietrich Eckardt: »Die Strukturen und Regeln des staatlichen Parteiismus gleichen gewissermaßen denen des organisierten Verbrechens. Wenn jemand sein ganzes Leben nur auf Lügen aufgebaut hat, dann sollte er eine politische Karriere anstreben, denn dort fällt der Defekt am wenigsten auf.« Der führende Intellektuelle Lateinamerikas, der Schriftsteller Mario Vargas Llosa, der 1987 für drei Jahre in die Politik gegangen war und als Präsidentschaftskandidat für freie Marktwirtschaft und einen radikalen Liberalismus warb, äußerte sich über seine Erfahrungen in der Politik in einem Interview in der Schweizer *Weltwoche* wie folgt:

»Sie können die hehrsten Ideen haben, aber sobald es an die Verwirklichung geht, sind Sie Intrigen, Verschwörungen, Paranoia, Verrat und Abgründen an Schmutz und Niedertracht ausgesetzt. Wenn ich eins über den Morbus der Politik gelernt habe, dann dies: Der Kampf um die Macht lockt die Bestie in uns hervor. Was den Berufspolitiker wirklich erregt und antreibt, ist das maßlose Verlangen nach Macht. Wer diese Obsession nicht hat, wird der kleinlichen und trivialen Praxis der Politik angeekelt den Rücken kehren.«

Wie in der Politik, gibt es auch in Konzernspitzen viele Psychopathen. Denn hier finden diese Leute alles, was sie interessiert: Geld, Macht und Kontrolle über andere Menschen. Intelligente Psychopathen sind oft sehr »erfolgreiche« Menschen.

Der fiskalische Abgabeneintrieb durch die Politik ist die eine Variante der staatlichen Mittelbeschaffung. Es gibt noch eine weitere: das Schuldenmachen. Der Staat lebt auf Pump und der Schuldenberg ist gigantisch. Noch nie in der Geschichte hat ein Staat je seine Schulden zurückgezahlt. Am Ende steht immer ein »Schuldenschnitt«, eine »Währungsreform« bzw. ein »Lastenausgleich«. Die Gläubiger des Staates (zum Beispiel die Halter von Staatsanleihen) und die Sparer werden schlicht enteignet. Wo Staatsschulden, da Staatsgläubiger. Wo hohe Staatsschulden, da besonders arglose Staatsgläubiger, oder besser gesagt: Gläubige. Die Staatsgläubiger machen sich oft nicht klar, dass die Kreditwürdigkeit des Staates zum Großteil gar nicht mehr auf irgendeinem real greifbaren Leistungspotenzial (zum

Beispiel Sachvermögen), sondern vorwiegend auf der Zwangsgewalt des Steuereintriebs, also letztlich auf der Furcht des Steuerzahlers vor den »Bajonetten der Exekutive« beruht. Nebenbei bemerkt: Die Zinsen, die ein Anleger für seine Staatsanleihen erhält, zahlt der Staat aus den Steuern, die er seinen Gläubigern abknöpft – aus der Sicht des Staates zweifellos ein geradezu geniales Geschäftsprinzip. Ist der Staat aufgrund seiner permanenten Schuldenmacherei irgendwann endgültig bankrott, zahlt er eben gar nicht mehr. So einfach geht das! Der kleine Mann ist dabei immer der Dumme! Fairerweise muss man natürlich zugestehen, dass die Menschen in ihrer Eigenschaft als Wähler selbst diesen Teufelskreis in Gang halten. Es ist die kollektive Unvernunft von Politikerversprechen (zwecks Stimmenkaufs) und Wähleransprüchen, die am Ende zum überschuldeten Sozialstaat führt. Dank seines Geldmonopols kann der Staat seine finanziell ungedeckte Wahlgeschenke indirekt über die Ingangsetzung der Notenpresse »finanzieren«. Das führt zwar langfristig zum Finanz-Crash, aber zunächst kann man dadurch als Politiker Wahlen gewinnen. Und der einzelne Wähler denkt, dass er für sich insgesamt mehr rausschlagen kann als andere Mitbürger. Die längerfristigen Konsequenzen bedenkt er dabei nicht und er begreift auch nicht, dass diejenigen, die von der staatlichen Umverteilung am meisten zu profitieren glauben, diejenigen sind, die sie durch eigene Einbußen erst ermöglichen. Die meisten Leute verstehen nicht, dass kein noch so großer Bürgerfleiß je ausreicht, um den Staats-Leviathan dauerhaft zu füttern bzw. zu unterhalten. Somit nimmt der Teufelskreis aus sozialer Wohltat der Politiker und sich selbst schädigendem Wählerverhalten seinen verhängnisvollen Lauf.

Das staatliche Geldmonopol ist das gefährlichste aller staatlichen Monopole und die wohl verhängnisvollste Fehlkonstruktion des westlichen Demokratiemodells. Das Geldmonopol ermöglicht dem Staat die keynesianisch vergifte Geld-, Zins-, Konjunktur- und Sozialpolitik, die letztlich stets im wirtschaftlichen und moralischen Ruin der Gesellschaft endet, weil sie auf der Prämisse aufbaut, man könne durch Schulden reich werden und würde durch Sparen arm werden. Keynes selbst hat die Folgen seiner Unterkonsumptionstheorie und seines »Deficit spending-Modells« ganz realistisch eingeschätzt: »Auf lange Sicht sind wir alle tot.« Die unheilige Allianz zwischen verantwortungsloser Schuldenmacherei der Politik und nihilistischem Anspruchsverhalten der Wähler charakterisiert den

modernen Sozialstaat. Es gibt wohl kein Allerheiligstes in der Wohlfahrtsgesellschaft, das eifriger gehütet wird als das »Soziale«. Das »Soziale« ist
eine Art Religionsersatz, ein mythologischer Kultbegriff, der keiner stren-
geren Definition mehr bedarf – und im Übrigen auch gar nicht definierbar ist. Es ist kein Zufall, dass die Anfänge der Sozialpolitik in Preußen
zu finden sind. Über die innere Verwandtschaft von Preußentum und
Sozialismus ist nicht nur einmal nachgedacht worden (Hayek). Nicht nur
deshalb kann die Mystifizierung des »Sozialen« als etwas typisch Deutsches angesehen worden.

Man schätzt, dass heute im Schnitt nur 6 Prozent aller Sozialausgaben des
Staates den wirklich bedürftigen Leuten zugutekommen. Den Großteil
des Geldes schluckt die gigantische Sozialbürokratie. So ist jenseits aller
Polemik zu fragen, was der Sozialstaat eigentlich tatsächlich macht? Er
interveniert – und zwar in nahezu allen Lebensbereichen. Der Sozialstaat
ist ein Interventionsstaat, der wie eine Art Gießkanne vielfältigste Interessen bewässert. Im ureigenen Interesse der Sozialbürokratie entsteht ein
regelrechter Wettlauf, überall »soziale Schwache« ausfindig zu machen.
Infolge der öffentlich zur Schau gestellten Samariterpotenz hat sich ein
forderndes Anspruchsdenken in der Bevölkerung breitgemacht. Wohl
90 Prozent der Sozialstaats-Bürger fühlen sich irgendwie als Bedürftige.
Der Staat in seiner Rolle als Wohltäterstaat pflegt zur Rechtfertigung seines Tuns das Leitbild von der »sozialen Gerechtigkeit«. Das hat im Laufe
der Zeit dazu geführt, dass die Menschen dieses Leitbild verinnerlicht
haben und sich nun jeder ungerecht behandelt fühlt, der aus dem Staats-
säckel nichts oder seiner Meinung nach zu wenig abbekommt. Es findet
eine systematische Ausbeutung aller durch alle statt. Für jeden gilt das
Prinzip: Sozial ist, wenn der andere zahlt. Der »Staats-Bürger« wird in
vielen Existenzbereichen jeglicher Eigenverantwortung, nämlich Vorsorge
für die Wechselfälle des Lebens zu treffen, systematisch entwöhnt. Der
»Staats-Bürger« wird zum Interventionshäftling – gefangen in der Vollkasko-Mentalität und ihrer Klippschulmoral; er macht die zum »Führer«, die
ihn verführen. Der Interventionsmanie des Staates mischt sich sogar in
die Angelegenheiten des Versicherungswesens bestimmend und regelnd
ein: der Staat als Assekuranzmanipulator. So sind Pflichtversicherungen
verschiedenster Art entstanden, die durch hohe Zwangsabgaben (»Sozi-
albeiträge«) am Leben erhalten werden. Die Höhe der Abgaben steht im

krassen Gegensatz zur Effizienz dieser Institutionen. Auf der einen Seite
werden horrende Summen im Gesundheitswesen ausgegeben, auf der anderen Seite werden die Leute immer kränker. Die eigentlichen Profiteure
dieses ineffektiven Zwangsapparats sind die Wohlfahrtsbürokraten. Die
Struktur des staatlich gelenkten deutschen Gesundheitswesens mit seinen
abstrusen Systemmechanismen führt unweigerlich zur Pathologisierung
der ganzen Gesellschaft und ist ein Hohn für den gesunden Menschenverstand. Die eigentliche Ursache des gesundheitspolitischen Unsinns liegt
nicht in der Boshaftigkeit der Verantwortlichen, sondern in der Fehlkonstruktion des sozialstaatlichen Systems begründet. Rein umlagefinanzier-
te Sozialsysteme können bekanntlich auf Dauer gar nicht funktionieren
und widersprechen obendrein systemimmanent dem Prinzip des Gene-
rationenausgleichs, denn es gibt keine ethische Rechtfertigung dafür, im
vergreisenden Europa künftige Generationen mit möglichst hohen Staatsschulden zu belasten. Der Staat geriert sich ganz selbstverständlich als
Altersversorger und pflegt auch in diesem Zusammenhang die Politik der
ungedeckten »Wechsel«, wobei die Kinder ganz selbstverständlich und geradezu schamlos zu Zukunftsschuldnern des sogenannten Generationenvertrags gemacht werden. Der Sozialstaat als gigantische Verteilerstation
zukünftig zu erwirtschaftender Ressourcen erweist sich zunehmend als
unseriöses Konstrukt. Hierin zeigt sich beispielhaft der unmoralische und
unethische Charakter des Sozialstaates. Der Kern der Rentenlüge ist das
Vertragswerk des »Generationenvertrags« selbst! Hier wurde ein »Vertrag«
mit einer Partei geschlossen, die es als Vertragspartner noch gar nicht gibt,
mit einer Generation, die bereits ab Geburt den Buckel voll Schulden hat.
Schulden, die von einer Vorgängergeneration gemacht werden, die auf
Kosten der nachfolgenden Generationen hemmungslos sämtliche Konten
total überzieht.

Und außerdem: In einer vom staatlichen Interventionsgeist infizierten
Gesellschaft werden Korruption, Veruntreuung und Diebstahl zu Kavali-
ersdelikten. Genauso, wie die sich heimlich gern selbst bedienenden hoheitlichen Vorbilder, haben Diebe eben nichts weiter als Pech, wenn sie
erwischt werden. Die staatliche Schuldenmacherei zerstört ganz zwangsläufig Ethik und Moral des Gemeinwesens. Der Staat – als Manager der
»sozialen Gerechtigkeit« – gerät durch sein Selbstverständnis zum ideologischen Ziehvater der »guten« Armut und leitet mit der Verteufelung des

»schlechten« Reichtums auf breiter Front den gesellschaftlichen Niedergang ein. Längst haben sich alle möglichen Anspruchsgruppen in mächtigen Verbänden organisiert, um Druck auszuüben. Anstelle eines gesunden
Leistungswettbewerbs kommt es zu rücksichtslosen Verteilungskämpfen
der Verbände und Interessensgruppen: Die stärkste und lauteste Kolonne
sichert sich den größten Happen an der Beute, die den Steuerzahlern ab-
gepresst wird. Die mit pharisäerhafter Scheinmoral vorgetragenen Funk-
tionärsphrasen vom »gerechten Anspruch auf …« provozieren geradezu
die Neigung zu immer höheren Forderungen. Die sozialen Verteilungs-
kämpfe haben etwas von Eroberungskriegen: so viel wie möglich in Besitz
nehmen. Die ganze Kunst dabei ist, die staatspolitische Macht auf seine
Seite zu ziehen und »Vater Staat« als Geber zu gewinnen. Ein Anspruch
auf Gleichheit der materiellen Position als Ausfluss des Mantras der »sozialen« Gerechtigkeit kann durch die Regierung nur mittels Gewalt erfüllt
werden. Deshalb funktioniert der Sozialstaat auch nur auf der Grundlage
von (staatlicher) Gewalt. Das quasireligiöse Streben nach »sozialer Gerechtigkeit« ist die wichtigste Triebfeder unserer heutigen Wählerbestechungsdemokratie, die schließlich im überschuldeten und unfreien Staat
mit weitgehend entmündigten Bürgern endet.

Zur Entmündigung des Bürgers passt die Selbstherrlichkeit des juristischen Staatspersonals ins Bild. Der Staat spricht Recht. Der Untertan be-
gnügt sich mit dem Rechtsvertrauen. Als Schöffe nickt er die Entscheidungen der Richterbeamten nur noch ab. Das bedeutet, dass sich die
erwünschte vertikale Gewaltenteilung im Justizwesen auf ein Minimum
reduziert. Mit seiner Schwächung des Schöffenwesens, also der Vernachlässigung einer eigenständigen juridischen Instanz bei den Gerichten, bewirkt das Grundgesetz ein empfindliches Defizit: Ob jemandem Recht
ab- oder zugesprochen, Schuld ab- oder zugewiesen wird, darüber entscheiden im Grunde genommen die Angestellten der Gerichte mehr oder
weniger selbst, ohne eine effiziente Kontrolle durch die dadurch Betroffenen, also durch die Rechtsgemeinschaft. Die staatsbeamteten Richter
füllen das Loch, das das wegen des Verfassungsversäumnisses degenerierte
Schöffenwesen lässt. Sie agieren aus sich heraus und vom Publikum unbehelligt. Eine von der Obrigkeit eigenmächtig eingesetzte Instanz fällt
Entscheidungen mit weitreichenden Folgen für das Leben des Einzelnen.
Der oft beklagten Selbstherrlichkeit des juristischen Staatspersonals sind

laut Dietrich Eckardt Tür und Tor geöffnet. Bei der Abfassung des Artikels 98 GG muss vollkommen übersehen worden sein, dass eine die Richter kontrollierende Jury eine überaus wichtige politische Funktion hat. Die Justiz ist keineswegs nur der »Handlanger des Gesetzgebers«. Ihre eigenständige Entscheidungskompetenz ist exorbitant. Dadurch, dass eine politische Kontrolle der deutschen Richter durch die betroffene Rechtsgemeinschaft (in Form einer effizienten und frei gewählten Jury) fehlt, geht der politische Aspekt der Rechtsfindung aber nicht unter. Er verlagert sich nur: auf die Person des jeweiligen Richterbeamten (Dietrich Eckardt).

Wer die ideengeschichtliche Entwicklung über die verschiedenen Geschichtsepochen hinweg bis zum Altertum zurückverfolgt, der stellt unschwer einen ewigen Widerstreit zwischen Freiheit und Gleichheit fest (John Stuart Mill). Bis heute hat die Menschheit nicht gelernt, sich diesbezüglich auf ein geeignetes Maß der Ausgewogenheit einzupendeln – ganz im Gegenteil! Verhängnisvollerweise wird immer wieder die vermeintliche Sicherheit des wärmenden Kollektivs der Freiheit vorgezogen, weil Freiheit anstrengend ist und Selbstverantwortung einfordert. Kollektivistische, gleichmacherische Wirtschafts- und Gesellschaftssysteme haben sich in der Realität noch immer als verheerend erwiesen. Doch obwohl gerade die Deutschen durch die freie Marktwirtschaft zu Massenwohlstand und dadurch wiederum zu persönlicher Freiheit und Unabhängigkeit gelangt sind, beherrschen Sozialneid, das Verlangen nach Sicherheit und allgemeine Nivellierung das gesellschaftspolitische Leben fast vollständig. Dies liegt insbesondere in der Geschichte Deutschlands begründet. Denn anders als England oder die Vereinigten Staaten besitzt Deutschland keine eigenständige, in Generationen gewachsene und behauptete Tradition der Freiheit. Die deutsche Geschichte wird gewissermaßen zentral von der Tatsache bestimmt, dass das deutsche Bürgertum durch den Dreißigjährigen Krieg (1618–1648) tief und langfristig ruiniert wurde. Anders als in Frankreich und England, als in der Schweiz oder in den Niederlanden, fiel damit das deutsche Bürgertum als Motor der neuzeitlichen Wirtschafts- und Gesellschaftsentwicklung weitgehend aus. Seine Rolle übernahm der absolutistische Obrigkeitsstaat (exemplarisch: Brandenburg-Preußen). In der deutschen Gesellschaft ohne Bürgerbewusstsein herrschte die wichtigste Schicht nicht, sondern sie ordnete sich ein und unter. Sie fügte sich in den Obrigkeitsstaat. Daraus entwickelte sich eine deutsche Kultur gegen die westliche Zivilisation. So ist schließlich die Romantik weit stärker als die Aufklärung zur eigentlichen *deutschen* Epoche geworden.

Gottfried Wilhelm Leibnitz (1646–1716) gilt als der erste große Philosoph Deutschlands und zugleich als Idealist, was konsequent erscheint: »Die Engländer haben einen demokratischen Staat; die Franzosen haben einen zentralen Verwaltungsstaat und sind Rationalisten; die Deutschen haben gar keinen Staat und noch weniger Erfahrung: so wurden sie auf den Pfad der Spekulation gedrängt und werden Idealisten.« Die Schwäche des deutschen Bürgertums, die Übermacht und die Leistungskraft des Obrigkeitsstaates blockierten die Entwicklung freiheitlicher Institutionen. Einzig die Reform des Freiherrn vom Stein ermöglichte in den Städten Selbstverwaltung. Die deutsche Romantik war in der Tat eine Reaktion bzw. Gegenbewegung zur Vernunfteuphorie der Aufklärung. Nicht nur die Deutschtumsphilosophie von Fichte führte zum weitverbreiteten Gefühl, Deutschland sei zur geistig-kulturellen Führerschaft berufen und dürfe sich nicht vom Geist (bzw. Ungeist) der »Neuen Zeit«, sprich Aufklärung beirren lassen. Daraus ergab sich die Ablehnung der westlichen, liberalen Ideen mit ihrer Betonung der persönlichen Freiheit und des Parlamentarismus. Meinungsfreiheit gab es nur bis zu einem gewissen Grad, sie war auf keinen Fall ungehindert. Preußen praktizierte Liberalismus nur auf dem intellektuellen Gebiet. Diese Toleranz kannte enge Grenzen. Als Kant das Christentum als die einzige Religion bezeichnete, die tatsächlich dem moralischen Gesetz entspreche, trugen ihm seine diesbezüglichen Ansichten die Missbilligung der preußischen Regierung ein. Das späte 18. Jahrhundert war durch die Überhöhung des Staatsgedankens, durch den Geist des preußischen Militär- und Beamtenstaates mit seiner Strenge und Überorganisation geprägt. Hegel, der königlich-preußische Staatsphilosoph, war ein einflussreicher Verkünder dieser Staatsidee. Sein Wort vom Staat als der »Verwirklichung der sittlichen Idee« stilisierte den Staat zur höchsten Form allen sozialen Lebens. Diese Staatsidee durchsetzte den politischen Liberalismus in Deutschland und machte ihn schwach und kurzlebig. Die liberalen Ideen von Kontrolle und Eingrenzung staatlicher Macht fanden keine entscheidende Resonanz. Obwohl die westlichen liberalen Ideen um die Mitte des 18. Jahrhunderts durchaus das deutsche Bürgertum erfasst hatten, musste die 1848-er Revolution scheitern, weil

dem Bürgertum die Ehrfurcht vor dem Staat zu tief in den Knochen steck-
te. Die völlige Demoralisierung der liberalen Bewegung in Deutschland
war damit perfekt. Die Folgen dieses Bruchs konnten bis in die heutige
Zeit hinein nie überwunden werden. Bedeutsam ist in diesem Zusammenhang auch das spezifisch deutsche Phänomen der merkwürdigen Trennung
von politischem und wirtschaftlichem Liberalismus. Merkwürdig deshalb,
weil es stillschweigend das Unmögliche unterstellt, nämlich dass sich die
wirtschaftliche Freiheit von der persönlichen Freiheit trennen ließe.

Die damalige Infektion der deutschen Eliten mit Etatismus, Antiindividu-
alismus und Antikapitalismus war auch die Ursache für das Aufkommen
der aller Wissenschaft hohnsprechenden deutschen Historischen Schule.
Diese Historische Schule der Nationalökonomie, die auch den Namen
Kathedersozialismus trägt, steht für eine bestimmte Art von nationalem
Sozialismus. Die Abneigung gegen Kapitalismus und Marktwirtschaft
und die Begeisterung für Staat, Kollektiv und Nationalismus wurden zu
Gemeinplätzen des politischen Denkens in Deutschland. Das Gemisch
aus Nationalismus und romantischer Deutschtümelei ließ den Liberalismus und den Kapitalismus wie eine angelsächsische oder englisch-imperialistische Idee erscheinen, deren Ablehnung die deutschen Konservativen
in eine antiwestliche, ja antizivilisatorische Stimmung versetzte. Da die intellektuelle Elite in Deutschland das »englisch-amerikanische Kommerz-
denken« verabscheute, brachte sie dem fleißig seinen Geschäften nachge-
henden Bürgertum ebenfalls nur Verachtung entgegen. Deutlich zeigte
sich diese Gemütslage in der sogenannten Konservativen Revolution, die
sich nach dem Ersten Weltkrieg erhob. Nur folgerichtig war die enge Ver-
zahnung von Antikapitalismus und Antisemitismus. In Deutschland wie
in Österreich war der Jude zur Verkörperung des Kapitalismus geworden.
Hitler (einerlei aus welchen Gründen) erklärte in einer öffentlichen Rede
1941: »Nationalsozialismus und Marxismus sind im Grunde dasselbe.«
Bedenkt man, dass die geistigen Bewegungen des Sozialismus, Marxismus
und Nationalsozialismus ebenso radikal antikapitalistisch und antiliberal
waren, ja, dass sogar die beiden großen Kirchen tendenziell antikapitalistisch eingestellt waren, und dass darüber hinaus der ehemals nicht revolutionäre Konservatismus sich nach Etablierung der liberalen Weimarer Koalition regelrecht radikalisierte, so wird deutlich, dass Deutschlands erste
Demokratie, die Weimarer Republik, scheitern musste.

Mehr als alle anderen oft angeführten Gründe des Scheiterns, die die Schul- und Geschichtsbücher füllen, war es die breite Front der antiliberalen und antikapitalistischen geistigen Strömungen, die Weimar zur Totgeburt und den Sieg des Nationalsozialismus zum unabwendbaren Schicksal machten. Der Nationalsozialismus stand schon vor dem Ersten Weltkrieg geistig vollständig entwickelt bereit. Er ist in erster Linie wohl nicht ein Produkt von Krieg, Hunger und des Vertrags von Versailles. Alle Ideen des deutsche Nationalismus und Kollektivismus, die Hitler später erfolgreich zusammenführte, waren bereits lange vor 1914 erdacht worden. Der tiefe Antiliberalismus der Deutschen erklärt zu einem nicht geringen Teil das Rätsel, wie ein so altes, erfahrenes Kulturvolk sich einem so geistlosen Barbaren wie Hitler ausliefern konnte.

Theodor Heuss hatte vom kleinmütigen und unreflektierten Antiliberalismus vieler Menschen in Deutschland gesprochen. Die romantische Gesinnung der Deutschen hat die Aufklärung schon sehr frühzeitig in Deutschland »coupiert« (Johannes Gross). Dazu passt, dass die Deutschen sich bis heute noch wiedererkennen in einer Figur, die nichts Erwachsenes an sich hat, nämlich im deutschen Michel, der sich in der sozialen Realität nicht zurechtfindet und dessen Haupteigenschaft eine verträumte Naivität ist. Seine privaten Gefühle ordnet er selbst den öffentlichen Gefühlen unter. Er ist auch nicht wie andere Nationen zur Selbstironie oder zu einem gewissen Zynismus gegenüber der Gesellschaft aufgelegt. Deshalb gibt es dieses typische deutsche Unvermögen, sich gegenüber den Enttäuschungen der Politik anders als entrüstet und empört zu zeigen. Man kann sagen, dass sich im Grunde seit »Weimar« nichts bewegt hat. In Deutschland stellt die Staatsgläubigkeit und Obrigkeitshörigkeit eine bruchlose politische Tradition dar. Die Deutschen leben immer noch mit einem scheinbar unausrottbaren Staatsmystizismus. Dieser nährt sich nicht zuletzt aus einem gewissen Selbsthass. Das Grundgesetz ist letztlich eine Restauration der Zustände von Weimar. Der Geist der volksfremden Verfassung ist der gleiche geblieben. Bis heute konnte dieser Geist der Verfassung denn auch im Volke keine wirklichen Wurzeln schlagen. Der Geist der ideenlosen, manipulierenden, sich selbst nicht vertrauenden Demokratie vor 1933 ist auch nach 1945 wieder wirksam geworden. Das deutsche Volk hatte keine Zeit, sich selbst politisch zu erziehen. So war auch das Grundgesetz kein Gebilde, das aus dem Volk entsprang und sich auf Voraussetzungen gründete, die im Denken der Bevölkerung verankert waren. Dieses Gebilde ist eher Ausbund eines überängstlichen Bedürfnisses nach Sicherheit, Ruhe und Stabilität. Ob diese auf solcher Basis zu erlangen bzw. zu sichern sein werden, ist fraglich. In den letzten Jahrzehnten sind denn auch alle großen Reformversuche des deutschen Staates gescheitert, sei es beim Gesundheitswesen, in der Rentenpolitik, in der Verkehrs-, Umwelt-, Steuer-, Arbeits- und Bildungspolitik. Es gibt erste Anzeichen einer Unregierbarkeit des inzwischen über alle Maße gewucherten und überschuldeten (Sozial)Staates. Die Machteliten der EU haben die Zwangseinführung des Euro als kalten Staatsstreich von oben durchgepaukt, die Machteliten des deutschen Parteienstaates zeigen im Angesicht der von ihnen miterzeugten Finanz- und Schuldenkrise ihr Unvermögen auf offener Bühne – abgesehen von jenen, die aus zynischem Kalkül handeln.

Der Staat in seiner beschriebenen Form ist ein Relikt aus der »guten alten Zeit«, er hat seinen Zenit längst überschritten. Der schleichende Niedergang begann mit dem Wandel von der klassisch liberalen Ordnungspolitik (Röpke, Eucken, Erhard) zum Interventions- und Sozialstaat. Dieser begann einmal ganz bescheiden als Hilfsprojekt für die wirklich Bedürftigen. Im Laufe der Zeit wurde er jedoch zum Umverteilungsmonster für nahezu alle »Staats-Bürger«. Dieser völlig außer Kontrolle geratene staatliche Umverteilungswahn hat inzwischen solche Ausmaße erreicht, dass die eigentliche Armenhilfe nur noch Nebensache, ja eigentlich untypisch für die Sozial-Staatsgesellschaft ist. Dass die drohende Inflation vor allem die sozial Schwachen trifft, wird tunlichst verschwiegen. Die Politiker aller Parteien bestärken stattdessen die Menschen (Wähler) in der irrigen Annahme, das famose Sozialsystem erlaube ohne Weiteres einen ständig wachsenden Wohlstand bei immer geringeren, immer kürzeren Anstrengungen des Einzelnen. Das Verhängnisvolle daran ist, dass der Sozialstaat durch seine scheinbar mühelosen Wohltaten bereits das Selbstvertrauen allzu vieler Menschen systematisch vermindert hat. Viele Menschen glauben sich mehr und mehr außerstande, aus eigener Kraft ihr Leben zu meistern. Die Umverteilung als solche wird inzwischen von den meisten Leuten als »sozial« angesehen. Dass sozial nur ist, was wettbewerbsfähige und somit sichere Arbeitsplätze schafft, entzieht sich bereits ihrem geistigen Wahrnehmungshorizont – die perfekt durchideologisierten und

auf »Political Correctness« getrimmten Massenmedien tragen ihren Teil
dazu bei. Man muss es als eine öffentliche Förderung mentaler Verwahrlosung bezeichnen, was die Massenmedien an Desinformation, Manipulation und Gehässigkeiten unters Volk bringen. Die staatlich wuchernde
Umverteilungs- und Regelungsbürokratie untergräbt die Hilfsbereitschaft
primärer Sozialverbände: der Familien, der Nachbarschaften, der Kollegen, der Vereinskameraden und der diversen privaten Hilfsorganisationen. Die spontane, elementar genossenschaftliche Hilfsbereitschaft kann
nicht überleben, sobald man allgemein Behörden für allzuständig hält.
Eine freiheitliche Ordnung kann auf Dauer aber nur bestehen, wenn auch
im sozialen Bereich ein Höchstmaß an Freiheit, privater Initiative und
Selbsthilfe gewährleistet ist. Doch der Wohlfahrtsstaat generiert stattdessen immer nur mehr Anspruchssteller auf »soziale Leistungen«. Und
ein Rückbau des hypertrophierten Sozialstaates ist politisch nicht mehr
möglich. Denn keiner der »Heiminsassen der Verwahranstalt Sozialstaat«
wird freiwillig auf seine sozialen Rechte verzichten, wie es Roland Baader
so treffend formuliert hat. Aufgrund dieser »demokratischen Krankheit«
wird sich der Staat weiter und weiter auswüten – bis zum bitteren Ende.
Der Sozialstaat frisst sich am Ende selbst auf, ohne dass man diesen Prozess noch verhindern könnte. Das Verlassen des Bestehenden ist laut Max
Stirner einer der schwersten Übungen für den Menschen. Nicht zuletzt,
weil der Mensch sich in seiner Eigenentfaltung und Weiterentwicklung
am liebsten selbst im Wege steht. Man muss also von einer offenbar un-
heilbaren Krankheit sprechen. An dieser realistischen Einschätzung führt
(leider) kein Weg vorbei!

Die große Frage ist: Was kommt nach dem absehbaren Ende, also dem
wirtschaftlichen und moralischen Zusammenbruch des Wohlfahrtsstaates? Dietrich Eckardt ist diesbezüglich optimistisch. Seiner Meinung nach
ist die politische Entwicklungsrichtung langfristig vorgezeichnet: weg von
der Staatsgesellschaft – hin zu einer wahrhaften Bürgergesellschaft. Der
überholte »Vater Staat« wird seiner Meinung nach so oder so untergehen.
Die Gesellschaft als solche und die Wirtschaft werden dies aber überstehen. Der Begriff Staatsbürger hätte dann ausgedient. Der vormals staatsre-
gierte Privatmensch würde zum Citoyen, dem Bürger im vollen Bewusstsein seiner Freiheit und seinem Anspruch auf politische Souveränität, als
Mitgestalter und Teilhaber einer menschlichen Lebens-, Wirtschafts- und

Rechtsgemeinschaft. Dies entspräche den Idealen des klassischen Liberalismus. Dessen Kernideen waren und sind: Vertragsfreiheit statt Zwang,
freier Tausch statt sozialstaatlicher »Raub«, marktwirtschaftlicher Leistungswettbewerb als Disziplinierungsmechanismus (Gerd Habermann);
Aufstieg und Wohlstand nur durch Dienste an anderen; der Unternehmer
als Diener des Konsumenten, von dessen Nachfrageentscheidungen am
Markt sein Unternehmenserfolg abhängt; soziale Ordnung durch moral-
und regelgebundene Freiheit (Ordnungspolitik), das Recht auf den Ertrag
der eigenen Leistung und das Recht auf die eigene Lebensplanung. Die
Politik des Wohlfahrtsstaates dagegen ist laut Roland Baader:

*»Anmaßung plus Täuschung plus Geschäft plus Bestechung. Genauer: Anma-
ßung gesellschaftsgestalterischer Handlungskompetenz plus Vortäuschung der
Notwendigkeit von umfassendem Aktivismus plus Geschäft mit der Bewirtschaftung des Neids plus Wählerbestechung mit anderer Leute Geld.«*

Fazit: Die beiden Dinge Bürger und Staat sind im Rahmen des Sozialstaatsmodells mit seiner Bevormundungspolitik eine Mesalliance, ja,
sie schließen sich in gewissem Sinn sogar aus. Die weitläufig verbreitete
Meinung, dass die offene Gesellschaft mit ihrer komplexen arbeitsteiligen Wirtschaft vom Staat »gemanagt« werden könne, ist wohl der größte
und schlimmste Aberglaube der Neuzeit. Dieser fatale Aberglaube wurzelt
nicht nur in der beschriebenen spezifischen geistesgeschichtlichen Tradition und Entwicklung Deutschlands, sondern auch in einem allgemeinen
Phänomen im Rahmen der soziokulturellen Evolution, nämlich der Hybris der menschlichen Ratio.

Mit der Hybris des menschlichen Verstands ist Folgendes gemeint: Der
Mensch ist schizophren, denn er lebt in zwei ganz verschiedenen Welten. Eine Horde von Schimpansen kann eine systematisch organisierte
Art von Arbeitsteilung niemals zustande bringen – mit dem Ergebnis, das
die Schimpansen-Horde nichts zuwege bringt, was auch nur im Entfern-
testen mit Zivilisation und Kultur zu tun hat. Kein Schimpanse würde
je begreifen, dass er seiner Gemeinschaft unendlich viel nützlicher (auch
viel gemeinnütziger) sein könnte, wenn seine Horde sich arbeitsteilig organisieren würde. Der Schimpanse lebt ausschließlich in seiner »kleinen
Welt« der Horde. Der Mensch aber lebt in zwei Welten. Das Befolgen

der Regeln aus dem Bereich zwischen Instinkt und Vernunft/Verstand hat ihn in die »große Welt«, der modernen Zivilisation bzw. Massengesellschaft mit ihrer arbeitsteiligen Organisationsform geführt. Dieser Prozess der kulturellen Evolution ist das Ergebnis menschlichen Handelns, nicht jedoch menschlichen Verstandes/Ratio oder menschlicher Planung. Nun sind die menschlichen Instinkte aber immer noch in der kleinen Welt verhaftet. Die technische, moderne Welt, in die der Mensch im Wege der kulturellen Evolution förmlich hineingestolpert ist, ist ihm in gewissem Sinn noch fremd. Die für ihn neue große Welt ist nicht der Moral, wohl aber den Instinkten vorausgeeilt. Daraus resultiert ein permanentes Unbehagen vieler Menschen in der heutigen großen Welt, weil die Menschheit das Grundprinzip dieser großen Welt, nämlich die Arbeitsteilung, noch nicht genügend verstanden und verinnerlicht hat. Im Übergang von der primitiven Gesellschaft, in der der Mensch noch in kleinen Gruppen lebte, deren Mitglieder sich untereinander gut kannten, zur offenen Massengesellschaft, die nicht mehr durch gemeinsame Ziele, sondern nur durch das Befolgen abstrakter Regeln zusammengehalten wird, vollzog sich eine große Veränderung. Aus dieser Veränderung, die man als Evolutionssprung bezeichnen könnte, ging eine Gesellschaftsordnung hervor, die dem Menschen noch zu unverständlich ist, für deren Erhaltung er sich Regeln und Verhaltensweisen unterwerfen muss, die oft seinen angeborenen Instinkten zuwiderlaufen.

Am schwersten fällt es vielen Menschen zu akzeptieren, dass die einzigen gemeinsamen Werte einer offenen und freien Gesellschaft nicht mehr konkrete Handlungsziele sind, die es zu erreichen gilt, sondern stattdessen nur noch allgemeine abstrakte Verhaltensregeln, die den Weiterbestand unserer heutigen abstrakten Gesellschafts- und Wirtschaftsordnung (Arbeitsteilung und Marktwirtschaft) sicherstellen. Aber während die Menschheit Hunderttausende von Jahren Zeit hatte, sich die Reaktionen, die sie für die damalige Gesellschaftsform der kleinen Welt benötigte, anzueignen und sie genetisch zu verankern, war es für die evolutorische Weiterentwicklung notwendig, dass der Mensch sich neue Regeln aneignet. Dabei ergab es sich, dass einige dieser neuen Regeln gerade die Unterdrückung jener Instinkte voraussetzte, die in der modernen Massengesellschaft kontraproduktiv sind. Zu den neuen Verhaltens- und Moralregeln gehört es zum Beispiel, darauf zu verzichten, die bekannten

Bedürfnisse der eigenen Familie und vielleicht noch der Nachbarn zu befriedigen, sondern stattdessen den nicht bekannten Bedürfnissen vieler fremder Menschen der Massengesellschaft zu dienen. Jene Regeln des Marktes, der die offene Gesellschaft erst möglich gemacht hat, sind den Menschen noch fremd. Daher ist für sie die Marktwirtschaft als solche weitgehend unverständlich. Denn sie haben die Regeln, auf denen die Marktwirtschaft beruht, niemals bewusst angewandt, und ihre Ergebnisse erscheinen ihnen irrational und teilweise sogar unmoralisch zu sein. Als Folge davon treten die lange Zeit unterdrückten Urinstinkte wieder an die Oberfläche. Die Forderung zum Beispiel nach gerechter Verteilung (»soziale Gerechtigkeit«) und nach einer Institution, die jedem das gibt, was er gerechterweise verdient, ist somit ein Atavismus, der auf diesen (immer noch vorhandenen) Urinstinkten beruht. Genau diese weiterhin vorherrschenden Gefühle und Emotionen werden von den kollektivistischen Gesellschaftskonstrukteuren angesprochen. Sie glauben tatsächlich, eine bessere, gerechtere Gesellschaftsordnung zu schaffen. Ihr durchaus wohlmeinender Ansatzpunkt ist das Unbehagen vieler Menschen an der heutige Zivilisation: dass sie eben Urinstinkte unterdrücken müssen, um jetzt mit der neuen und großen Welt klarzukommen. Der Mensch ist immer noch zu sehr Halbaffe, als dass er sich in der großen Welt der Nichtaffen richtig wohlfühlen könnte. Die Regeln und Verhaltensmuster des Horden-, Sippen- und Stammesleben sind noch immer – und noch lange – abgrundtief im Unterbewusstsein der Erbsubstanz des Menschen festgeschrieben. Diese menschliche Unzulänglichkeit ist das Geheimnis der Wirkung konstruktivistischer, kollektivistischer Ideen und damit letztlich auch die Ursache für das Unvermögen, in der heutigen großen Welt zurechtzukommen; die Mesalliance zwischen Bürger und Staat ist eine der Folgen dieses Unvermögens. Der sogenannte Vater Staat übernimmt die Rolle des Stammesführers aus der alten kleinen Welt, der sich um alle Familienangelegenheiten patriarchalisch kümmert. In der heutigen großen Welt agieren die großen Führer und Verführer der Menschheit mit den atavistischen Urinstinkten. Sie locken die Menschen mit den missbrauchten Begriffen Solidarität, soziale Gerechtigkeit und Altruismus, die nur zwischen einander bekannten Menschen sinnvoll angewendet werden können, auf der Ebene der Massengesellschaft in der großen Welt aber keinen Sinn mehr machen. Wer mit jeden Überbleibseln der instinktiven Mikroethik der kleinen Horde aus der kleinen Welt geschickt taktiert und von der solidarischen, gerechten Gesellschaft fabuliert, der spielt mit den Urinstinkten der Menschen und findet entsprechenden Zuspruch (nach Roland Baader).

Zur besonders großen Verführungsmacht eines kollektivistischen Staatssystems (Sozialismus, Faschismus und Nationalsozialismus) gehört, dass es ein pseudoreligiöses Welterklärungssystem bietet, das die Verhältnisse nicht nur in ein einfaches Gegenüber von Gut und Böse, Freund und Feind teilt, sondern den Menschen auch jene Gewissheiten und jenen Glauben schenkt, nach denen sie so beharrlich verlangen. Darin allein liegt die utopische Essenz und die eigentliche Suggestion des Kollektivismus. Das kollektivistische Staatssystem knüpft damit an uralte mythische Sehnsüchte – geblieben sind stets nur die Verheerungen der verwirklichten Utopie. Das Geisterreich der utopischen Weltheilungsdespotien wurzelt noch in der alten, kleinen Welt. Der klassische Liberalismus hat jedoch den Nachteil, dass er mit der ungleichen Verteilung der Güter verbunden ist und, dass die daraus erwachsende Produktivitätssteigerung zum Wohle der Allgemeinheit nur verstehen kann, wer über fundierte ökonomische Kenntnisse verfügt. Als bloße Bedingung der offenen, freien Gesellschaft der großen Welt ergreifen die Regeln des marktwirtschaftlichen Wettbewerbs niemanden, stillen keine Sehnsucht. Ihr Mangel an utopischen Vorgaben und unverrückbarer Wahrheiten, der gleichsam abstrakte Charakter ihres Regelwerkes macht die große Welt für viele Menschen so fremd und unnahbar. Daher zählt es zu den zentralen Fragen moderner, liberaler Ordnungen, wie viel Einbußen an Traditionen, Werten und Regeln aus der alten, kleinen Welt sie hinnehmen können oder auch, wie viel Bewusstsein vom Gemeinwohl sie bewahren, sogar schaffen oder jedenfalls ermöglichen müssen. Denn zuletzt gründet die offene, freie Gesellschaft (also der Liberalismus als Gegenpart zum kollektivistischen Staat) auf einer Reihe von Voraussetzungen, die streng genommen gegen die menschliche Natur gerichtet sind: auf einem System der Instinktverleugnung und Selbstverbote, der zivilisierenden Regeln und der Normen, auf der Duldung und sogar Privilegierung von Minderheiten, dem Recht des Schwächeren, auch des Fremden und Nichtzugehörigen sowie auf immer neuen Anstrengungen, die nicht von äußeren Notwendigkeiten erzwungen sind, sondern der allzeit unterlegenen Stimme der Einsicht folgen. Und sie bieten für diese schwierigen Ansprüche kaum Rechtfertigungen, die über

die freie und geordnete Alltäglichkeit hinausreichen, und keine Verhei-
ßungen des Ziels der grandiosen Welterlösung. Henryk Broder formuliert
diesbezüglich treffend: »Ich glaube, dass hinter der Idee einer besseren
Welt, eine Drohung steckt.« Das einzige Versprechen des liberalistischen
Minimalstaates ist die prekäre, immer von Mühsal begleitete Aussicht auf
ein halbwegs zuträgliches Zusammenleben von Menschen mit Menschen.
Die liberale Gesellschaft ist naturgemäß eine sehr zerbrechliche Ordnung,
die der permanenten Pflege und Stärkung bedarf.

Auf der Schwelle der alten, kleinen Welt in die neue, große Welt werden
vom Menschen sozusagen synkretistische Fähigkeiten verlangt, bis er den
Evolutionssprung irgendwann endgültig geschafft hat. Das wird zweifellos noch lange dauern und jegliche Vorhersage über den weiteren Verlauf
verbietet sich von selbst.

Der evolutionäre Prozess des Menschen gleicht einer »spontanen Ordnung«, einer »Katallaxie« (Friedrich A. von Hayek), die nicht das Ergebnis eines menschlichen Entwurfs ist und keinen allgemeinen Zweck hat.
Begriffe wie soziale Gerechtigkeit und Solidarität sind deshalb nicht definierbar, da in einer Katallaxie ein Zielsystem nicht existiert. Fest steht
nur, dass Marktprozesse dafür sorgen, dass vorhandenes Wissen effektiv genutzt und neues Wissen aus sich selbst heraus produziert werden
kann. Nur daraus ergeben sich die günstigsten Rahmenbedingungen für
die Evolution als solche: Die denkbar größte Wahrscheinlichkeit für den
Eintritt denkbar vieler Zufälle. Der Marktmechanismus ist also nichts
anderes als das Abbild des Erfolgsgeheimnisses der Natur im Rahmen der
Evolution. Diese Erkenntnis mag über die Frustration hinweghelfen, dass
das menschliche Gehirn den Marktmechanismus nicht abbilden oder begreifen kann. Das menschliche Gehirn kann sich bekanntlich nicht einmal selbst erklären. Menschliches spontanes Handeln bringt also Größeres zustande, als der Mensch planen oder konstruieren könnte. Die offene
freie Gesellschaft der »großen Welt« beruht auf den geistesgeschichtlichen
Ideen des klassischen Liberalismus.

Die Essenz der Entdeckung des Marktmechanismus ist arbeitsteiliges
Wirtschaften in der spontanen Ordnung der modernen Massengesellschaft. Und das ist eben nur in einer freien Wettbewerbsordnung sinnvoll

zu organisieren. Der staatliche bzw. sozialstaatliche Interventionismus ist genau genommen ein Überbleibsel des Absolutismus, also einer Gesellschaftsordnung, die noch der alten, kleinen Welt zuzuordnen ist. Es wird – wie gesagt – noch viele Jahrhunderte dauern, bis der Mensch das Zusammenleben miteinander in der großen Welt eingeübt und genetisch verankert hat. Seine jetzigen Anpassungsprobleme aufgrund des Evolutionssprungs von der kleinen in die große Welt werden sicherlich neuen, andersartigen Problemen weichen. Der Mensch hält sich für die Krone der Schöpfung, doch was er für den Gipfel hält, ist in Wirklichkeit nur eine Zwischenstufe im Verlauf der Evolution.

Für die Zukunft bleibt einstweilen nur die Hoffnung auf die Einsicht, dass nur der Liberalismus (als einziges politisches System der Freiheit!) geeignet ist, dem Menschen ein zumindest erträgliches Dasein im Hier und Heute zu ermöglichen. Den wohlmeinenden Proselyten des Wohlfahrtsstaatsmodells sei die Erkenntnis von Karl Popper entgegengehalten: »Wir können nicht nur von einem Diktator versklavt werden, von einem Mussolini, Stalin oder Hitler, sondern auch vom Staat selbst, von einer anonymen Bürokratie.« Die Staatsgläubigkeit der Deutschen mutet in gewisser Weise geradezu grotesk an: Wenn man sich die deutsche Geschichte in den vergangenen 200 Jahren vor Augen führt, dann weiß man nicht mehr, ob man mehr Angst vor Kriminellen haben muss als vor dem Staat (Dietrich Eckardt).

Einstweilen besteht zwischen »dem Staat« und »dem Bürger« also eine Antinomie, die sich aus der sozio-kulturellen Evolution der menschlichen Zivilisation ergibt: Der Mensch eilt mit dem Tempo seiner sozio-kulturellen Entwicklung seiner vorhandenen Erbsubstanz voraus, so dass sich entsprechende »zivilisatorische Anpassungsprobleme- und Fehler« ergeben, wie beispielsweise seine fatale Schwäche für den allmächtigen Staat. In seinem Opus magnum *Die Freie Gesellschaft – Eine Alternative zur Staatsgesellschaft* setzt Dietrich Eckardt der Staatsgesellschaft den Aufbau einer freien Gesellschaft gegenüber und legt damit eine wissenschaftlich fundierte Grundlage für eine freie Bürgergesellschaft. Es bleibt zu hoffen, dass seine Gedanken auf entsprechende Einsicht stoßen.

Quellen:

Hauptquellen:

Dietrich Eckardt: *Die freie Gesellschaft*, Kreuzlingen 2014.

Dietrich Eckardt: *Eine missratene Beziehung*, Kreuzlingen 2007.

Weitere Quellen:

Dieter Augustin: Politik – ein lupenreines Showgeschäft, in: *FAZ* vom 27.7.2013, S. 7.

Hans Herbert von Arnim: *Der Staat als Beute – Wie Politiker in eigener Sache Gesetze machen*, München 1993.

Hans Herbert von Arnim: *Staat ohne Diener – Was schert die Politiker das Wohl des Volkes?*, München 1993.

Hans Herbert von Arnim: *Fetter Bauch regiert nicht gern*, München 1997.

Roland Baader: *Fauler Zauber*, Gräfeling b. München 1997.

Roland Baader: Vom Sozialismus zum Sozialstaat – Betrachtungen über ein deutsches Experiment, in: R. Baader, *Die Enkel des Perikles*, Gräfeling b. München 1995.

Arnulf Baring: *Scheitert Deutschland?*, Stuttgart 1997, S. 300, 322.

Christoph Braunschweig: *Die demokratische Krankheit*, München 2012.

Marianne u. Claus Diem: *Der Saat – die große Fiktion* (Ein Claude-F.-Bastiat-Brevier), Thun 2001.

Detmar Doering u. Fritz Fliszar (Hrsg.): *Freiheit: die unbequeme Idee*, Stuttgart 1995.

Detmar Doering: Nicht vertrauenswürdig: Der Staat als Garant der Freiheit, in: R. Baader: *Die Enkel des Perikles*, Gräfeling 1995.

Dietrich Eckardt: Wahlfarce und Fassadendemokratie, in: *Zeitschrift für direkte Demokratie*, 24/1994.

Joachim Fest: *Die schwierige Freiheit*, Berlin 1993.

Gerd Habermann: Liberal ist alternativlos, in: *Die Welt* vom 12.3.2013, S. 2.

Gerd Habermann: *Der Wohlfahrtsstaat – Die Geschichte eines Irrwegs*, Frankfurt a. M. 1994.

Friedrich A. von Hayek: *Der Weg zur Knechtschaft*, München 1991.

Friedrich A. von Hayek: *Recht, Gesetzgebung und Freiheit*, Bd. 1–3, Landsberg 1981.

Karl R. Popper: *Die Zukunft ist offen*, München 1985.

XIII Eurokrise und Köhler-Rücktritt

Manchmal erwischt es offenbar sogar einen Bundespräsidenten, wenn es um das gestörte Verhältnis zwischen dem Staat und seiner Verantwortung gegenüber seinen Bürgern bzw. dem Wohl seiner Bürger geht.

Es ist kaum vorstellbar, dass ein so pflichtbewusster Mensch wie Bundespräsident a. D. Horst Köhler sein Amt als Bundespräsident wegen der offensichtlich unsinnigen und geradezu lächerlichen Unterstellung, dass er ein Befürworter von Handelskriegen sei, niedergelegt hat. Auch wird es ihn wohl nicht überrascht haben, dass ein Politiker wie Jürgen Trittin »mangelnden Respekt« vor seinem Amt zeigte. Wenn man jedoch über die Rücktrittsmotive von Horst Köhler spekuliert, kann man ein Motiv nicht unerwähnt lassen, das man als durchaus nachvollziehbar und damit noch am ehesten zutreffend bezeichnen kann: Köhler war als Finanzstaatssekretär wesentlich an der Ausgestaltung des Maastricht-Vertrages beteiligt. Auf ihn und Hans Tietmeyer (früherer Bundesbankpräsident) war das Bestehen auf der No-Bail-out-Klausel im Maastricht-Vertrag zurückzuführen, die eine Haftung Deutschlands für die Schulden anderer Euroländer ausschloss. Horst Köhler nach Abschluss des Maastricht-Vertrages im April 1992:

»Es gibt eine No-Bail-out Rule. Das heißt, wenn sich ein Land durch eigenes Verhalten hohe Defizite zulegt, dann ist weder die Gemeinschaft noch ein Mitgliedstaat verpflichtet, diesem Land zu helfen … Es wird nicht so sein, dass der Süden bei den sogenannten reichen Ländern abkassiert. Dann nämlich würde Europa auseinanderfallen.«

Das Zitat von Köhler ist dem Buch *Rettet unser Geld* von Hans-Olaf Henkel entnommen. Henkel hatte 2010 in einer ARD-Talkrunde mit Sandra Maischberger wohl als Erster die Vermutung ausgesprochen, dass der Rücktritt von Horst Köhler mit der von ihm unter Zeitdruck verlangten Unterschrift unter das Rettungspaket zusammenhängen könnte.

Diese von Horst Köhler durchgesetzte No-Bail-out-Klausel, von der Köhler mit Sicherheit klar erkannt hatte, dass ihre Einhaltung für das Nichtauseinanderfallen Europas notwendig ist, wurde an dem Wochenende des 7. bis 9. Mai 2010 in Brüssel auf Druck Frankreichs abgeschafft. Der Rettungsschirm über 147,6 Milliarden Euro wurde in einem Hauruckverfahren am 21. Mai vormittags durch den Bundestag und nachmittags durch den Bundesrat gejagt. Köhler wurde quasi gezwungen, das Gesetz am 22. Mai zu unterzeichnen, ohne dass er vorher die Möglichkeit einer ernsthaften Prüfung gehabt hätte.

Horst Köhler hat sich in der Tat bei der Prüfung der Verfassungsmäßigkeit von Gesetzen nie unter Zeitdruck setzen lassen und hat sich für diese Prüfungen durch die Juristen des Bundespräsidialamtes immer viel Zeit genommen. Zu einer so schnellen Unterschrift, zu der die Bundeskanzlerin Angela Merkel ihn nötigte, wäre er unter normalen Umständen sicher nicht bereit gewesen. Diese Nötigung brachte Köhler in eine Zwangslage: Eine Unterschrift und damit ein Inkrafttreten des Rettungsschirms wäre ein Bruch des völkerrechtlich verbindlichen Maastricht-Vertrages und würde für Deutschland und Europa fatale Folgen haben. Dies hat er im Unterschied zur Bundesregierung offensichtlich vorausgesehen.

Eine Verweigerung der Unterschrift hätte dagegen eine Staatskrise ausgelöst, denn der in Brüssel ausgehandelte Rettungsschirm wurde von allen im Bundestag vertretenen Parteien unterstützt. In dieser Zwangslage blieb ihm wohl nur der Rücktritt. Ein Mann mit dem Charakter und der Weitsicht Köhlers hat wohl gar nicht anders handeln können. Es passt auch zu seinem Charakter, dass er selbstlos eine nicht so recht nachvollziehbare Begründung für seinen Rücktritt angab, um eine Beschädigung der Bundesregierung und des Parlamentes zu vermeiden.

Spätestens nach dem offenen Rechtsbruch der Maastricht-Verträge sollte man sich immer wieder vor Augen halten, dass alle Probleme und Krisen, die durch den Euro verursacht sind, solange bestehen bleiben, wie der Euro künstlich am Leben gehalten wird. Ein britischer Wirtschaftsprofessor sagte, dass der Euro erst dann aufhören würde zu bestehen, wenn Deutschland pleite wäre. Bis dahin wird der Euro weiterhin ein Projekt des Unfriedens sein. »Es ist kein Wunder, dass der Rest der Welt glaubt,

Europa habe sich in ein Irrenhaus verwandelt,« führte der Finanzprofessor Ekkehard Wenger in einem Vortrag aus. Doch die Regeln der Political Correctness gebieten dem Volk einzig und allein volle Zustimmung für diesen ganzen Wahnsinn.

Quellen:

Kurt Geerken in einem Leserbrief an die *FAZ* vom 5.3.2013, S. 30.
Hans-Olaf Henkel: *Rettet unser Geld*, München 2010, S. 166.

XIV Die Intellektuellen und die Political Correctness

Die meisten Intellektuellen, die sich in unserer Medienwelt herumtreiben, sind natürlich gar keine Intellektuellen, sondern sie spielen sich nur als solche auf. Es ist schon erstaunlich, mit welch »geistreichen« Worten diese »Intellektuellen« Tausende von Büchern, Zeitungen und Zeitschriften mit ihren Gedanken über gesellschaftliche, politische und ökonomische Themen füllen konnten, von deren wahren Hintergründen und Zusammenhängen sie nichts verstanden haben. Insbesondere das Ausmaß des hochgebildeten Unsinns über ökonomische Fragen ist und bleibt unbegreiflich. Deutschland ist das Land, in dem die (nicht nur die ökonomisch) Halbgebildeten anmaßend sind (Karl Braunschweig). Dazu gehören auch die am Rand der Wissenschaft Publizierenden, die Öffentlichkeit suchen, oder evangelische Junggeistliche auf der Suche nach Legitimation ihrer Existenz, die sie im Gottesglauben nicht mehr finden. Ihr Motto lautet anscheinend: Gott ist tot – es lebe der Staat! Und die Atheisten im Land leben nach dem *unmöglichen Paradox* Spinozas: »Wenn ich schon Atheist bin, möchte ich wenigstens wie ein Heiliger (besser: Scheinheiliger!) leben.« Politik bestand für diese Leute immer schon aus dem Versuch, die Gesetzmäßigkeiten der Ökonomie auszuhebeln – beziehungsweise aus der Behauptung, dies tun zu können. Das ist aber genauso unmöglich wie eine Eliminierung der Naturgesetze. Man kann zwar durch politische Maßnahmen und Eingriffe (Interventionen) die Ergebnisse des ökonomischen Prozesses verändern, ruiniert aber dadurch den Prozess selbst; und die daraus folgenden Schäden sind stets weitaus größer als die vermeintlichen Verbesserungen, die man sich erhofft hatte. Sozialstaatliche Umverteilung und Schuldenmacherei im Sinne einer angestrebten egalisierten Massengesellschaft (Gleichheitskult) unter zentralistischer Führung ist das Mantra der Intellektuellen. Rahim Taghizadegan hat es treffend formuliert:

»Macht ist eine faustische Verführung für Intellektuelle; die Produktion von Unsinn ist ein hervorragendes Beschäftigungsprogramm. Die Legitimierung von Macht schließlich schafft dafür auch die materielle Grundlage«.

Political Correctness ist die moderne Form von Geistessklaverei. Ihre Anhänger, die Intellektuellen, behaupten (direkt oder indirekt), es gebe korrekte und unkorrekte Arten des Denkens, des Sprechens, der Unterhaltung und des Umgangs der Menschen untereinander, insbesondere was Fragen der Rasse, des Geschlechts und der Kultur anbelangt: Die generelle Beschwörungsformel lautet: Alle Rassen, Geschlechter und Kulturen sind gleich, und daher sind deren untereinander bestehende Ungleichheiten ungerecht und folglich zu eliminieren.

Der Fanatismus und die Militanz, die diesen Entrüstungskult umgeben, werden gespeist aus dem latenten Totalitarismus der (überwiegend) linken Kultureliten und den staatlichen Machteliten.

Political Correctness kann verschiedene Formen annehmen und ist nicht eindeutig definierbar. In der Regel gehören Abtreibungsbefürworter genauso dazu wie die Befürworter der Homo-Ehe, Multikulti-Befürworter, Anhänger der feministischen Sprachverstümmelung, sowie all die Begriffs-Inquisitoren, die die Verwendung von Ausdrücken wie »Zigeuner« oder »Negerküsse« als Schwerverbrechen interpretieren. Als Generalnenner kann man bei diesen Intellektuellen die Feindschaft gegenüber der traditionellen westlichen Lebensart ausmachen. Überall fordern sie »Solidarität«. Doch aus dem Schoß ihrer angeblichen Solidarität mit den Benachteiligten kriecht in Wahrheit die Schlange einer angemaßten Intoleranz gegenüber allen Nicht-Benachteiligten. Die Intellektuellen neigen dazu, in den westlichen Gesellschaften – also ausgerechnet in den freiesten Gesellschaften der Menschheitsgeschichte überhaupt – überall nur kulturelle, ethnische und geschlechtsspezifische Unterdrückungsverhältnisse zu sehen. Sogar historisch längst vergangene Verfehlungen, wie zum Beispiel die Sklaverei, werden den heute Lebenden angelastet. Es wird dadurch gezielt ein Schuld-Mythos geschaffen, um jeden rationalen Diskurs zu ersticken. Das Phänomen der Political Correctness erzeugt eine Atmosphäre allgemeiner Befangenheit, und schüchtert ein, durch Tabus, durch informelle Sprachregelungen und vor allem durch Ächtung derer, die dagegen verstoßen. Der Generalverdacht von Fremdenfeindlichkeit,

Rassismus oder Frauenfeindlichkeit schwebt über jedem Bürger – das Grundrecht der Meinungsfreiheit ist längst durch die Political Correctness aufgehoben. Besonders krass zeigt sich dies im Integrationsbereich. Doch wer Probleme konsequent wider besseres Wissen leugnet, der macht sie dadurch erst recht zum Stein des Anstoßes; und ein gesellschaftlicher Friede, der dadurch erkauft wird, dass sich alle quasi blind und taub stellen, ist höchstens ein fauler Friede. Es rächt sich erfahrungsgemäß immer, wenn selbstgerechte Scheinmoral vor Wahrheitsliebe geht. Es scheint, dass die Verfechter der Political Correctness an realistischen Lösungen gar nicht interessiert sind, sie fürchten sich vielmehr vor der Freiheit der offenen Gesellschaft, die der Mensch zum Guten wie zum Bösen nutzen kann; sie wollen lieber für alle anderen Menschen entscheiden, was jeder zu denken und zu tun hat. Es ist letztlich die hässliche Fratze des Totalitarismus, die in Wahrheit hinter der Political Correctness lauert, weil sie alle vom Mainstream abweichende Meinungen brandmarkt und regelrechte Sprech- und Denkverbote bewirkt.

Der Philosoph Peter Sloterdijk stellt fest:

»Wir haben uns unter dem Deckmantel der Redefreiheit und der unbehinderten Meinungsäußerung in einem System der Unterwürfigkeit, der organisierten sprachlichen und gedanklichen Feigheit eingerichtet, das praktisch das ganze soziale Feld von oben bis unten paralysiert.«

Tatsächlich wird öffentlich meist über Gerechtigkeit diskutiert, wenn Gleichheit gewollt und gemeint ist. Der mediale Zeitgeist setzt nicht auf das Individuum, sondern auf das Kollektiv und den Staat als Problemlöser. Wo es einst um die Utopie von einer Welt ohne Repressionen ging, herrscht heute eine Atmosphäre der Unterstellung und Verdächtigung, der Anpassung und des Duckmäusertums, gegen den der angebliche Mief der 50er-Jahre wie Frischluft anmutet.

Der Medienwissenschaftler Norbert Bolz merkt an:

»Der Jammer der deutschen Situation ist der, dass ausgerechnet die Linken zu den großen Tabumächten geworden sind. Also die, die früher Aufklärung betrieben haben, die früher gekämpft haben für freie Meinung – überhaupt für Freiheit: Das sind die großen Tabumächte unserer Zeit.«

Damit die eigenen Illusionen und Irrtümer nicht in den Fokus des öffentlichen Diskurses geraten, wird buchstäblich alles tabuisiert, was auch nur ansatzweise Ideologie und Politik der selbstgerechten linken Moral-Apostel diskreditiert. Alles »Soziale« wird als politisches Totschlagargument benutzt, um jede Sachdiskussion von vornherein zu verhindern.

Mitglieder der »Nationalen Armutskonferenz« haben eine Liste der »sozialen Unwörter« aufgestellt. »Sozial Schwache« steht ganz oben auf der Verbotsskala: Von der »Teilhabe« ausgeschlossen zu sein, besage schließlich nicht, ob ein Mensch »sozial veranlagt« ist oder nicht. »Alleinerziehend« darf man auch nicht sagen, denn mit diesem Begriff sei häufig »mangelnde soziale Einbettung« assoziiert.

Der 68-jährige Dr. Martin Korol, Lehrer für Deutsch, Geschichte und Gemeinschaftskunde, kam wegen eines Todesfalls als Nachrücker für die SPD in die Bremische Bürgerschaft. Auf seiner Netzseite sprach der engagierte Pensionär den Unmut vieler Leute über den ungebremsten Zuzug von Sinti und Roma aus Südosteuropa an. An anderer Stelle beklagte der verheirate dreifache Vater den »Massenmord der Abtreibung« und den »Wahn der sogenannten Selbstverwirklichung der Frau«. Der »Rechtsabweichler« (*Frankfurter Rundschau*) wurde aus Fraktion und Partei ausgeschlossen. Die Staatsanwaltschaft prüfte sogar, ob Volksverhetzung vorliege.

In einem Neusser Job-Center wurde im September 2012 eine Mitarbeiterin erstochen. »Ein arbeitssuchender Neusser« sei es gewesen, berichteten die Medien. Dass es ein Marokkaner war, verschweigen sie, müssen sie verschweigen.

In Duisburg gibt es »Ein Haus voller Straftäter«, wie die Presse schreibt. 300 Menschen aus Rumänien und Bulgarien, 350 Straftaten. Zigeuner sind dabei, Roma oder Sinti, wie die politische Sprachregelung sie nennt. Strafen schrecken sie nicht ab. Integration? »Wir können das Problem nicht lösen«, gesteht ein Polizeisprecher. Die hohe Kriminalität sei auch das Resultat einer verfehlten Integrationspolitik, »die wir als Polizei ausbaden müssen – und das bei völliger Personal-Unterbesetzung.«

Wenn in Berlin Jugendliche randalieren oder ganz offen auf den Straßen mit Rauschgift handeln, müssen die Sicherheitskräfte wegschauen. *Der Tagesspiegel*: »Das bestätigen Ordnungsamtsmitarbeiter. Aus Angst vor Schlägen würden sie sich auf Parkraum-Bewirtschaftung beschränken. Es sei in Berlin politisch nicht gewollt, gegen kriminelle Jugendliche zu ermitteln.« Die Political Correctness triumphiert. In den »Leitlinien für die Polizei des Landes Nordrhein-Westfalen« vom 27.1.2009 heiß es denn auch bündig:

»Die Polizei des Landes Nordrhein-Westfalen vermeidet bei internem wie externem Gebrauch jede Begrifflichkeit, die von Dritten zur Abwertung von Menschen missbraucht bzw. umfunktioniert oder in deren Sinne interpretiert werden kann. Medienauskünfte enthalten nur dann Hinweise auf eine Beteiligung nationaler Minderheiten, wenn im Einzelfall ein überwiegendes Informationsinteresse oder ein Fahndungsinteresse dazu besteht.«

Also wird die Herkunft der Täter bewusst verschwiegen!

Thilo Sarrazin hatte 2009 in einem Interview mit der Zeitschrift *Lettre International* diejenigen Immigranten kritisiert, die einerseits die Segnungen des westlichen Sozialstaatsmodells für sich ganz selbstverständlich in Anspruch nehmen, andererseits aber keineswegs bereit sind, unser Gesellschaftsmodell zu akzeptieren und sich zu integrieren. Beate Rudolf, die Direktorin des Antirassismus-Ausschusses der Vereinten Nationen, hält diese Äußerung Sarrazins »zweifelsohne für rassistisch«. Eine Kritik an Muslimen kann schon deshalb nicht rassistisch sein, weil es keine muslimische Rasse gibt. Rasse ist als Gemeinschaft genetisch verwandter Menschen (oder Tiere) definiert. Unter Rassismus ist die Diskriminierung von Rassen zu verstehen. Sarrazin hat in dem Interview keine Äußerung gemacht, die als Rassendiskriminierung, also als Diskriminierung einer Rasse, verstanden werden kann. Es ist nicht nur in sprachlicher Hinsicht unkorrekt, eine Kritik an Verhaltensweisen von Immigranten aus muslimischen Ländern als rassistisch zu bezeichnen. Es ist vor allem eine nicht zu rechtfertigende Diffamierung. Bei Konfuzius heißt es dazu ebenso treffend: »Wenn Wörter ihre Bedeutung verlieren, verlieren die Menschen ihre Freiheit.« Nach dem Marsch der 68er durch die Institutionen folgte der Marsch durch die Definitionen.

Die Chefredakteurin Ines Pohl von der *taz* hat kurzfristig einen Beitrag des Journalisten und *taz*-Redakteurs Christian Füller über das Thema »Die Grünen und die Pädophilen« aus einer bereits vorbereiteten Wochenendausgabe kurz vor Redaktionsschluss entfernt. Gerade noch rechtzeitig, könnte man denken, um den Grünen Unbill im laufenden Bundestagswahlkampf Wahlkampf zu ersparen, denn die Grundthese des sachlich einwandfrei recherchierten Artikels lautet: »Pädophilie war in der grünen Ideologie angelegt.«

Zwei fachlich hoch angesehene Mitglieder des wissenschaftlichen Beirats beim Bundeswirtschaftsministerium sollten nach dem Willen eines Spitzenpolitikers der Grünen sowie dem europapolitische Sprecher der SPD aus dem Gremium verschwinden, weil sie »eurokritisch« sind. Hier wird ganz offensichtlich, dass die Political Correctness als Mittel zur Aushebelung von Meinungsfreiheit und Demokratie dient.

Die Einschränkung der Meinungsfreiheit und die Einführung einer politisch korrekten Sprache durch den Staat zeigt viele Parallelen mit dem »Neusprech« aus George Orwells Bestseller *1984*. Zweck dieser Sprache war, das Vokabular so zu verringern, um dadurch die Bevölkerung dauerhaft politisch auf Linie zu bringen. In einem Interview mit der *Welt* sagte Monika Maron:

»Die deutsche Öffentlichkeit krankt an Sprech- und Denkverboten. Wer an der Klimapolitik zweifelt, wird schnell zum Klimaleugner. Wer diese Euro-Rettung und Europapolitik nicht will, gilt als europafeindlich oder nationalistisch, auf jeden Fall populistisch. Wer den Islam in seiner derzeitigen Verfassung für nicht kompatibel mit einer offenen, demokratischen Gesellschaft hält, wird als islamophob oder sogar fremdenfeindlich diffamiert. Wir leben in einer freien Gesellschaft mit verfassungsrechtlich geschützter Meinungsfreiheit, und ich verstehe nicht, wie ein solches Meinungsdiktat, das ja durch die Bevölkerungsmehrheit nicht gedeckt ist, überhaupt zustande kommen kann.«

Sobald Sachargumente geeignet sind, die Grundlüge der Mainstream-Politik ad absurdum zu führen, wird sie vom sachpolitischen Haupt- auf ein sprachideologisches Nebengleis verfrachtet, und anschließend in Extremismus- und Nazinähe gesetzt. Dazu dient neben der NS-fixierten

Sprachsymbolik das ganze Arsenal aus emotional aufgeladenen Begriffen, das die Medien tagtäglich verbreiten. Die disziplinierende Wirkung des politisch korrekten Vokabulars widerspricht der authentischen Lebenserfahrung und beleidigt den gesunden Menschenverstand, aber sie exekutiert politische Macht. Journalisten sind die politischen Kettenhunde: wachsam, bissig, aber auch ängstlich und gerade deshalb so aggressiv. Es kommt zunächst gar nicht darauf an, dass die Menschen den verbreiteten Unsinn tatsächlich glauben. Wichtig ist zunächst nur, dass sie instinktiv erkennen und verinnerlichen, was die Autoritäten von ihnen erwarten, was sie öffentlich äußern dürfen oder worüber sie schweigen müssen. Die permanente Abrichtung durch Schulen, Universitäten und Massenmedien führt schließlich zur Selbstentmündigung, wie es Thorsten Hinz treffend beschreibt.

Natürlich werden die Probleme unserer Zeit nicht mit Sprach- und Begriffsverboten gelöst, ganz im Gegenteil: Wenn man die Dinge nicht mehr beim Namen nennen darf, drohen die Missstände nur noch weiter zu eskalieren. So will zum Beispiel die EU politische Parteien, wenn sie nicht den von der EU definierten Grundwerten folgen, mit Strafzahlungen belegen. Die EU-Kommission hat einen Vorschlag der Sozialisten im Europa-Parlament aufgegriffen: Künftig soll es dem Parlament möglich sein, Gruppen, die nicht den EU-Werten folgen, von der Parteienfinanzierung auszuschließen. Damit würde dem politischen Gesinnungsterror Tür und Tor geöffnet. Der Abgeordnete Nigel Farage musste 3000 Euro Strafe zahlen, weil er dem EU-Ratspräsidenten Herman van Rompuy den »Charme eines feuchten Lappens« attestiert hatte. Früher nannte man das Majestäts-Beleidigung. Das war allerdings in der vordemokratischen Zeit.

Das Niederbrennen der evangelischen Willehadi-Kirche in Hannover-Garbsen bis auf die Grundmauern wird von den Medien bewusst verschwiegen, weil die mutmaßlichen Täter Mitglieder einer türkischen Jugendbande sind, die die Feuerwehrleute bei ihrem (vergeblichen) Löscheinsatz sogar noch verhöhnten.

Umgekehrt lautet eine Grundregel des zynischen Journalismus, der immer mehr um sich greift, tiefgründige Ursachen und Zusammenhänge gar nicht erst zu bearbeiten, sondern kurze, banalisierte und möglichst emotional aufgeladene Geschichten zu erzählen. Denn nur diese wirken politisch schlachtenentscheidend in unserer »Talkshow-Demokratie« (Jan Grossarth). Die angeblichen Ergebnisse vieler in den Medien benutzter »Studien« geben nur Auskunft über Vorurteile, Massenbefindlichkeiten, gefühlte Risiken, und sie festigen bzw. tabuisieren die von den Medien im Sinne der Political Correctness gesteuerten Meinungen der Massen.

Arnulf Baring weist auf den erstaunlichen Umstand hin, dass es die selbstgefällige Überzeugung gibt, unser Land kenne heutzutage überhaupt keine Tabus mehr. Das gilt ganz sicher für das Sexualverhalten. Im Bereich der politisch und sozialstaatlich wirklich brenzligen Probleme aber gibt es erhebliche Tabus bzw. Denkverbote. Bei den maßgeblichen Meinungs-Journalisten bleiben sie unerörtert. Das, was die Menschen tatsächlich bewegt, wird einfach als »Stammtischgerede« abqualifiziert. Man kann die Ignoranz und Schläfrigkeit der veröffentlichten Meinung, die Abneigung gegen eine vorurteilsfreie Bilanz unserer Zustände, den Mehltau der Gestaltungsarmut, der auf allen politisch relevanten Problemen liegt, nirgendwo so deutlich sehen wie bei der Political Correctness.

Unsere progressive Steuergesetzgebung, die Menschen nach ihrem Einkommen diskriminiert, wird nicht infrage gestellt. Den Intellektuellen ist wirtschaftlicher Erfolg generell moralisch verdächtig, nicht jedoch das eigene materielle Wohlergehen. Unwissen und Unverständnis über das wahre Wesen unserer Wirtschaftsordnung, allgemeine Lust an der Negation und der Hang zum Katastrophismus zeichnen viele Intellektuelle und Medien aus. Dadurch entsteht eine systematische Umdeutung der für das Funktionieren der Marktwirtschaft zentralen Bestandteile. Leistungswille wird mit Gier übersetzt, Erfolg mit Unbarmherzigkeit, Unternehmertum mit Ausbeutung. Ihre Empörung richtet sich nie gegen die schamlose Schuldenmacherei, gegen willfährige Notenbanken und gegen die permanent zunehmende Strangulierung der freien Wirtschaft, sondern stets auf die Marktwirtschaft als Institution. Die unvergleichliche Erfolgsgeschichte der Marktwirtschaft wird einfach umgedeutet in eine Bedrohungssaga. Und so wirft man der Marktwirtschaft Verfehlungen vor, die sie nicht zu verantworten hat. Moral ist nach ihrem Selbstverständnis nur dann gegeben, wenn sie selbst an den Schalthebeln der Macht sitzen. Sie unterstützen maßgeblich die Entsolidarisierung der Gesellschaft von denjenigen, die die Hauptlast der Staatsausgaben, sprich Steuerlast, tragen. Dass ihre idealistischen Illusionen der Weg zum Totalitarismus ist, schreckt sie keineswegs: Hauptsache sie können die ihnen so verhasste bürgerliche Gesellschaft überwinden. Und sie sind fast am Ziel: Eine Mehrheit der Menschen sucht bereits ihr Heil im fürsorglichen Staat und nicht mehr in den eigenen Fähigkeiten.

Die Erben der 68-er haben das Denken durch Moralismus und Sprachhygiene ersetzt. Hinsichtlich dieser Sprachhygiene gilt der Satz von Georg Christoph Lichtenberg: »Die gefährlichsten Unwahrheiten sind die Wahrheiten, mäßig entstellt. Willig dienen die Massenmedien den Moral-Oberlehrern als Organe der Gesinnungskontrolle. Die Political Correctness spiegelt aber auch die Enttäuschung und die Frustration der selbsternannten Hüter der öffentlichen (linken) Moral über das krachende Scheitern ihrer eigenen Utopien wider, was sie jedoch verdrängen. Diese grün angehauchten Hedonisten leben in einem tiefen inneren Widerspruch: Es ist eine »Zwiemoral« (Johannes Gross) – sie reden öffentlich ganz anders, als sie privat leben – frei nach dem Motto: »Links reden, aber möglichst rechts leben!« Es ist nicht übertrieben, von einer gewissen Schizophrenie zu sprechen, die der Political Correctness zugrunde liegt. Die Political Correctness hat in Wahrheit nichts mit Moral und Gerechtigkeit zu tun – der Trick besteht darin, eine radikale Gleichheitsideologie als »moralisch« und »gerecht« zu verkaufen, und zwar um den Preis der Pervertierung aller tatsächlichen Moral und Gerechtigkeit. Wo die Hypermoralisierung an ihre Grenzen stößt, beginnt die Entmoralisierung. Die Frage der »richtigen Gesinnung« ist für die selbsternannten Hüter der Political Correctness in Wahrheit eine bloße Machtfrage. So sind sie denn Getriebene ihrer eigenen Scheinmoral, die sie mit hohler Phrasendrescherei übertünchen. Ihre Furcht vor dem freien Markt mit seinem Leistungswettbewerb ist die Furcht vor dem Leben. Sie ziehen ihre geistreichen Irrtümer der trivialen Realität vor. Kaum ein Intellektueller kommt daher auf die Idee, dass es das Beste sein könnte, die Menschheit einfach nur in Ruhe zu lassen, statt sie zu beherrschen und mit Zwang und Gewalt zu irgendwelchen idealen Zielen führen zu wollen.

Malcolm Muggeridge, englischer Schriftsteller und Journalist, schrieb 1971 im *Esquire*: »Zivilisationen früherer Zeitalter wurden von außen durch den Einfall von barbarischen Horden zerstört. Unsere Zivilisation hat sich ihren Zerfall im Hirn der eigenen Intellektuellen herbeigeträumt.«

Die größten Anhänger des Marxismus, des Nationalsozialismus und des Faschismus waren folgerichtig stets die Intellektuellen; die Grobiane wurden lediglich für die notwendige Schmutzarbeit benötigt. Es gibt eben nicht nur den einen Feind der Menschheit – den geistig minderbemittelten Grobian –, es gibt noch eine anderen, viel schlimmeren: den besserwisserischen und selbstgerechten Idealisten, dessen ideologische Gesinnungsethik keiner Verantwortungsethik standhält.

Wer nicht im Sinne der moralischen Großmannssucht spurt, der landet am Pranger der Political Correctness – und dies mit kollektiver Zustimmung. Nur wenige bieten Paroli. Am Ende droht eine Republik der vorlauten und selbstgerechten Besserwisser, Aufpasser und Denunzianten.

INGSOC hieß die Ideologie, mit der die Ozeanier in George Orwells Roman *1984* zu gehorsamen Staatsbürgern erzogen werden. Der »mündige Bürger« ist tot.

Quellen:

Roland Baader: *totgedacht*, Gräfeling 2007.

Arnulf Baring: *Scheitert Deutschland?*, Stuttgart 1997. S. 290, 300.

Barbara Bonte: Genter Frühling, in: *Junge Freiheit*, vom 26.4.2013, S. 2.

EU plant Strafen für Parteien, die nicht »die Werte der EU« vertreten, in: *DeutscheWirtschaftsNachrichten*, veröffentlicht: 22.5.2013.

SPD will Wissenschaftler entfernen, in: *FAZ*: 14.9.2013, S. 20.

Claus Gerckens: Trittins Arroganz, Leserbrief in der *FAZ* vom 24.5.2013, S. 38.

Michael Hanfeld: Die Opfer sind immer nur die Opfer der anderen, in: *FAZ* vom 20.8.2013, S. 31.

Thorsten Hinz: Die Macht des Wortes, in: *Junge Freiheit* vom 11.10.2013, S. 1.

Henning Hoffgaard: Der Erwachte, in: *Junge Freiheit* vom 8.3.2013, S. 3.

Dieter Kellermann: Nicht sensibel gegenüber der Mehrheitsgesellschaft, Leserbrief in der *FAZ* vom 2.4.2013, S. 8.

Tanja Krienen auf der Internetseite des Magazins *eigentümlich frei* vom 22.4.2013.

Lutz Radke: o. T., 2012.

Monika Maron und Necla Kelek: Der politische Islam bleibt eine Gefahr für uns alle, Interview in *Die Welt* vom 9.7.2013, S. 8

Armgard Rosenberger: Kritik an Muslimen nicht rassistisch, in: *FAZ* vom 24.4.2013, S. 30.

Christian Rudolf: Sozial korrekter Sprachpranger, in: *Junge Freiheit* vom 1.3.2013, S. 24

Christian Rudolf: Zuviel für sozialdemokratische Ohren, in: *Junge Freiheit* vom 8.3.2013, S. 24

Rahim Taghizadegan: *Wirtschaft wirklich verstehen*, 2. Aufl., München 2011.

XV Der »mündige Bürger«

Staatsgläubigkeit und Staatsmystifizierung haben eine lange Tradition in Deutschland. Und obwohl den Deutschen in Ost und West im vergangenen Jahrhundert bitterste Lektionen darüber erteilt wurden, was aus jeder Art von Staatsgläubigkeit erwachsen kann: Geändert hat sich nichts. Sie lassen sich weiterhin vom Leviathan Staat freiwillig entmündigen und als Sozial-Untertan an der Leine führen. Die (Selbst)Kontrolle der Gesellschaft erfolgt über die Gebote und Verbote der politischen und moralischen Korrektheit. Die Deutschen, die zwei Weltkriege, mehrere Staatsbankrotte und Währungsreformen zu erleiden hatten, die den Zusammenbruch von nationalem Sozialismus und Marxismus auf eigenem Boden und auf der ganzen Welt miterleben konnten und können, die tausend Milliarden aufgewendet haben, um den Bankrott des schäbigen SED-Regimes zu heilen, die inzwischen weit mehr als die Hälfte des Jahres für das Finanzamt arbeiten, die seit Jahrzehnten ungezählte Vermögensmilliarden durch den ständigen Kaufkraftverlust des Staatsgeldes verlieren, die jeden Pulsschlag ihres Alltags mit Quittungen und Steuerbelegen dokumentieren sollen und die über die elementaren Ziele ihrer Existenz (wie Art und Ort der Bildung ihrer Kinder oder Dauer und Preis ihrer Tages- und Lebensarbeitszeit, oder die Aufteilung des Vorsorge-Budgets ihres Einkommens) nicht selbst bestimmen bzw. entscheiden dürfen: Diese Deutschen haben immer noch nicht bemerkt, »dass etwas nicht in Ordnung ist« (Roland Baader). Sie halten den alles-regulierenden und alles-bestimmenden Staat für unverzichtbar, ja für einen humanitären Höhepunkt nicht nur der deutschen, sondern der gesamten Menschheitsgeschichte. Wer daran zweifelt, ist ein »Kalter Krieger« wider den sozialen Frieden, ein »Ellenbogen-Kapitalist«, der hat ein »falsches Menschenbild«. Man kann wohl zu Recht sagen, dass sich generell die Bürger in den westlichen Wohlfahrtsstaaten ein (sozial)staatszentristisches Weltbild zu eigen gemacht haben. Und in diesem Weltbild führen Überlegungen fatalerweise auch dann in die Irre, wenn sie »in sich« logisch, vernünftig und schlüssig sein sollten. Mit der Parole »soziale Verantwortung« wird den Bürgern oder bestimmten Gruppen von der politischen Kaste eingeredet,

sie hätten eine – meist in Geld oder Abgaben definierte – Verantwortung
für andere Gruppen zu übernehmen. Es handelt sich hierbei nicht etwa
um eine mysteriöse »höhere« Verantwortung, sondern um systematische
Verantwortungslosigkeit als gesellschaftspolitisches Prinzip und als sozi-
alpolitischer Imperativ. Denn im schuldeninduzierten Wohlfahrtsstaat
wird das Band zwischen Leistung und Ertrag, Haftung und Risiko, zwischen Beitrag und Nutzen zerrissen. Dann kann der Kern aller Moral, die
persönliche Verantwortung nämlich, nicht mehr stattfinden. Kollektive
Verantwortung gibt es nicht. Deshalb kann es eben auch keine Kollektiv-
moral geben, und folglich ist das Moralische des Sozialstaates nur eine
Schimäre. Alle anderen Parolen sind nur rhetorische Blüten der politischen Falschmünzerei. Der entmündigte Sozialuntertan wird obendrein
wie zum Spott als »mündiger« Bürger tituliert.

Deutschland ist das Land der »mündigen Bürger«, die sonst in keiner anderen politischen Sprache vorkommen. »Mündige Bürger« ist eine Lügen-
vokabel, die stets verwendet wird, wenn es der politischen Klasse darum
geht, von der Bevormundung der Bevölkerung abzulenken. Dieselben Politiker, denen generell der Mut fehlt, den Wählern die Wahrheit zu sagen,
die stattdessen schamlos das Geschäft der Wählerbestechungsdemokratie
zum Zwecke des Machterhalts betreiben, die Geschwindigkeitsbegrenzun-
gen auf Autobahnen fordern und den Kindern ideologisch präformierte
Einheitsschulen mit gewerkschaftlich approbierten Unterrichtsinhalten
oktroyieren. Offenbar ist der Bürger in den Augen der ihn kujonierenden
Funktionäre, die Volksvertretung und Volksbeherrschung miteinander
verwechseln, ein zu Unvernunft und Lasterhaftigkeit neigendes Individuum, das vor sich selbst von der paternalistischen Obrigkeit beschützt
und gelenkt werden muss. Hier zeigt sich die bösartige Menschenliebe der
politischen Linken. Der Bürger, von der politischen Klasse als »mündig«
tituliert, um desto ungenierter bevormundet werden zu können, sieht sich
zunehmend einer öffentlichen Betreuung ausgesetzt, die sein Bestes will,
aber seine Freiheit sukzessive begrenzt. Deutschland leistet sich ein Maß
an Volkspädagogik, an Indoktrination sozial-sozialistischer Gesinnung,
die so beispiellos ist wie effektiv, weil sie sich in einem demokratisch le-
gitimierten System abspielt. Der Bürger ist Objekt öffentlicher Fürsorge
(eigentlich: Obsorge), ist Organspender, Steuerzahler, Gurtträger, Nicht-
raucher, Müll-Trenner, umweltschonender Verbraucher, Energiesparer,

Anti-Rassist, Anhänger der Emanzipation, behördenerprobter Formular-
ausfüller, Anti-Alkoholiker, Vegetarier, Sparer und Zeichner von Staatsanleihen. Wahlweise lässt er sich zum Steuersünder, Verkehrssünder, Um-
weltsünder oder Sünder gegen die politische Korrektheit machen.

Offensichtlich haben die Menschen in Deutschland nur ein schwach aus-
geprägtes Bewusstsein der eigenen Rechte und Freiheiten; es gibt hierzulande auch keine Organisation, wie die American Civil Liberties Union,
die über die allgemeinen Freiheitsrechte wacht. Die Deutschen wehren
sich, wenn es um Sonderinteressen geht, um Zuschüsse, Steuervorteile,
soziale Besitzstände. Aber die Freiheiten, an denen alle teilhaben, finden
keinen gesellschaftlichen Rückhalt. Dass das weiche Klima des Sozialpro-
tektionismus ihre Köpfe schon korrumpiert hat, zeigt ihr Pawlow'scher
Reflex des Widerstands gegen jede in Aussicht gestellte Leistungsverringerung. Parteien und Verbände, Kirchen und Gewerkschaften sind Anwäl-
te der Freiheit nur gelegentlich und eher zufällig, immer dann nämlich,
wenn eine Freiheitseinschränkung mit dem eigenen Interesse praktisch
oder ideell kollidiert. Im organisatorisch immer perfekt funktionierenden
deutschen Obrigkeitsstaat haben sich übrigens auch nie die Unternehmer
für Freiheiten engagiert, die nicht unmittelbar auf ihr Interesse bezogen
sind. Die stromlinienförmigen und stets angepassten Manager finden in
der Rastlosigkeit ihr Glück, Bürgerrechte interessieren sie eher nicht. Die
Intellektuellen fürchten sich fast noch mehr als die Politiker vor einem
selbstbewussten, aufgeklärten und freiheitsliebenden Bürgertum. Der
Bürger als Citoyen, davor gruselt sich die intellektuelle Klasse geradezu.
Sie bevorzugen selbstverständlich die sozialstaatliche Total-Betreuung,
nach dem Wörterbuch des Unmenschen also derjenige Terror, für den
der Terrorisierte noch dankbar zu sein hat; er bezahlt ihn übrigens auch.

Die angeblich »mündigen« Bürger sind in Wahrheit nichts anderes als die
»fröhlichen Sklaven« (Norbert Bolz) des Sozialstaats. Nicht die Politikverdrossenheit ist das Problem unserer »Wohlfahrtsdemokratie«, sondern die
geradezu infantile Haltung der Menschen gegenüber dem Staat. Wohl-
fahrtsstaatspolitik erzeugt Unmündigkeit, also genau den Geisteszustand,
gegen den jede Aufklärung kämpft. Dieser demokratische Despotismus
entlastet den Einzelnen vom Ärger des Nachdenkens und des eigenver-
antwortlichen Handelns. Ein Netz präziser Vorschriften liegt über der

Existenz eines jeden und macht ihn auch in den einfachsten Dingen abhängig vom vorsorgenden Sozialstaat. In der Tat bringt diese »fröhliche
Sklaverei« unter teilweise marktwirtschaftlichen Bedingungen fast allen
einen akzeptablen Lebensstandard. Wer die Freiheit (und Verantwortung)
als eigene Möglichkeit nicht wahrnimmt, der lernt im Laufe der Zeit, die
Freiheit anderer zu hassen. Aber dieser Hass verkleidet sich als Sozial-Sozialismus. Das ist der zutiefst unmoralische Kern: Der Sozialstaat entzieht
den Menschen Freiheit und Verantwortung. Er macht sie zu unmündigen
und unmoralischen Menschen. Dieser Staatsuntertan wird von der Politik
schon fast zynisch als »mündiger Bürger« bezeichnet. Die Mündigkeit des
Bürgers besteht darin, »gegen Rechts« auf die Straße zu gehen, deutsche
Geschichte stets als »verbrecherisch« zu deuten, möglichst viele Asylan-
ten aufzunehmen, Parallelgesellschaften als »Bereicherung« zu empfinden,
mit Sparlampen das Weltklima zu retten, aber keinesfalls nachzufragen,
was die EZB und Brüssel mit deutschen Steuergeldern und Spareinlagen
anstellen. Die bis zum Fanatismus gesteigerte Gesinnungsethik führt zur
Selbstentmündigung.

Die Vorstellung, dass der Staat eine väterliche Autorität, dass er jedermanns Wächter ist, stammt von den Sozialisten. Sicherlich gibt es viele
Menschen, die zu viel rauchen, obwohl es für sie besser wäre, nicht zu
rauchen. Hier zeigt sich, was Freiheit wirklich bedeutet. Unterstellt man
einmal, dass es gut sei, den Menschen zu verbieten, sich durch Rauchen,
Trinken oder übermäßigen Zuckerverzehr selbst zu schaden, ist die Frage,
was dann folgt. Hat man einem solchen Verbot erst einmal stattgegeben,
werden andere kommen und sagen: Ist der Körper alles? Ist nicht der
menschliche Geist viel wichtiger? Wenn man dem Staat das Recht zu-
gesteht, über den Verbrauch des menschlichen Körpers zu entscheiden,
kann man auch argumentieren, dass der Mensch sich schadet, wenn er
schlechte Bücher liest, schlechte Musik hört, sich schlechte Filme an-
schaut. Räumt man erst einmal ein, dass es die Pflicht des Staates sei, den
Alkoholkonsum zu kontrollieren, was kann man denen antworten, die
behaupten, die Kontrolle von Büchern und Ideen seien noch viel wichtiger? Freiheit bedeutet eben auch die Freiheit, Fehler zu machen. Es ist
noch gar nicht so lange her, da gab es in Deutschland eine Regierung,
die es als ihre Pflicht ansah, zwischen guter und schlechter Malerei zu

unterscheiden, zwischen guten und schlechten Büchern und zum Schluss folgerichtig auch zwischen lebenswertem und nicht lebenswertem Leben.

Der »mündige Bürger« mutiert zum Mündel der Staatsbürokratie. Und der »mündige Bürger« wird von den Politikern regelrecht gepflegt und verhätschelt, weil sie ihn nicht zu fürchten brauchen. Wenn sie Respekt vor ihm hätten, würden sie, eben weil er mündig ist, aufhören ihn als solchen zu bezeichnen. Für mündig halten die Parteien den Bürger nur in dem Moment, da er ihnen die Stimme gibt. Die mit der Politik verknüpften Massenmedien sorgen mit ihren Programmen der verblödenden Antiaufklärung für die entsprechende Meinungsbildung in der breiten Bevölkerung. Selbst die maßgebliche Online-Enzyklopädie *Wikipedia* ist bei brisanten Themen ideologisch geprägt. Im Netz verbreiten sich daher Namen wie »Schwindelpedia« oder »Wikilügia«. Und jeder, mag er sich noch so sehr wehren, ist dem Druck der öffentlichen Meinung ausgesetzt. So verschweigt die Mehrheit aus Angst vor sozialer Isolation ihre tatsächlichen Ansichten und überlässt einflussreichen Minderheiten das Feld der politischen Willensbildung. Der intellektuelle Kotau gilt heute als »politisch korrekt«, eine rot-grüne Pseudo-Religion beherrscht das Land.

Quellen:
Christoph Braunschweig: *Die demokratische Krankheit*, München 2012.
Johannes Gross: *Phönix in Asche*, Stuttgart 1989, S. 175.
Johannes Gross: *Unsere letzten Jahre*, Stuttgart 1981, S. 104-112.
Joachim Fest: *Die schwierige Freiheit*, Berlin 1993.
Ludwig von Mises: *Vom Wert der besseren Ideen*, München 2008.

XVI Interview: Die »grüne« Pseudo-Religion

1. Frage: *Was bedeutet »grüne« Religion?*

Antwort: In Deutschland gibt es eine ungute Tradition der Naturverklärung. Bei der grünen Suche nach der heilen Welt geht es nicht um die Natur als Ganzes, sondern um ein idealistisches, mystifiziertes Bild von ihr als Werteersatz für ein willkürlich zusammengezimmertes und als »Natur« deklariertes Selbstbild. Extrem konservativ vertreten die Grünen die geistigen Wurzeln der historisch grundgelegten Fortschrittsskepsis und des Zivilisationspessimismus. Das rein gefühlsbetonte Zurück-zur-Natur-Prinzip ist geradezu die spießige Ausprägung eines deutschen Nationalcharakters. »Der Franzose flieht in den Salon oder zettelt eine Revolution an, der Deutsche geht ins Grüne«, heißt es bei Elias Canetti. Die Grünen verkörpern das deutsche Romantik- und Idealismus-Erbe. Feudale Zersplitterung, französische Fremdherrschaft, absolutistische Bevormundung, Vormundschaft der Siegermächte und Degradierung Deutschlands zum nuklearen Gefechtsfeld der Supermächte – die Situation politischer Ohnmacht und politischer Unmündigkeit, ließ die Deutschen ihre irrationale geistige Flucht ins Grüne antreten. Ein wirtschaftlich zwar reges, aber politisch unmündiges bzw. unwilliges Bürgertum ist der ideale Humus für die selbstgerechten und quasireligiösen Dogmen der Grünen. Hinter den Dogmen dieser »Kinder des Wirtschaftswunders« verbirgt sich in Wahrheit eine behäbige Weltanschauung saturierter Spießer. Ihr Lebensstil ist ein elitäres Modell für eine Minderheit, mit dem man die Menschheit weder erlösen geschweige denn ernähren oder ihre existenziellen Lebensprobleme lösen könnte. Wer will es zum Beispiel den Schwellenländern verübeln, dass sie sich kaum für grüne Wachstumskritik begeistern. Der pharisäerhafte Öko-Paternalismus ignoriert die legitimen Wohlstandswünsche anderer, die Ethik des Genug können eben nur diejenigen predigen, die selbst genug haben – dies im Übrigen nicht aufgrund eigener harter Arbeit, sondern aufgrund der Arbeit der Kriegs- bzw. Nachkriegsgeneration. Bioäpfel sind teuer, Ökostrom erst recht. Doch der Staat gilt ihnen naiverweise als Wohlstandsgarant, die Entmündigung der Bürger wird im Sinne des permanent intervenierenden und umverteilenden Sozialstaates gerne in Kauf genommen. Die meisten Grünen sind ganz selbstverständlich Atheisten, sie habe sich allerdings einen regelrechten Religionsersatz geschaffen: ihren unbedingten Glauben an ihre eigene grüne Erweckungstheorie. Das »Weltklima« hat den »Weltfrieden« inzwischen als Erlösungsformel abgelöst. Jede noch so radikale Wirtschafts- und Gesellschaftsveränderung wird mit der »Klimarettung« als alternativlos bezeichnet. Kritiker werden einfach als »Klimafeinde« diffamiert und als Feinde der Mehrheit stigmatisiert. Die Grünen sind eine besserwisserische Bevormundungspartei.

2. Frage: *Wie konnten die Grünen mit ihrer Anti-Atom-Kampagne derart tief in Politik und Gesellschaft eindringen?*

Antwort: Erstens haben die Grünen ihre eigentlichen, gesellschaftspolitischen Absichten und Ziele aus taktischen Gründen bewusst im Hintergrund gehalten und stattdessen die emotional aufgeladenen Themen Atomkraft und Umwelt in den Vordergrund gestellt. Dadurch ist es ihnen gelungen, überhaupt erst einmal ins politische Geschäft zu kommen. Zweitens fiel ihnen das Thema Tschernobyl genau zum richtigen Zeitpunkt wie ein großes Geschenk in den Schoß. Wer erinnert sich nicht an die damalige, hysterische Berichterstattung in den Medien, die selbst kühlen Köpfen den Angstschweiß auf die Stirn trieb. Die Wahrheit über den Reaktorunfall in Tschernobyl aber haben die meisten Menschen bis heute nicht erfahren.

3. Frage: *Was ist die Wahrheit über Tschernobyl?*

Antwort: Es wurde konsequent verschwiegen, dass es sich bei dem dortigen RBMK-Reaktortyp um ein völlig anderes Bau- und Funktionsprinzip handelt als bei praktisch allen übrigen weltweit existierenden Kernkraftwerken, speziell in der westlichen Welt. RBMK-Reaktortypen dienten in erster Linie zur Plutoniumgewinnung für Atomwaffen und nur nebenbei zur Stromerzeugung, was die Sowjetunion natürlich geheim halten wollte, sodass u. a. die damaligen Rettungsmaßnahmen viel zu spät ergriffen wurden. Neben dem Fehlen jeglicher Art von Sicherheits-Containtment nach westlichem Standard handelte es sich zudem in Tschernobyl um einen graphitmoderierten und mit leichtem Wasser gekühlten Reaktor, den in der gesamten westlichen Welt bis dahin noch niemand auch nur theoretisch konzipiert, geschweige denn konkret projektiert oder gar gebaut hatte. Der Grund hierfür wurde dann den Fachleuten schnell klar, als ihnen das zu erwartende Verhalten dieses Reaktors bei einem möglichen Leistungsregelungs-Störfall oder auch Kühlungsausfall vor Augen geführt wurde: Das relativ stark Neutronen absorbierende Kühlwasser verdampft rasch, was unmittelbar zu einem Neutronenüberschuss und damit zu einem schnellen und nicht mehr kontrollierbaren Leistungsanstieg führt, das heißt, der Reaktor »geht durch« – wie ja dann leider geschehen. Selbst dieser ausgesprochen instabile Reaktor wurde von seiner Betriebsmannschaft immerhin mehrere Jahre ohne größere Zwischenfälle betrieben. Erst ein – von völlig inkompetenter Instanz verordnetes – und völlig missverstandenes »Sicherheitsexperiment« musste schließlich noch hinzukommen, um die Katastrophe endgültig auszulösen. Vergleicht man ein Kernkraftwerk westlicher Bauart mit einem Fahrrad, so entsprach der RBMK-Reaktortyp etwa einem Einrad, das zwar sehr viel instabiler, aber mit Geschick noch beherrschbar ist. Von der Tschernobyl-Mannschaft wurde aber praktisch einen Salto verlangt. Mit den technologischen Standards und Sicherheitskonzepten der Kernkraftwerke in Westeuropa verbietet sich also jeder Vergleich. Seit »Tschernobyl« verharren die Deutschen jedoch – ganz im Sinne der Grünen – in einer Nuklearphobie.

Nebenbei bemerkt: Auch ein »Fukushima« ist bei westeuropäischen Kernkraftwerken nicht möglich. Der Super-Gau in Japan resultierte aus dem Erd- bzw. Seebeben und einem völlig unzureichendem Sicherheitsmanagement. Es gab nie einen sachlogisch nachvollziehbaren Grund, um nach »Fukushima« plötzlich alle hiesigen Kernkraftwerke stillzulegen. Ganz zu schweigen davon, dass dabei bestehende Verträge einfach gebrochen wurden und somit grundlegende rechtsstaatlichen Prinzipien außer Kraft gesetzt wurden.

4. Frage: *Inwieweit geht es den Grünen darum, über die Themen Atomkraft und Umwelt letztlich die bürgerlich-kapitalistische Gesellschaft »zu überwinden«?*

Antwort: Der Kampf gegen die Atomkraft war von Anfang an in Wahrheit ein Kampf gegen das »kapitalistische System«, der übrigens von der Stasi mit initiiert und unterstützt wurde. Die Anti-Atomkraft-Parolen wurden wie eine Monstranz immergrüner (Schein)Moral medienwirksam in die Öffentlichkeit getragen. Es gelang mit Hilfe der Medien überaus erfolgreich, in der Bevölkerung allgemeine Angst zu schüren und gleichzeitig jede sachkundige und fundierte Argumentation von vornherein zu unterbinden. Die massiv geschürte Angst vor der Atomkraft war sozusagen das trojanische Pferd, mit dem die Grünen bis weit in bürgerliche Kreise vordringen konnten. Gleichzeitig wurde die künstlich geschürte Atomangst sehr geschickt mit dem Begriff Umweltschutz verknüpft, obwohl es gar keinen sachlogischen Zusammenhang gibt. Doch auch diesbezüglich waren die Massenmedien den Grünen sehr behilflich. Nicht zufällig ist der Anteil von Anhängern und Wählern der Grünen in den Massenmedien dominant. Mit dem Antritt der ersten rot-grünen Bundesregierung 1998 erhielt der ursprüngliche Straßenkampf gegen die »Atom-Lobby« neuen, vor allem institutionalisierten Schwung. Mittels EEG wurde ein Instrument geschaffen, das den Sieg der quasi-anarchistischen Technikressentiments über die mit dem »Staat« gleichgesetzte Hochtechnologie »Kernkraft« besiegeln sollte. Die Vordenker der Grünen hatten richtig erkannt, dass es taktisch klug war, ihre eigentlichen Ziele, eben die Überwindung der von ihnen so verhassten bürgerlich kapitalistischen (Leistungs)Gesellschaft, nicht offen auszusprechen. Stattdessen setzten sie geschickt auf das Prinzip der systematischen Angstmache in Sachen Atomkraft und angeblicher Umweltschutzpolitik. Somit verfügen sie über ein multifunktionales Totschlagargument: Wer auch nur ansatzweise nachhakt bzw. Gegenargumente ins Feld führt, wird sofort als »Umweltgegner« verleumdet und kaltgestellt. Mit dieser machiavellistischen Strategie konnten die Grünen politisch punkten. Es gelang ihnen, Marktwirtschaft und Kapitalismus unter anderem für Waldsterben, Krebs, tote Flüsse usw. verantwortlich zu machen. Dass jede Sachkenntnis gegen diese bewusste Denunziation spricht, wurde erfolgreich totgeschwiegen.

5. Frage: *Die Grünen haben also dafür gesorgt, dass viele Menschen die »kapitalistische Industriegesellschaft« generell für »umweltschädlich« halten?*

Antwort: Ja, ganz richtig. Dabei sterben die Menschen in Ländern ohne Industrie viel früher als in hoch industrialisierten Ländern. In den Industrienationen steigt die statistische Lebenserwartung immer schneller. Der Himmel über dem Ruhrgebiet ist wieder blau geworden. Vor einem Jahrhundert noch starb ein erheblicher Teil aller Menschen durch unsauberes Wasser. Heute gibt es diese Fälle in den kapitalistischen Ländern nicht mehr. Tote Flüsse sind nicht die Geißel des Wirtschaftswachstums. Dabei waren um die vorletzte Jahrhundertwende – also bei einem Bruchteil des heutigen Sozialprodukts – in Deutschland mehr Flüsse tot als heute (Ruhr, Emscher, Wupper, Niers). Die Schaumberge, die sich vor 100 Jahren in Bächen und Flüssen häuften, sind verschwunden. Mit dem Waldsterben war es ähnlich. Man suchte die Schuld dort, wo man sie finden wollte – bei der Industrie und den Kraftwerken. Auf dem Titelbild vom *Spiegel* erschienen Fabrikschlote und abgestorbener Wald. Dabei wurde geflissentlich alles übersehen, was der Hypothese widerspricht: Schon in der älteren forstwissenschaftlichen Literatur finden sich regelmäßig Berichte über gleichartige Waldepidemien; der Säuregehalt des Regens hat seit 100 Jahren überhaupt nicht zugenommen, und die Waldschäden treten ausgerechnet in Reinluftgebieten massiert auf. Dann mussten die Stickoxide anstelle des Schwefeldioxids als Sündenböcke herhalten. Über die tatsächlichen Probleme der systematischen Überdüngung in der staatlich hoch subventionierten Landwirtschaft wird dagegen tunlichst geschwiegen. Selbstverständlich wird auch verschwiegen, dass nur durch Wirtschaftswachstum genau die innovativen Umwelttechnologien entstehen können, die einen tatsächlichen Umweltschutz ermöglichen. Wer die Landschaften im Herzen Mitteldeutschlands nach der Wende mit eigenen Augen gesehen hat, der weiß, das ein geradezu unglaublicher Raubbau an der Natur und eine Umweltverschmutzung in unvorstellbarem Ausmaß die Konsequenz der sozialistischen Wirtschaft war – also genau des Systems, dem die ungeteilte Sympathie der meisten grünen Führungsfiguren gehört. Umweltverschmutzung wird einfach der marktwirtschaftlich-kapitalistischen Industrieproduktion angedichtet, obwohl dies geradezu pervers ist.

6. Frage: *Gibt es tatsächlich eine »Klimakatastrophe«?*

Antwort: Erstens hat sich das globale Klima der Erde in den vergangenen Jahrtausenden mehrfach gravierend verändert, auch ohne menschlichen

Einfluss auf den Kohlendioxid-Kreislauf. Zweitens gibt es weitaus wirksamere Einflussgrößen auf das globale Klima als das Spurengas Kohlendioxid; allerdings ist an diesen weniger zu verdienen. Drittens macht der Anteil des vom Menschen heute verursachten Kohlendioxid-Anteils deutlich weniger als zehn Prozent des natürlichen Kohlendioxid-Kreislaufs aus. Viertens liegt der deutsche Anteil an letzterem unter drei Prozent – sprich drei Promille! Umgekehrt gilt, dass Kohlendioxid überhaupt erst Leben auf der Erde möglich macht. Ohne Kohlendioxid würde die gesamte Pflanzenwelt ihre Lebensgrundlage verlieren – Tiere und Menschen gäbe es also gar nicht. Und nun soll auf einmal das Lebensgas Kohlendioxid schuld an der angeblichen »Klimakatastrophe« sein. Das ist reine Volksverdummung: Die Pflanze braucht Kohlendioxid und produziert als Abfallstoff Sauerstoff – der Mensch braucht Sauerstoff und produziert als Abfallprodukt Kohlendioxid. Eine wundervolle Symbiose. Und dabei ist der Kohlendioxid-Ausstoß des Menschen noch gering gegenüber dem Kohlendioxid-Ausstoß der Insekten. Man müsste also, der Ideologie der Grünen folgend, alle Termiten, Ameisen, Heuschrecken, Blattläuse, Bienen, Fliegen, Schmetterlinge, Käfer usw. exterminieren. Hier wird der Irrsinn zur Methode – würde Mephisto sagen. Die sogenannte »Klimakatastrophe« ist ein reines Hirnkonstrukt und der Vorschlag Klimaschutz per Kohlendioxid-Reduktion reinster Unsinn, der lediglich die verquasteten Ideologien und Utopien der Grünen widerspiegelt. Die Mainstream-Klimawissenschaft ist beherrscht von vorgefassten Meinungen, die absolut dogmatisch und intolerant gegenüber anderen Meinungen vertreten werden. Fast schon ein Witz ist die von den Massenmedien permanent verbreitete Behauptung, dass durch ein Abschmelzen der Pole der Meeresspiegel ansteigen würde. Jeder Mittelstufen-Schüler weiß aus seinem Physikunterricht, dass schmelzende Eisstücke in einem Wasserglas die Höhe des Wasserspiegels gar nicht beeinflussen. Auch der immer wieder behauptete Anstieg von Krebsfällen im Umkreis von Kernkraftwerken ist wissenschaftlich längst widerlegt, wird aber dennoch in schöner Regelmäßigkeit in den Medien wiederholt.

7. Frage: *Was hat es mir dem »Treibhauseffekt« auf sich?*

Antwort: Die Vorstellung, dass Kohlendioxid für den »Treibhauseffekt« in 6000 Metern Höhe verantwortlich sei, ist ebenfalls blanker Unsinn.

Wie soll eine solche Kohlendioxid-Hülle entstehen, wenn Kohlendioxid schwerer ist als Luft? Der Wasserdampfanteil der Atmosphäre macht
etwa 70 Prozent des sogenannten Treibhausgases aus. Nur Wasserdampf
ist leichter als Luft und steigt nach oben – aber das ist ja kein »Schad-
gas«. Schon aus physikalischen Gründen kann eine Kohlendioxid-Hülle,
die die Wärmestrahlung wieder auf die Erde reflektiert, so nicht existie-
ren. Den »Treibhauseffekt« gibt es schlicht und ergreifend nicht, weil ein
Treibhaus ein geschlossenes System voraussetzt – im Gegensatz zur Erde,
die in Abgrenzung zum Weltall eben keine Systemgrenze aufweist. Gäbe
es den »Treibhauseffekt«, die Erde hätte sich in ihrer Geschichte nie ab-
kühlen und damit Leben ermöglichen können. Doch die Erde hat sich
abgekühlt, obwohl die Uratmosphäre noch keinen Sauerstoff enthielt,
dafür aber aus Unmengen angeblicher Treibhausgase (Wasserdampf,
Kohlendioxid, Methan) bestand. Kohlendioxid konnte nur durch einen
volkspädagogischen Trick zum angeblichen Hauptverursacher des »Treib-
hauseffekts« abgestempelt werden: Man setze in der Klimadiskussion den
Effekt des Wasserdampfs einfach mit null (!) an und spricht von einem
»zusätzlichen Treibhauseffekt«. Die offensichtliche Lüge vom »Treibhauseffekt« ist demnach eine gekonnte Lüge, die Jahr für Jahr einen gigantischen Klimazirkus in Bewegung hält. Jeder, der dagegen argumentiert,
wird sofort an den öffentlichen Pranger wegen Verstoßes gegen die Political Correctness gestellt.

8. Frage: *Das Klima hat sich also auch ohne Menschen und ohne Kohlendioxid-Ausstoß immer schon gewandelt?*

Antwort: In der Tat, denn die Erde ist ein vergleichsweise unruhiger Planet mit dauernden Veränderungen. Das Klima, die Meeresströmungen,
die Verteilung von Land und Wasser, die Lage und Form von Inseln, ja
selbst die Gebirge und Täler – nichts blieb im Laufe der 4,5 Milliarden
Jahre dauernden Erdgeschichte so, wie es einmal war. Globale Veränderungen, selbst in extrem kurzen Zeiträumen, sind unvermeidbar und
haben in der Vorzeit zu vielen Katastrophen geführt. Die jüngste dramatische Veränderung fand zum Ende der letzten Eiszeit auf der Nord-
halbkugel vor rund 12 000 Jahren statt, gerade mal ein Augenblick auf
der geologischen Zeitachse. Wo sich heute Großstädte wie Stockholm,
Moskau, Berlin oder Toronto befinden, bedeckte eine zum Teil mehrere

Kilometer dicke Eisschicht das Land. Der Meeresspiegel lag fast 100 Meter unter dem heutigen Niveau. In der äußerst kurzen Zeitdauer von wenigen Tausend Jahren änderte sich die pleistozäne Landschaft gründlich und wurde zur Erdoberfläche, wie wir sie heute kennen. Dieser Übergang von der Eiszeit zur gegenwärtigen Zwischenwarmzeit vollzog sich nicht gleichmäßig und kontinuierlich. Immer wieder kam es zu Klimaeinbrüchen, die Jahrzehnte oder Jahrhunderte dauerten. Kein Wissenschaftler hat bis heute eine allgemein akzeptierte Erklärung für dieses »Klimaflattern« gefunden, das sich völlig ohne das Zutun des Menschen ereignete. Selbst nachdem sich das Klima nach der Eiszeit endlich stabilisiert hatte, kam es zu deutlichen Klimaschwankungen. So durchlebten die Menschen nur wenige Generationen vor uns vor etwa 300 Jahren die sogenannte Kleine Eiszeit. Um 1000 n. Chr. wiederum florierte am Niederrhein und in England der Weinanbau. Grönland war weitgehend eisfrei. Es ist eine Ironie, dass heute die schmelzenden Gletscher Grönlands als Vorboten einer Klimaapokalypse gelten, während die damalige Warmperiode von Forschern als »mittelalterliches Klimaoptimum« bezeichnet wird. Anstatt den sowieso stattfindenden Klimawandel aufhalten zu wollen, sollten stattdessen vielmehr alle Ressourcen dafür eingesetzt werden, sich auf den Klimawandel einzustellen und vorzubereiten. Dies gilt zum Beispiel für entsprechende Infrastrukturmaßnahmen in gefährdeten Gebieten. Wer jedoch nur in die Klimawandelvermeidung investiert, der reduziert die Anpassungsmöglichkeit und verspielt damit die wichtigsten Chancen, die die folgenden Generationen haben.

9. Frage: *Warum stoppt die Politik die »Energiewende« nicht, obwohl mittlerweile breite Bevölkerungsschichten die drohenden Konsequenzen zumindest ansatzweise ahnen?*

Antwort: Weil von den Subventionen für die Energiewende inzwischen bereits unzählige Landwirte, Hauseigentümer, Investoren, bestimmte Industriezweige und viele andere Unternehmen und Institutionen gut leben, traut sich nun kein Politiker mehr, an diesen Besitzständen zu rütteln. Weil schon zu viele vom Förderwahn profitieren, ist nur noch das Drehen an kleinen Stellschrauben möglich. Im heutigen Fördersystem mit fester Vergütung ist Ökostrom umso teurer, je niedriger der Preis an der Strombörse ist. Wenn der Strompreis sinkt, und das ist weltweit aufgrund des neuartigen Fracking anzunehmen, wird für den Verbraucher in Deutschland der »Erfolg« der Energiewende immer unheimlicher – weil teurer. Die schiefen Anreize im Fördersystem werden mittel- bis langfristig zwangsläufig zu einer Krise führen.

10. Frage: *Welche Ursachen bewirken die Klimaveränderungen in Wahrheit?*

Antwort: Die wissenschaftliche Forschung beschäftigt sich diesbezüglich mit mehreren Theorieansätzen. Neben der Erforschung des vermuteten Einflusses von Sonnenflecken, Sonnenstürmen usw. spielt das Pendeln der Erdachse eine wichtige Rolle. Die Erde pendelt demnach in einem Jahrtausende dauernden Rhythmus wie ein Kreisel zwischen verschiedenen Schrägstellungen hin und her. Dieser Ansatz erklärt die von der Schiefe der Erdachse abhängige Wärmeverteilung auf der Erde, zum Beispiel wann es am Nordpol und am Südpol Eiskappen gibt und wann nicht. Wenn sich die Schrägstellung ändert, ändern sich auf Dauer die Tageszeiten und die Dauer der Jahreszeiten und damit das Klima. Je schräger die Erdachse steht, desto länger dauern (abwechselnd auf der Nord- und der Südhalbkugel) die Nächte und desto länger dauert eine Polarnacht und desto näher rückt eine Eiszeit oder umso lebensfeindlicher wird dieser Kälteeinbruch. Je mehr sich die Erdachse aufrichtet, desto kürzer wird die Polarnacht und desto kleiner werden die Eiskappen an den Polen und desto näher rückt eine Warmzeit.

11. Frage: *Welche Schlussfolgerungen ergeben sich daraus?*

Antwort: Ohne den beständigen Klimawandel, ohne die unregelmäßige Folge von Eis- und Warmzeiten, ohne das unaufhörliche Pendeln der Erdachse gäbe es den Menschen gar nicht. Wie das Wetter, so ist das Klima eine höhere Gewalt. So wahr der Storch die Kinder bringt, so wahr kann der Mensch das Klima schützen. Nicht Kohlendioxid bestimmt das Klima, sondern das Klima bestimmt das Kohlendioxid. Der Unsinn der Kohlendioxid-Reduktion verursacht lediglich gigantische Kosten und zieht die vorhandenen Ressourcen fatalerweise von sinnvoller Verwendung, sprich Anpassungsmaßnahmen (Wasserversorgung in Dürregebieten, Umsiedlungen, Küstenschutzmaßnahmen usw.) ab. Klimawandel findet ohnehin ständig statt.

12. Frage: *Was kommt mit der »Energiewende« nun auf die Bürger zu?*

Antwort: Die »Energiewende« hat vor allem vier Folgewirkungen: Erstens werden die Energiepreise für die Endverbraucher letztlich enorm ansteigen, zweitens wird sich dadurch keinerlei Klimaeffekt ergeben, drittens werden die steigenden Energiekosten bei gleichzeitig zunehmender Versorgungsunsicherheit die Wettbewerbsfähigkeit vor allem kleiner und mittlerer Unternehmen beeinträchtigen und viertens fehlen die gigantischen Subventionsbeträge für den Aufbau- und Ausbau der ineffektiven Alternativenergien später für wirklich sinnvolle Maßnahmen, wie z. B. den Hochwasserschutz. Die Abertausende hoch subventionierten Windräder, die durch ihre apokalyptische Hässlichkeit als metallene Leichenfinger unsere Kulturlandschaft nachhaltig entstellen und die Vogelwelt massiv schädigen, dienen den »Klimaschützern« als Beschwörungszauber gegen den gefürchteten (in Wahrheit natürlichen) Klimawandel. Die enorm umweltbelastende Herstellung und aufwendige spätere Entsorgung dieser in 30 Jahren vor sich hin rostenden Ungetüme wird bewusst nicht thematisiert. Statt der ominösen globalen Erwärmung, muss man wohl eher die globale Verblödung fürchten.

13. Frage: *Wie sehen die kostenmäßigen Konsequenzen für den Verbraucher konkret aus?*

Antwort: »Der Wind weht kostenlos, und die Sonne schickt keine Rechnung«, so lautet die ebenso griffige wie falsche Propaganda der Grünen. Dass Strom deutlich teurer wird, stört allerdings die Wähler und Politiker bisher wenig; huldigt man doch mehrheitlich dem quasireligiösen Dogma, man könnte damit zur Rettung des Klimas beitragen oder zumindest den Anstieg der globalen Temperatur auf weniger als zwei Grad Celsius begrenzen. Zweifel hieran sind politisch nicht korrekt. Kostenargumente gelten als unanständig, wo es doch um »höhere Ziele« gehe. Doch der emphatisch gefeierte Siegeszug von Energie aus regenerativen Quellen macht Strom zunehmend zu einem Luxusgut, den mancher Haushalt mit geringem Einkommen inzwischen schon rationieren muss. Subventionierter Ökostrom fließt dank Vorrangeinspeisung mit einer langfristig fixierten, extrem hohen Vergütung ins Netz. Durch die Erhöhung der Umlage zur Förderung erneuerbarer Energien steigen die Stromkosten von 2013 an um 1,7 Cent auf 5,3 Cent (ohne Mehrwertsteuer). Dadurch wird ein 3500 Kilowattstunden im Jahr verbrauchender Drei-Personen-Haushalt also mit 60 Euro pro Jahr mehr belastet. Diese 60 Euro Mehrbelastung sind jedoch – ganz entgegen der öffentlichen Berichterstattung – nur die halbe Wahrheit, denn es wird nur die Stromzahlung an den eigenen Elektrizitätsversorger berücksichtigt. Die Belastung durch die indirekten Stromkosten in gleicher Höhe wird einfach unterschlagen. Wie stark die EEG-Umlage derzeit einen durchschnittlichen Haushalt belastet, kann man leicht abschätzen: Im Jahr 2013 muss die EEG-Umlage einen Verlust von über 20 Milliarden Euro ausgleichen. Dies ergibt eine Belastung von 250 Euro pro Einwohner und Jahr. Ein durchschnittlicher Drei-Personen-Haushalt ist im Jahr 2013 also mit 750 Euro dabei – nur für die EEG-Umlage. Weitere Kosten der »Energiewende« für Netzausbau, Haftung für Offshore-Windanlagen oder Standby-Betrieb konventioneller Kraftwerke kommen noch dazu. Die Energiewende wird fatalerweise mit jedem neuen Windrad und jeder neu installierten Solaranlage teurer. Allein im Jahr 2012 drehten die Versorger mehr als 300 000 säumigen Zahlern den Strom ab. Umso erstaunlicher ist die große Unwissenheit, die über den Zusammenhang von hohen Energiekosten und Armut herrscht. Es sind nicht die Harzt IV-Empfänger, die ihren Strom nicht mehr bezahlen können, denn diese bekommen ihn ja vom Staat bezahlt. Es sind vor allem Rentner und Geringverdiener, die zu den sozialen Opfern der Energiewende gehören, Menschen, die knapp über der Schwelle für den Bezug von Sozialtransfers liegen.

Aus Angst vor einem Strom-Blackout hantiert die Politik mit noch mehr Geboten und Verboten und treibt so die Interventionsspirale auf die Spitze. Am Ende steht die staatliche Energie-Planwirtschaft aber unter dem sakrosanten Zeichen des Umweltengels. Die Geschichte lehrt, dass langfristig die Energiekosten die Wirtschaftskraft und die Bevölkerungszahl eines Landes bestimmen. Künstlich hochgetriebene Energiekosten schaden also dem Wirtschaftsstandort Deutschland besonders stark. Über die angeblichen Exportchancen der deutschen Energiewende befrage man bloß die deutschen Windkraft- und Photovoltaik-Hersteller, die gerade reihenweise gegen den Konkurs ankämpfen, weil es sich eben nicht um anspruchsvolle Hochtechnologie handelt, sodass man dem Kostendruck billiger Massenhersteller ausgesetzt ist.

14. Frage: *Im Zusammenhang mit dem EEG fällt oft das Stichwort »Speicherproblem«. Worum geht es dabei konkret?*

Antwort: Weil die Stromkosten durch dass EEG permanent steigen und inzwischen eine für die Politik bedrohliche Höhe erreicht haben, wird nun nach wirtschaftlichen Lösungen gesucht. In diesem Zusammenhang werden die Speicherung von Strom und der Bau neuer Stromnetze genannt. Beide Lösungen sind allerdings kaum geeignet. In beiden Fällen geht es um kostenintensive Neuinvestitionen, die den Strompreis nochmals weiter erhöhen. Ziel ist es, den durch Subvention und Zwangsabgabe entstandenen Stromüberschuss irgendwie loszuwerden. Dadurch wird billiger Strom verdrängt. Im Fall neuer, zusätzlicher Stromleitungen erhöhen sich (neben der Kostenerhöhung durch die Investitionen) die Stromkosten zusätzlich auch noch durch die dadurch zwangsweise eintretende Preiserhöhungen des Stroms aus konventionellen Kraftwerken, weil dieser Strom durch die geringere Kraftwerksauslastung teurer wird. Im Falle der Stromspeicherung sind Investitionen in vergrößerte Stromspeicher nötig, wodurch sich ebenfalls höhere Stromkosten ergeben. Es ist völlig unverständlich, weshalb die Politik die offensichtlichen Fehler des EEG (überhöhte Subventionierung und Zwangsabnahme des Stroms) durch weitere ungeeignete Maßnahmenvorschläge zu korrigieren versucht. Mit gesundem Menschenverstand erkennt jedermann die Mängel, doch kein Politiker wagt es, diese zu benennen, geschweige denn zu beheben.

15. Frage: *Es heißt allgemein, dass die Wärmedämmung von Gebäuden teuer, aber notwendig sei. Wie verhält es sich damit in der Realität?*

Antwort: Das Prognos-Institut hat im Auftrag der staatlichen Förderbank KfW errechnet, dass die Kosten für energiesparendes Bauen erheblich höher liegen als die eingesparten Energiekosten. Dies bedeutet, dass jeder Bauherr bezweifeln muss, dass sich seine Investitionen zum Energiesparen lohnen. Für die weiteren Jahre sind dennoch weitere Verschärfungen der Energieeinsparverordnung geplant, die das Bauen weiter künstlich verteuern und Sanierungen unrentabel machen. Das steht im totalen Gegensatz zum Ziel, bezahlbaren Wohnraum zu schaffen.

16. Frage: *Wie wird sich die »Energiewende« auf die Wettbewerbsfähig-keit der deutschen Volkswirtschaft auswirken?*

Antwort: Dic Energiewende wird sich im internationalen Standortwettbe-werb für Deutschland als klassisches Eigentor erweisen. Denn durch den Alleingang koppelt sich Deutschland von der Weltwirtschaft ab und testet Neuland ohne Erfahrungswissen. Solche Risiken geht man mit normalem Menschenverstand niemals ein. Doch die Risiken der Kernenergienutzung, die man durch den Ausstieg vermeiden wollte, sind durch den deutschen Alleingang nicht weniger geworden. Allein China plant in den nächsten Jahren den Bau von rund 200 neuen Kernkraftwerken. Das Know-how da-für haben die Chinesen übrigens recht preiswert von deutschen Firmen ge-kauft, die technisch (vor allem auch hinsichtlich der Sicherheit) als weltweit führend gelten, sich selbst aber nun gezwungenermaßen aus diesem inter-essanten Hochtechnologiesektor zurückziehen müssen. Praktisch alle ande-ren Staaten folgen Deutschland mit seiner strikten Anti-Atompolitik nicht, zumal sich die Endlichkeit selbst der knappsten Rohstoffe relativiert, weil technischer Fortschritt ständig die Grenzen weiter nach hinten verschiebt. Deutschland hat eine dramatische Abwertung des investierten Energieka-pitalstocks vorgenommen und die technologische Führungsstellung flucht-artig weggeworfen. Auf Dauer werden deutsche Unternehmen mit relativ hohem Energiebedarf ihre Produktion sukzessive dorthin verlagern, wo die Strom- und Energiepreise nicht explodieren, sondern sogar sinken, wie z. B. in den USA. Die Abwanderung energieintensiver Betriebe trifft die Volkswirtschaft im Kern, weil dadurch Wertschöpfungsketten reißen.

17. Frage: *Wieso bewirkt die Energiewende eine systematische Umvertei-lung von unten nach oben?*

Antwort: Weil die staatliche Subventionierung des Ökostroms mit dem EEG völlig aus dem Ruder läuft, wird die Energiewende zu einer riesi-gen Umverteilungsmaschinerie. Ein kleiner Acker an der Küste erwirt-schaftet mit einem Windrad eine Jahrespacht in Höhe von rund 30 000 Euro, während in der Hotelpension nebenan der Rotorlärm und das ver-schandelte Landschaftsbild die Gäste vertreiben. Auf dem Land verdienen Hauseigentümer mit ihren Solardächern prächtig, zahlen müssen dafür die Mieter in den Städten.

18. Frage: *Inwieweit sind die Grünen ein typisches Phänomen der westlichen Wohlfahrtsgesellschaft?*

Antwort: Der überzogene Sozialstaat erzeugt eine Wohlfahrtsgesellschaft, in der es mit dynamischer, wachstumsbezogener Zukunftsorientierung nicht mehr weit her ist. Denn dafür sind Optimismus, Tatkraft, Vertrauen in Zukunftstechnologien und Zutrauen in die eigenen Fähigkeiten nötig. Doch die träge und müde gewordene Wohlfahrtsgesellschaft hält das Wohlstandsniveau für staatlich garantiert und glaubt daher, sich von allen Zukunftstechnologien abwenden zu können. Ob Biotechnologie, Gentechnologie, Kernkrafttechnologie, Magnetschwebebahn usw. – überall klinkt man sich aus. Die systematisch geschürte Angst vor der Kernenergie korreliert mit der Unkenntnis elementarer Prinzipien der Physik. Wie aber ein Kohlekraftwerk funktioniert, glauben viele Menschen zu wissen – und haben keine Angst davor. Dabei beschädigt die Kohleenergie Umwelt und Gesundheit um ein Vielfaches mehr als die friedliche Nutzung der Kernenergie. Skeptizismus, Irrationalität, Angst und Kleinmut sind die Antagonisten des Fortschritts. Es geht um die Abwehr jeglicher Veränderungen, um die Sicherung und Bewahrung des Status quo und den Wunsch, sich in eine pseudo-biedermeierliche heile Welt zurückzuziehen. Voller Empörung wendet man sich ängstlich und zugleich selbstgerecht von der Zukunft ab, um sich in Nostalgie und Innerlichkeit zu flüchten. Der moralingetränkte politische Auftritt der Grünen ist in Wahrheit der banale Kampf um Macht und materielle Vorteile, er beansprucht die ganze Kraft ihres bohemhaften Lebensstils. Nur kann sich keine Gesellschaft auf Dauer Technikfeindlichkeit und wirtschaftlichen Stillstand leisten. Die selbstgefällige, besserwisserische Rückwärtsgewandtheit der gut situierten Grünen-Funktionäre mag den Fortschritt eine Zeit lang ausblenden, aber Zukunft und Fortschritt warten nicht. Den Grünen ist es zweifellos gelungen, auf dem von ihnen mitgeprägten Zeitgeist zum politischen Erfolg zu surfen. Wer den Grünen widerspricht, bekommt umgehend ihre härteste Waffe zu spüren: ihre stets überlegene (Pseudo)Moral, zum Beispiel in Form der universell einsetzbaren Moral-Keulen (Umweltfeind-Keule, Faschismus-Keule, Rassismus-Keule usw.). Die Politik ist für die Grünen ein großangelegtes Umerziehungsprogramm der Bevölkerung – kein Wunder für eine Partei, deren Klientel überwiegend aus Lehrern und höheren Beamten besteht. Die grünen Spitzenpolitiker (typischerweise i. d. R. kinderlos und/oder atheistisch) stehen allesamt für eine intellektuell überhebliche, materiell abgesicherte und moralisch selbstgerechte Generation, die keine eigenen Herausforderungen bestehen musste und daher auch keine Beziehung zum Leistungs- und Wettbewerbsprinzip der Marktwirtschaft hat. Ihre Politik der reinen Wachstumskritik ist eine Politik der Wohlstandsgesättigten und somit Spiegelbild einer stagnierenden Gesellschaft. Die Entchristianisierung der Gesellschaft bzw. der allgemeine Verlust des Gottesglaubens hinterlässt offenbar eine Art Vakuum, das durch die quasi-religiöse Umwelt- und Klimarettungsphobie ersatzweise ausgefüllt wird.

19. Frage: *Ist es denkbar, dass es irgendwann zu einer Renaissance der Kernkraft in Deutschland kommt?*

Antwort: Die politisch angepeilten Ziele der Energiewende sind völlig unrealistisch. Im Rahmen der dadurch erzeugten massiven Strompreissteigerungen werden sich in Zukunft immer mehr Bürger die Frage stellen, warum wir die heutigen Kernkraftwerke nicht durch inhärent sichere Reaktoren ersetzen. Eine Kerntechnologie, bei der eine Kernschmelze definitiv unter allen Umständen ausgeschlossen wird, ist bereits heute realistisch (Antonio Hurtado). Solche Kernkraftwerke wären sogar privatwirtschaftlich versicherbar. Die ursprünglich in Deutschland entwickelte Technologie der inhärent sichereren Reaktoren ist inzwischen in China, Japan und Südkorea weiterentwickelt worden. In China werden gerade zwei solcher Reaktormodule gebaut. Und in Südkorea plant man eine Anlage, bei der mit Prozesswärme sogar Wasserstoff produziert werden soll. Der Bau solcher modernen Kernkraftwerke mit der anerkannt führenden deutschen Hochtechnologie wäre obendrein ein absoluter Exportschlager. Die jetzige Klimapolitik wird in einem teuren Fiasko enden. Obwohl die milliardenschwere Ökostromförderung laut dem 5. Sachstandberichts des Weltklimarates IPCC nutzlos ist, pumpen wir jährlich mehr als 20 Milliarden Euro (mit steigender Tendenz) in die großflächige Zerstörung wertvoller Kulturlandschaften.

20. Frage: *Dem Bundesumweltamt wird vorgeworfen, Klima-Skeptiker systematisch zu diffamieren. Stimmt das?*

Antwort: Anlass für diese Vermutung ist eine Broschüre des Bundesumweltamtes aus dem Jahr 2013, in der Skeptiker der Klima-Erwärmung pauschal kritisiert, in gewisser Weise sogar diffamiert werden. Das Bundesumweltamt ist dem Bundesumweltministerium zugeordnet, es beschäftigt 1 500 vom Steuerzahler finanzierte Mitarbeiter. Als staatliche Behörde muss es den Bürgern keine Rechenschaft über Sinnhaftigkeit der Verwendung von Steuergeldern ablegen. In besagter Broschüre werden Wissenschaftler, Forscher und Publizisten, die sich kritisch mit den vom Staat vorgegebenen Folgen des Klimawandels befassen, in manipulativer Weise als inkompetent abqualifiziert.

21. Frage: *Die Grünen behaupten, dass immer weiteres Wachstum aufgrund endlicher Ressourcen nicht möglich, ja sogar schädlich sei. Was ist dazu zu sagen?*

Antwort: Die irrige Vorstellung vom natürlichen Ende des Wachstums zeugt von Unkenntnis und Unverständnis der Beziehung zwischen Natur und Mensch. Die sozio-kulturelle Evolution des Menschen besteht vor allem aus einem stetigen Zuwachs von neuen Ideen, neuem Wissen, neuen Erfahrungen und sich ständig weiterentwickelnden und sich verändernden Bedingungen und Wünschen. Daraus resultiert zwangsläufig eine ständige Weiterentwicklung der Zivilisation sowohl in geistiger als auch in materieller Hinsicht. Gesättigte Teilbereiche auf dem Konsumgütersektor in hoch entwickelten Industrienationen sind kein Zeichen sinkenden Wachstums – ganz im Gegenteil: Neue Technologien, z. B. im Bereich der Umwelttechnologie oder im Bereich der Medizintechnik, erfüllen entsprechend fortentwickelte Nachfragewünsche der Menschen und generieren stetig neues Wirtschaftswachstum. Technologischer Fortschritt schiebt die Endlichkeit natürlicher Ressourcen so weit hinaus, bis der wissenschaftliche Fortschritt ganz neue Ressourcenquellen bereitstellt. Der Zuwachs an Wissen, das durch unternehmerische Aktivität am Markt entsteht, und nicht der Verbrauch natürlicher Ressourcen, ist die Ursache von Wachstum. Solange es den Menschen gibt, gibt es daher auch Wachstum. Dies ist eine anthropologische Konstante, deren Leugnung durch die grüne Ideologie nichts von ihrer Naturgesetzlichkeit verliert. Die »esoterische Zukunftsangst der Deutschen« (Ulli Kulke) ist »grün-geprägt«.

Quellen:

Hans-Günter Appel: Beides ist gleich schlimm, Leserbrief, *Junge Freiheit*, 2.8.2013, S. 23.

Antonio Hurtado: Kernkraft, ja bitte!, Interview in: *Die Welt* vom 21.5.2013, S. 22.

Ernst K. Jungk: Ein Plädoyer für das Molekül Kohlendioxid, in: *Espero*, 19. Jahrg. Nr. 71, S. 4–19

Klaus Lahner: Die Fehler des EEG, Leserbrief in der *FAZ* vom 12.4.2013, S. 37.

Ulrich Leuchs: Hohe Belastung durch indirekte Stromkosten, Leserbrief in der *FAZ* vom 72.10.2012, S. 9.

Alexander Marguier, auf Cicero-Online, 27.3.2013.

Karl Neuroth: Der teure Irrtum der Klimagläubigen, Leserbrief in der *FAZ* vom 17.11.2012, S. 14.

Michael Psotta: Teures Wärmedämmen, in: *FAZ* vom 2.4.2013, S. 19.

Horst Rademacher: Planet der dauernden Veränderungen, in: *FAZ* vom 2.2.2007, S. 6.

Gerhard Schmidt: Was in Tschernobyl zusammenkam, Leserbrief in der *FAZ* vom 29.4.2006, o. S.

Konrad Schmidt: *Das Klima in der Erdgeschichte*, 2004, S. 35.

Hans-Werner Sinn: Eine Fee löst das Euro-Desaster, in: *Die Welt* vom 6.5.2013, S. 10.

Holger Steltzner: Der unheimliche Erfolg der Energiewende, in: *FAZ* vom 21.2.2013, S. 1.

Holger Steltzner: Energiewende als Planwirtschaft, in: *FAZ* vom 12.10.2012, o. S.

Holger Steltzner: Ökostrom gefährdet Klimaziel, in *FAZ* vom 14.9.2013, S. 15.

Uwe Timm: Gegen das Geschäft mit dem Klimawandel, *espero-Sonderheft* Nr. 13, Bern 2012.

XVII Oswald Spengler

Oswald Spengler (1880–1936) war der Sohn eines Postbeamten in Blankenburg im Harz. Seine humanistische Schulbildung erhielt er in der Franckschen Stiftung in Halle, anschließend studierte er Mathematik und Naturwissenschaften und befasste sich im Selbststudium eingehend mit Geschichte und Kunstgeschichte. Mit 24 promovierte er mit einer Dissertation über Heraklit. Als er 28 Jahre war, begann er seine Berufslaufbahn als Gymnasiallehrer in Hamburg. Zwei Jahre später erbte er ein kleines Vermögen, das es ihm ermöglichte, 1911 nach München zu übersiedeln und als freier Schriftsteller zu leben. Von da an arbeitete er an seinem Hauptwerk, *Der Untergang des Abendlandes – Umrisse einer Morphologie der Weltgeschichte*. 1918 erschien der erste, 1922 der zweite Band. Zweimal wurde Spengler eine Professur angeboten, aber er lehnte aus Gesundheitsgründen ab. Er starb 56-jährig an einem Herzleiden.

Als Anhänger Nietzsches wird Spengler allgemein der Kategorie Lebensphilosophie zugeordnet. Seine Lehre über die Entwicklung der Kulturen nannte er eine »Morphologie« (Gestaltlehre). Er hatte diesen Begriff bei Goethe entlehnt, der sein großes Vorbild war. Für Spengler waren Kulturen lebendige Organismen, die entstehen, wachsen und vergehen. Sie durchlaufen vier Phasen, vergleichbar den Jahreszeiten oder den Lebensabschnitten. In der Frühzeit entstehen die grundlegenden Mythen und Symbole. Es folgt ein Abschnitt der Reife, der selbstbewussten Individualität und der produktiven Leistungen. Die nächste Phase bringt den Übergang aus der Kultur in die Zivilisation, die Produktivität stockt, die innere Form geht verloren. Die letzte Phase ist die der weltstädtischen Zivilisation, mit ihr beginnt der Verfall einer Kultur, die seelische Gestaltungskraft erlischt, das Dasein wird problematisch bis zur Sinnlosigkeit – Intellektualismus, Vermassung, Bürokratisierung und Technisierung herrschen vor. Bis zur Gegenwart hat es nach Spengler acht Hochkulturen gegeben: eine ägyptische, babylonische, indische, chinesische, antike, arabisch-magische, mexikanische und abendländisch-faustische. Spengler analysierte die bereits vergangenen Hochkulturen, die jeweils etwa 1000

Jahre bestanden. Aus ihrer »Biographie« wollte er nicht nur die Vergangenheit erklären, sondern im Vergleich zu ihnen durch Analogieschlüsse auch die Zukunft der gegenwärtigen Kultur vorhersagen. Sein Hauptwerk beginnt mit dem Satz: »In diesem Buch wird zum ersten Mal der Versuch gewagt, Geschichte vorauszubestimmen«. Er kommt zu dem Ergebnis, dass unsere Kultur, die »faustische«, in das Stadium der Zivilisation, der Erstarrung, eingetreten sei und dem langsamen Untergang entgegensehe. Die Moderne sei weit entfernt von der Höhe der mittelalterlichen Kultur, der Intellekt habe über den Instinkt triumphiert, Rationalismus, Bürokratie und Technik seien an der Macht, in den Städten lebe ein kulturloser Pöbel. Aus dieser Situation werde sich ein »Cäsarismus« entwickeln, der die reine Macht verkörpern und die Macht des Geldes und der Ideologien aus der zivilisatorischen Frühzeit verdrängen werde. Die Massen, deren Kultur zum Fellachentum herabgesunken seien, folgten wechselnden Machthabern.

In seinem Buch *Jahre der Entscheidung* (1933) schrieb er, kein anderes Land sei in solch einem Maße handelnd und leidend in das Weltschicksal verflochten, wie Deutschland – schon allein durch seine geografische Lage. Die Deutschen, denen die historische Stärke der Briten abgehe, litten an Angst, Feigheit und Unkenntnis. Das Volk der Dichter und Denker sei im Begriff zum Volk der Schwätzer und Hetzer zu werden. Zwölf Jahre vor 1933 prophezeite er: »Zu einem Goethe werden wir Deutsche es nicht mehr bringen, aber zu einem Cäsar.« Dieser »Cäsar« kam 1933 tatsächlich in Berlin an die Macht.

In seiner Abhandlung *Preußentum und Sozialismus* (1920) schrieb Spengler:

> *»Altpreußischer Geist und sozialistische Gesinnung [...] sind ein und dasselbe«. Preußentum bedeutet: »Die Macht gehört dem Ganzen [...] Jeder erhält seinen Platz. Es wird befohlen und gehorcht. Dies ist [...] autoritativer Sozialismus, dem Wesen nach illiberal und antidemokratisch [...]«*

Preußen sei ein wirklicher Staat in der anspruchsvollsten Bedeutung des Wortes, es gebe hier streng genommen keinen Privatmann, ganz im Gegensatz zum englischen Liberalismus, der in Deutschland verachtet wurde. Spengler hatte schon während des Krieges davon gesprochen, es gehe um die Entscheidung, welche Zivilisation zukünftig dominiere: »Der anglo-amerikanische Kapitalismus oder der preußische und wohlorganisierte Sozialismus.« Von dem Punkt war es nur noch ein kleiner Schritt bis zu der These eines Moeller van den Bruck (1876–1925), dass der Weltkrieg ein Krieg zwischen Liberalismus und Sozialismus gewesen sei: »Wir haben den Krieg gegen den Westen verloren. Der Sozialismus hat ihn gegen den Liberalismus verloren.« Für Moeller van den Bruck wie für Spengler ist der Liberalismus der Erzfeind. Das *Dritte Reich* (so der Titel des letzten Buchs von Moeller, 1923, den die Nationalsozialisten als Schlagwort benutzen, obwohl sie seine Bücher zum Teil verboten) sollte den Deutschen einen Sozialismus bescheren, der ihrer Natur angepasst sei und frei von den liberalen Ideen des Westens. So kam es schließlich auch. Im Kampf gegen den Liberalismus standen Konservative und Sozialisten in einer gemeinsamen Front (Friedrich A. von Hayek). »Konservativer Sozialismus« war das Schlagwort, das die Atmosphäre vorbereitete, in der der »Nationalsozialismus« gedeihen sollte.

Nicht die Geisteshaltung Spenglers, wohl aber seine Analysen im Rahmen seiner Lehre über die Entwicklung der Kulturen sind gerade heute – im Angesicht des wirtschaftlichen und moralischen Niedergangs des völlig überschuldeten Sozialstaates – durchaus erhellend. Zukunftsverweigerung, Dekadenz und kultureller Niedergang des Wohlfahrtsstaates sind die Stichworte.

Quelle:
Poller, Horst: *Die Philosophen und ihre Kerngedanken*, 6. Aufl., München 2011, S. 393–396.

XVIII Zukunftsverweigerung als Wohlstandsphänomen

In seinem lesenswerten Buch *Einfach nur dagegen* beschreibt der Autor Gerhard Matzig die auffällige Zukunftsverweigerung unserer trägen und müden Wohlfahrtsgesellschaft. Bei fast allen technischen Großprojekten tritt in Deutschland demnach inzwischen der gutsituierte Wutbürger trillerpfeifend in Aktion. »Der Wutbürger buht, schreit, hasst. Er ist konservativ, wohlhabend und nicht mehr jung. Früher war er staatstragend, jetzt ist er zutiefst empört über die Politiker«, schreibt der Journalist Dirk Kurbjuweit in einem Essay im Oktober 2010. Die Gesellschaft wird laut Gerhard Matzig mehr und mehr zu einer überalterten Gemeinschaft von Hysterikern und Egomanen, die an der Zukunft kein Interesse mehr haben, solange nur ihr Besitzstand gewahrt bleibt. Deutschland ist ein Ort der Angst, nicht der Zukunftslust, ein Ort der Nörgelei, nicht der Zuversicht und des Anpackens. Eine national und individuell ausgeprägte Egozentrik im Denken und Handeln paart sich erschreckenderweise mit einem selbstgerechten Gefühl der moralischen Überlegenheit. Man ist gegen alles: gegen Globalisierung, gegen Industrie, gegen jedwede Beschleunigung des Lebens, gegen Atomenergietechnik, gegen Autos, gegen neue Straßen, gegen Gentechnik, gegen Flughafenausbau, gegen Magnetschwebebahntechnik, gegen »Stuttgart 21«, gegen Fleischkonsum, gegen das Rauchen, gegen »die da oben« usw. Worte wie »Innovation«, »Fortschritt«, »Technik«, »Hochtechnologie«, »Leistung« oder »Wettbewerb« stehen heute in Deutschland auf dem Index. Gefühle und Ressentiments bestimmen die Diskussion, Fakten und Argumente spielen dagegen keine Rolle, sondern sind eher hinderlich. Durch diese einseitige Fokussierung auf Wut, Protest und Verdrossenheit entsteht nichts als negative Energie. Der nihilistische Wutbürger steht für jenes neuartige politische Un-Wesen, das unter dem Deckmantel sozialen Engagements nach dem St.-Florians-Prinzip jegliche gemeinschaftlich begründete Eingriffe und Veränderungen in seinem direkten Umfeld strikt ablehnt. Die depressiv verstimmte Wohlfahrtsgesellschaft wendet sich quasi voller Empörung von den Lösungen der Zukunft ab. Man überlässt die Probleme der Zukunft einfach den Nachgeborenen und flüchtet sich selbst in Nostalgie und Innerlichkeit. Diese rückwärtsgewandte Fortschrittsfeindlichkeit, die vor allem von der Grünen getragen wird, hindert uns allerdings daran, die Probleme zu lösen. Deutschland ist ein müdes Land, das geprägt ist von Saturiertheit, Trägheit, Angst um Besitzstände und generelle Visionslosigkeit.

»Angst und Wut sind die Kinder des Kleinmuts und die Antagonisten des Fortschritts. Wenn wir uns ihnen überlassen, werden wir unsere Zukunft verspielen«. ... Deutschland schaltet derzeit nicht nur die Atomkraftwerke aus, sondern auch die Vernunft, die politische Besonnenheit und echtes Verantwortungsgefühl«,

heißt es bei Gerhard Matzig. Die Parolen der emotional zunehmend erregten Zivilgesellschaft spiegeln die beiden widersprüchlichen Seiten des bigotten Wohlstandsbürgers wider: Am Vormittag wird gegen die Massentierhaltung und Hormonbehandlung im Schweinestall protestiert, nachmittags kauft man ganz selbstverständlich preiswerte Minutensteaks bei ALDI ein.

»Vermutlich ist all das ein Wohlstandsphänomen«, meint Jan Grossarth. Der bequeme Marsch in eine sozial-sozialistische Republik unter bürgerlicher Kanzlerschaft wird sich fortsetzen.

Quellen:
Jan Grossarth: Laib und Seele, in: *FAZ* vom 21.1.2012, o. S.
Gerhard Matzig: *Einfach nur dagegen*, München 2011.

XIX Dekadenz und kultureller Niedergang im Wohlfahrtsstaat

Eine neue Dekadenz macht sich breit. Sie bürgert sich ein. In Berlin, in Hamburg, in München, in Frankfurt und sogar im katholischen Köln. Die Menschen verlieren zunehmend ihre moralische Orientierung. Der ethische Kompass ist aus dem Lot. Vielleicht sollte man Arzt oder Pathologe sein wie einst Gottfried Benn, um die Psyche der Bürger unseres modernen Wohlfahrtstaates verstehen zu können. Schon der Blick von außen dokumentiert den geistig-moralischen Verfall. Die Menschen mögen beklagen, dass sich Manager, Banker und Politiker unmoralisch verhalten. So etwas gab es schon in den Zwanzigerjahren des vergangenen Jahrhunderts, zu Zeiten Gottfried Benns. Das wahre Problem ist, dass die heutige Wohlfahrtsstaatsgesellschaft in ihrem eigenen Abstieg gefangen ist – dass sie sich darin gefällt und doch selbst nicht mehr geheuer ist. Wäre unsere Gesellschaft ein Flugzeug, es befände sich im Abwärtssog, und es litte unter Schubverlust. Dieser Zustand führt normalerweise todsicher nur in eine Richtung: nach unten. Unsere Wohlfahrtsstaatsgesellschaft ist jederzeit bereit, sich über neu entdeckte soziale Ungerechtigkeiten zu empören. Man fordert vehement Meinungsfreiheit, Redefreiheit und Reisefreiheit, erkennt aber nicht an, dass die Marktwirtschaft dieselbe moralische Berechtigung hat. Die Tatsache, dass es ohne Wettbewerb und freie Märkte noch in keinem Land eine offene und freie Gesellschaft gegeben hat, wird im Rahmen der selbstauferlegten politischen Korrektheit einfach verdrängt bzw. regelrecht tabuisiert. Man verlässt sich lieber auf die Leistungsfähigkeit der Gesellschaft als auf die eigene. Damit aber geht schleichend der Verlust der Freiheit und des Wohlstands einher. Udo di Fabio, vormals Richter am Bundesverfassungsgericht und Kind einer italienischen Einwandererfamilie, bringt es in seinem Buch *Die Kultur der Freiheit* auf den Punkt. Er weist nicht nur auf die ökonomischen Fehler und Versäumnisse der vergangenen Jahrzehnte hin, sondern auch auf die geistigen Ursachen der heutigen Krisenlage:

»Vieles, was als Modernisierungs- und Befreiungsrhetorik in den 60er-Jahren lautstark daherkam, glich einem weiteren Sieg über den in der deutschen Nationalgeschichte ohnehin schwachen Liberalismus [...] Während die alten Institutionen der Staatlichkeit an Vertrauen verloren und der bürgerliche Rechtsgehorsam abnahm, die Konventionen bürgerlicher Lebensformen einer stärkeren Permissivität wichen, wurde der Staat mehr als ein Dienstleistungsunternehmen, als eine nationale Versicherungsanstalt wahrgenommen. Die Staatsgläubigkeit dehnte den Staatssektor hemmungslos aus, machte Schulden für die öffentliche Hand, bürokratisierte und verrechtlichte das Leben, verteilte den Wohlstand um. Daher wurden vor allem diejenigen überproportional belastet, die das Rückgrat des Wohlstandes sind: hart arbeitende Familien, die es zu etwas gebracht haben und die jetzt immer deutlicher in die Steuerprogression geraten, die steigende Abgabenlast und die Last für einen Kinderhaushalt tragen.«

Es war kein Unfall, dass es so weit gekommen ist: Nachlässigkeit und Unwissenheit um die Grundlage von Freiheit und Wohlstand, schlichtes Vergessen der eigenen Geschichte – und auch der deutschen Qualitäten. Seit Jahren versucht die im Wohlstand groß gewordene Nachkriegsgeneration krampfhaft, alles so zu bewahren, wie es ist. Man will die Gemütlichkeit des inzwischen durchgesessenen Sofas nicht aufgeben. Irgendwann hat dieser Prozess eingesetzt. Wann das genau war, ist schwer zu sagen, Spät-Kohl, Früh-Schröder, Spät-Schröder? Es war ein fließender Übergang. Wer ein Unternehmen gründen und aufbauen will, soll es weiterhin schwer haben. Wer erfolgreich ist, soll weiterhin viel zu hohe Steuern zahlen. Und wer einen Job hat, macht mindestens eine Stunde Mittagspause. Der Staat hat gigantische Schulden im Namen seiner Bürger und unter vollem Rückgriffsrecht auf seine Bürger aufgenommen. Und er hört nicht auf, schön viel Geld zu verteilen, leider immer weniger an die wirklich Bedürftigen, sondern meistens an die, die am lautesten schreien und obendrein am cleversten sind. Sie wollen ihren Wohlstand bewahren, leben von der Substanz und fahren immer ältere Autos. Die Infrastruktur verfällt zusehends, Großprojekte werden zum Skandal, das Bildungsniveau sinkt immer weiter, die weitgehend verstaatlichten Sozialversicherungssysteme sind chronisch defizitär, während die Bürokratie blüht und gedeiht. Viele mögen es nicht hören: Das Land verkommt mittlerweile auf dem durchgesessenen Sofa zu einer »DDR-light«. Freiwillig! Das ist wahre Dekadenz. Die Wohlfahrtsstaatsgesellschaft spielt heiter das dekadente Spiel, sich gegenseitig möglichst viel wegzunehmen – anstatt gemeinsam Neues zu schaffen. Die Leute verlieren zunehmend den Sinn für die Realität. Sie begreifen nicht, dass Wohlstand ständig neu erarbeitet werden muss. Daher ist die Linkspartei die dekadenteste Partei in Deutschland überhaupt. Aber auch die anderen Parteien sind zu reinen Sklaven des Mainstreams geworden: Sie folgen dem Mainstream in ihrem Wollen, in ihren Wünschen, ihren halbverborgenen Machtzielen, oder vielmehr noch, sie erraten die jeweilige Mehrheitsmeinung und stellen sich eilends an seine Spitze. Der Gang der Politik gleicht dem Flug des Drachens, dessen Bahn abhängig ist von dem Wind, der ihn treibt, und der Schnur, die ihn hält. Es ist eine betrübliche Wahrheit, »dass der Drang nach amtlichen Stellungen und der Wunsch, von den Mitteln des Staates zu leben, bei uns keine Krankheit einer Partei, sondern das große und dauernde Gebrechen der Nation selbst darstellen« (Alexis de Tocqueville).

In der deutschen Hauptstadt Berlin wird die Dekadenz als harmlose, beinahe positive Kraft vermarktet. Roger Boyes, Berlin-Korrespondent der Londoner Zeitung *The Times*, hat diese Situation in seinem Essay »Der Charme des Niedergangs« so treffend beschrieben: Alle wissen, die Stadt ist ein Moloch. Die Schulden erreichen immer neue Rekordstände. Und was macht der Regierende Bürgermeister Klaus Wowereit? Er begrüßt Tausende von Lederfetischisten, Männer und Frauen in String-Tangas, Korsetts und Netzkostümen. »Wir sind stolz«, sagt er, »dass Menschen unterschiedlicher Herkunft und mit unterschiedlichen sexuellen Neigungen in unserer Stadt feiern wollen.« Das heißt doch nichts anderes, als dass Berlin vom Chef persönlich als dekadente Sexhauptstadt vermarktet wird. Alles vibriert, alles prickelt, alle sind erregt. Die Strategie des Bürgermeisters ist allerdings unehrlich. Denn in Wahrheit gibt es keine Stadt, die so einschläfert wie Berlin – am Tag jedenfalls. Die Leute bewegen sich so langsam über die Bürgersteige wie nirgendwo sonst auf der Welt. Und die Behörden schließen bereits, wenn die relativ wenigen Menschen, die überhaupt arbeiten, nach Hause gehen (freitags um halb drei). Dass manche Cafés bis sechs Uhr abends Frühstück servieren, liegt daran, dass die Leute schön lange schlafen. Nach dem Frühstück geht es los: in die Nacht. Dann ist Berlin wach. Wenn Manager ihren letzten Drink nehmen, stellen sich halb nackte Männer und Frauen in die Schlangen des

KitKatClub, um dort ausgepeitscht zu werden oder um selbst zu peit-
schen. Die Masochisten beeilen sich, um die besten Plätze in den Käfi-
gen zu ergattern. Der Sadomaso-Szene in der deutschen Hauptstadt wird
nachgesagt, die aktivste der Welt zu sein. Wahrscheinlich gibt es mehr Fo-
tos vom Regierenden Bürgermeister (und seinem Freund), wenn es drau-
ßen dunkel ist, als bei Tage im Amt. Er ist ein wahrer Meister darin, die
neue politische Dekadenz und das Amt zu verbinden. Es verwundert, wie
er es schafft, dabei im Amt zu bleiben. Er kennt im Roten Rathaus bestimmt viele Ecken, um sich tagsüber zu verstecken, ihm gefällt es, wenn
der Puls der Menschen um Mitternacht die Regierungslosigkeit der Stadt
am Mittag überdröhnt. Der Terror der Intimität waltet gnadenlos. Berlin
ist eine Heimat für dekadente Exzentriker aller Arten, die mittlerweile die
deutsche Mittelschicht durchdringen: von den Wählern der desavouierten
Linkspartei unter ihren auferstandenen Führern über die Chaoten der Pi-
ratenpartei bis hin zu den besoffen taumelnden Anhängern der asozialen
Pogo-Partei. Für alle, die glauben, es sei nicht mehr nötig, produktiv zu
sein, ist Berlin das, was es immer war: eine Reise wert. In Wirklichkeit
ist Berlin vor allem arm, nur die Russen, die in die Stadt kommen, sind
sehr reich. Für sie hält die Luxusindustrie den Kudamm bereit, unterer
Abschnitt zwischen Hermès und Gucci, Prada und Louis Vuitton. Weil
es so gut wie keine Investoren aus dem Ausland gibt, sind die Mieten vergleichsweise niedrig. Das erleichtert das Geschäft für viele Künstler und
Galerien, die in Berlin auf- und zumachen wie die Türen einer Kucku-
cksuhr. Dasselbe gilt für Bars und Magazine.

Im Gegensatz zur Weimarer Republik bringt die neue deutsche Dekadenz
keine großen Erfolge für die Literatur oder das Theater hervor. Viel zu anstrengend! Es fehlt die intellektuelle Elite, die Deutschland früher auch in
schlechtesten Zeiten angetrieben hat. Die Party-People der Weimarer Republik konnten auch politische Debatten führen. Heute reicht es bei den
»Fernseh-Intellektuellen« bestenfalls zum sinnentleerten Schwadronieren.
Deutsche Debatten werden bestimmt durch Anne Will, Maybritt Illner,
Kai Diekmann, Hans-Ulrich Jörges, Michel Friedmann, Frank Plasberg
u. a. Wer hätte es für möglich gehalten, dass Deutschland einmal eine so
durch und durch anti-elitäre Elite haben würde. Die Vertreter der Deka-
denz-Bewegung haben austauschbare Rollen. Herr Wowereit könnte eine
Talk-Show leiten. Udo Walz würde sicher auch eine gute Figur machen

im Büro von Herrn Wowereit. Frau Illner könnte frisieren. Es gehört zur neuen deutschen Dekadenz, dass die Rollen die Besitzer wechseln und verwechselbar sind. Die Menschen verlieren ihre Bestimmung, ihre Erdung, alle reden das Gleiche, vieles gerät durcheinander. Niemand will mehr Verantwortung übernehmen, alle wollen nur noch mitfeiern, absahnen, dabei sein. Mitten an dem Ort, an dem verantwortungsbewusste Politiker und Wirtschaftsführer normalerweise ihre Aufgaben erledigen sollten, entsteht ein Vakuum, das nur noch die Balken der BILD-Zeitung füllen können. Obszönen sozialen Exhibitionismus à la Wowereit gab es schon früher. Gottfried Benn beschrieb die Käuflichkeit der Zwanzigerjahre des vorigen Jahrhunderts. Der Unterschied zu damals ist das Fernsehen als große Ablenkungsmaschine und als Vermittler zwischen Langzeitarbeitslosen und Werbeinteressen. Die Massenmedien dienen als geistige Massenvernichtungswaffen, indem sie die »Verdummpöbelung« (Hans Hecker) insbesondere der Jugendlichen bewirken. Kein Wunder, wenn ein Jugendlicher dem Fernsehteam dummstolz in die Kamera tönt: »Ich les kein Buch.«

Kapitalismus und Marktwirtschaft werden von den Intellektuellen verhöhnt. Das ist insofern konsequent, weil der Liberalismus keine Lehre ist, die dem prinzipienlosen Establishment Macht, Einfluss und Posten verspricht. Der Liberalismus steht nicht für ein Wirtschaftssystem, das den Intellektuellen Stellen in Hülle und Fülle beschert. Der Kollektivismus hingegen ist eine macht- und stellenschaffende Ideologie, die im »Sozialstaat« ihre Erfüllung findet: Die »soziale Betreuung« der Menschen, führt zu einer Herrschaft der sozialen Betreuer, die ein politisches Eigeninteresse daran entwickelt haben, die Betreuten materiell und vor allem in ihrem Selbstverständnis hilflos, also unselbstständig, zu erhalten. Und die Betreuer sind diejenigen, die selbst ohne Existenzrisiko leben. Dekadenz, Anmaßung und Niveaulosigkeit sind die Charakteristika dieser »neuen Führungsschicht« .

XX Wir Epikureer?

Als Genussgesellschaft im Sinne von Epikur wird unsere heutige Gesellschaft bezeichnet. Der Fortschritt habe dazu geführt, dass man sich allenthalben Genüssen hingebe, die es in dieser Form und Fülle bisher noch nie gegeben habe. Im gleichen Zusammenhang beruft man sich auf den griechischen Philosophen Epikur, der schon vor fast 2300 Jahren den Menschen empfohlen habe, sich möglichst allen Genüssen hinzugeben. Epikureer nennt man denn auch Leute, die das Leben so richtig zu genießen verstehen. Was ist nun dran an diesem Rückgriff auf Epikur? So gut wie nichts, wie eine nähere Betrachtung ergibt.

Epikur (341–271 v. Chr.) wurde auf der Insel Samos geboren, wohin seine Eltern als attische Kolonisten gekommen waren. Der Vater war als Lehrer tätig. Bereits mit 14 Jahren soll sich Epikur für Philosophie interessiert haben. Später ging er nach Teos an die kleinasiatischen Küste, um sich dort bei Nausiphanes (ein Studienkollege des Skeptikers Pyrrhon von Elis) philosophisch weiterzubilden. Mit 18 musste er seinen Militärdienst in Athen ableisten. Anschließend trug er als Lehrer neben seinem Vater zum Unterhalt der Familie bei. In dieser Zeit studierte er besonders Demokrit sowie Aristoteles und entwarf die Grundlagen für sein eigenes System. Als Epikur 32 Jahre alt war, gründete er eine eigene Schule, zunächst auf Lesbos, später in Lampsakos am Hellespont. Im Alter von 35 Jahren siedelte er nach Athen über. Er erwarb ein Gartengrundstück für seine Schule, die deshalb häufig nur »der Garten« genannt wurde. 35 Jahre lang, bis zu seinem Tode, steuerte er seine Schule durch schwierige Zeiten. Er führte ein einfaches Leben. Von der Politik und öffentlichen Angelegenheiten hielt er sich fern, an religiösen Zeremonien nahm er lediglich pflichtgemäß teil. Er lebte mit der Hetärin Leontion zusammen, die auch ein Kind von ihm hatte, seine Schülerin war und mehrere Bücher schrieb. Epikur selbst soll überaus viele Bücher geschrieben haben, die alle verloren gingen, nur einige Briefe und Fragmente sind von ihm erhalten. 200 Jahre später hat der römische Dichter Lukrez in poetischer Form Epikurs Lehre aufgezeichnet. Epikur war ein erfolgreicher Philosoph. Er lag sozusagen im Trend der Zeit. Die Menschen fühlten sich unsicher, misstrauten den Politikern und waren geneigt, sich ins Private zurückzuziehen. Aus dem »Zoon Politikon« des Aristoteles wird das Individuum, das Sicherheit und Glück in seinem Inneren sucht.

In seiner Naturlehre kommt es Epikur darauf an, den Menschen die Furcht vor überirdischen Kräften zu nehmen. Nach seiner Vorstellung gibt es viele Welten, »grenzenlos an der Zahl, teils unserer ähnlich, teils unähnlich.« Er schließt sich eng an die Atomlehre Demokrits an. In einem Punkt geht er aber weiter als Demokrit. Er meint, dass die Atome mitunter plötzlich von ihrer geraden Falllinie abweichen und zusammenprallen würden. Damit führt er den Begriff des ursachenlosen Zufalls ein. Aufgrund dieses Zufallsbegriffs sehen die Epikureer auch die Menschen vom Druck des »Fatums« befreit, eines vorherbestimmten Schicksals, wie es die Stoiker lehrten. Epikur leugnet nicht, dass es Götter gibt, »weil die Natur die Vorstellung von ihnen allen Seelen eingepflanzt hat.« Aber sie nehmen keinen Einfluss auf das Schicksal der Menschen, deshalb hält Epikur die Furcht vor Göttern für unbegründet und wendet sich gegen religiöse Mythen.

Die Stoiker verneinen den Zufall und die Willensfreiheit des Menschen. Epikurs gleichaltriger philosophischer Gegenspieler war Zenon (340–260 v. Chr.). Zenon befasste sich vor allem mit Sokrates und Heraklit. Er lehrte in einer bunt ausgemalten Wandelhalle am Marktplatz, der Stoa Poikile, die seiner Schule und seiner Philosophie den Namen gab: die Stoa. Seine Anhänger nannte man daher Stoiker. Noch heute spricht man von einem Stoiker, wenn ein Mensch sein Unglück ruhig und gelassen hinnimmt. Die stoische Ethik verlangt nicht nur die Einsicht, das Schicksal hinzunehmen, sondern seine aktive Erfüllung. Auch wenn das Schicksal vorherbestimmt sein, so enthebt es den Menschen nicht seiner eigenen moralischen Verantwortung. Es kommt demnach für den einzelnen Menschen darauf an, zu erkennen, was gut, was schlecht und was gleichgültig ist. Im dem Bestreben, das Richtige zu erkennen und danach zu handeln, wird der Mensch durch Affekte (Triebe, Leidenschaften) behindert. Er muss daher diese Affekte immer wieder bekämpfen, Gefühle und Gemütsbewegungen unterdrücken. Erst wenn die Seele frei von Emotionen und Leidenschaften ist, kann der Mensch ein tugendhaftes Leben führen.

Diesen Zustand der Leidenschaftslosigkeit nennen die Stoiker »Apatheia« (daher stammt unser Wort Apathie). Wer die Apatheia erreicht hat, ist weise. Wie Aristoteles waren die Stoiker der Ansicht, dass die Erkenntnis von der Wahrnehmung der Einzelobjekte, von der Erfahrung, ausgehen müsse. Sie waren Empiriker. Der menschliche Geist sei bei der Geburt wie eine unbeschriebene Tafel (Tabula rasa), die erst durch die Erfahrung angefüllt wird.

Im Gegensatz zu den Stoikern, die ständig mit den Anhängern Epikurs im Streit lagen und sie voller Hass verleugneten, waren die Epikureer Anhänger der unbedingten Willensfreiheit. Der Mensch ist nach ihrer Ansicht Herr seines Lebens und kann es in Freiheit gestalten, wie es ihm beliebt. Für Epikur hat die Philosophie die Aufgabe, den Weg zum Glück zu weisen. Glückseligkeit (Eudamonia) war für Aristoteles ein Zustand, in dem der Mensch seinem Wesen und seinem von der kosmischen Ordnung vorgesetzten Zweck entspricht. Auch für Epikur besteht die Glückseligkeit darin, den vorgesetzten Zweck zu erreichen, doch bei ihm setzt sich der Mensch die Ziele selbst. Das Glück liegt nicht in äußeren Dingen, sondern in einem seelischen Gleichgewicht. Das höchste Gut, die individuelle Glückseligkeit, besteht aus dem Bewusstsein, dass alle eigenen Wünsche erfüllbar sind und führt zum inneren Frieden. Diesen Zustand der Ruhe und Ausgeglichenheit des Gemüts nennt Epikur »Ataraxia« (Seelenruhe), wie es schon Demokrit getan hat. Damit die Zwecke, die man sich setzt, auch erreichbar sind, darf man sich nicht zu viel vornehmen. Lust und Schmerz zeigen an, was der menschlichen Natur gemäß ist. Wir streben nach Lust (Hedone) und suchen Unlust zu vermeiden. Lust, das heißt die Befreiung von Schmerz, ist die Grundlage der Glückseligkeit. Epikur schreibt:

»Wenn wir also sagen, Lust sei das höchste Gut, dann meinen wir nicht die Lüste der Prasser und des Genießens, wie einige Unwissende und Andersdenkende oder Missverstehende glauben, sondern das Freisein von körperlichem Schmerz und seelischer Aufregung.«

Das Missverständnis, von dem Epikur spricht, besteht allerdings fort. Noch heute wird ein reiner Genussmensch, der nach jeder Lust jagt, Epikureer genannt. In diesem Sinne war Epikur aber kein Epikureer. Er

strebte danach, den inneren Frieden durch eine bedachte Lebensführung
zu erreichen und er sah sich auch nicht als Hedonisten, als ein Mensch,
der nur nach Lust strebt. Für Epikur hat man alles erreichbare Glück
erreicht, wenn man die notwendigen Bedürfnisse gestillt hat. Und das
kann jederzeit und mit wenigen Dingen geschehen. »Alles, was der Körper will, ist: nicht frieren, nicht hungern, nicht dürsten. Alles was die
Seele will, ist: nicht Angst haben.« Deshalb hält Epikur die Selbstgenüg-
samkeit für ein hohes Gut. Man muss also nicht dem Luxus entsagen,
wenn er sich bietet. Man nimmt, was kommt, aber man vermisst nicht,
was man nicht erlangen kann. Den Luxus genießt am meisten, wer seiner am wenigsten bedarf. Der Weise verzehrt sich nicht in Ehrgeiz oder
Ruhmsucht, er befreit sich aus dem Zwang der Geschäfte und hält sich
fern von allen Händeln. Er beherrscht seine Begierden, lebt anspruchslos
und zurückgezogen, genießt auch die einfachen Dinge, schiebt Angst und
Furcht beiseite und findet so die »natürliche Süße des Lebens«. Auch phy-
sischen Schmerz erträgt er durch geistige Disziplin und die Gewohnheit,
an glückliche Dinge zu denken. Wer natürlicherweise und durchaus richtigerweise nach Lust strebt, muss auch mit Gefahren rechnen, vor allem
seitens seiner Mitmenschen. Deshalb rät Epikur: »Lebe im Verborgenen!«
Er meint damit, sich unauffällig zu verhalten, sich nicht zu exponieren,
sich nicht an die Wertmaßstäbe der Menge zu binden, sich von der Masse
abzusondern. Außerdem geht in der Zurückgezogenheit, der Stille der
Innerlichkeit, dem Menschen eine neue Wirklichkeit auf. »Die Krone
der Seelenruhe« ist unvergleichbar wertvoller als hohe Führerstellungen.
Welch ein Gegensatz zu Wohlfahrtsstaatsgesellschaft mit ihrer beständigen Aufregung: Da in einer solchen Gesellschaft nichts feststeht, fühlt
sich jeder, teils durch die Furcht abzugleiten, teils durch den Drang, sich
emporzubringen, in beständiger Aufregung.

Die Begierde, um jeden Preis reich zu werden, die Neigung, Geschäfte
zu machen, die Gewinnsucht, sind laut Alexis de Tocqueville die übelsten Leidenschaften. Die Menschen mauern sich in ihrem Privatleben ein.
Der moderne Wohlfahrtsstaat isoliert sie untereinander; sie erkalten füreinander: Der Wohlfahrtsstaat lässt sie vollends erstarren. Die typischen
Gesellschaftsgruppen unserer satten und trägen Wohlstandsgesellschaft
mit ihrem sozial korrumpierten Zeitgeist, also die grünen Besserwisser,
die selbstgefälligen Phrasendrescher der Politik, die schwadronierenden

Selbstdarsteller in den Medien, die gesichtslosen Sozialstaatsfunktionäre, die angepassten und feigen Manager, die ordnungspolitischen Nihilisten aus dem Unternehmerlager, sie alle sind keine »Epikureer«.

Epikur hätte sich mit Grausen von dieser weitgehend sinnentleerten, zynischen und rein materialistisch geprägten Gesellschaft abgewendet. Die heutigen politischen Verhältnisse könnten Epikur allerdings kaum schockieren, denn diese schätzte er schon zu seiner Zeit sehr realistisch ein: »Persönliche Zufriedenheit kann nur erlangen, wer sich von der abstoßenden und oft gewalttätigen Politik fernhält.«

Woran liegt es, dass die heutige Gesellschaft die philosophische Lehre von Epikur so wenig kennt, dass man sie nicht einmal richtig einzuordnen und zu rezipieren weiß? Die Ursache hätte Epikur ebenfalls mit Grausen erfüllt: Ausgerechnet in dem Land, das einen Großteil der weltweit berühmten Philosophen hervorgebracht hat, ist es möglich, dass ein Schüler es bis zum Abitur bringt, ohne je einen philosophischen Text gelesen zu haben. Mit etwas Glück kann man an einem privaten Gymnasium mit philosophischen Texten in Berührung kommen. Ansonsten bekommt man in den meisten Bundesländern lediglich einen engagierten Ethikunterricht. Dabei kann kein Zweifel daran bestehen, dass in der Philosophie grundlegende Kompetenzen ausgebildet werden, die der Entwicklung der Schüler und der Befähigung für andere Fächer zugute kommen, zum Beispiel eine gewisse argumentative Souveränität und die Fähigkeit, Begründungsstrukturen zu analysieren. Denn vor allem ist Philosophie eine Schule des Denkens – gerade weil sie so schwierig ist. Der renommierte Philosophiedidaktiker Ekkehardt Martens spricht gar vom »Philosophieren als vierter Kulturtechnik«, neben Lesen, Schreiben und Rechnen. Besteht das Ziel des Ethikunterrichts dagegen in einer Einigung über grundlegende moralische Werte, so reduziert sich der Erkenntnisgewinn hierbei leider allzu oft auf griffige Sinnsprüche nach Art von Wilhelm Busch, für die es keine akademische Disziplin bräuchte. Die Gymnasien hierzulande sollten sich daher nicht länger mit den Namen großer deutscher Philosophen schmücken, zumal es ja generell an Wissen und Bildung mangelt: Die Nachricht, dass sich die Zahl der Abiturienten mit der Durchschnittsnote 1,0 im Bundesland Nordrhein-Westfalen weiter zügig vergrößert (zwischen 2007 und 2011 von 455 auf 1 000), sollte man im

Zusammenhang mit einer zweiten Nachricht lesen, dass nämlich seitens der Kultusbehörde gar nicht mehr geleugnet wird, dass die Lösungen der Prüfungsaufgaben bereits in deren Texten verborgen sind. Die irritierte Lehrerschaft mag der amtliche Hinweis trösten, das man sich zukünftig anstrengen werde, diesen Sachverhalt besser zu kaschieren (Karlheinz Weissmann).

Ein weiteres Phänomen unserer Wohlstandsgesellschaft hätte Epikur ebenso befremdet: die Unfähigkeit, wirklich zu genießen! Selbst denjenigen, die sich zum Beispiel nach einem langen und harten Arbeitstag den kleinen Genüssen des wohlverdienten Feierabends hingeben wollen, schallt der schroffe Imperativ derjenigen entgegen, die oft selbst weniger hart arbeiten: Leben Sie gefälligst gesund! Dahinter versteckt sich eine »neue Moral«, die Heuchelei und ungenierte Intoleranz beinhaltet. Es ist eine Moral, die eine bestimmte Art von Gesundheit zum Lebensprinzip erhebt und die Verlängerung des Lebens und nicht etwa Lebensgenuss und Lebenserfüllung als höchsten Zweck des Lebens betrachtet. Wer krank ist, ja sogar, wer stirbt, dem wird noch hinterhergeworfen, dass, hätte er nur die richtige Luft geatmet, das richtige Wasser getrunken, Körner gegessen und Fleisch und Kuchen gemieden, nicht geraucht, nicht getrunken, ordentlich gejoggt, geschwommen, gesquashed, ihn weder Krankheit noch Tod hätten ereilen können. Er muss die Kalorien zählen und seinen Cholesterin- und Zuckerspiegel beobachten, zweimal täglich den Blutdruck messen: Mit all dem erst weist er sich als würdiges Mitglied der Gesellschaft aus. Fast fühlt man sich an den Ausspruch von Bazon Brock erinnert: »Der Tod muss abgeschafft werden, diese verdammte Schweinerei muss aufhören. Wer ein Wort des Trostes spricht, ist ein Verräter.«

Während die Rauschgiftabhängigen als eine Art Behinderte gelten, denen Verständnis und Hilfe zuteil werden muss, werden Raucher und Übergewichtige als undiszipliniert, ja verworfen und verächtlich betrachtet. Wildfremde Menschen, ansonsten wohlerzogen, haben keine Hemmungen, einen Zeitgenossen, den sie beim Genuss antreffen, auf das Unziemliche seines Tuns hinzuweisen und ihm nahezulegen, an »seine Gesundheit« zu denken! Die neuen Sittenblockwarte finden weite Betätigungsfelder: Die Moral der Lebensverlängerung durch Verzicht gibt ja gerade einfältigeren Gemütern endlich Gelegenheit zum Auftrumpfen jenen gegenüber, die noch anderes im Kopf haben. Überflüssig, daran zu erinnern, dass die Menschheit dem Genuss, ja seinem Exzess in »rauschhaften Zuständen« höchste Leistungen verdankt, wofür allein im 19. Jahrhundert zum Beispiel die Namen Poe, Baudelaire, De Quincey und van Gogh stehen mögen.

Nein, unsere vom Zeitgeist korrumpierte Wohlfahrtsstaatsgesellschaft, die in ihrer verantwortungslosen Schuldenmacherei längst nach dem Motto lebt: »Wir beschaffen uns materielles Wohlempfinden, und ihr Nachkommen könnt sehen, wo ihr bleibt«, kann sich wahrlich in keiner Art und Weise auf Epikur oder irgend einen anderen der »alten Griechen« berufen.

Quellen:

Johannes Gross: *Wie das Wunder in die Jahre kam*, Düsseldorf/ Wien/New York/Moskau 1994, S. 302–303.

Maximilian Krämer: Bedenklich, in: *FAZ* vom 3.4.2013, S. N3.

Hort Poller: *Die Philosophen und ihre Kerngedanken*, München 2011, S. 91 f.

Alexis de Tocqueville: *Der Staat und die Revolution*, Rowohlts Klassiker der Literatur und der Wissenschaft, 1969.

Karlheinz Weissmann: »GegenAufklärung«, Kolumne in: *Junge Freiheit* vom 29.3.2013, S. 15

XXI Unsere Schulen und Universitäten

Die Genussgesellschaft erträgt keine Mühen. Das Sitzenbleiben ist heute an deutschen Schulen praktisch Vergangenheit. Die Durchfallquote tendiert bundesweit gegen null. Unter der Parole »Chancengerechtigkeit« können Schulen in Nordrhein-Westfalen mittlerweile selbst entscheiden, ob sie bei Lernstanderhebungen der Mittelstufe die Rechtschreibfähigkeit überhaupt noch berücksichtigen. 2008 hatte der Landeselternbeirat Rheinland-Pfalz zur Ablehnung von Schulnoten aufgerufen: »Ziffernnoten sind Körperverletzung«. Gequälte Schüler schlügen jetzt zurück: Gemeint waren jene anonymen Internetforen, in denen Lehrer anonym denunziert werden dürfen. Wenn in Rheinland-Pfalz ein Drittel der Schüler bei einer Arbeit nur ein Ausreichend erreicht, muss sich der Lehrer einer Art »Inquisitionsverfahren« unterziehen (Walter Oldenbürger). Die schlechte Note ist demnach längst Beweis für den schlechten Lehrer, der den Schüler in seiner »Individualität« nicht genügend zu fördern wusste. Auf der Welle des Notendumping schwimmt Rheinland-Pfalz ganz oben mit. An Stadtteilschulen in Hamburg erhalten Schüler keine eindeutigen Ziffernnoten mehr. In Sachsen-Anhalt sollen künftig nicht mehr 51, sondern 40 Prozent der möglichen Gesamtleistung genügen, um ein Ausreichend zu erhalten. Ob »Individualisierung«, »Kompetenzorientierung« oder »Inklusion« – in der Regel geht es den Bildungsreformern darum, mit immer neuen Schlagworten das Leistungssystem so nachhaltig zu zerstören, dass der Langsamste das Lerntempo bestimmt.

Immer mehr Abiturzeugnisse weisen Bombennoten auf. Die Zahl der Abiturienten mit der Traumnote 1,0 erhöht sich von Jahr zu Jahr. Die Wirtschaft beklagt sich jedoch, dass die meist bestens Benoteten immer weniger wissen. Wenn das Ziel der grenzenlos nivellierten Gemeinschaftsschule seitens der Politik endgültig erreicht ist, dann ist auch der Zustand der Volksdummheit erreicht. Die Kinder in den staatlichen Gesamtschulen sind die Opfer dieser Strategie der Gleichschaltung des Verdummungsgrades.

Eine Untersuchung des Germanisten Gerhard Wolf von der Universität Bayreuth ergab: Der aktive Wortschatz heutiger Studenten »schrumpft auf wenige Hundert Ausdrücke«. »Das Wagnis, ein komplexeres Satzgefüge zu bilden, endet regelmäßig in peinlichen Niederlagen.« »Konjunktive schwinden aus den schriftlichen Arbeiten.« Viele Studenten wüssten Tempora nicht mehr richtig zu bilden. Es sei ihnen kaum möglich, »eigene Gedanken auszudrücken oder Argumente vorzubringen«.

»Jubelabiture« korrelieren inzwischen mit inflationären Spitzenexamina. Eine Masterarbeit oder Dissertation im Fach Biologie etwa wird heute bei »fast allen Studenten mit einer 1 benotet«, so Axel Meyer, Professor an der Fakultät für Biologie an der Universität Konstanz.

Bildungsabbau und Niveauverlust sind demnach ganz offensichtlich konstitutive Strukturprobleme an den deutschen Schulen und Universitäten.

»Unterfinanziert, überverwaltet, mit unlösbaren Aufgaben konfrontiert: Die Zukunft der Universität als Ort besonderer Intelligenz ist gefährdet«, lautet das Fazit von Bernd Rüthers in einem Beitrag für die *FAZ*: Der Abstieg der deutschen Universitäten begann demnach mit dem Versuch, diese als politische Kampfinstrumente für eine ersehnte »andere Republik« im Sinne des Neomarxismus umzuformen. An dieses gescheitere Experiment schloss sich eine fragwürdige Demokratisierung an. Alle Gruppen (Professoren, Assistenten, Studierende, Sekretärinnen, Verwaltung) sollten an allen universitären Entscheidungen beteiligt werden. Dies galt für alle Entscheidungsgremien, auch in Berufungs- und Prüfungsfragen. Diese Sache fand mit dem Urteil des Bundesverfassungsgerichts 1973 sein Ende. Dann kam es zum politisch gewollten rapiden Anstieg der Studentenzahl. Die Vermassung des Studienbetriebs ohne jede Rücksicht auf die Studierfähigkeit, die »Entakademisierung« und Reglementierung des Studiums und die Machtergreifung der Prüfungsbürokratien vernichtete den Rest der intellektuellen Substanz. Eine regelrechte Bildungskatastrophe nahm somit ihren Lauf. Denn um eine solch riesige Anzahl von Akademikern zu produzieren, musste das Leistungsniveau entsprechend nach unter nivelliert werden. Gleichzeitig hielt die bauliche, personelle und sachliche Ausstattung der Universitäten mit dieser Entwicklung nicht mit. Es entstanden die sogenannten Massenuniversitäten. Eine effiziente Lehre und Forschung wurde nahezu unmöglich. Die Einheit von Lehre und Forschung im Sinne Humboldts wurde de facto abgeschafft. Der Anstieg der Zahl der Studierenden sollte dem breiteren Zugang von Kindern aus sozialen Unterschichten dienen. Eingetreten ist seitdem aber genau das Gegenteil. Um das Problem des Massenandrangs in den Lehrveranstaltungen zu mildern, wurden die Lehrdeputate mehrfach erhöht. Gleichzeitig stieg die Verwaltungsbelastung ganz enorm (Gremienarbeit, Prüfungsaufgaben, Antragsformalitäten, Gutachten für Berufungsverfahren usw.).

Die Reformwut der Gesetzgebung verschlimmerte die Situation weiter. Die sich überschlagenden Reformen führten vor allem zum Abbau der Autonomie und der Unabhängigkeit von Lehre und Forschung, zusätzlich zur Verringerung der Motivation. Die Ministerialbürokratie hat die Macht übernommen. Heute wird der Rektor von einem universitätsfremden Gremium gewählt. Der Senat hat nur noch ein Vetorecht. Das letzte Wort hat der Minister, also die Politik. An die Stelle der früheren Ordinarienuniversität und der neomarxistischen Ideologisierung trat die Gremien-Universität. Alle wichtigen Entscheidungen gehen quälend lange und sehr verschlungene, oftmals intransparente Wege. Es geht über mehrere Ebenen (Ausschüsse, Fachbereiche, Fakultäten, Sektoren, Senat) und nichts ist ohne inoffizielle vorherige Absprachen zwischen einzelnen Interessensgruppen möglich. Dieser ganze Zeitaufwand geht Forschung und Lehre selbstverständlich verloren. Zahllose Antrags- und Berichtspflichten gegenüber allen möglichen Instanzen innerhalb- und außerhalb der Universität fallen an. Dies ist zum Beispiel zur Beschaffung der erforderlichen Geld- und Sachmittel für Lehre und Forschung unabdingbar. Die Beschaffung solcher Mittel ist inzwischen zur Hauptbeschäftigung vieler Professoren geworden. Die Qualität der wissenschaftlichen Leistung tritt gegenüber diesen Akquisitionsleistungen in den Hintergrund.

Ein neuer Professorentyp bildet sich heraus. Die Universitäten werden heute immer mehr vom Geld und mit Geld regiert. Das verändert das Klima in allen Bereichen und Beziehungen. Gefragt sind nicht mehr erfahrene und renommierte Wissenschaftler, sondern geschickte, biegsame, smarte Managertypen mit politischen Karrierevorstellungen, die der jeweiligen Landesregierung ergeben sind. Obendrein führt die falsch strukturierte Professorenvergütung zu einem verstärkten Streben nach hoch vergüteten Nebentätigkeiten. Dieses Phänomen ist bereits aus anderen Berufssparten bekannt (Politiker, Medienstars, Sportler usw.). Die Folge sind Motivationsverluste auf breiter Front und der Verlust des Korpsgeistes in den Fakultäten zugunsten der Individualinteressen. In Berufungsverfahren geht es zunehmend um die Fähigkeit Drittmittel einwerben zu können. Das Resultat dieser Berufungspolitik ist der Verlust der Begabtesten in vielen Studiengängen. Der Weg in die Zweitrangigkeit der Bewerber führt auf Dauer in die Zweitrangigkeit der deutschen Universitäten. Der Zwang zur permanenten Selbstdarstellung führt vor allem bei den jungen Professoren zu einem »Produktionsmodus der Unerheblichkeit«. Günther Lottes: »Ein Sammelband nach dem anderen, weil jeder einzelne Kollege diesen Selbstdarstellungsnachweis braucht.«

Das »Bologna-Modell« wurde ausschließlich von der Ministerialbürokratie beschlossen. Die hehren Ziele waren: ein einheitlicher europäischer Hochschulraum, die Förderung von Mobilität, von internationaler Wettbewerbsfähigkeit und von Beschäftigungsfähigkeit, also eine möglichst kurze Studienzeit und die schnelle Verwertbarkeit auf dem Arbeitsmarkt. Alle Ziele sind im Wesentlichen verfehlt worden. Das Studium wurde nicht verkürzt, sondern geistig verarmt durch nochmalige Reduktion der Grundlagenfächer und die Minderung der Kreativität der Studenten. Der Zeitdruck verengt das Studium auf die geforderten Leistungsnachweise. Es entsteht in Verbindung mit den ökonomischen Pressionen ein Trend zur Heranbildung von Fachidioten. Der Bachelor-Abschluss wird von der Wirtschaft nicht als ausreichende Qualifikation gewertet. Auch der Wechsel des Studienortes und das dringend erwünschte Studium im Ausland werden nicht erleichtert. Außer von wenigen zuständigen Instanzen wird das völlige Scheitern der »Bologna-Reform« von niemandem mehr bestritten. Die Opfer bzw. Leidtragenden sind die Studenten.

Auch die Konsequenzen der sogenannten *Exzellenz-Initiative* sind negativ zu bewerten. Es geht um einen warmen Regen allein für die Forschung an den ausgewählten Universitäten, der zulasten der Lehre geht. Die betroffenen Bereiche (»Exzellenzcluster«) und ihre Dozenten werden von der Lehre in erheblichem Umfang freigestellt. Die beurlaubten Professoren werden in der Lehre durch oft wechselnde Vertreter ersetzt. Die negativen Wirkungen auf die ohnehin desolate Lage in der Lehre liegen auf der Hand. Das Fazit ist mehr als ernüchternd: Das Ausbildungsniveau Deutschlands war einmal weltweit führend. Dann kam die Bildungsbürokratie auf die geradezu wahnwitzige Idee, weltweit bewährte Markenzeichen, wie »Diplomingenieur«, »Fakultät«, oder »Diplom-Kaufmann«, über die Köpfe der Hochschulen hinweg quasi über Nacht abzuschaffen bzw. im Kern umzukrempeln.

Wie aus den »Hauptschulen« in kurzer Zeit »Nebenschulen« geworden sind, so besteht die Gefahr, dass aus deutschen Hochschulen »Flachschulen« und aus den der »Universitas« verpflichteten Universitäten geistig eng geführte Fachschulen für immer schmaler definierte Berufsgruppen werden. Der gegenwärtige Zustand an den deutschen Universitäten und Hochschulen könnte dazu führen, dass das staatliche Bildungswesen bald von außerstaatlichen Einrichtungen überholt wird.

Die Abbrecherquoten, die bis zu siebzig Prozent in manchen Fächern betragen, belegen die enorme Ineffizienz des staatlichen Hochschulwesens. So meiden denn auch die meisten hochbegabten ausländischen Studenten die deutschen Universitäten und gehen stattdessen lieber nach England oder in die USA. Für den Ausweg der Hochschulkrise reicht ein neues Hochschulrahmengesetz allerdings nicht aus. Ganz im Gegenteil. Diesbezüglich sollte man sich an einen Satz von Klaus von Dohnany erinnern: Wenn man Ordnung schaffen, einen Neuanfang im Hochschulwesen ermöglichen wolle, sei die Abschaffung des Hochschulrahmengesetzes die erste Voraussetzung. Die zweite sei die Aufhebung der meisten Vereinbarungen unserer Kultusministerkonferenzen, denn nur dann werde der Weg frei zu einem wirklichen bildungspolitischen Wettbewerb der Länder untereinander. Das Hochschulrahmengesetz des Bundes schreibt überflüssigerweise die Gruppenuniversität, die Grundsätze der Beteiligung aller Gruppen an den Entscheidungsgremien der Hochschulen verbindlich fest. Er war ein Fehler von Anfang an, dass die Hochschulgesetzgebung seit den später Sechzigerjahren des vorigen Jahrhunderts immer nur Organisationsstrukturen verändert hat, während die Frage, was inhaltlich wichtig ist, was die eigentliche Substanz der Universität ausmacht, was sie positiv verändert und erneuert, eigentlich nie im Mittelpunkt stand. Heute ist es insgesamt an der Universitäten nicht anders als in der Gesamtgesellschaft: Die geistige Vergreisung beginnt bereits im Studentenalter. Ist schon eine fundamentale Erneuerung aufgrund der ideologisierten Bildungspolitik und völligen Verbürokratisierung so gut wie ausgeschlossen, so sollte wenigstens ein einziger Punkt verändert werden, der vieles für Studenten und Lehrkräfte verbessern würde: Jeder Student sollte in einem einstündigen Prüfungsgespräch pro Woche seinem Tutor – und zwar nicht einem fortgeschrittenen Studenten –, sondern einer ausgebildeten, vollamtlichen Lehrperson Rede und Antwort stehen über das in den vergangenen sieben Tagen Erarbeitete. Wer, wie an englischen Universitäten üblich, eine Stunde pro Woche seinem Tutor Rechenschaft geben muss, was er gelesen, was er geschrieben hat, erkennt zwangsläufig selbst, ob sein Studium tatsächlich sinnvoll ist.

Der ideologisch überhöhe Begriff der »Chancengleichheit« gerade im Bildungswesen hat letzlich zu den desolaten Verhältnissen im Schul- und Hochschulwesen geführt. Unter dem Deckmantel vom sozialen Ausgleich droht schon wieder die Erziehung und Heranzüchtung eines standardisierten Einheitsmenschen für die ablaufoptimierte Bürokratiemaschinerie. Es ist eine simple materielle Gleichheits- und Gleichstellungsdoktrin, die kein Wort über ihre geistigen Inhalte verliert. Wer in diesem Sinne von »Chancengleichheit« redet, hat einen liberalen Begriff, nämlich die Gleichbehandlung in Recht und Gesetz, auf einen sozialistischen Stamm, nämlich die absolute Gleichheit gepfropft.

Den Medien war zu entnehmen, dass es in Deutschland inzwischen etwa 7 Millionen Erwachsene gibt, die man als Analphabeten bezeichnen muss. »Die Entsprechung zum Analphabeten, der einen Hauptschulabschluss erworben hat, ist übrigens der Abiturient, der keinen Zeitungsartikel sinnentnehmend lesen und keinen fehlerfreien Satz schreiben kann«, formuliert Karl Heinz Weißmann treffend. Seit Jahrzehnten gibt es nur eine einzige ununterbrochene Bildungsreform, und deren Ziel ist es, Bildung überflüssig zu machen. Eine Studie von McKinsey (»Education to Employment«) ergab, dass es der Jugend an der Fähigkeit mangelt, auf dem Arbeitsmarkt zu bestehen. Linke Schulpolitik und bürgerliche Feigheit gehen Hand in Hand. Kein Wunder, dass auch die deutsche Sprache vor die Hunde geht.

Quellen:

Arnulf Baring: *Scheitert Deutschland?*, Stuttgart 1997, S. 46 ff.

Maximilian Krämer: Bedenklich, *FAZ* vom 3.4.2013, S. N3.

Walter Oldenbürger: Noten als Körperverletzung, in: *Junge Freiheit* vom 7.3.2014, S. 18.

Günther Lottes: Die Potemkinisierung der deutschen Universität, in: *FAZ* vom 30.8.2013, S. 7.

Bernd Rüthers: Durch Flachschulreife mehr Gerechtigkeit, in: *FAZ* vom 22.5.2013, S. N5.

Karlheinz Weißmann: *GegenAufklärung*, Berlin 2013, S. 125, 133, 170.

XXII Deutsch als Wissenschafts- und Kultursprache

In der Zeit von der zweiten Hälfte des 19. Jahrhunderts bis zum Ersten Weltkrieg war Deutschland weltweit das Land, von dem die meisten wissenschaftlichen und kulturellen Impulse ausgingen. Das Schulsystem Wilhelm von Humboldts galt als Vorbild, und die deutschen Universitäten beherbergten die Forschereliten dieser Welt. Zwischen 1901 und 1933 gingen 10 der 31 Physik-Nobelpreise, 14 der 28 Chemie-Nobelpreise, 6 der 27 Medizin-Nobelpreise und 5 von 31 Literatur-Nobelpreisen nach Deutschland. Kein anderes Land hatte in irgendeiner dieser Disziplinen mehr Nobelpreise als Deutschland. Zugleich kam der Großteil der Erfindungen ebenfalls aus Deutschland. Die Naturwissenschaften waren damals unangefochten die Domäne der Deutschen, und noch heute basiert ein Großteil des technischen Wissens, das die moderne Industriegesellschaft begründet und ihren wirtschaftlichen Wohlstand erklärt, auf Forschungsergebnissen, die aus Deutschland stammen. Der Bogen der technischen Erfindungen umfasst das Telefon des Johann Philipp Reis (1861), den Dynamomotor des Werner Siemens (1866), das erste Motorrad des Gottlieb Daimler (1885), das erste Auto des Karl Benz (1885), den Viertaktmotor von Nikolaus August Otto (1876), den Dieselmotor von Rudolf Diesel (1892), das erste Düsenflugzeug, die Heinkel HE 178, des Hans Joachim-Pabst von Ohain (1939), die erste Flüssigkeitsrakete des Wernher von Braun (1926), den ersten programmierbaren Computer, den Z3, des Konrad Zuse (1941) und die erste Programmiersprache, Plankalkül, ebenfalls von Konrad Zuse (1945). Die Atomphysik mit den zentralen Erkenntnissen stammt genauso aus Deutschland wie die moderne organische Chemie. Die Dominanz der deutschen Naturwissenschaften war bis in die Dreißigerjahre des vergangenen Jahrhunderts so stark, dass Deutsch zeitweilig sogar zur internationalen Wissenschaftssprache wurde. Ausländische Wissenschaftler publizierten ihre Ergebnisse in deutscher Sprache, und in Amerika gab es sogar wissenschaftliche Zeitschriften, die auf Deutsch erschienen. Der Einfluss auf die Entwicklung der

Wissenschaften in den Vereinigten Staaten war erheblich. Ausgehend von der John Hopkins Universität in Baltimore bauten die amerikanischen Universitäten Graduiertenprogramme nach deutschem Muster auf, und der deutsche »Wissenschaftsgeist« und die »Lehr- und Lernfreiheit« wurden das intellektuelle Denkmodell vieler amerikanischer Universitäten.

Seit dieser intellektuellen Hochblüte Deutschlands sind nun über 100 Jahre vergangen, und nichts ist mehr so, wie es einmal war. Die heutigen deutschen Wissenschaftler sind großteils nicht mehr die Eliten, die den Weg in die Weltspitze gehen, sondern Sachbearbeiter eines ideologisierten und egalisierten Wissenschaftsbetriebs, dem herausragende Personen und Leistungen höchst verdächtig sind. Und es sind deutsche Bildungspolitiker, die heute die deutsche Sprache am liebsten gleich ganz als Wissenschaftssprache abschaffen wollen. Der Münchener Mediziner Ralph Mocikat, Vorsitzender des Arbeitskreises Deutsch als Wissenschaftssprache, wendet sich dagegen, dass an deutschen Hochschulen auf Englisch gelehrt wird. Es solle nichts daran geändert werden, dass Englisch selbstverständlich die internationale Wissenschaftssprache ist. Aber inzwischen werde ja schon auf internen Tagungen, wo nur deutsche Wissenschaftler zusammenkommen, oder wenn deutsche Forscher die Arbeit von Landsleuten begutachten, Englisch gesprochen. Da komme es mitunter zu grotesken Situationen, etwa wenn sich zwei Deutsche in der Pause auch über private Angelegenheiten auf Englisch unterhalten. Das sei doch absurd! Ralph Mocikat hält seine deutschen Kollegen hinsichtlich der englischen Sprache durchaus für kompetent genug. Aber Englisch sei und bleibe nun mal eine Fremdsprache für sie.

»Unsere Denkmuster und unsere diskursive Kreativität wurzeln in der Muttersprache, in ihr können wir die feineren Nuancen ausdrücken und die passenden Bilder finden. Wenn wir auf sie im internen Betrieb verzichten, dann geben wir ein sehr großes wissenschaftliches Potenzial verloren. Denn die Dinge, über die wir in der Wissenschaft reden, sind so komplex, dass man sich keine zusätzlichen Hürden aufstellen sollte.«

Auf die Frage, warum sich 2007 erst ein Arbeitskreis gründen musste, um Kritik am Trend zu formulieren, antwortete Ralph Mocikat in einem Interview mit der *FAZ*:

»Das mag an einer gewissen Stromlinienförmigkeit des Denkens liegen. Dem noch nie bewiesenen Argument, dass englischsprachige Studiengänge ausländische Studenten anziehen, konnten sich bislang offenbar nur wenige entziehen.«

Wenn Deutsch in der Wissenschaft keine Rolle mehr spielt, kann man die Sprache tatsächlich bald ganz abschaffen – fürchtet er.

Die stark zunehmende »Denglisierung« der deutschen Sprache zielt wohl generell auf die Erschaffung eines lenkbaren, eher einfach strukturieren Bürgers. Die Anglisierung vollzieht sich nicht nur auf der Wortschatzebene. Auch Satzbau und Wortbeugung anglisieren sich. Die Struktur der Sprache ändert sich. Die englische Grammatik setzt sich immer mehr im Deutschen durch. Der ganze Sprachköper verändert sich. Es ist eben ein Unterschied, ob man »Geld macht« (to make money) oder man »Geld verdient.« Alle Sprachen vermitteln laut Wilhelm von Humboldt eine jeweils eigene Weltsicht, denn die Begriffe haben keine vom sprachlichen Ausdruck ablösbare Existenz. Stirbt eine Sprache oder verkümmert sie, dann stirbt oder verkümmert auch eine besondere Art, die Welt wahrzunehmen und zu deuten. Sprach- und Kulturverkümmerung sind zwei Seiten ein und desselben Blattes. Das kulturelle Eigene geht verloren, wie es Norbert Borrmann treffend beschreibt.

Der gegenwärtige Mainstream der Kulturschaffenden ergießt sich nicht nur in Hass und Häme auf alles den Alltag Überragende, sondern auch auf alles kulturelle Eigene. Hier spiegelt sich auf verhängnisvolle Weise das gebrochene Verhältnis der Linken zur eigenen Nation und Kultur wider, zumal sie die Deutungshoheit im Gesellschafts- und Kulturbereich für sich allein beanspruchen. Ausgerechnet Deutschland, das Land mit der einst größten kulturellen Vielfalt, mutiert zum gesichts- und geschichtslosen »Esperantoland«. Vermassung und Kulturschwund in Richtung der amerikanischen »Lightkultur« münden in der genormten »McWorld-Welt«.

Die »Dekadenz der Sprache« führt zur »Dekadenz des Denkens« (George Orwell). Und die Verwüstung der Sprache geht mit dem Verfall des Gemeinwesens einher.

Studenten können heute kaum noch Texte ohne massive Rechtsschreib-fehler erstellen. Jörg Meuthen, Hochschullehrer aus Karlsruhe hat einige Kostproben geliefert: »sesonal, konjungturell, struckturell, klasisch, Ju-gentliche, dem zu vollge, Vortschritt, resocenAllokation, Verzährung, ver-lohren, Produckte, Supventionen, kovertiebel, Roöl, Lockführer, stehts, supperiore suksesiv, Snopeffekt, Orinade, kaumm, Turismus, außlän-disch, akresiv, Eksgemente, teilweiße, gekliedert«.

Die Parole »Schreib wie du sprichst« ist nur ein Symptom für das Un-wesen einer fragwürdigen »*Expertokratie*«, die sich mit dem Abwracken unserer Sprache befasst. So wie mit seiner Sprache, geht die Gesellschaft inzwischen auch mit ihren Kindern um.

Quellen:
Norbert Borrmann: *Die große Gleichschaltung*, Schnellroda 2013.
Jörg Meuthen: *Fiel vergnühgen!*, Leserbrief in der *FAZ* vom 12.11.2013, S. 30.
Hans-Werner Sinn: *Ist Deutschland noch zu retten?*, Berlin 2004, S. 40 ff.

XXIII Zeitgeist kontra Kindeswohl

Seit dem 1. August 2013 gibt es den Rechtsanspruch auf Krippenbetreuung für unter Dreijährige, und alle Parteien fordern – dem Zeitgeist entsprechend – die flächendeckende Versorgung mit »Kitas«. Nichts kennzeichnet den moralischen Niedergang unserer selbstsüchtigen und selbstgerechten Gesellschaft mehr als die falschverstandene »Selbstverwirklichung« bzw. »Emanzipierung der Frau« auf Kosten der Kinder – die sich nicht wehren können. Denn der Rechtsanspruch auf Krippenbetreuung ist in Wirklichkeit nicht anderes als ein Rechtsanspruch auf Gefährdung des Kindeswohls.

Es ist geradezu infam und gezielt irreführend, wenn die Krippenbetreuung als frühkindliche Bildung bezeichnet wird. Bildung ist in den ersten drei Jahren blanker Unsinn. Jedes Neugeborene kommt hirnphysiologisch gesehen als Frühgeburt auf die Welt, sein Gehirn ist unreif und benötigt weitere Zellbildung und neuronale Verknüpfungen. Diese nötige Weiterentwicklung zu einem kognitiv und emotional gereiften Kleinkind, das erst danach überhaupt bildungsfähig ist, findet in den ersten drei Lebensjahren statt. Es sind sehr sensible Prägephasen, die nur unter eng zugewandter Betreuung durch die Mutter – und in etwas anderer Funktion durch den Vater – gelingen. Dies war schon beim Steinzeitkind so, und so ist es eben auch noch heute der Fall, weil es sich um eine anthropologische Konstante, ein Naturgesetz, handelt. Die Krippenbetreuung steht im eklatanten Widerspruch zu allen Erkenntnissen der Verhaltensforschung, der Bindungsforschung und aller moderner Hirnforschung. Jeder Kinderarzt und Kinderpsychologe weiß, dass in der ersten drei Lebensjahren die Basis gelegt wird für das so wichtige Urvertrauen (und damit für die spätere emotionale Stabilität), für Bindung und spätere Bindungsfähigkeit, für Lernfähigkeit, für Durchhaltevermögen, für Arbeitsfähigkeit usw. Nur der ständige und enge Kontakt zur Mutter lässt Neugier zu und damit die Grundlage für Kreativität entstehen. Auch die Muttersprache erlernt das Kind am besten durch die Mutter. Nur in der täglichen Zwiesprache mit der Mutter können sich die emotionalen Nuancen und Bilder einer

Sprache entwickeln, die wiederum zu Sprachgefühl und Phantasie führen sowie Denkstrukturen bilden. Das kann man nicht durch noch so gute logopädische Übungen einer Erzieherin ersetzen. Die liebevolle tägliche Betreuung durch die Mutter (selbst einer »bildungsfernen« Mutter) in den ersten drei Lebensjahren schafft mehr Basis für spätere Bildung als jegliche »Kita-Pädagogik«.

Untersuchungen an kleinen Kindern, die in den USA durchgeführt wurden, haben ergeben, das die Entwicklung des Hippocampus – ein Gehirnteil, der vor allem für die Gedächtnisleistung, das Gefühlsleben und die Stressbewältigung wichtig ist – durch nichts so gefördert wird wie durch mütterliche Zuwendung gerade in den ersten drei Lebensjahren. In wissenschaftlichen Studien wird eine ursächliche Verknüpfung von Fibromyalgie und ADHS (Aufmerksamkeitsdefizit- und Hyperaktivitätsstörung) mit stressenden und unkalkulierbaren Situationen in der familiären Vergangenheit der Patienten hergestellt. Emotionaler Stress führt demnach zu einem starken Anstieg des Stresshormons Cortisol. Kindliche Cortisol-Erhöhungen werden immer häufiger durch eine zu frühe und zu lange Fremdbetreuung erzeugt. Die internationale Studie des renommierten National Institute of Child Health and Development (NICHD) hat gezeigt, dass ein zu hoher Cortisolspiegel sogar noch bei Jugendlichen nachgewiesen werden konnte, die in frühem Alter fremdbetreut waren. Die vielfältigen seelischen und körperlichen Folgen werden in dieser Studie ausführlich beschrieben.

Wer gegen die Natur handelt, das Menschenrecht des Kleinstkindes derart missachtet und durch dessen chronische Stressbelastung Entwicklungsblockaden bewirkt, wird mit den entsprechenden Folgen zu rechnen haben: eine Flut von Verhaltensstörungen, psychischen Erkrankungen und Leistungsstörungen Jugendlicher und junger Erwachsener. Das Verhängnisvolle ist, dass die frühen Störungen – da Prägefehler – so gut wie nicht therapierbar sind. Arme Kinder!

Verhalten und Sprache Jugendlicher zeigen eine deutliche Verrohung und Brutalisierung. Die »Generation Bushido« hat sich deutlich zum Negativen hin entwickelt, konstatiert die Autorin und Familientherapeutin Gabriele Baring:

»Wenn Kinder tagtäglich Gewalt, Morde und Vergewaltigungen im TV und Internet sehen und sich das auch noch in Computer-Spielen stundenlang reinziehen, dann prägt das. Heute fehlen den Kindern in den Familien Vorbilder, Strukturen, Beständigkeit, Rituale. Sie wachsen vaterlos oder mit getrennten Eltern auf, die einander nicht achten.«

Im Jahr 2012 mussten knapp 75 000 Prügeleien an deutschen Schulen ärztlich behandelt werden. Gegen 10 000 »Prügel-Jungs« (14 bis 17 Jahre) wurde Anzeige wegen gefährlicher und schwerer Körperverletzung erstattet. Über zweieinhalbtausend Anzeigen gab es gegen prügelnde Mädchen. Gabriele Baring:

»Diese Prügel-Mädchen haben zu Recht eine irre Wut im Bauch, weil sie in Verhältnissen aufwachsen, in denen sie oft weder Liebe noch Geborgenheit kennenlernen. Sie sehen im Internet die selben Videos wie die Jungen – und sehen Gewalt als ein legitime Lösung ihrer Probleme.«

Wie unter der »Gender-Ideologie« zudem die Sexualisierung der Kinder staatlich forciert wird, hat die Soziologin Gabriele Kuby beschrieben: Mögliche Folgen der medialen Hypersexualisierung sind demnach promiskuitiver Sex und die Unfähigkeit, Gefühle und Intimität zuzulassen, oder auch diese Wut auf das andere Geschlecht, die sich in Homosexualität verkehren kann.

Die EU plant jedoch Maßnahmen gegen die vorgesehene »Herdprämie« und das deutsche Ehegattensplitting, weil sie die Frauen daran hindern würden, berufstätig zu sein. Natürlich muss es Krippenbetreuung in Problemfällen geben. Leider sind aber auch viele Eltern durch die Familienpolitik in eine finanzielle Enge geraten, sodass beide arbeiten müssen. Dazu kommt der unheilvolle Wunsch der Wirtschaft, wegen der demografischen Entwicklung vor allem die gut ausgebildete Frau als Arbeitskraft zu gewinnen. Und dem staatlichen bzw. halbstaatlichen Bildungs- und Betreuungsmarkt als »Wachstumsbranche« geht es vor allem ums Geld. Entscheidend ist jedoch die von den Massenmedien und der Politik bewirkte Herabwürdigung der kindererziehenden Hausfrau bzw. des bürgerlichen Familienmodells schlechthin. Die Familie als Keimzelle der bürgerlichen Gesellschaft gilt es aus ideologischen Gründen zu schleifen.

Anstatt die unternehmerische Tätigkeit einer kindererziehenden Hausfrau als solche anzuerkennen und entsprechend zu behandeln – zumal diese mühevolle Arbeit für die Volkswirtschaft wesentlich wichtiger ist als die meisten normalen beruflichen Tätigkeiten –, wird die kinderreiche Familie nicht nur finanziell diskriminiert.

So geht es denn den gefühlskalten Ideologen auch bei den Kitas nicht um das Wohl der Kleinsten, sondern letztlich um ein weiteres Stück hin zur Verwirklichung des alten sozialistischen Traums der Gleichschaltung bzw. Kollektivierung der Gesellschaft. Jeder Bürger und jedes Kind sind demnach Eigentum des Staates. Nur wer die Lufthoheit über die Kinderbetten hat, schafft das systemkonforme Individuum. Das beherzigten die kollektivistischen Staaten schon immer – ob Naziführung oder SED-Führung. Und im Übrigen benötigen kollektivistische Volkswirtschaften die volle Arbeitskraft der Frau allein deshalb, weil die Ineffizienz der Zentralplanwirtschaft sie dazu zwingt.

Die Republik steht Kopf, wenn der Staat über seine Dienste auf die Telefondaten seiner Bürger zugreift. Drängt er sich aber in die familiäre Intimsphäre, indem er z. B. dem Familienvater sagt, wie viel Zeit er mit seinem Kindern verbringen soll, und der Mutter, welche Rollenbilder für ihre Kinder die geeigneten sind, dann heißt der Bürger seinen Vormund »Staat« herzlich willkommen (Jan Fleischhauer).

Kinderarmut ist letztlich ein typisches Phänomen einer sinnentleerten Gesellschaft. Ein Blick zurück in die Geschichte der Völker und Kulturen lässt nichts Gutes erahnen. Der Volkstod der alten Griechen ist hierfür ein gutes Beispiel: Der Geschichtsschreiber Polybios, der zu einer Gruppe von Achäern gehörte, die wegen ihres Widerstands gegen die römischen Eroberer deportiert worden war, berichtete über die damalige Entwicklung:

»Zu meiner Zeit litt ganz Griechenland an Kinderlosigkeit [...], obwohl wir weder von längeren Kriegen noch von ansteckenden Krankheiten heimgesucht wurden. Die Menschen sind in Trägheit, Geldgier und Vergnügungssucht verfallen, sie wollen nicht mehr heiraten, oder, wenn sie es tun, nicht die ihnen geborenen Kinder aufziehen [...] So ist binnen kurzem das Unglück groß geworden.«

Die Parallelen zur heutigen Situation sind geradezu frappierend. Bei Roland Baader heißt es:

»*Es gibt einen Fünfsprung in die Knechtschaft: Ehezerstörung, Familienzerstörung, Wertezerstörung, Gesellschaftszerstörung, Freiheitszerstörung. Aktuelle Variante: Wir brauchen mehr Kinderkrippen und mehr Ganztagsschulen. [...] Für die Wegstrecke vom hilflosen Säugling zum Homo sapiens gibt es nur einen tragfähigen Boden: die Familie. [...] Die empirische Sozialforschung sowie die Hirn- und Bindungsforschung bestätigen die unabdingbare Notwendigkeit der Familie für die gedeihliche Entfaltung des Kindes [...] Es gibt einen nachgewiesenen Zusammenhang zwischen dem Zusammenbruch der Familie und den sich genau auf dieses Umfeld konzentrierenden Phänomenen Kriminalität, unzureichende Ausbildung und nachfolgende Arbeitslosigkeit, Gewaltausübung, Verslumung von Wohngebieten usw. [...] Die innere und äußere Zerstörung der Familie ist gegenwärtig eine der größten Bedrohungen für die Gesellschaft. [...] Es gibt entweder die bürgerliche Familie oder gar keine. Mit dem Schwinden der Institution der Familie endet auch die Zivilisation.*«

Feminismus und Genderpolitik besorgen den Rest.

Quellen:

Roland Baader: *Fauler Zauber*, 2. Aufl., Gräfeling 1997, S. 249, 250, 260.

Roland Baader: *Freiheitsfunken*, 2. Aufl., Düsseldorf 2012, S. 59.

Gabriele Baring: Waren Jugendliche früher weniger brutal, Frau Psychologin?, Interview in der *Bild-Zeitung* vom 11.1.2014.

Jan Fleischhauer: Mit Pofalla zur Regenbogenfamilie, in: *Komma*, 109–110, 2013, S. 23.

Gabriele Kuby: *Die globale sexuelle Revolution*, Kisslegg 2012.

Uta Müller-Lindenlauf (Fachärztin für Kinderheilkunde, Jugend-Medizin und Psychotherapeutische Medizin) in einem Leserbrief an die *FAZ* vom 16.8.2013, S. 38.

Antje Oppermann (Ärztin in Kiel) in einem Leserbrief an die *FAZ* vom 31.10.2013, S. 30.

Karlheinz Weißmann: *GegenAufklärung*, Berlin 2013, S. 119.

XXIV Feminismus und Genderpolitik

Das feministische Agenda-Setting in Deutschland bestimmt immer noch Alice Schwarzer. »Das Verführerische an ihrem Feminismus ist, dass sie einfache Antworten auf eine immer komplexer werdende gesellschaftliche Wirklichkeit gibt,« kommentiert Dagmar Rosenfeld treffend. Alice Schwarzer arbeitet sich seit nunmehr über vier Jahrzehnten an der vermeintlichen patriarchalischen Verschwörung der Männer ab. Bei ihr ist die Grenze zwischen Gut und Böse genau festgelegt: Sie verläuft entlang der Geschlechter. Demnach sind die Männer Täter und die Frauen deren Opfer. Die Frau als sexuelles Opfer des Mannes, das ist der Topos im Weltbild der Alice Schwarzer. In einem Interview antwortet Birgit Kelle.

»Nicht zufällig dominieren in der Politik und in den Medien Frauen, die keine Kinder haben oder diese aus Karrieregründen in Fremdbetreuung geben. Dieses Frauenbild wird denn auch als modern und fortschrittlich propagiert. Das Dasein als Mutter und Hausfrau wird systematisch herabgewürdigt und beleidigt. Als Hausfrau gilt man als unemanzipiert, faul, zurückgeblieben, ja als eine Art Prostituierte mit Festanstellung, die sich von ihrem Mann aushalten lässt.«

Und weiter heißt es in ihrem sarkastischen Kommentar.

»Ja, ich wusste lange gar nicht, in welchem Unglück ich lebe. Doch dann erfahre ich von anderen Frauen, was für eine gescheiterte Existenz ich bin. Denn ich glucke zu Hause über meinen Kindern, zwinge ihnen selbstgekochtes Essen auf und freue mich, wenn mein Mann von der Arbeit nach Hause kommt.«

Die frühere Tagesschau-Sprecherin Eva Herman, die aus dem »modernen« Frauenmilieu von Politik und Medien kam, sich dann aber veränderte, gilt plötzlich als Verräterin, die dafür besonders gehasst wird. Das Ergebnis war eine besonders üble Hetzkampagne, die im Rauswurf aus einer laufenden Fernsehsendung durch den Moderator (einem der intellektuellen Leichtmatrosen aus den Reihen der Talkshow-Moderatoren) kulminierte.

Dem aggressiven Staatsfeminismus geht es nicht um Freiheit, sondern um platte Ideologie und unterwürfige Anpassung an die Political Correctness. Wer die Würde der Frau und das Geheimnis des Weiblichen hoch schätzt, der ist erklärter Feind dieser Art von Emanzipierung (Roland Baader).

In der sogenannten Genderpolitik geht es nach gleichem Muster um die gewaltsame Überwindung der natürlich gewachsenen Strukturen des Familienbundes. Es geht konkret um die Überwindung des christlichen Familienbildes. Für die selbsternannten Gralshüter der öffentlichen Moral kann das Festhalten am christlichen Familienbild und der traditionellen Sexualmoral nur auf Homophobie zurückzuführen sein. Wünsche und Interessen, die über Jahrtausende hinweg als selbstverständlich galten und allen Bemühungen der »Ideologieindustrie« (Manfred Kleine-Hartlage) zum Trotz immer noch vorhanden sind, werden als illegitim eingestuft und moralisch abgeurteilt. Es geht den Gralshütern der öffentlichen Moral um die Stigmatisierung des gesunden Menschenverstands zum Zwecke seiner Überwindung zugunsten der geschlechtslosen Gesellschaft. Lautstarke und aggressive Minderheiten führen den Taktstock der politisch-gesellschaftlichen Meinungsbildung.

Eine Gesellschaft, die sich angesichts der demografischen Entwicklung, den Luxus leistet, Homophobie für eins ihrer Hauptprobleme zu halten, beweist schon damit, dass sie den Verstand verloren hat. Der im Sinne der politischen Korrektheit dressierte und streng überwachte Bürger leidet an »kognitiver Dissonanz« (Manfred Kleine-Hartlage): Die reale Wirklichkeit lässt sich nicht mit der behaupteten (aber moralisch korrekten) Wirklichkeit in Übereinstimmung bringen. Daraus resultiert eine Art geistige Zerrissenheit, die eine nahezu beliebige politische Manipulierbarkeit ermöglicht. Die Ideologieverwalter in Politik und Medien, die eine »nicht korrekte« Meinung oder Haltung bekämpfen, benötigen keine Argumente. Sie müssen die betreffende Meinung lediglich als »böse«, am besten als »rassistisch« oder »rechtsradikal« etikettieren, um sicherzustellen, dass sie vom Mainstream in einer Art Pawlow'schem Reflex automatisch abgelehnt wird. Wer sich »falsch« äußert, mit dem diskutiert man erst gar nicht. Der Vollzug der öffentliche Meinung (besser: veröffentlichten Meinung!) gleicht einer wahren Jakobinerherrschaft, in der lediglich die soziale Ächtung die Guillotine ersetzt. Es stellt sich die Frage, wann ein System von derart surrealistischer Wirklichkeitsverneinung – man könnte auch von einem System der Abschaffung der Wahrheit sprechen – unter der Last seiner eigenen Lächerlichkeit zusammenbricht? Die politische Geschlechtsumwandlung im Rahmen der »Gender-Politik« behauptet ernsthaft, dass es zwischen Frau und Mann keine natürlichen Unterschiede gäbe, dass also geschlechtsspezifisch unterschiedliches Verhalten nicht etwas von Männern und Frauen Gewolltes, sondern von der Gesellschaft Konstruiertes, den Frauen Aufgezwungenes sei. Unterschiede in der Berufsstruktur beweisen also letztlich nur, dass die Gesellschaft Frauen nach wie vor diskriminiere. Der neue Mensch soll ohne feste Geschlechtsidentität sein. Es ist eine regelrechte marxistische Umerziehungsideologie, die mit Befreiung und Emanzipation in Wirklichkeit nichts zu tun hat.

Dabei ist die Arbeitsteilung zwischen Mann und Frau die älteste Arbeitsteilung, die die Menschheit kennt; sie äußerst sich traditionell darin, dass Nahrungszubereitung und Kleidungsherstellung typicherweise Sache der Frauen, Jagd (oder deren Äquivalent »Berufstätigkeit«) in erster Linie Sache der Männer war, zumindest als gesellschaftliche Norm und als erwünschter Normalzustand. Dass das Gebären von Kindern Sache der Frauen ist, ist sogar heute noch mehrheitlich selbstverständlich. Dass es Frauen gibt, die sich gerne mit Physik beschäftigen, und Männer, die gerne Hauarbeit errichten, widerlegt die Behauptung von der Wesensverschiedenheit selbstverständlich nicht. Natürlich weiß jeder, dass es so ist; die Ideologie des »Gender Mainstreaming«, wonach die Verschiedenheit der Geschlechter nicht naturgegeben, sondern ausschließlich durch kulturelle Rollenzwänge oktroyiert sei, ist so abstrus, dass man sich nur an den Kopf fassen kann.

Gewiss gibt es Familien, in denen beide Elternteile berufstätig sind und die Kinder großziehen. Das kann im Einzelfall auch durchaus funktionieren, wenn sich alle Beteiligten entsprechend anstrengen. Wird aber die Aufhebung dieser Arbeitsteilung zum Leitbild für die ganze Gesellschaft, dann ist die zwangsläufige Folge, dass Kinder zu kurz kommen, oder gar nicht erst geboren werden.

Manfred Kleine-Hartlage:

»Eine sogenannte Patchwork-Familie kann im Einzelfall ebenso gut funktionieren wie eine Regelfamilie, aber sie hat von vornherein die schlechteren Chancen: Erstens, weil genetische Verwandtschaft die Wahrscheinlichkeit erhöht, dass Eltern und Kinder einander wesensähnlich sind, was das gegenseitige Verständnis unter Umständen erheblich erleichtert und zweitens, weil Patchwork-Familien durch einen Willensakt zustande gekommen sind und daher nicht als naturwüchsige Selbstverständlichkeiten wahrgenommen werden können: Die Gefahr des Scheiterns wird latent immer gesehen, und dieses Bewusstsein ist gerade für Kinder eine seelische Belastung, der sie in einer Normalfamilie nicht ausgesetzt sind. Gewiss können auch Normalfamilien scheitern, aber man rechnet eben normalerweise nicht damit. Eine Patchwork-Familie ist für Kinder selbstverständlich besser als gar keine, aber sie ist naturgemäß eine Notlösung, und sie ist stärker gefährdet. Wer daher behauptet, es komme nicht darauf an, ob Kinder von ihren verheirateten leiblichen Eltern großgezogen würden, oder nicht, weiß nicht, wovon er redet.«

Wenn dann wenigstens einige Vertreter der katholischen Kirche, die sich ansonsten auch eher knieweich gegenüber dem nihilistisch-atheistischen Zeitgeist gibt, das Wort für die Familie und die Interessen der Kinder ergreifen, geht das mediale Gekeife sofort los: *Kirchen-Bashing* gehört heutzutage schon zum Establishment. Dafür braucht man nämlich weder Mut noch Intellekt (Birgit Kelle), wie das Beispiel der Grünen beweist: Als in den Kirchen das Thema Kindesmissbrauch schmerzlich aufkam, da überschlugen sich die Grünen geradezu im Kirchen-Bashing. Wolfram Weimer:

»Auf die unfassbare Idee, Pädophilie in Programmen zu legitimieren, kamen die Grünen selbst. Von den Kindesmissbrauchs-Prahlereien Cohn-Bendits über pro-pädophile Programme und Gesetzentwürfe in den Achtzigern bis zum Treiben Hermann Meers und zum legendären Plädoyer Volker Becks zur Entkriminalisierung der Pädosexualität reicht die peinliche Traditionslinie der Partei.«

Die »demonstrative Moral« der Grünen ist eine Moral der fundamental Verlogenen. Die selbstgefällige Arroganz dieser Gutmenschen und Weltverbesserer ist ein Schlag ins Gesicht der Opfer, die als Kinder zu

Experimentiermaterial bzw. Spielzeug gemacht wurden, mit dem man als Erwachsener machen konnte, was man wollte (Zoe Jenny).

Mit vage gehaltenen und emotional aufgeladenen Slogans sowie Neologismen, wie zum Beispiel: »Familie und Ehe ist, wo Liebe wohnt«, versucht die einflussreiche Homo-Lobby im vorpolitischen Raum ihre Ziele durchzudrücken. Auf der Strecke bleiben auf jeden Fall die Kinder, sie werden um ihre Identität betrogen. Und das alles im Interesse der sexuellen Vorlieben von Erwachsenen.

Die Institution Familie wird herabgewürdigt, weil sie zu Recht als Keimzelle der von allen Linken verhassten bürgerlichen Gesellschaft vermutet wird. Nach ihrer Vorstellung sorgen Elternpaare nicht mehr füreinander, sondern jeder für sich selbst; notfalls (bzw. bestenfalls!) springt der Staat ein. Dabei stellt sich interessanterweise fast niemand die Frage, wieso damals in der Bundesrepublik durchschnittliche Familien gut mit einem Ernährer leben konnten. Es begann Anfang der 70er-Jahre. Ab dann wucherte der Wohlfahrtsstaat, die Steuern und Abgaben stiegen immer schneller – mit dem Ergebnis, dass heute ein Durchschnittsverdiener keine Familie mehr allein ernähren kann, selbst wenn beide Elternteile eine solche klassische Aufgabenteilung wollen. Und so übernimmt der Staat denn auch gerne die ureigene Funktion der einst autonomen Familie (Birgit Kelle). Erst treibt der Wohlfahrtsstaat die Durchschnittsfamilien in die finanzielle Abhängigkeit, dann bindet er die Eltern an das Krippensystem mit einer Art Friss- oder-stirb-Mentalität. Laut Birgit Kelle werden hier die späten Träume der Margot Honecker realisiert: »Frauen in die Produktion, Kinder in die Krippe, schöne neue Welt.«

Hartnäckig verfolgen die ebenso fanatisierten wie banalisierten Frauen-Gleichstellungsbeauftragten das Ziel der »Quotengleichstellung«. In den Gremien der Parteien werden Posten sowieso nicht nach Leistung und Fähigkeiten besetzt, sondern nach Regional-, Flügel-, Geschlechter- und sonstigem Proporz. Gut bezahlte Posten sind schließlich vor allem für die Versorgung des Posteninhabers da. Wer also mit politischen Mitteln dahin kommen will, dass es ebenso viele männlich wie weibliche Ingenieure, Physiker, Professoren oder Manager gibt, wird um diskriminierende Maßnahmen zulasten der Männer ebenso wenig herumkommen wie um Sanktionen gegen Frauen, die es vorziehen, die ihnen zugedachten Karrieren in der Wirtschaft nicht zu beschreiten. Daher werden Frauen, die den Wunsch nach Mutterschaft, Familie und Heterosexualität für sich persönlich höher einschätzen als zum Beispiel die Tätigkeit in einer Unternehmensverwaltung, systematisch von den sich emanzipatorisch gebärdenden Ideologen abqualifiziert. Hinter dieser pathologischen Ideologie versteckt sich ein regelrechter Totalitarismus: Dieser Totalitarismus wächst in dem Maße, wie die organisch gewachsenen Strukturen und Mechanismen zerstört werden, denen die Gesellschaft ihre Zivilisiertheit verdankt. Noch existiert dieser Totalitarismus nur in Ansätzen, aber er wird aufgrund derselben Logik weiter wuchern. All dies geschieht nicht einfach von selbst. Es geschieht u. a. deshalb, weil bestimmte strategisch platzierte Gruppen ein eigenes Interesse daran haben, dass es geschieht:

»Die Vorstellung, wonach Frauen, oder jedenfalls die überwältigende Mehrheit von ihnen, den Wunsch nach Kindern, Familie und heterosexueller Partnerschaft nicht von Natur aus, sondern aufgrund gesellschaftlicher Zwänge und Rollensuggestionen hätte, ist offenkundig eine Ideologie von Lesben. Für sie – und praktisch nur für sie! – trifft nämlich tatsächlich zu, dass die Gesellschaft sie mit Erwartungen konfrontiert, die ihnen zutiefst zuwider sein müssen. Folgerichtig trifft man unter den ,Gender'-Lobbyistinnen überdurchschnittlich häufig auf lesbische Frauen. Die ,Gender'-Ideologie ermöglicht ihnen, ihre eigenen Partikularinteressen und ihre Mentalität – also die Interessen und Mentalität einer kleinen Minderheit – als Interessen der Frau schlechthin und ihre eigene minderheitenspezifische Mentalität als deren eigentliches Wesen darzustellen.« (Manfred Kleine-Hartlage)

Den Staatsfeminismus im Rahmen der Genderpolitik lässt sich das Bundesministerium für Bildung und Forschung viel kosten. Dabei geht es nicht nur um die Finanzierung von Vorträgen wie »Die Onkelz gegen den Rest der Welt« – »Repräsentation von Männlichkeit im Deutschen Rock« oder auch »Männer und ihre Bärte – Geschichte der politische Partizipation in der griechische Antike«. Allein für das deutsche Professorinnenprogramm wurden bisher bereits 150 Millionen Euro ausgegeben. Die nächsten 150 Millionen sind bereits freigegeben. Die Fördertöpfe sind über den gesamten Haushalt verstreut. Insgesamt ist die Genderförderung ein derartiger Sumpf, dass es wohl kaum jemanden gibt, der einen

Überblick über die tatsächlichen Summen hat, die da an Steuergeldern verschwendet werden.

Selbst der stets zeitgeistaffine Willy Brandt meinte: »Demokratie darf nicht so weit gehen, dass in der Familie darüber abgestimmt wird, wer der Vater ist.«

Die Deutschen sterben aus – und das könnte daran liegen, dass der Feminismus die Frauen zwischen widersprüchlichen Rollenanforderungen zerrieben und für die Mutterrolle unbrauchbar gemacht hat: Die »moderne« Frau ist berufstätig, selbstständig und verdient meist ihr eigenes Geld, egal, ob sie gebunden ist oder nicht. Autonomie als höchstes Ziel der Selbstverwirklichung ist für sie ganz selbstverständlich. Kinder sind für sie eine Option, aber keinesfalls eine Selbstverständlichkeit. Sollte es dann zufälligerweise doch zur Mutterschaft kommen, muss das Leben in ganz strenge Zeitfenster eingeteilt werden, damit Karriere und Küche nach Plan organisiert, die Fremdbetreuung der Kinder koordiniert bzw. gemanagt wird. Eva Herman:

»Die Frau von heute ist im Stechschritt unterwegs, um die heterogenen Lebensinhalte unter einen Hut zu bringen. Sie hetzt quasi atemlos durchs Leben und ist doch immer unzufrieden mit dem Ergebnis. Ziehen wir Bilanz nach fast einem halben Jahrhundert Feminismus und Frauenemanzipation: Es werden so viele Ehen geschieden wie nie zuvor. In immer weniger Haushalten wird regelmäßig oder gar zeitaufwendig gesund gekocht. Bei beinahe der Hälfte aller Kinder in Deutschland werden anlässlich der vorschulischen Untersuchungen wegen fehlender Bemutterung deutliche Defizite wie motorische oder sprachliche Störungen, kognitive Entwicklungsbarrieren und verhaltensauffälliges Benehmen verzeichnet.«

Von der Politik und den Massenmedien erzeugter Druck ist es, der die Frauen treibt und jagt, dass sie auf Kinder verzichten oder diese zumindest abgeben und dann das hart erarbeitete Geld für die Betreuung ausgeben. Es ist eine Idiotie unserer Zeit, dass sich die Frau quasi versklavt, nur um ihre Kinder loszuwerden. »Es gab viele Situationen, in denen ich schöne Momente im Leben meiner Tochter verpasst habe« sagte die vormalige Familienministerin Kristina Schröder.

Man vermutet wohl richtig, dass die meisten Anführerinnen der »Emanzipationswelle« selbst niemals Kinder, geschweige denn Männer hatten. Stattdessen haben sie die Rolle der Frau so lange problematisiert und umgeformt, bis die Verunsicherung der Frauen in die Verweigerung der Mutterrolle führte – und die Männer in die Verweigerung der Versorgerrolle. Denn wenn die Frau zur Konkurrentin des Mannes wird, verspürt er weniger Bindung und Verantwortung für sie.

Deutschland ist eines der wenigen Länder der Erde, in dem das Recht auf Bindung des Kindes zu seinen Eltern nicht verfassungsmäßig verankert ist. Ein Missstand, der bisher wenig beachtet wird und gerade dadurch Aufschluss gibt über unser Land und seine Haltung zu Familie und Kind. Selbstverwirklichung ist für viele Berufsfeministinnen nur noch ein manipuliertes Tarnwort für übersteigerten Egoismus. Die unreflektierte Emanzipationsgläubigkeit und Selbstüberschätzung vieler Überzeugungstäterinnen rächt sich im Alter: Ihr Lebensabend wird für sie eine beängstigend stille und einsame Zeit sein – ohne eigene Kinder und Enkelkinder.

Bleibt für diese Überzeugungstäterinnen nur zu hoffen, dass ihnen im Alter nicht auch noch der Zusammenbruch des Gesundheitswesens droht.

Quellen:

Roland Baader: *Kreide für den Wolf,* Gräfeling 1991, S. 33.

Eva Herman: Die Emanzipation – ein Irrtum?, in: *Cicero,* 5/2006, S. 114–117

Zoe Jenny: Meine Lehrer waren pädophile Weltverbesserer, in: *Komma* 109–110, 2013, S. 31.

Birgit Kelle: Dann mach doch die Bluse zu, Interview in der *Jungen Freiheit* vom 22.11.2013, S. 3.

Birgit Kelle: Sind wir nicht alle ein bisschen Betty?, Interview im *ef-Magazin,* April 2013, Nr. 131, S. 12–18.

Manfred Kleine-Hartlage: *Die liberale Gesellschaft und ihr Ende,* Schnellroda 2013, S. 194.

Monika Leiser: Aufschrei: Der Gleichheitswahn und seine Folgen, in: *Sezession,* Dezember 2013, S. 56–57.

Dagmar Rosenfeld: Die Schneekönigin lässt alles gefrieren, in: *FAZ* vom 22.11.2013, S. 31.

Barbara Rosenkranz: *Menschinnen,* Graz 2008.

Martin Voigt: Woow.süße du bist soou hüpsch, in: *Junge Freiheit* vom 3.1.2014, S. 12.

Wolfram Weimer: Die schärfsten Kritiker der Elche, in: *Komma* 109–110, 2013, S. 28.

Volker Zastrow: *Gender-politische Geschlechtsumwandlung,* Waltrop u. Leipzig, 2006.

Marc Zöllner: Sumpf der Gleichmacherei, in: *Junge Freiheit* vom 22.11.2013, S. 14.

XXV Das deutsche Gesundheitswesen

Wie das Bildungswesen ist auch das Gesundheitswesen stark ideologisiert. Eine Gesellschaft, die eine falsche ideologische Grundrichtung verinnerlicht hat, vermag die Ursachen ihrer Probleme nicht mehr zu erkennen. Sie ist nicht mehr in der Lage, wirkliche Lösungen zu formulieren und durchzusetzen. Es wird stattdessen lediglich permanent Flickschusterei betrieben. Die Malaise des Gesundheitswesens wird von sachkundigen Ökonomen immer wieder kritisiert, findet jedoch aus politischen Gründen kein Gehör. Laut Wilhelm Hankel ist das deutsche Gesundheitswesen so gestaltet, dass es außerhalb von Geld- und Marktwirtschaft und außerhalb des Grundgesetzes läuft. Der über 100 Jahre alte Krankenschein hat als »medizinisches Sondergeld« alle Kriege und Währungsreformen heil überstanden. Doch an medizinischer Kaufkraft hat er in den vergangenen Jahren mehr an Wert verloren als DM-Mark und Euro! Denn die Gesetzliche Krankenversicherung, Kassenärztliche Vereinigungen und Kammern handeln untereinander (und mit Billigung des Gesundheitsministeriums) aus, was es dafür an ärztlicher Leistung gibt. Als verkappte Staatsdiener genießen die Kassenärzte auch nur eingeschränkte Berufsrechte. Es ist ihnen verboten, gegen ihre Unterbezahlung und den Praxistod durch Konkurs zu streiken. Tun sie es doch, müssen sie sich erst einmal (wie der Marburger Bund) in eine neue Gewerkschaft umwandeln.

Fragt man, warum dieses abstruse System der doppelten Ausbeutung von Patienten und Ärzteschaft nicht schon längst abgeschafft worden ist, gibt es eine klare Antwort: Seine (gut bezahlten) Profiteure in der Gesetzlichen Krankenversicherung und den ärztlichen Standesorganisationen verstehen sich glänzend darauf, ihr Zombiesystem einer unkundigen Öffentlichkeit als ebenso effizient wie sozial zu verkaufen – ministerielle Nach- und Mithilfe inklusive. Die Patienten nehmen es (gezwungenermaßen) hin. Dem normalen (und guten) Kassenarzt ist die medizinische Versorgung seiner Patienten wichtiger als Verbandsquerelen und Berufsrechte. Der Patient erwartet von seinem Arzt Heilung bzw. Linderung und keine Diskussion; das System interessiert ihn erst, wenn er eine Praxisgebühr zahlen muss und er

gesagt bekommt, es sei eine Anordnung von oben. Seit über 30 Jahren verspricht jede Bundesregierung eine Reform des Gesundheitswesens an Haupt
und Gliedern. Eine Flut von Gesetzen wurde seitdem beschlossen. Zuerst
herrschte ein verwirrender Glaubenskrieg zwischen »Kopfpauschale« und
»Bürgerversicherung«. Eines bringen beide Varianten aber nicht zustande:
das verkorkste System der deutschen Staatsmedizin durch ein besseres zu
ersetzen, das billiger, effizienter und volkswirtschaftlich sinnvoller ist.

Sämtliche »Kostendämpfungsgesetze« haben sich als unsinnig erwiesen:
Wer am falschen Ende spart, macht nichts besser, sondern alles nur noch
schlimmer. Die unvermeidlichen Mehrkosten des Systems werden Patienten aufgebürdet, die zuzahlen dürfen, und auf Ärzte, Helfer und Pflegepersonal abgewälzt, denen zugemutet wird, gratis zu arbeiten. Er steigert
die Unzufriedenheit mit den erkennbaren Fehlern im System zur Unmoral
in der Abrechnung, zu Streik und offenen Protesten. Eine Gesellschaft älter werdender Menschen braucht mehr (und nicht weniger) medizinische
Für- und Vorsorge. Der Kostenanstieg durch den medizinischen Fortschritt
schlägt sich in höherer Effizienz der medizinischen Behandlung nieder. Die
Menschen leben länger, denn ihre Krankheiten werden wirksamer behandelt. Kosten sind jedoch im Kreislaufsystem einer Volkswirtschaft automatisch auch irgendwo Einkommen. Wer sie also durch »Kostendämpfung«
wegspart, vernichtet Einkommen, zumal bei jenen, denen er die Last der
Kostendämpfung aufbürdet. Sie fallen mit ihren weggesparten Einnahmen
als Nachfrager aus: nicht nur auf dem Gesundheitsmarkt, sondern auf allen Märkten der Volkswirtschaft, wo sie einkaufen. In Wirklichkeit ist der
Gesundheitsmarkt, wo es ihn gibt, der größte und dynamischste Dienst-
leistungsmarkt überhaupt. Der Volkswirtschaft ermöglicht er Milliarden
an zusätzlicher Wertschöpfung, er schafft die Voraussetzungen für ein gigantisches Innovationspotenzial an medizinischem Fortschritt und legt die
Grundlage für Millionen neuer Arbeitsplätze (Steuerzahler!) in Arztpra-
xen, Krankenhäusern, Rehakliniken, Sanatorien und Heilbädern.

Was muss oder müsste geschehen? Alle Einkommensbezieher in Deutschland werden gesetzlich verpflichtet, eine Krankenversicherung ihrer
Wahl abzuschließen – genauso wie die Halter von Kraftfahrzeugen eine
Kfz-Haftpflichtversicherung. Jeder Krankenversicherte ist somit ein Pri-
vatpatient, der »Kassenarzt« hat ausgedient. Der Staat gibt den Rahmen

für die Ausgestaltung der zuzuzahlenden Tarife vor. Er setzt Mindeststandards für die Versicherungspflicht und macht Vorgaben für eine familienfreundliche und sozial ausgewogene Struktur der Prämien. Nicht verdienende und Kinder erziehende Familienangehörige und Kinder selbst sind in das Tarifsystem einzubeziehen; die Mehrkosten sind durch verteuerte Singletarife aufzufangen. Dauerkranke und sozial Schwache erhalten einen amtsärztlich überprüften staatlichen Krankenschein für eine verbilligte oder in Härtefällen kostenfreie Behandlung. Die Arbeitgeberverantwortung für die Gesundheit der Mitarbeiter bleibt erhalten. Allerdings werden die Löhne als Bruttolöhne ausgewiesen, damit jeder Arbeitnehmer von seinem Lohnnachweis ablesen kann, was der Arbeitgeber insgesamt für seine Arbeitskraft zahlt. Die Gewerkschaften bauen die Höhe des Arbeitgeberbeitrags zur Krankenversicherung in ihr Tarifsystem ein.

Der den Sozialstaat entlastende Vorteil dieser klassischen Versicherungslösung für das Gesundheitswesen liegt laut Wilhelm Hankel in Folgendem: Sie finanziert sich über den Markt von selbst; sie »kostet« den Staat und den Steuerzahler nichts. Der Bürger, dem seine Gesundheit, sein höchstes Gut, wichtiger ist als sein Geld, löst Wachstumseffekte aus, die allen zugute kommen: dem Gesundheitssektor, der übrigen Wirtschaft und dem Staat. Es ist eine Reformlösung, die sich weder auf die Phantasiezahlen eines fiktiven staatlichen »Gesundheitsbudgets« stützt noch der skandalösen Lastenumverteilung der Gesetzlichen Krankenversicherung auf Patienten, Ärzte, Pflegepersonal usw. Vorschub leistet. Kommt der einzelne Bürger mit seiner Eigenvorsorge und Versicherung nicht aus, denn (und nur dann!) muss er zuschießen: einmal im Jahr weniger Urlaub machen oder an sein Sparkonto herangehen, für das es sowieso keine Zinsen gibt.

»Kostendämpfung« als Hauptinstrument der Gesundheitspolitik ist demgegenüber ein Rezept zur Verewigung von Stagnation und Krise. Eine auf diese Maxime ausgerichtete Politik schafft sich zwar ihren Bedarf (man braucht sie mehr denn je), aber sie hackt sich die Hand ab, mit der sie helfen könnte.

Dem Staat geht irgendwann das Geld aus – trotz bzw. gerade wegen der fatalen »Kostendämpfungspolitik«.

Quellen:

Karl Braunschweig: *Skripten zur Volkswirtschaftslehre*, WP-Lehrgang, Sonderthemen, Köln 1989.

Wilhelm Hankel: *Die Euro-Lüge und andere volkswirtschaftliche Märchen*, 3. Aufl., Wien 2010, S. 96 ff.

XXVI Tricksereien der EU

Auf der aggregierten Ebene der EU setzt sich das fort, was in allen Mitgliedstaaten stattfindet: Zum Zwecke der Konkursverschleierung bzw. Konkursverschleppung sind alle Mittel erlaubt, um sich selbst und vor allem die Bürger zu manipulieren und zu täuschen. Nachfolgendes Beispiel illustriert dies exemplarisch.

Die EU hat eine neue Idee präsentiert, wie die Staaten sich ihre desolaten Haushalte schönrechnen können. Dabei übersehen sie geflissentlich, dass den schwer verschuldeten Staaten auch die feinsinnigsten Manipulationen in der Sache nichts nutzen. Die EU peilt einen weitreichenden Schritt an: Weil die nationalen Haushaltsdefizite nicht mehr auf legalem Weg unter Kontrolle gebracht werden können, wird den Staaten offiziell erlaubt, ihre Defizite durch kreative Buchführung schönzurechnen. Damit erreicht die Eurokrise eine neue Dimension: Die EU-Kommission erlaubt offiziell die Manipulation der nationalen Haushaltsdefizite. Verpackt wird dieser bemerkenswerte Schritt, der in den Massenmedien praktisch totgeschwiegen wird, in eine Mischung aus Krisen-Jargon und Bürokratensprache. Der Kernpunkt der Maßnahme: Wenn es einem Land schlecht geht, kann es Investitionen aus dem Defizit herausrechnen. Der gewagte Schachzug soll vor allem die Italiener beruhigen. Im Juli 2013 gab das italienische Finanzministerium bekannt, die Wirtschaftskraft werde im Jahr 2014 um die 1,5 bis 1,6 Prozent sinken. Ein Wirtschaftswachstum ist jedoch unmittelbare Voraussetzung dafür, die Staatsverschuldung nach und nach abbauen zu können. Noch schlimmer sieht es beim italienischen Staatsdefizit aus. Das Defizit stieg entsprechend im ersten Quartal 2014 auf 7,3 Prozent. Im Vorjahresquartal lag es noch bei 6,6 Prozent und das Defizit-Ziel für das Jahr 2013 ist 2,9 Prozent. Offenbar war dies der EU-Kommission bereits längst bekannt. Denn plötzlich wollte die EU-Kommission die Fiskal-Regeln durch Investitionen in Infrastrukturmaßnahmen lockern.

Mittels kreativer Buchführung sollen Investitionen in die Infrastruktur nicht mehr dem Haushaltsdefizit zugerechnet werden. Brüssel will den

EU-Ländern mehr Flexibilität geben, um damit wichtige öffentliche Investitionen zur Ankurbelung des Wirtschaftswachstums zu erreichen. Auch die Senkung der Rekord-Jugendarbeitslosigkeit soll dadurch erleichtert werden. Bislang mussten die EU-Staaten bei Projekten, die durch den sogenannten EU-Strukturfonds gefördert wurden, als Ko-Finanzierung bis zu 50 Prozent selbst beitragen. Diese öffentlichen Investitionen sollten nach den EU-Plänen nur noch teilweise dem Staatsdefizit angerechnet werden. Nun will die Kommission noch weitergehen – und den Schuldenstaaten die Buchhaltung »erleichtern«. Das ist reine Manipulation – sonst gar nichts. Der Präsident der Europäischen Kommission, sagte,

»[…] dass die Budgetregeln, die mitten in der Eurokrise verstärkt interpretiert werden, nicht mehr tragbar sind, sodass einige öffentliche Ausgaben für Verkehr, Energie und andere Infrastruktur in den veröffentlichten Defizitzahlen in diesem und nächstem Jahr nicht mehr enthalten sein werden.«

Mit anderen Worten: Jedwede neue Investition in die Infrastruktur – in welchem Milliarden-Umfang auch immer – wird dem Staatsdefizit nicht mehr zugerechnet. Allein drei Milliarden Euro etwa sollen in das Bahnnetz investiert werden. In der Krise gelten also Regeln, die genau für die Krise aufgestellt wurden, nicht mehr.

Die EU setzt ihre lange Liste der Rechtsbrüche ungeniert fort. Man gewinnt den Eindruck: je aussichtsloser die Lage, desto unverfrorener die Willkür. In Wahrheit nutzt diese Verschleierungstaktik den hoch verschuldeten Staaten wie Italien überhaupt nicht. Sie müssen ihre Schulden refinanzieren. Wenn die Zinssätze am Anleihemarkt wieder steigen, haben die Staaten keine Spielräume mehr für Investitionen. Ein ähnliches Problem haben gerade die Niederlanden: Sie können sich wegen des giftigen Cocktails aus geringeren Steuereinnahmen, zu erwartenden Bankenrettungen und Zinseszinsen keine Investitionen mehr leisten. Profitieren werden von der EU-Erleichterung vor allem das Baltikum und Rumänien. Denn diese Staaten haben bereits hohe Investitionen in ihren Haushaltsplänen – und können diese nun vom Defizit abziehen. Die EU-Maßnahme zeigt, dass die Schuldenkrise derart verfahren ist, dass mit technokratischen Tricks auch nichts mehr erreicht werden kann.

Doch auch in anderer Hinsicht wird getrickst: Kurz vor Beginn der Sommerferien hatte das EU-Parlament ein Milliarden-Budget verabschiedet. In Urlaubslaune peitschten die Abnicker das strittige Milliarden-Budget durch. Mit einem technischen Trick wird die Demokratie ausgehebelt. Kurz vor dem EU-Gipfel in der vorangegangenen Woche berief der EU-Kommissionspräsident ein Krisentreffen mit dem deutschen EU-Parlamentschef Martin Schulz (SPD) und dem irischen Premierminister Enda Kenny ein. Denn ohne Zusage für den neuen mittelfristigen EU-Haushalt für 2014 bis 2016 hätten einige Beschlüsse (wie die sechs Milliarden Euro zur Bekämpfung der Jugendarbeitslosigkeit) nicht gefasst werden können. Seit Monaten blockierte ausgerechnet das EU-Parament den neuen mittelfristigen EU-Haushalt. Eine der Forderungen des Parlaments: Von Anfang an sollte diesmal sichergestellt werden, dass der neue Haushalt auch die Möglichkeit gibt, offene Rechnungen der EU begleichen zu können. Diese werden nämlich von Jahr zu Jahr höher und sind im Grunde bereits völlig aus dem Ruder gelaufen. Also ausgerechnet die EU-Institution, die gemeinhin als einzig wirklich demokratisch legitimierter EU-Korpus gilt, legte bisher ein Veto gegen den Haushalt ein. Das ist natürlich nicht haltbar, denn ohne Haushalt gibt es kein Geld. Daher sollte das Parlament in einer Krisensitzung auf Linie gebracht werden. Die Krisensitzung war dann auch ein voller Erfolg. Die Kommissionspräsident sprach von einem »guten Abschluss« für Europa und seine Bürger:

»Ich freue mich verkünden zu können, dass wir heute eine politische Einigung über den künftigen Haushalt der Europäischen Union erreicht haben. Der Präsident des Europäischen Parlaments und der Präsident des Rates haben mit Unterstützung der Europäischen Kommission gerade [...] dem mehrjährigen Finanzrahmen [...] für unsere Europäische Union zugestimmt. Martin (Schulz) und Edna (Kenny), ich danke Ihnen sehr. Wir haben eine echte Kompromissbereitschaft gezeigt. Wir haben die Positionen unserer Institutionen mit großer Kraft, aber zur gleichen Zeit mit wahrem europäischen Geist verteidigt.«

Das bedeutet: Die beiden Herren haben die einzige demokratische Einrichtung der EU, das Parlament, außer Kraft gesetzt, und in einem der berühmten Brüsseler Hinterzimmer-Deals beschlossen, wie das Budget aussehen soll. Doch eigentlich war der Haushalt nur aufgrund des Treffens

dieser drei Politiker noch gar nicht spruchreif. Denn tatsächlich hatte das
EU-Parlament noch gar nicht final über den neuen Kompromiss abge-
stimmt. Und angesichts der großen Differenzen zwischen den EU-Insti-
tutionen war eine Zustimmung des Parlaments auch gar nicht so sicher.
Doch die Abstimmung war natürlich dennoch nur eine reine Formalie.
Das ist meist so, wenn in Brüssel abgestimmt wird. Das ist eine Form der
Demokratie, die eigentlich diesen Namen nicht verdient. Wozu gibt es
ein riesiges EU-Parlament, das vom Steuerzahler bezahlt wird?

Die Ankündigung des Kommissionspräsidenten war ein typisches Stück
Propaganda, mit der quasi im Vorübergehen die Demokratie ausgehöhlt
wurde. Für die Abstimmung kurz vor den Sommerferien verwendeten die
EU-Bürokraten einen technischen Trick, den die meisten Abgeordneten
gar nicht durchschauten. Denn die Abstimmung wurde in zwei verschiedene Abstimmungen aufgespalten. Zunächst wurde über »die politische
Vereinbarung abgestimmt«, gefolgt von einer zweiten, »rein formalen«
Abstimmung nahe der Sommerpause im September. Diese Aufteilung
musste vorgenommen werden, weil man kurzfristig nicht alle notwendigen »Rechtstexte« für den Haushalt fertig gehabt hätte. Das schaffte man
nämlich nicht in wenigen Tagen. Letztlich stimmten die Abgeordneten
also zunächst ab, ohne eine rechtliche Grundlage für den Haushalt zu
haben. Und im Anschluss winkten sie die »Rechtstexte« durch. Das sei
ja schließlich »reine Formsache«. Auf die Frage, ob es denn nicht zumindest denkbar sei, dass das Parlament den Haushaltsentwurf zurückweisen
könnte, antwortete der Sprecher: »Das wird nicht passieren.« Es werde
keine Änderungen, »keine bösen Überraschungen« geben. Die Verhand-
lungsführer hätten zugestimmt und »die horchen natürlich bei den Abgeordneten nach.« Die Möglichkeit, einfach die Abstimmung im September
zusammen mit den Rechtstexten vorzunehmen – wenn die Parlamentarier schon auf ihrer Sommerpause bestehen –, war anscheinend nicht möglich: »Es geht jetzt darum, den politischen Kompromiss festzuzurren und
den Nagel draufzuhauen.« Darin sah der Sprecher des Parlaments auch
kein Problem. Denn es gebe schließlich einen guten Grund, »jetzt auf's
Tempo zu drücken«. Es gebe noch ganz viele Reformpakete, es müsse ge-
setzgeberisch noch viel gearbeitet werden. Über 70 Gesetzgebungsverfah-
ren und -projekte hingen an dieser Zusage für den Haushalt, so der Sprecher. »Wie haben nicht mehr viel Zeit, in einem Jahr wird gewählt, und

wir müssen in diesem Jahr noch ganz viel durchbekommen.« Die Pro-for-
ma-Abstimmung zeigt, dass selbst die immerhin durch Wahlen befug-
ten EU-Abgeordneten nicht von ihrem Recht in angemessener Weise Gebrauch machen. Denn es gab seit Monaten einen wirklich grundlegenden
öffentlichen Widerstand der Parlamentarier gegen den Haushalt. Der war
nun offensichtlich verflogen, obwohl sich zum vorherigen Haushaltsentwurf nicht wirklich etwas verändert hatte. Und weil die Urlaubszeit nahte,
hatten die Parlamentarier ihren Widerstand schlicht aufgegeben.

Die Farce zeigt das Grund-Dilemma der EU auf: Es gibt drei Organe,
von denen sich eine wichtiger nimmt als die andere: die Kommission,
die für die Gesetzgebung zuständig ist; der EU-Rat, mit dem sich die nationalen Regierungschefs der Mitgliedstaaten ihre Einflussnahme sichergestellt wissen wollen; und das EU-Parlament eben – in dem sich von
den EU-Bürgern gewählte Abgeordnete in ihrem pseudo-demokratischen
Dunst bewegen. Während die Regierungschefs im EU-Rat weiterhin versuchen, rein nationale Interessen durchzusetzen, vergeudet die EU-Kommission ihre Zeit mit unnützen Richtlinien über den Krümmungsgrad
einer Gurke oder der Wiederverwendung von Olivenölflaschen in Res-
taurants. Monokultur und große Gleichschaltung sind ihre Arkana. Selbst
offensichtlicher Unsinn ist normal: So finanziert die EU z. B. Kampagnen
gegen das Rauchen und fördert gleichzeitig den Anbau von Tabak. Ein
Kommissar klärt über die Gefahren des Zuckerkonsums auf, während der
andere Kommissar die Zuckerrübenbauer subventioniert.

In der EU-Kommission wie auch im EU-Parlament finden sich zumeist
Politiker, die es in ihre Heimatländern mit einer erfolgreichen politischen
Karriere nicht weit gebracht haben. Es sind Politiker, die nun stets die europäische Ebene nutzen, um sich über die Versorgung mit einem weiteren
Posten freuen zu können. Sie haben den EU-Streit als Bühne benutzt, um
sich sozusagen aufzuplustern. Tatsächlich ist es ihnen herzlich egal, wie
viele Milliarden wo verschleudert werden. Sie leben vom europäischen
Steuerzahler. Was den Versorgungspolitikern im EU-Parlament dagegen
überhaupt nicht egal ist, sind die Sommerferien. Ein einziges Detail aus
dem Haushalt zeigt, wie schamlos die Gelder der hart arbeitende Steuerzahler verprasst werden: Allein die EU-Außenbeauftragte Catherine Ashton beschäftigt für ihren Auswärtigen Dienst Hunderte sehr gut bezahlte

Chauffeure, die mit den Luxus-Karossen teilweise sogar leer durch die Gegend fahren. Der Budgetbericht des Europäischen Auswärtigen Dienstes (EAD) an das Europäische Parlament zeigt auf, wie die EU-Diplomaten mit Steuergeldern umgehen. Der EAD beschäftigt demnach rund 500 Fahrer, um seine Diplomaten von einem Meeting zum nächsten zu kutschieren. Die ausgezahlten Gelder sind dabei anscheinend um ein Vielfaches höher als in der Branche üblich. Aus einem anderen Bericht geht hervor, dass auf der Gehaltsliste des EAD 484 Chauffeure stehen. Diese sind in 14 »EU-Botschaften« auf der ganzen Welt stationiert, vor allem aber in Brüssel. Auch die Kosten für die Nobelkarossen sind im Lichte der von den EU-Diplomaten selbst so oft vertretenen Sparpolitik exorbitant. Das teuerste Auto im Fuhrpark der EAD kostete 214 000 Euro. Die Außenbeauftragte der EU selbst nimmt ein gepanzertes Fahrzeug und zwei Chauffeure in Anspruch. Mit gut 290 000 Euro im Jahr sei Catherine Ashton außerdem die bestbezahlte weibliche Politikerin der Welt. Sie bekommt damit ähnlich viel wie US-Präsident Obama. Das Gesamtbudget des EAD stieg 2012 um 5,7 Prozent an, auf insgesamt 518 Millionen Euro. Das steht in klarem Widerspruch zu den Sparprogrammen, die in vielen EU-Mitgliedstaaten zur Anwendung kommen. Aus den Zahlen geht ebenfalls hervor, dass mit den Dienstwagen pro Jahr etwa 50 000 Kilometer ohne Passagiere abgespult werden. Dies liegt daran, dass Chauffeure über weite Strecken in andere Städte geschickt werden, während die Diplomaten per Flugzeug dorthin reisen.

Allein in Brüssel gibt es etwa 2 500 Organisationen, die sich mit mehr als 15 000 hoch bezahlten Mitarbeitern nur dem Lobbyismus widmen, die also dafür bezahlt werden, Politiker gegen die Interessen des Volkes zu beeinflussen.

Weniger als ein Drittel der EU-Bürger glaubt laut Michael Morris noch an die EU-Institutionen. Dass sich die wichtigsten EU-Institutionen in einem Land befinden, das ständig am Rande der Selbstauflösung dahintaumelt, ist irgendwie passend (Jan Fleischhauer). Oder wie Henryk Broder schreibt:

»Das Rollenmodell für die EU ist Belgien, ein failed state mitten in Europa, der für seine Pommes frites und seine pädophile Subkultur weltberühmt ist,

und in dem außer Pralinés und Dienstleistungen fast nichts mehr produziert wird.«

Und das Wahlvolk lässt sich dass alles gefallen. Die geistige Fremdbestimmung der egalisierten Massengesellschaft ist erschreckend. Der gelenkte Staatsbürger hat sich das selbstständige Denken freiwillig abgewöhnt, er weiß nicht mal mehr, was selbstständiges Denken ist. Vermassung und Kulturverfall sind die Folge; es entsteht eine Gesellschaft von »Fachmenschen ohne Geist« und »Genussmenschen ohne Herz« (Max Weber). Der Infantilismus der Massenseele erschöpft sich in einem orts- und ziellosen Erlebnishunger und mündet in Geistesverlassenheit. Der Kollektivismus verdrängt die Freiheit systematisch – die EU befeuert diese fatale Entwicklung.

Quellen:

Jan Fleischhauer: Wer zahlt, Sie oder ich?, in: *Komma*, 109–110, 2013, S. 19.
Michael Morris: *Was Sie nicht wissen sollen*, Rottenburg 2011.

XXVII Freiheit oder Kollektivismus

»Das Ausmaß an Armut, das in Deutschland herrscht, ist ein Skandal. Ich begegne leider immer mehr Armen in unserem reichen Land«, behauptet Bischof Reinhard Marx in seinem Buch *Das Kapital*. Er schließt sich damit seinem Namensvetter Karl Marx an, der den unverrückbaren, quasireligiösen Glaubenssatz geprägt hat: Im Kapitalismus werden die Reichen immer reicher und die Armen immer ärmer. Da solche Polarisierung dem allgemeinen Bedürfnis nach Vereinfachung entspricht, setzt sie sich durch. Wahrscheinlich will Bischof Marx zum Ausdruck bringen, dass unsere jährlichen Sozialausgaben von bald 130 Milliarden Euro (trotz immenser Staatsverschuldung!) bei Weitem nicht ausreichen. Die Moralisten vom Dienst – seien es nun Politiker, Gewerkschaftsfunktionäre, Linksintellektuelle, Medientreibende, evangelische Amtsträger oder eben auch katholische Würdenträger – sind diesbezüglich stets zur Stelle, obwohl sie in den zurückliegenden Jahrzehnten selbst maßgeblich am wachsenden Wohlstand partizipiert haben. Deutschland hat nach Schweden die höchsten Sozialausgaben auf der Welt. Und dass die Armen durch die Globalisierung reicher geworden sind, dass Millionen Inder und Chinesen, die einst hungern mussten, heute nicht mehr hungern und sich eine kleinbürgerliche Existenz aufbauen konnten und dass in vielen Entwicklungsländern mit der Marktwirtschaft und dem Kapitalismus auch Demokratie und Menschenechte Einzug gehalten haben, das passt einfach nicht in ihr holzschnittartiges Weltbild. Laut Olaf Henkel sind die moralischen Gutmenschen ohne die Armen weitgehend ihrer Geschäftsgrundlage beraubt, deshalb schaffen sie sich welche.

Rund um die Uhr läuft die Berieselung durch die Massenmedien, die ihren Auftrag zur Information und Unterhaltung in einen pseudo-moralischen Volkserziehungsauftrag umgewandelt haben. Hier funktioniert Moral als Politikersatz und gleichzeitig existiert eine eigenartige Widersprüchlichkeit zwischen öffentlich geforderter und privat gelebter Moral. So ruft zum Beispiel das politisch korrekte Kabarett regelmäßig Begeisterungsstürme beim Gesinnungspublikum hervor und ist zugleich ein erfolgreiches Geschäftsmodell. Nichts ist in Deutschland so leicht herzustellen wie moralische Empörung über den Kapitalismus. Es wird mit Schuld und schlechtem Gewissen hantiert, und das solidarische Lachen ist der Ablass. Danach wird das moralische Hochgefühl beim Italiener mit Barolo begossen. Dass es den gewohnten Lebensstandard ohne den Kapitalismus gar nicht geben würde und könnte, verstehen die Hohepriester der öffentlichen Moral selbstverständlich nicht. Es ist (leider) der wohl entscheidende Nachteil von Kapitalismus und Marktwirtschaft, dass man sie nur verstehen kann, wenn man über fundierte ökonomische Kenntnisse verfügt. Diese sind bei den typisch halbgebildeten Aktivisten in Politik und Medien allerdings die Ausnahme. Die Kapitalismus- und Wachstumskritiker betrachten das Wohlstandsversprechen für sich persönlich als erreicht und streben nun nach einer höheren »moralischen Lebensqualität«. Denen, die nicht wohlhabend sind, stellen sie den umsorgenden Sozialstaat in Aussicht, aber eine eigene, auch materielle Wohlstandsperspektive, wie sie sie selbst erreicht haben, verwehren sie den Nicht-Wohlhabenden. Dass aber selbst ihr eigenes Wohlstandsniveau nur durch die tägliche industrielle Massenproduktion und Innovation leistungsbereiter Arbeitnehmer und wagemutiger Unternehmer aufrechterhalten werden kann, ist ihnen unbegreiflich. Die Eitelkeit und teilweise Überheblichkeit dieser Kulturschaffenden, die ihr eigenes Metier moralisch hoch einschätzen, führt dazu, dass das Gewerbe der Kaufleute, Händler und Industriellen als moralisch minderwertig abqualifiziert wird. Dass letztlich die ganze Bevölkerung von den Früchten des marktwirtschaftlichen Leistungswettbewerbs lebt – auch wenn man nicht versteht, warum –, scheint Kritik und Ablehnung noch zu steigern. Sie empfinden es als unerträglich, dass der gebildete Kulturschaffende weniger verdient als der einfache Handwerker oder der »profitverschwitzte« mittelständische Produzent von Steckdosen. Das ist wohl eine der uneingestandenen Ursachen dafür, dass man Kapitalismus und Marktwirtschaft innerlich ablehnt, zumal man die dezentrale, unpersönliche Systemintelligenz des Marktes nicht versteht.

Was der Kapitalismus wirklich ist und als was er vom Durchschnittsmenschen angesehen wird, beschrieb Ludwig von Mises folgendermaßen (Zitat in Anlehnung):

»*Vom Tag ihrer Geburt an bis zu ihrem Tode ziehen die Bewohner eines ka-pitalistischen Landes in jeder Minute Vorteil aus den wunderbaren Errun-genschaften des kapitalistischen Denkens und Handelns. Die erstaunlichste Tatsache bei der beispiellosen Veränderung der Lebensbedingungen, die der Kapitalismus mit sich gebracht hat, ist, dass sie durch eine nur geringe Anzahl von Autoren und eine kaum größere Reihe von Staatsmännern, die sich deren Lehre angeeignet hatten, bewirkt wurde. … Nur wenige Menschen begriffen, wie die Marktwirtschaft wirklich funktioniert. Das Resultat dieser Unwissen-heit ist, dass man alle Verbesserungen der wirtschaftlichen Bedingungen dem Fortschritt der Naturwissenschaften und der Technologie zuschreibt. Die Lehre von Karl Marx fand deshalb Beifall, weil sie diese populäre Interpretation der Geschehnisse einfach adoptierte und in einen pseudo-philosophischen Schleier hüllte, wodurch sie sowohl den Hegelianischen Spiritualismus wie auch den groben Materialismus befriedigte. In dem Schema von Marx sind ,die materi-ellen produktiven Kräfte' ein übermenschliches Wesen, das weder vom Willen noch vom Tun des Menschen abhängt. Sie gehen ihren eigenen Weg, der ihnen durch unerforschliche und unabänderliche Gesetze einer höheren Macht vor-geschrieben ist. Sie verändern sich auf geheimnisvolle Weise und zwingen die Menschheit, ihre sozialen Organisationen diesen Veränderungen anzupassen; denn die materiellen produktiven Kräfte suchen nur eines zu vermeiden: die Fesselung durch die soziale Organisation der Menschheit. Den wesentlichen Inhalt der Geschichte bildet der Kampf der materiellen produktiven Kräfte um die Befreiung von den sozialen Ketten, durch die sie gefesselt sind. In Wirklich-keit ist es aber so, dass die Zunahme der Produktivität der Arbeit der Anwen-dung besserer Werkzeuge und Maschinen zuzuschreiben ist. In einer modernen Fabrik produzieren hundert Arbeiter in einer gegebenen Zeiteinheit ein Viel-faches von dem, was hundert Arbeiter in den Werkstätten der vorkapitalisti-schen Handwerker zu erzeugen pflegten. Diese Verbesserung ist nicht durch die bessere Fertigung, Eignung oder andere Qualifikationen des individuellen Arbeiters bedingt. Diese Entwicklung ist der Anwendung von leistungsfähige-ren Werkzeugen und Maschinen zuzuschreiben, deren Herstellung nur durch Ansammlung und Investierung von mehr Kapital möglich war.*

Die Begriffe Kapitalismus, Kapital und Kapitalisten haben durch die Bedeu-tung, die Marx ihnen gegeben hat, einen verächtlichen Charakter erhalten und werden auch heutzutage noch von den meisten Menschen – und auch in der offiziellen Propaganda […] in diesem Sinne gebraucht.

Und doch weisen diese Worte auf den Hauptfaktor hin, durch den die un-
glaublichen Leistungen der vergangenen zweihundert Jahre erzielt werden
konnten: die beispiellose Verbesserung des durchschnittlichen Lebensstandards
für eine ständig wachsende Bevölkerung. Was die modernen industriellen Be-
dingungen der kapitalistischen Länder von denjenigen der vorkapitalistischen
Zeitalter sowie von denjenigen, die gegenwärtig in den sogenannten unter-
entwickelten Ländern herrschen, unterscheidet, ist die Höhe des verfügbaren
Kapitals. Keine technische Verbesserung kann durchgeführt werden, wenn das
hierfür erforderliche Kapital nicht vorher durch Sparen angesammelt wor-
den ist. Sparen, das heißt Kapitalansammlung, ist das Element, welches Stufe
um Stufe die lästige Nahrungssuche der wilden Höhlenbewohner in moderne
industrielle Produktionsmethoden verwandelt hat. Der Schrittmacher dieser
Evolution waren die Ideen, durch die das institutionelle System geschaffen
wurde, innerhalb dessen die Kapitalansammlung durch das Prinzip des Pri-
vateigentums an den Produktionsmitteln gesichert wurde. Jeder Schritt vor-
wärts auf dem Weg zum Wohlstand ist die Folge des Sparens. Die genialsten
technischen Erfindungen sind praktisch wertlos, wenn die für ihre Nutzbar-
machung notwendigen Kapitalgüter nicht vorher durch Sparen angesammelt
worden sind. Die Unternehmen benutzen die durch die Sparer verfügbar
gemachten Kapitalgüter zur wirtschaftlichen Befriedigung der wichtigsten
der noch nicht befriedigten Bedürfnisse der Verbraucher. Zusammen mit den
Technikern, die die Produktionsmethoden zu verbessern suchen, spielen sie
neben den Sparern eine aktive Rolle im Lauf der Ereignisse, die mit dem
Sammelnamen ,wirtschaftlicher Fortschritt' bezeichnet zu werden pflegen.
Der Rest der Menschheit zieht Gewinne aus den Tätigkeiten dieser drei Pio-
niergruppen. Ganz gleich, welchen Dingen und Aufgaben sie sich widmen,
sie sind nur die Nutznießer dieses Fortschritts, zu dessen Entstehung sie selbst
nichts beigetragen haben. Ein charakteristisches Merkmal der Marktwirt-
schaft ist die Tatsache, dass sie den größten Teil der Verbesserungen, die den
Bemühungen der drei fortschrittlichen Gruppen zuzuschreiben sind – derjeni-
gen, die sparen; derjenigen, die die Kapitalgüter investieren; und derjenigen,
die neue Methoden für die Anwendung der Kapitalgüter ausarbeiten –, der
nichtfortschrittlichen Majorität der Menschheit zugute kommen lässt. Kapi-
talansammlung, die das Wachstum der Bevölkerung übersteigt, hebt einerseits
die Grenzproduktivität der Arbeit und verbilligt andererseits die Produkte.
Durch den Prozess der Marktwirtschaft erhält der gewöhnliche Mensch die
Möglichkeit, die Früchte der Errungenschaften anderer Völker zu genießen.

Er zwingt die drei fortschrittlichen Gruppen, der nicht fortschrittlichen Majorität in der bestmöglichen Weise zu dienen. Es steht jedermann frei, den Reihen der drei fortschrittlichen Gruppen einer kapitalistischen Gesellschaft beizutreten, da es sich hierbei nicht um geschlossene Kasten handelt. Ihre Mitgliedschaft ist kein Privileg, das dem Individuum durch eine höhere Autorität verliehen wird, oder das man von seinen Vorfahren erbt. Diese Gruppen sind keine Klubs, und die herrschende Partei hat keine Macht, irgendeinen Neuling fernzuhalten. Was notwendig ist, um ein Kapitalist, ein Unternehmer oder ein Erfinder neuer technischer Methoden zu werden, sind Intelligenz und Willenskraft.

Nach John Doe [...] schöpfen die Geschäftsleute den Rahm ab und lassen, wie das Kommunistische Manifest darlegt, dem wirklichen Schöpfer all dieser guten Dinge, das heißt dem Arbeiter, nichts übrig als das, was er ‚absolut zu seinem Lebensunterhalt und für die Fortpflanzung seines Geschlechts‘ benötigt. Folglich ‚sinkt der moderne Arbeiter tiefer und tiefer, anstatt mit dem industriellen Fortschritt zu steigen [...] Er wird zu einem Almosenempfänger, und der Pauperismus entwickelt sich schneller als die Bevölkerung und der Wohlstand.‘ Die Autoren dieser Beschreibung der kapitalistischen Industrie werden an den Universitäten als die größten Philosophen und Wohltäter der Menschheit gepriesen, und ihre Lehre werden von Millionen von Menschen mit ehrerbietiger Verehrung angenommen, obwohl die Häuser dieser gleichen Menschen mit Rundfunkgeräten und Fernsehapparaten, abgesehen von anderen Maschinen, ausgestattet sind. Die schlimmsten Ausbeuter, sagen die Professoren, die ‚Arbeiter-Führer‘ und Politiker, sind die großen Konzerne. Sie sehen nicht, dass das charakteristische Kennzeichen der Großindustrie in der Massenproduktion der für die Befriedigung der Bedürfnisse der Massen notwendigen Güter liegt. Unter dem Kapitalismus sind es die Arbeiter selbst, die direkt oder indirekt die Hauptkonsumenten all jener Dinge sind, die von den Fabriken erzeugt werden. [...] Die durch moderne Erfindungen ins Leben gerufenen Produkte können nur mit den Methoden der Massenproduktion gewinnbringend produziert werden, weshalb sie für die Massen genau in dem Augenblick ihrer praktische Einführung zugänglich werden. [...]

Niemand leidet Not in der Marktwirtschaft, weil es einige reiche Leute gibt. Die Reichtümer der Reichen sind nicht die Ursache der Armut irgendeines Menschen. Der Vorgang, der einige Leute reich macht, ist im Gegenteil die

Folge des Vorganges, durch den die Bedürfnisbefriedigung vieler Leute verbessert wird. Den Unternehmern, Kapitalisten und Technikern geht es nur dann gut, wenn es ihnen gelingt, die Konsumenten in der bestmöglichen Weise zufriedenzustellen. Die Kraft des Kapitalismus beruht darauf, dass jeder das Recht hat, den Kunden besser und/oder billiger zu bedienen. Und diese Methode, dieses Prinzip hat in einem verhältnismäßig kurzen Zeitraum die ganze Welt verändert. Es machte eine beispiellose Zunahme der Weltbevölkerung möglich. Im England des 18. Jahrhunderts konnte das Land nur sechs Millionen Menschen bei einem sehr niedrigen Lebensstandard ernähren. Heute genießen mehr als 50 Millionen einen Lebensstandard, der viel höher ist als jener, den die Reichen im 18. Jahrhundert hatten.

Und das sozialistische System, wie Karl Marx, Lenin und alle sozialistischen Führer wussten und zugaben, ist nichts anderes als die Übertragung von militärischen Regeln auf das gesamte Wirtschaftssystem. Marx sprach von den ‚industriellen Armeen' und Lenin forderte die Organisation aller bestehenden Einrichtungen – zum Beispiel der Post und der gesamten Industrie – nach dem Modell der Armee. In sozialistischen Ländern hat nicht der Verkäufer, sondern der Käufer dankbar zu sein. König ist nicht der Kunde, König ist das Zentralkomitee, die zentrale Planungsbehörde. Diese sozialistischen Komitees und Führer und Diktatoren stehen über allen und die Leute müssen gehorchen. Deshalb ist ein sozialistischer Staat zwangsläufig ein totalitärer Staat.«

Nicht zufällig speisen sich der Sozialismus und der Nationalsozialismus aus der gleichen intellektuellen Wurzel, nämlich dem gemeinsamen Hass auf Liberalismus und Kapitalismus. »Der Kapitalismus ficht seinen Prozess vor Richtern aus, die das Todesurteil bereits in der Tasche haben«, kommentierte Joseph A. Schumpeter treffend. Der Nationalsozialismus stand schon vor dem Ersten Weltkrieg bereit. Alle Ideen des deutschen Nationalismus und Kollektivismus waren schon lange vor 1914 erdacht worden. Aber erst Hitler führte die beiden gesellschaftspolitischen Grundströmungen Deutschlands zusammen, nämlich den Nationalismus und den Sozialismus. In einer seiner öffentliche Reden noch im Februar 1941 erklärte Hitler (einerlei aus welchen Gründen): »Nationalsozialismus und Marxismus sind im Grunde dasselbe.« Es war seinerzeit bezeichnend, dass ein junger Kommunist ziemlich leicht zum Nationalsozialisten bekehrt werden konnte und umgekehrt. Für beide ist der wahre Feind der Mensch, mit dem sie nichts gemeinsam hatten und den zu überzeugen aussichtslos war: der Liberale alter Schule. Der tiefe Antiliberalismus der Deutschen erklärt zu einem nicht geringen Teil das Rätsel, wie so ein altes, erfahrenes Kulturvolk sich einem so geistlosen Barbaren wie Hitler ausliefern konnte. Thomas Weber zitiert in einem Artikel in der *FAZ* einen »ungemein spannenden und intelligenten« Beitrag des Cambridger Historikers Brendan Simms für die Zeitschrift *International Affairs* (»Against a *World of Enemies*: The Impact oft the First World War on the Development of Hitler's Ideology«). Hitler zufolge gelte es demnach, gegen die Juden zu kämpfen, da Juden den Kampf gegen den internationalen Kapitalismus verhinderten und weil die Juden Deutschland intern schwächten. Der Bolschewismus müsse bekämpft werden, da er Länder innerlich schwäche und so dem internationalen Kapitalismus erlaube, die Herrschaft in diesen Ländern zu übernehmen. Selbst in seinem politischen Testament spielen die Sowjetunion und der Kommunismus so gut wie keine Rolle – Hitler beschäftigt sich vielmehr mit der Macht des »internationalen Judentums«, der Führungselite Englands und des internationalen Finanzwesens. Hitlers Begründung für seinen Antisemitismus war bis zu dem Zeitpunkt, an dem er zum radikalen rassistischen Antisemiten wurde, also etwa bis 1920, beinahe ausschließlich antikapitalistisch motiviert. Die Tatsache, dass der deutsche Antisemitismus und Antikapitalismus denselben Ursprung haben, ist von großer Bedeutung für das damalige verhängnisvolle Geschehen. In Deutschland wie in Österreich war der Jude zur Verkörperung des Kapitalismus geworden, weil kommerzielle Betätigung von breiten Schichten herkömmlicherweise nicht geschätzt und daher einer Gruppe umso zugänglicher wurde, die von den angesehenen Berufen praktisch ausgeschlossen waren. Es ist die alte Geschichte von der »fremden Rasse«, die nur zu den minder geachteten Erwerbszweigen zugelassen und dann umso mehr dafür gehasst wurde, dass sie sich in ihnen erfolgreich betätigte. Dass in Deutschland die Juden zur Rolle des Feindes kamen, war genauso wie die Stigmatisierung der Kulaken (selbstständige Kleinbauern) in Russland laut Friedrich A. von Hayek ein Ergebnis der antikapitalistischen Strömung, auf der die ganze Bewegung beruhte. Der englische Schriftsteller und Auslandskorrespondent F. A. Voigt kam zu dem Schluss, dass der Marxismus zum Faschismus und zum Nationalsozialismus geführt habe, weil er in allen wesentlichen Punkten Faschismus und Nationalsozialismus zugleich sei.

Die Nazis haben nach ihrer Machtergreifung den Sozialismus sozusagen
heimlich eingeführt, nämlich durch Preiskontrollen, die dazu dienten,
nach außen den Anschein von Privateigentum aufrechtzuerhalten. Die
Privateigentümer wurden de facto ihrer Eigentumsrechte beraubt, ohne
dies zu merken und verspürten daher nicht die Notwendigkeit, es gewaltsam zu verteidigen. Was den real existierenden Sozialismus in Na-
zi-Deutschland endgültig besiegelte, war die Einführung von Lohn- und
Preiskontrollen im Jahre 1936. Diese wurden als Antwort auf die Inflation des Geldangebots eingeführt, die die NSDAP seit der Machtergreifung
1933 betrieb. Die Nazi-Regierung musste immer mehr Geld drucken, um
die immens ansteigenden Staatsausgaben zu finanzieren, die für öffentliche Arbeiten, Subventionen und Wiederbewaffnung gebraucht wurden.
Die Preis- und Lohnkontrollen wurden als Reaktion auf die Preissteigerungen eingeführt, die wiederum Folge der Inflation waren. Die Kombination von Inflation und Preis- und Lohnkontrollen bewirkt zwangsläufig Knappheit von Gütern und Waren; es entsteht ein Schwarzmarkt
und vor den Geschäften bilden sich Schlangen. Die Notwendigkeit, ein
System von Preis- und Lohnkontrollen einzuführen, wirft ein bezeich-
nendes Licht auf das totalitäre Wesen des Sozialismus sowohl in seiner
Nazi-Variante als auch in seiner Variante nach sowjetischer Bauart. Wenn
der Staat es mit seinen Preiskontrollen ernst meint, muss er notwendigerweise Strafen wie für Kapitalverbrechen verhängen. Doch die Strafen
allein reichen natürlich nicht. Der Staat muss den Menschen auch massive Angst vor dem Schwarzmarkt machen. Um diese Angst zu erzeugen,
muss er ein Heer von Spitzeln und Denunzianten aufbauen. Die Erzwingung von Preiskontrollen erfordert also die Durchsetzung eines totalitären Staates, in dem das friedliche Streben nach materiellem Eigeninteresse
(zur Sicherung der persönlichen Unabhängigkeit) als kriminelles Vergehen behandelt wird, und die Einführung eines totalitären Polizeistaates
mit zahlreichen Spionen sowie der Befugnis, wahllos zu verhaften und zu
inhaftieren. Um an deutsches Vermögen zu kommen, mussten die Nationalsozialisten dann nur noch Juden töten.

Die grundlegende Erklärung für die umfassende totalitäre Herrschaft unter dem Sozialismus ist das große Dilemma, in dem sich jeder sozialistische Staat befindet, wenn es um sein Verhältnis zu seinen Bürgern geht.
Einerseits übernimmt er die volle Verantwortung für das Wohlergehen

eines jeden Bürgers; daher rührt seine Anziehungskraft für viele Menschen. Andererseits vermurkst ein sozialistischer Staat diese Aufgabe in jeder Hinsicht total. Er macht das Leben des Individuums zu einem Albtraum. An jedem Tag seines Lebens muss der Normalbürger eines sozialistischen Staates seine Zeit in Warteschlangen zubringen. Er erlebt die Knappheit bei so einfachen Dingen wie Kleidung, Gemüse, Obst, Baumaterialien, Autoersatzteilen usw. Die Mitglieder der Nomenklatura eines sozialistischen Staates stecken in einem weiteren Dilemma, indem sie nämlich dem Volk täglich weismachen müssen, dass der Sozialismus ein perfektes System sei, dessen desaströse Resultate folglich eigentlich nur das Werk von Schurken sein könne. Wenn dies wahr wäre, dann können logischerweise nur die Herrscher selbst jene Schurken sein, die ja nicht nur das Leben der Bürger zur Hölle gemacht, sondern sogar ein vorgeblich perfektes System pervertiert haben. Die Nomenklatura muss folglich in Furcht vor dem eigenen Volk leben. Daher gilt ihre größte Sorge stets der Frage, wie sie ihre eigenen Bürger gewaltsam im Zaum halten können. Deswegen kann es keine Presse- und Redefreiheit geben. Der zentralistische Staatsapparat muss rücksichtslos alle verfolgen, die auch nur einen Fußbreit von der offiziellen Parteilinie abweichen. Um sich selbst zu schützen, muss die herrschende Nomenklatura das Propagandainstrument und die Geheimpolizei anweisen, rund um die Uhr zu arbeiten. Sozialismus kann nie lange ohne Terror ausgeübt werden. Deshalb gelangt man an die Spitze eines solchen Staates nur durch einen natürlichen Prozess sozialistischer Selektion: die Auslese der Übelsten! (George Reisman). Ein authentischer Sozialismus ist von Natur aus immer totalitär.

Der moderne, sozial-sozialistische Wohlfahrtsstaat gestattet nur noch eine »behinderte Marktwirtschaft«, der durch staatliche Eingriffe immer mehr Hürden in den Weg gelegt werden, und die einen zunehmenden Verlust an individueller Freiheit erlebt. Die Zunahme staatlicher Eingriffe in die Wirtschaft ist gleichbedeutend mit einem Verlust an persönlicher Freiheit, weil es in zunehmendem Maße Gewaltanwendung erfordert, um die Leute das tun zu lassen, was sie freiwillig nicht tun würden, oder um sie daran zu hindern, etwas zu tun, was sie aus freien Stücken tun wollen.

Im Gegensatz dazu ist der archimedische Mittelpunkt des klassischen Liberalismus die persönliche Freiheit. Aber diese Freiheit ist kein gegebener

Naturzustand, sondern ein erstaunliches Produkt der Zivilisation. Diese allein hat die Herrschaft des Rechts hervorgebracht. Erst die Befolgung gemeinsamer Regeln ermöglicht das friedliche Zusammenleben von Menschen. Herrschaft des Rechts bedeutet Gleichheit aller Menschen vor dem Gesetz, Trennung der Gewalten, Berechenbarkeit des staatlichen Handelns und Schutz der Privatsphäre vor Übergriffen Dritter. Dabei ist die persönliche Verantwortung der Zwilling der Freiheit. Wirtschaftliche Ungleichheit rechtfertigt nie die Anwendung von Zwang oder die Gewährung von Privilegien. »Die Gleichheit der allgemeinen Gesetzes- und Verhaltensregeln ist die einzige Art von Gleichheit, die der Freiheit förderlich ist, und die einzige Gleichheit, die wir ohne Zerstörung der Freiheit sichern können«, heißt es bei Friedrich A. von Hayek. Gleichheit vor dem Gesetz und materielle Gleichheit schließen sich gegenseitig aus. Der herrschende Glaube an die »soziale Gerechtigkeit« ist heutzutage wahrscheinlich die gefährlichste Bedrohung für die meisten andere Werte einer freien Zivilisation. Es ist ausdrücklich davor zu warnen, wirtschaftliche Enttäuschungen zu verhindern. Denn das würde bedeuten, dass man das System der negativen Rückkopplung ausschaltet, dem die alles entscheidende Signalfunktion für künftiges Handeln zukommt. »Freie Konkurrenz ist die beste Regel für das Wirtschaftsleben«, heißt es bei John Stuart Mill. Wo Ergebnisse jedoch rationalistisch im Vorhinein zentral geplant werden, kann sich nichts mehr spontan entwickeln, die Generierung neuen Wissens durch den marktmäßigen Leistungswettbewerb wird unterbunden: Die allseits desaströsen Folgen sind bekannt. Fortschritt entsteht nur als Ergebnis sich anpassender Entwicklung, spontan, gleichsam evolutorisch.

Alle wesentlichen Institutionen des kulturellen Fortschritts sind das Ergebnis menschlichen Handelns, aber eben nicht menschlichen Entwurfs. Unglücklicherweise sind aber die meisten Menschen zumindest unterschwellig davon überzeugt, dass ein Mechanismus, um dessen Gestaltung sich niemand aktiv gekümmert hat, den niemand überwacht, kontrolliert und steuert und den niemand in seinen Einzelheiten versteht, auch nicht wirklich funktionieren kann. Hayek hat in seiner Markttheorie überzeugend beschrieben, wie das in der Gesellschaft nur dezentral vorhandene, »lokale« Wissen des »Mannes vor Ort« auf dem Markt mit Hilfe flexibler, relativer Preise, die die jeweiligen Knappheiten anzeigen, kommuniziert und gemeinsam genutzt wird (Karen Horn). Der Marktmechanismus ist

die geniale Lösung des Koordinationsproblems des Wissens in der Gesellschaft. Die »Wissensteilung« auf dem Markt, die sich ergibt, ohne dass sie
jemand beabsichtigt, und das mindestens ebenso wichtige Organisations-
prinzip der Arbeitsteilung sind die Antwort auf die Frage: Wie kann das
Zusammenwirken von Menschen und den Bruchstücken von Wissen, das
in den verschiedenen Menschen existiert, Resultate hervorbringen, die –
wenn sie bewusst vollbracht werden sollten – auf Seiten des lenkenden
Verstandes ein Wissen erfordern würden, das kein einzelner Mensch je
besitzen kann? Von elementarer Bedeutung ist Hayeks Entdeckung der
Verwertung verstreuten Wissens und somit der entscheidenden Bedeutung des Preismechanismus, der über die Signalwirkung relativer Preise
in der Lage ist, ansonsten miteinander unverbunden individuelle Entscheidungen und Pläne zu koordinieren. Das verstreut vorhandene Wissen wird zusammengeführt, genutzt und generiert immer wieder neues
Wissen (Karen Horn). Unsere moderne Zivilisation beruht also darauf,
dass wir alle von Wissen profitieren, das wir nicht (selbst) besitzen.

Bei Friedrich A. von Hayek heißt es:

*»Die Zivilisation ist das Ergebnis eines Handelns oder vielmehr des Handelns
einiger hundert Generationen. Das heißt aber nicht, dass die Zivilisation das
Produkt eines menschlichen Plans ist, oder auch nur, dass der Mensch weiß,
wovon ihr Funktionieren oder ihr Fortbestehen abhängt. Es ist die Tragödie
des kollektivistischen Denkens, dass es drauf ausgeht, die Vernunft allbeherr-
schend zu machen, aber damit endet, sie zu vernichten, weil es den Prozess
missversteht, vom dem das Wachstum des Vernunftwissens abhängt. Nicht was
vom Menschen als nützlich verstanden wurde, sondern nur, was sich ohne
sein Verständnis für die Förderung seiner Vermehrung als wirksam erwiesen
hat, regiert tatsächlich die Geschichte, ob wir dies nun mögen oder nicht; und
wahrscheinlich hat dieser Umstand auch bestimmt, was die Werte sind, die
zumindest in der Vergangenheit die Mehrzahl der Menschen geleitet haben.
Die Vorstellung vom Menschen, der sich dank seiner Vernunft über die Werte
seiner Kultur erhebt, um sie von einer höheren Warte von außen zu beurteilen, ist eine Illusion. Denn diese Vernunft ist selbst ein Teil jener Kultur, und
wir können stets nur einen Teil gegen die anderen ausspielen. Wir können
die Wertgrundlagen unserer Zivilisation nie von Grund auf neu aufbauen,
sondern immer nur von innen heraus entwickeln. Wir sollten genug gelernt*

haben, um zu vermeiden, unsere Zivilisation dadurch zu zerstören, dass wir den spontanen Interaktionsprozess der Individuen ersticken, indem wir seine Lenkung in die Hände irgendeiner Behörde legen. Aber um dies zu vermeiden, müssen wir die Illusion zerstreuen, dass wir bewusst die Zukunft der Menschheit schaffen können. Das Gehirn ist ein Organ, das uns befähigt, Kultur aufzunehmen, aber nicht, sie zu entwerfen. Nur Narren glauben, dass sie alles wissen. Wenn die Anmaßung modernen Geistes, der nichts gelten lassen will, was nicht bewusst von individueller Vernunft geführt wird, nicht zu rechter Zeit lernt, wo sie halt machen muss, müssen wir, wie Edmund Burke warnend sagt, fest überzeugt sein, dass alles um uns allmählich schrumpfen wird, bis schließlich unsere Belange auf das Ausmaß unseres Verstandes herabgesunken sind. Aus einem gelenkten Prozess kann nichts Größeres entstehen, als der lenkende Geist voraussehen kann.«

Der Liberale nimmt seine Unwissenheit souverän hin, bleibt gegenüber dem Mechanismus der kulturellen Evolution demütig und bereit, den Veränderungen ihren Lauf zu lassen, auch wenn er nicht voraussagen kann, wohin dieser Fortschritt führen wird. Er beschränkt sich klugerweise darauf, wie ein Gärtner zu handeln, nämlich die besten Rahmenbedingungen für das Wachsen und das Gedeihen zu schaffen. Er trifft Vorsorge, dass die Dinge sich selbst zu ordnen imstande sind. Aber er versucht keinesfalls, bestimmte Ergebnisse dieses Selbstordnungsprozesses zu diktieren oder vorwegzunehmen. Das kann nur schiefgehen – wegen der tatsächlichen Begrenztheit des menschlichen Wissens.

Die soziale Natur des Menschen entspringt der Unvollkommenheit des menschlichen Individuums (Karl Popper). Ziel der Sozialwissenschaften kann es deshalb nur sein, die unbeabsichtigten und ungeplanten Ergebnisse der (spontanen) Handlungen vieler Menschen zu erklären.

»Thema ist nicht, warum ein einzelner Mensch handelt, wie er handelt, sondern was sich aus dem Zusammenwirken einer Vielzahl von Menschen ergibt. Die Subjektivität der Fakten und die Komplexität des gesellschaftlichen Phänomens, das aus dem Zusammenwirken vieler Menschen entsteht – das sind die zwei ausschlaggebenden Faktoren, die den Gegenstand der Sozialwissenschaften so viel schwerer handhabbar machen als jenen der Naturwissenschaften.[…] Der Ruf nach ,sozialer Gerechtigkeit' ist ein Fall von

,Kollektivismus'. Gerecht kann nur ein konkreter Mensch mit eigenem Willen sein, nicht die abstrakte Gesellschaft«,

heißt es bei Karen Horn treffend.

Neben der unvergleichlichen Effizienz der Marktwirtschaft ist vor allem auf ihre moralisch-ethische Dimension hinzuweisen: Der Kaufmann, der in Erwartung künftiger Geschäfte seine Kunden gut behandelt, handelt aus Eigeninteresse. Ohne es zu wollen, stabilisiert er damit die moralischen Grundlagen einer Gesellschaft friedlicher Kooperateure. Heute, wo ein kruder Egalitarismus im Namen von »Antidiskriminierung« und »politischer Korrektheit« die Freiheit bedroht, ist es wichtig, darauf hinzuweisen, dass der Versuch, Gleichheit zu schaffen, am Ende Freiheit und Wohlstand vernichten werden. Ludwig Erhard wusste: »Je freier die Wirtschaft, umso sozialer ist sie auch.« Denn die kapitalistische Marktwirtschaft selber ist die beste Sozialpolitik.

Nirgends ist die Kluft zwischen Arm und Reich größer, nirgends sind die Reichen reicher und die Armen ärmer als in jenen Gesellschaften, die den freien Markt nicht erlauben. Das trifft zu für feudale Gesellschaftsordnungen, wie sie in Europa im Mittelalter herrschten oder in Indien vor der Unabhängigkeit. Das gilt auch für große Teile des modernen Südamerika, wo der ererbte Status die Stellung bestimmt. Es trifft genauso zu auf zentral geplante Gesellschaften wie Russland und alle marxistisch geprägten Länder, wo die Beziehung zur Partei und Staatsspitze bzw. zur Nomenklatura die Stellung bestimmt. Es gilt also genau für jene Gesellschaften, die zentrale Planung im Namen der Gleichheit eingeführt haben (Milton Friedman). Es ist eine historische Tatsache, dass die Entwicklung des Kapitalismus begleitet war von einer beträchtlichen Abnahme des Ausmaßes, in dem bestimmte religiöse, rassische oder soziale Gruppen unter besonderen Behinderungen in Bezug auf ihre wirtschaftliche Entfaltung leben mussten, mit anderen Worten: diskriminiert wurden. Der Kapitalismus führt automatisch zum Rückgang von Diskriminierung. Der Wandel von Status-Übereinkünften zu Vertrags-Übereinkünften war der erste Schritt zur Befreiung der Sklaven. Die Juden konnten das Mittelalter nur überstehen, da es einen Marktbereich gab, innerhalb dessen sie tätig sein und sich am Leben erhalten konnten, obschon sie offiziell verfolgt wurden. Die Quäker und Puritaner konnten in die neue Welt auswandern, weil es ihnen möglich war, sich die dazu erforderlichen Mittel zu beschaffen, obgleich ihnen auf anderen Gebieten des Lebens Beschränkungen auferlegt waren. Chancengleichheit wie auch persönliche Gleichheit stehen nicht im Widerspruch zur Freiheit; im Gegenteil, sie ist ein ganz wesentlicher Bestandteil der Freiheit. Wenn man manchen Menschen oder Gruppen den Zutritt zu manchen Berufen oder Märkten, zu einer gesellschaftlichen Stellung, für die sie qualifiziert wären, nur wegen ihrer Rasse, Hautfarbe oder Religion verwehrt, so ist das eine Verletzung ihres Rechts »auf Leben, Freiheit und das Streben nach Glück«. Es untergräbt die Chancengleichheit und opfert gleichzeitig die Freiheit der einen für den Vorteil der anderen (Milton Friedman). Nur die Freiheit eröffnet den Benachteiligten die Chance, die Privilegierten von morgen zu sein. Eine Gesellschaft, die die Gleichheit (im Sinne von Gleichheit der Ergebnisse) der Freiheit und somit der Unterschiedlichkeit vorzieht, wird letztlich weder Gleichheit noch Freiheit erlangen. Andererseits wird eine Gesellschaft, die die Freiheit postuliert, als glückliches Nebenprodukt mehr Freiheit und mehr Gleichheit erreichen. Obwohl sie nur ein Nebenprodukt von Freiheit darstellt, ist die größere Gleichheit kein Zufall. Eine freie Gesellschaft setzt bei jenen Menschen, die ihre eigenen Ziele verfolgen, Energien und Fähigkeiten frei. Sie hält viele Leute im Eigeninteresse davon ab, andere willkürlich zu unterdrücken: Seine (potenziellen) Kunden pflegt man. Wer sie schlecht behandelt oder gar unterdrückt, wird in der Marktwirtschaft sofort selbst bestraft. Deshalb ist der Marktmechanismus der effizienteste Machtzerschlagungsapparat überhaupt.

Laut Friedrich A. von Hayek hat der Markt die größte Reduzierung willkürlicher Gewalt mit sich gebracht, die jemals erreicht worden ist. Freiheit bedeutet in einer Marktwirtschaft automatisch Vielfalt, aber auch sozialen Aufstieg und sozialen Abstieg. Aber Freiheit bietet laut Milton Friedman fast jedem Menschen ein erfülltes und besseres Leben. Nicht zufällig war der Begründer der klassischen Nationalökonomie, Adam Smith (1723–1790), Inhaber des Lehrstuhls für Moralphilosophie an der Universität Glasgow. Für ihn gehörte es zur Würde einer Person, für sich selbst sorgen zu können.

Friedrich A. von Hayek warnte ausdrücklich vor den totalitären Tendenzen jeglicher Form von Wohlfahrtsstaat, der um »soziale Gerechtigkeit«

bemüht ist. Eine freiheitliche Ordnung kann auf Dauer nur bestehen, wenn auch im sozialen Bereich ein Höchstmaß an Freiheit, privater Initiative und Selbsthilfe gewährleistet ist. Eine wuchernde Umverteilungs- und Regelungsbürokratie erstickt die Hilfsbereitschaft primärer Sozialverbände: der Familien, Nachbarschaften, Kollegen, Vereine, Verbände, privater Hilfsorganisationen. Die spontane Hilfsbereitschaft kann laut Arnulf Baring nicht überleben, sobald man allgemein Behörden für zuständig definiert und hält.

»Warum soll ich, gemeinsam mit meinem Nachbarn oder Kollegen, irgendeine konkrete Solidarität in die Wege leiten, wenn es doch für alles Ämter und Behörden gibt, die für solche Zwecke, und üppig, aus Steuermitteln bezahlt werden? Stattdessen bestärkt die Politik die Menschen in der irrigen Annahme, unser vortreffliches Sozialsystem erlaube ohne weiteres ständig wachsende Sozialleistungen und steigenden Wohlstand bei immer geringeren, immer kürzeren Anstrengungen des Einzelnen. Das Schlimmste daran ist, dass der Sozialstaat durch seine scheinbar mühelosen Wohltaten das Selbstvertrauen allzu vieler Bürger schleichend verringert. Sie glauben sich mehr und mehr außerstande, aus eigener Kraft das Leben zu meistern.« Man muss dies laut Arnulf Baring *»eine öffentliche Förderung mentaler Verwahrlosung nennen. Die wachsende Zahl von Sozialstaatskonsumenten und eine verdorbene, verkommene Arbeitsethik sind Zeichen unsere Niedergangs.«*

In Anlehnung an den Historiker Arnold Toynbee (1889–1975) muss man wohl konstatieren: Sozialstaatliches Wohlergehen ist zivilisationsfeindlich. Denn ein finanziell ausgepowerter Staat kann am Ende gerade den wirklich Bedürftigen nicht mehr helfen.

»Die Finanzen sind auf Erden leider die Grundlage des Privatlebens wie des politischen Lebens. Das Geld ist der Nerv des Staates, seine Einkünfte der Puls, an dem man seine Lebenskraft misst. Die Fürsten werden nur solange geachtet, als sie reich und mächtig sind, und die Völker, die unter einer guten Finanzwirtschaft leben, sind glücklicher als die, deren Herrscher eine ungeordnete Wirtschaft führt. Denn eine reiche Regierung kann und muss den Untertanen helfen, eine verschuldete aber kann niemandem beistehen.« (Friedrich II.)

Der klassische Liberalismus befasst sich mit den Aufgaben des Staates und vor allem mit der Beschränkung seiner Macht. Die Demokratie befasst sich mit der Frage, wer den Staat lenken soll. Das demokratische Prinzip als solches garantiert allein keineswegs Freiheit und Rechtsstaatlichkeit auf Dauer. Deshalb fordert der Liberalismus, alle Macht, also auch die der Mehrheit zu beschränken. Die rein demokratische Theorie führte dazu, die Meinung der jeweiligen Mehrheit als einziges Kriterium für die Rechtmäßigkeit der Regierungsgewalt zu betrachten. Die Mehrheit kann also zum Beispiel entscheiden, totalitäre Maßnahmen zu ergreifen. Der Liberalismus ist deshalb in gewissem Sinne unvereinbar mit unbeschränkter Demokratie, genauso wie mit jeder anderen unbeschränkten Macht. Bei Friedrich A. von Hayek heißt es:

»Obwohl also die konsequente Anwendung liberaler Prinzipien zur Demokratie führt, wird die Demokratie den Liberalismus nur dann und solange bewahren, wie die Mehrheit ihre Macht nicht dazu missbraucht, ihren Anhängern besondere Vorteile zu verschaffen, die nicht allen Bürgern gleichermaßen geboten werden können. Die heute im Wohlfahrtsstaat praktizierte Form der Demokratie ist zunehmend ein Synonym für den Prozess des Stimmenkaufs und für das Schmieren und Belohnen von unlauteren Sonderinteressen, ein Auktionssystem, in dem alle paar Jahre die Macht der Gesetzgebung denen anvertraut wird, die ihren Gefolgsleuten die größten Sondervorteile versprechen, ein durch Erpressungs- und Korruptionssystem der Politik hervorgebrachtes System mit einer alleinigen allmächtigen Versammlung, mit dem Wortfetisch Demokratie belegt.«

Der Antiliberalismus der Deutschen wiegt schwer, weil er historisch tief eingebrannt ist. Die deutsche Aufklärung gewährte zwar kulturelle Freiheiten, aber eben keine politischen. Der »Liberalen-Fresser« Bismarck stülpte den deutschen Ländern Preußen über und hielt die Deutschen von der Demokratie fern. Den aufschäumenden Nationalismus ließ er eiskalt gewähren, die enormen Umwälzungen der Industrialisierung verstand er nicht zu nutzen. Das Gemisch aus Nationalismus und romantischer Deutschtümelei ließ den Liberalismus, den Freihandel und den Kapitalismus als angelsächsische bzw. »englisch-imperialistische« Idee erscheinen, deren Ablehnung die deutschen Konservativen in eine antiwestliche, ja antizivilisatorische Stimmung trieb. Bedenkt man, dass die

geistigen Bewegungen des Sozialismus, Marxismus und Nationalsozialismus ebenso radikal antikapitalistisch und antiliberal waren – ja, dass
sogar die beiden großen Kirchen tendenziell antikapitalistisch eingestellt
waren –, und dass der bis dahin nicht revolutionäre Konservatismus sich
nach Etablierung der liberalen Weimarer Koalition regelrecht radikalisierte, so wird einem klar, dass Deutschlands erste Demokratie, die Weimarer
Republik, von vornherein keine Überlebenschance hatte. Die Tatsache,
dass der Antisemitismus und der Antikapitalismus denselben Ursprung
haben, ist für das Verständnis des damaligen Geschehens von großer Bedeutung. Nationalismus und Sozialismus waren vor und nach dem Ersten
Weltkrieg in Deutschland die vorherrschenden ideologischen Strömungen. Der Nationalsozialismus verband beide in seiner »Weltanschauung«
und tat noch einiges dazu. »Du bist nichts. Dein Volk ist alles!« war das
Schlagwort für das Ende der individuellen Freiheit. »In einer Gesellschaft
der Unfreien werden Macht und Willkür angebetet«, heißt es bei Friedrich Schiller. Vor allem aber wurden »Volk« und »Rasse« zu Leitbegriffen
im Dritten Reich. Der Antiliberalismus fand in der Vereinigung von Nationalismus und Sozialismus im Dritten Reich fast folgerichtig seinen grausamen Höhepunkt. Die schäbige SED-Diktatur setzte den Kollektivismus
später noch fast 30 Jahre in Mitteldeutschland fort.

Als 1933 die Hitler-Regierung den Kampf gegen die freie Wirtschaft aufnahm, fing es damit an, dass man diese als »liberalistisch« in der öffentlichen Meinung zu diskreditieren suchte und endete laut Eugen Schmalenbach schließlich in einem totalitären kollektivistischen Staat.

Horst Poller weist darauf hin, dass die totalitären kollektivistischen Staaten, in denen sich die utopischen Ideologien des 20. Jahrhunderts manifestiert hatten, alle in Krieg, Zerstörung oder Zusammenbruch endeten.
Die kollektivistischen Ideologien selbst aber, Marxismus, Sozialismus und
Nationalsozialismus, haben überlebt.

Nun sollte man meinen, dass zumindest den Deutschen jegliche Zuneigung zum Kollektivismus vergangen ist. Doch weit gefehlt! In Anlehnung
an Goethe mag man sagen: »So lange der kollektivistische Wahn währt,
besitzt er eine unüberwindliche Anziehungskraft.«

Es war wohl nur der schnelle Wohlstand der Bundesrepublik nach Hunger und Not in der Nachkriegszeit, der eine freie und somit soziale Marktwirtschaft zuließ. (Ohne die handstreichartige Einführung durch Ludwig Erhard hätte es keine politische Mehrheit dafür gegeben – auch nicht in der Union oder bei den Unternehmern.)

Leider lernen die Menschen nicht aus der Geschichte, wie schon der griechische Geschichtsschreiber und Politiker Thukydides vor rund zweieinhalbtausend Jahren feststellte. Von dem vermutlich klügsten Staatsmann, den die Geschichtsschreibung bis heute kennt, nämlich Perikles (500–429 v. Chr.), ist folgender Ausspruch durch Thukydides überliefert: »Das Geheimnis des Glücks ist die Freiheit, das Geheimnis der Freiheit aber ist der Mut«. Das ist es, was den obrigkeitsstaatlich geprägten Deutschen vor allem fehlt: der persönliche Mut zur Freiheit! Stattdessen geben sie sich als Untertan des modernen Sozialstaates dem würdelosen Geschacher um ein möglichst großes Stück vom sozialen Kuchen hin. Anstand und Moral in der Gesellschaft weichen schamloser Schuldenmacherei und öder Gleichmacherei. Typischerweise ist der Sozialneid in Deutschland stärker ausgeprägt als die Anerkennung von Erfolg und Reichtum. Die Tendenz, den Neid zu befriedigen und ihn in das respektable Kleid der sozialen Gerechtigkeit zu hüllen, entwickelt sich zu einer ernsten Bedrohung der Freiheit. Es wird naturgegeben immer Ungleichheit geben. Aber man findet sich ohne Zweifel viel leichter mit der Unabhängigkeit ab, und die Würde des Menschen leidet weniger unter ihr, wenn sie das Ergebnis anonymer Kräfte (Markt) ist, als wenn sie beabsichtigt ist. Gerechtigkeit ist offensichtlich ein soziales Phänomen und der Zusatz »sozial« zu diesem Substantiv ein Pleonasmus, so, als wenn man von einer »sozialen Sprache« reden würde. Nicht nur »soziale Gerechtigkeit«, auch »soziale Demokratie«, »soziale Marktwirtschaft« oder »sozialer Rechtsstaat« sind Ausdrücke, die beinahe jede beliebige Bedeutung erhalten können, wenn das Adjektiv »sozial« den an sich vollkommen klaren Ausdrücken Gerechtigkeit, Demokratie, Marktwirtschaft oder Rechtsstaat hinzugefügt wird. Dieses Streben nach »sozialer« Gerechtigkeit nötigte die Regierungen, den Bürger und sein Eigentum als ein Objekt der Verwaltung zu behandeln, mit dem Ziel, bestimmte Ergebnisse für bestimmte Gruppen zu gewährleisten. »Soziale« Gerechtigkeit kann also nur in einer gelenkten oder einer Befehlswirtschaft eine Bedeutung erhalten (wie etwa in der Armee), in der den Individuen befohlen wird, was sie tun sollen.

Der heutige Sozialstaat ist daher längst eine wohlwollende Despotie. Unter den Bedingungen individueller Freiheit kann ein Anspruch auf Gleichheit der materiellen Verteilung nur durch eine Regelung mit totalitären Gewalten erfüllt werden. Volle materielle Gleichheit für die meisten kann nur die »gleiche« Unterwerfung der Massen unter das Kommando einer Elite bedeuten, die deren Privatangelegenheiten managt. Und Arbeitslosigkeit ist nicht so sehr eine Funktion der »aggregierten Nachfrage« als vielmehr der Elastizität der Preisstruktur, die allerdings durch alle Bemühungen um eine »gerechte« Verteilung beseitigt wird. Nach der klassisch-liberalen Konzeption gemäß John Locke ist Gerechtigkeit die Art und Weise, in der sich der Wettbewerb vollzieht, nicht aber sein Resultat. Dagegen zielen die heutigen Apostel der »sozialen« Gerechtigkeit auf schmutzige Gefühle: die Abneigung gegen Leute, denen es besser geht als einem selbst. Oder es ist einfach der Neid, die unsozialste und übelste aller Leidenschaften, wie sie John Stuart Mill nannte – jene Feindseligkeit gegen Reichtum, die es als einen Skandal darstellt, dass einige großen Reichtum genießen, während andere darben. Zumindest alle, die die Reichen zu plündern wünschen, geben sich einer völlig irrationalen Leidenschaft hin und schaden in Wirklichkeit denen, an deren räuberische Instinkte sie appellieren. Die Vorstellung, dass wir das, was wir in der Vergangenheit ehrlich verdient haben – auch moralisch verdient haben –, ist weitgehend eine Illusion. Wahr ist lediglich, dass es ungerecht gewesen wäre, wenn uns irgendjemand genommen hätte, was wir wirklich unter Beachtung der Spielregeln erworben haben.

Es ist eine der großen Tragödien unserer Zeit, dass die Massen glauben, ihren hohen Lebensstandard dadurch erreicht zu haben, dass sie die Reichen heruntergezogen haben. Sie fürchten, die Erhaltung oder Entstehung einer wohlhabenden Klasse würde ihnen etwas nehmen, das sie sonst bekämen und das sie als ihr Recht ansehen. Der Sozialismus hat vielen Menschen beigebracht, sie besäßen Ansprüche, ungeachtet ihrer Leistung, ungeachtet ihrer Mitwirkung. Für die offene Gesellschaft gilt jedoch, dass es besser ist, sein Vermögen z. B. in Werkzeuge zu investieren, die es möglich machen, mehr zu geringeren Kosten zu produzieren, als es unter den Armen zu verteilen. Es ist sinnvoller für die Befriedigung der Bedürfnisse Tausender unbekannter Personen zu sorgen, als die Bedürfnisse einiger weniger bekannter Nachbarn zu befriedigen.

Das kapitalistische System der Kapitalakkumulation – verbunden mit einem marktwirtschaftlichen Leistungswettbewerb sowie einem Rechtsstaat mit garantiertem Recht auf Privateigentum – ist die unabdingbare Voraussetzung für Wohlstand und Freiheit einer Gesellschaft. Wenn der Kapitalismus das Proletariat geschaffen hat, wie ihm die Marxisten vorhalten, hat er es dadurch geschaffen, dass er viele Menschen überhaupt erst die Möglichkeit gegeben hat, am Leben zu bleiben und Nachkommen zu haben. Dass in eine Ordnung der freien Marktwirtschaft viel mehr Wissen von Tatsachen eingeht, als irgendein einzelner Mensch oder selbst irgendeine Organisation (Behörde) wissen kann, ist – wie schon so oft betont – der entscheidende Grund, weshalb die Marktwirtschaft so viel mehr leistet als irgendeine andere Wirtschaftsform. Erst diese Effizienz – verbunden mit der kapitalistischen Massenproduktion von Gütern – ermöglicht Massenwohlstand und die Möglichkeit zur materiellen Unterstützung tatsächlich Bedürftiger.

Im Machtzerschlagungseffekt des anonymen Marktes und in der Schaffung von Massenwohlstand als Grundlage der persönlichen Freiheit liegt die ethische Begründung der freien Marktwirtschaft. Der Wirtschaftsliberalismus ist also viel mehr als nur eine Organisationsform der Wirtschaft: Er ist das einzige menschengerechte gesellschaftspolitische Modell, auf das die Menschheit bisher in ihrer Entwicklungsgeschichte gestoßen ist.

Friedrich A. von Hayek trieb die Sorge, dass der für die Sicherung der individuellen Freiheit unerlässliche Rechtsstaat, die liberale Demokratie und die wohlstandsschaffende Marktwirtschaft Opfer menschlichen Unverständnisses werden (Christian Watrin). Das wirtschaftliche Wachstum nach dem Zweiten Weltkrieg war die Folge erstens von unternehmens- und innovationsfreundlichen Rahmenbedingungen (institutionelle und unternehmerische Freiheit), zweitens einer vorsichtigen Geld- und Finanzpolitik (Stabilität) und drittens einer frühen und aktiven internationalen Öffnung (Silvio Borner). Alle drei Faktoren zusammen machen ein Land zum Globalisierungsgewinner.

Vor allem die mittlere Generation der heutigen Wohlfahrtsgesellschaft zeichnet sich durch eine erschreckende Unwissenheit und Sorglosigkeit aus, was diese Zusammenhänge angeht. Die oberflächliche Diskussion über die aktuellen Prada- und Gucci-Modelle bzw. die neuesten Apple-iPhones ist ihnen wichtiger und unterhaltsamer, als eine fundierte Diskussion über tiefgründige gesellschaftspolitische Themen. Sie empfinden sehr wohl im Innersten Scham wegen ihrer Oberflächlichkeit, ihrer Selbstbezogenheit und ihrer mangelnden klassischen Bildung. Sie üben sich täglich in Demutsgesten gegenüber den unduldsamen »Medien-Intellektuellen«, die die Meinungsbildung dominieren. Sie setzen gewissermaßen eine von Gott gegebene Wohlstandsgarantie auf ewig voraus und pflegen ein missionarisches Sendungsbewusstsein. Als moralisches und ökologisches Vorbild wollen sie die Welt retten, indem sie die hungernden Afrikaner vor genetisch veränderten Lebensmitteln bewahren und den Chinesen vormachen, wie man eine 2000-Watt-Gesellschaft herbeizaubert. Dabei wollen die Afrikaner mehr zu essen haben und die Chinesen wohlstandsmäßig aufschließen – und aus diesem Grund peilen sie eine 6000-Watt-Gesellschaft an.

Die »Intellektuellen« sind opportunistisch elitär und predigen als Hohepriester der Moral der Bevölkerung den Kollektivismus. Marktwirtschaftlich orientierte Menschen fühlen sich inzwischen als Außenseiter und stoßen bei den »Gutmenschen« höchstens auf mitleidiges Lächeln oder mehr noch auf eine unreflektierte Abneigung. Die Bannerträger des konstruktivistischen Rationalismus und Sozialismus sind jedoch keine seriösen Wissenschaftler. Sie sind vielmehr die selbsternannten und von den Massenmedien hofierten »Intellektuellen«, die in Wahrheit »Altwarenhändler in Ideen« (Hayek) sind, die in den Korridoren der Wissenschaft Gerüchte aufgeschnappt haben und sich daraufhin für die Repräsentanten modernen Denkens halten. Die Furcht der Intellektuellen vor dem freien Markt sitzt so tief, dass sie sich lieber mit totalitären Systemen anfreunden als mit der Ordnung der Freiheit. Sie fühlen sich als Elite, sehen sich lieber in der Rolle der Bedarfszuweiser als in jener der dienenden Bedürfnisbefriediger im Leistungswettbewerb.

Bei Roland Baader heißt es: »Der Sozialismus ist eine Religion der Lüge: Ihre Glaubenssätze sind: Neid, Missgunst, Hass und Unvernunft, Faulheit und Mittelmäßigkeit, Raub und Diebstahl.« Dennis O'Keeffe charakterisiert den Sozialismus treffend wie folgt: »Der Sozialismus ist ein System, das dem Zweck dient, die Massen zu schwächen und sie zur Anbetung parasitärer Eliten zu bewegen.«

William Bradford, dem Gouverneur der damaligen Kolonie Plymouth in Neuengland, gelang 1621 durch die Umstellung von landwirtschaftlichem Gemeinschafts- auf Privatbesitz die Abschaffung des Hungers in seiner Kolonie. Der Gouverneur erkannte nicht nur, dass der Kollektivismus aus ökonomischen Gründen scheitern musste. Er war auch Zeuge des moralischen Bankrotts dieses Systems. Es sei vermessen zu glauben, dass das Wegnehmen von Besitz und dessen Vergemeinschaftung die Menschen glücklich machen würde, schrieb er. Vielmehr habe der Gemeinschaftsbesitz in Plymouth viel Verwirrung und Unmut gestiftet. Dieser habe sogar unter gottesfürchtigen Menschen dazu geführt, dass sie den Respekt voreinander verloren hätten (Christoph Eisenring). Ludwig Erhard:

»*Opportunisten glauben, gesinnungslos alles hinnehmen zu sollen, was ihrer Bequemlichkeit dient und sie nicht der Gefahr aussetzt, für die eigene Überzeugung einstehen zu müssen. Das sind einerseits die Lauen im Lande, die sich am liebsten unter die Decke verkriechen, um nichts bekennen zu müssen, andererseits aber auch diejenigen, die durch besondere Beflissenheit Lob und Anerkennung ernten wollen. Und dann begegnen uns noch die Konformisten, die jeder eigenen Meinung und Überzeugung bar, aus Feigheit und reiner Zweckmäßigkeit alles gutheißen, was ihnen abverlangt wird. [...] Die Freiheit ist nur für den zu retten, der sie besitzen und verteidigen will [...] Freiheit zur Durchsetzung von Gewalt und Terror zu fordern, löst alle Bande frommer Scheu. Freiheit zu schützen, verlangt solcher geistlosen Anarchie eine geistige Kraft entgegenzusetzen und sich dabei bewusst zu sein, dass sich Freiheit nur dann und nur so lange schützen lässt, als sie die Bürger und die Gesellschaft geschützt wissen wollen [...] Freiheit ohne Ordnung treibt nur zu leicht ins Chaotische, und Ordnung ohne Freiheit überantwortet uns dem Zwang [...] Anstelle freiheitlicher Gesinnung soll schablonenhafte Gesinnungstreue treten, und jede individualistische Haltung wird als volksfremd oder volksfeindlich abgelehnt [...] Auf diese Weise verwandelt sich der Staatsbürger zum Untertan.*«

Die Kollektivisten in allen politischen Parteien werden es nie begreifen. Sie erkennen nicht die abschüssige Bahn, auf die der expandierende Wohlfahrtsstaat mit seiner Überschuldung führt. Daher scheitern sie am Ende immer wieder. Doch davon wollen sie nichts wissen. »Mit der Dummheit kämpfen Götter selbst vergebens«, heißt es bei Friedrich Schiller. Und einem alten Sowjetwitz zufolge kann ein Mensch nicht gleichzeitig intelligent, ehrlich und Kommunist sein. Umso mehr gilt für den klassisch Liberalen in Anlehnung an George Orwell die Erkenntnis: Wenn die Freiheit überhaupt etwas bedeutet, dann das Recht und die Pflicht (!), den Kollektivisten immer wieder das zu sagen, was sie nicht hören wollen – auch, wenn dies mit eigenen Nachteilen verbunden ist. Dazu folgende Illustration aus Herodot: Die Athener hatten den Miletern in ihrem Kampf gegen die Perser nur mäßig beigestanden. Daraufhin verfasste der Athener Phrynichos ein Drama über die Einnahme Milets. Bei seiner Aufführung brachen die Athener in Tränen aus – aus Scham. Darauf beschloss die Volksversammlung, Phrynichos mit einer saftigen Geldstrafe zu belegen, weil er sie an etwas Unangenehmes erinnert habe.

Deutschland ist das Land, in dem die Intellektuellen bzw. Gutmenschen jegliche ökonomischen Gesetzmäßigkeiten leugnen, stattdessen ihrer verlogenen Moral huldigen und dafür ganz selbstverständlich vom Staat die ihnen zustehenden materiellen Zuwendungen und einflussreiche Position einfordern. Tritt eine ideologisch überhöhte Idee in ihren hohlen Kopf, so füllt sie ihn völlig aus, weil keine andere da ist, die ihr den Rang streitig machen könnte (nach Montesquieu) »Wenn diese Menschen nur über das sprächen, was sie begreifen, dann würde es sehr still auf der Welt sein«, formulierte Albert Einstein sehr treffend.

Die Bürger unserer Wohlfahrtsgesellschaft seien eindringlich erinnert: Nur der klassische Liberalismus verteidigt die persönliche Freiheit, er ruft die Menschen auf, eine aktive, selbstbestimmte Rolle zu spielen, den atavistischen Lockungen und Parolen des Kollektivismus zu widerstehen und sich nicht vom Zeitgeist treiben zu lassen.

Entgegen allen Aussagen der sozial-sozialistischen Politikerkaste und ihrer Hilfstruppen, den Massenmedien sowie den keynesianischen Mainstream-Ökonomen, kann eine Wirtschaft kann nur dann gedeihen, wenn die Leute mehr sparen und weniger konsumieren – ohne Ersparnis gibt es keine tragfähigen Investitionen (Hans-Hermann Hoppe). Ohne Marktwirtschaft und kapitalistisches Unternehmertum gibt es weder Wohlstand noch persönliche Freiheit.

Freier Unternehmenskapitalismus ist das leistungsfähigste System für soziale Zusammenarbeit und menschlichen Fortschritt, das je gefunden wurde. Die großen kulturellen Leistungen entstanden immer zu Zeiten, in denen es keinen großen Zentralstaat gab. Jede Form des Kollektivismus stellt eine Art Tod der Gesellschaft dar.

Der große Freiheitsdenker Roland Baader verstand sich deshalb als Aufrüttler des satten, bequemen und konfliktscheuen Bürgertums, das sich aus anerzogener Feigheit, politischer (Selbst)Entmündigung und tugendlosem Karrierismus sein Grab selbst aushebt (Gregor Hochreiter).

Der Sozial-Sozialismus kommt auf Samtpfoten daher, aber er endet in der kalten und unmenschlichen Fratze der Tyrannei, dem Stehkragen der Spitzel und Denunzianten und den Stiefeln der Gefängniswärter.

Für das bequeme und opportunistische Bürgertum, das sich inzwischen jeden nur erdenklichen Unsinn bieten lässt, wird am Ende der Ausspruch von Jean-Paul Sartre gelten: »Wenn ihr eure Augen nicht gebraucht, um zu sehen, werdet ihr sie brauchen, um zu weinen«.

Quellen:

Roland Baader: *Freiheitsfunken*, 2. Aufl., Düsseldorf 2012, S. 49.

Roland Baader (Hrsg.): *Logik der Freiheit* (Ein Ludwig-von-Mises-Brevier), Thun 2008.

Arnulf Baring: *Scheitert Deutschland?*, Stuttgart 1997, S. 300 ff.

Silvio Borner: Die Verdichtung der Bevormundung, Vortrag auf dem *NZZ*-Podium vom 31.10.2013.

Ludwig Erhard: Die Gefährdungen der Freiheit durch eine nur auf Konsens bedachte Politik, Rede vom 1.9.1968 vor der Mont Pelerin Society, veröffentlicht in: *Zum Dialog*, Nr. 9, Oktober 1968 »Freiheit und Dissens«, zitiert nach Herbert B. Schmidt in der *FAZ* vom 6.12.2013, S. 12.

Christoph Eisenring: Was Thanksgiving noch lehrt, in: *NZZ* vom 29.11.2013, o. S.

Milton und Rose Friedman: *Chancen, die ich meine*, Frankfurt/Berlin/Wien, 1983, S. 164–166.

Milton Friedman: *Kapitalismus und Freiheit*, 6. Aufl., München 2009, S. 135.

Friedrich A. von Hayek: *Der Weg zur Knechtschaft*, München 2011.

Friedrich A. von Hayek: *Die Verfassung der Freiheit*, 3. Aufl., Tübingen 1991.

Friedrich A. von Hayek: *Die verhängnisvolle Anmaßung*, Tübingen 1966.

Friedrich A. von Hayek: *Entnationalisierung des Geldes*, Tübingen 1977.

Friedrich A. von Hayek: *Individualismus und wirtschaftliche Ordnung*, Salzburg 1976.

Hans-Olaf Henkel: *Die Abwracker*, München 2011, S. 12, 14, 153 u. 163.

Gregor Hochreiter: *Geld, Gesellschaft, Zukunft*, München 2014, S. 15.

Hans-Hermann Hoppe: Steuern sind Enteignung, Interview in der *Wirtschaftswoche* vom 6.1.14, S. 36 ff.

Karen I. Horn: *Hayek für jedermann*, Frankfurt 2013.

Vera Linß: *Die wichtigsten Wirtschaftsdenker*, 3. Aufl. Wiesbaden 2012.

Ludwig von Mises: *Die Wurzeln des Antkapitalismus*, 1. Aufl. Frankfurt am Main 1958.

Dennis O'Keeffe: *Political Correctness and Public Finance*, IEA Studies in Education No. 9, London 1999.

Herfried Münkler: Zeitraffer eines Jahrhunderts, in: *FAZ* vom 24.1.2014, S. 34–35.

Horst Poller: *Die Philosophen und ihre Kerngedanken*, München 2011, S. 414.

Karl Popper: *Die offene Gesellschaft und ihre Feinde*, 2. Bd., Bern 1957/58.

Wilhelm Röpke: *Die deutsche Frage*, 3. Aufl., Erlenbach-Zürich 1948.

Wilhelm Röpke: *Die Gesellschaftskrisis der Gegenwart*, 6. Aufl., Bern/Stuttgart 1979.

George Reisman: *Capitalism: A Treatise on Economics*, Ottawa/Illinois: Jameson Books, 1966.

Friedrich Schiller: Die Jungfrau von Orleans, II, 6, Talbot, in: *Dichter der Freiheit*, hg. von Robert Nef, Thun 2006.

Eugen Schmalenbach: *Der freien Wirtschaft zum Gedächtnis*, Köln/Opladen 1949, S. 80–81.

Richard Schröder: Wie es wirklich war, in: *FAZ* vom 6.1.2014, S. 7.

Christian Watrin: Einleitung – Adam Smith, in: *Der Weg zum Wohlstand*, Thun 2008.

Thomas Weber: Die Quellen seines Hasses, in: *FAZ* vom 14.3.2014, S. 9.

Schlussfolgerungen: Die vier Konstruktionsfehler unserer Demokratie

Dank einer in Indolenz gehaltenen Bevölkerung kann die instinktlose, selbstgefällige politische Klasse frei schalten und walten. Ihr eigentliches und in Wahrheit einziges Handlungsmotiv ist die Macht. Ihr Staatsschuldenregime lenkt das Gemeinwesen auf die Schlachtbank der Unfreiheit: den Sozialismus.

Längst sind Wirtschaft und junge Leute auf der Flucht. Für viele Unternehmen lohnen sich Investitionen in Deutschland nicht mehr. Die Chemieindustrie fuhr ihren realen Kapitalstock um rund 5,4 Prozent zurück, die Elektrotechnik um 1,8 Prozent und der Maschinenbau um 0,7 Prozent. Insgesamt fiel die Investitionsquote der deutschen Wirtschaft von rund 21 Prozent im Jahr 2000 auf gerade mal 17 Prozent im letzten Jahr. Mit einer Milliarde Euro baut BMW die Stadt Spartanburg in den USA zum weltweit größten Standort aus. Daimler produziert seine neue C-Klasse im US-Städtchen Tuscaloosa. Der Lackieranlage-Gigant Dürr weitet sein Fabrikgebäude in Shanghai auf die Größe seines Stammsitzes Bietigheim-Bissingen aus. BASF will eine Milliarde Euro an der amerikanischen Golfküste für die Erdgasförderung investieren. Siemens will zukünftig sein gesamtes Energiegeschäft in den USA bündeln. Der Vorstandsvorsitzende des Stromversorgers E.on, der Niederländer Peter Tertium, beobachtet, dass sich seine Industriekunden davonschleichen – zum Beispiel in die USA. Und auch die Menschen schleichen sich davon. Die German Scholars Organization, die Auswanderern Rückkehrangebote macht, berichtete, dass seit 2003 rund 1,5 Millionen Deutsche ihr Land verlassen haben, davon 50 bis 60 Prozent Akademiker. Damit haben seit 2003 bis zu 900 000 Akademiker Deutschland verlassen. Das entspricht in etwa der Einwohnerzahl von Frankfurt a. M. Die Folgen dieser Entwicklung kann sich jeder ausmalen, zumal die Staatsschulden munter weitersteigen.

Einst sagte der Fürst zum Kardinal: Halt du sie dumm, ich halt sie arm. Die Rolle des Fürsten hat heute der Schuldenstaat übernommen. Die Rolle des Kardinals haben heute die Medien übernommen. Der überschuldete Wohlfahrtsstaat muss irgendwann die Privatvermögen seiner Bürger einziehen, um sich zu entschulden. Die machtloyalen Medien unterdrücken mit ihrem Inquisitionsfeldzug im Zeichen der Political Correctness missliebige Wahrheiten und orchestrieren die schamlose Schuldenpolitik im Rahmen der schäbigen Wählerbestechungsdemokratie. Die Bürger werden zu Gefangenen des Journalismus. Es ist die Frage, wann sie anfangen zu meutern und aus dem politisch korrekten Gefängnis ausbrechen.

Die Volkswirte verstehen ihre Disziplin nicht mehr als Sozialwissenschaft, sondern eher als eine der hohen Mathematik verwandte schöne Kunst. Weil sie andere Wissenschaften ignorieren, verstehen sie von nichts mehr etwas. Europa treibt Voodoo-Ökonomie und ein perverses Ponzi-Spiel, bei dem immer wieder neue Spielteilnehmer aktiviert werden müssen, um die alten auszahlen und damit beruhigen zu können. Statt die Krise wirklich zu bekämpfen, zelebriert Europa »Gutmenschentum« und führt sich als »Erziehungsanstalt für den Rest der Welt« auf (Günther Oettinger). Wenn die Deutschen an irgendeiner Volkskrankheit leiden, dann sind es nicht Übergewicht, Diabetes oder »Rücken«, sondern die konsequente Verweigerung der Realität. Sie interessieren sich nicht für die tatsächlichen Probleme von Wirtschaft und Gesellschaft, ihre Bestseller heißen vielmehr *Der beste Hunderatgeber, Spiel- und Wohnideen für Meerschweinchen, Das vegane Superkochbuch, Vegan abnehmen, Gender-Mainstreaming in der Kita, Gott und Gender* usw. Gehaltvolle politische Diskussionen gibt es nicht mehr. Jegliche sachlich gut begründete Kritik gilt als glatter Hochverrat. Sowohl im Bundestag als auch im EU-Parlament herrscht eine Mischung aus Irrelevanz, Redundanz und offensichtlichem Unsinn. Man fühlt sich an ein Bonmot von Gilbert Keith Chesterton (Autor der Pater Brown-Krimis) erinnert: »Seit die Menschen nicht mehr an Gott glauben, glauben sie nicht an nichts, sie glauben allen möglichen Unsinn.« Der Unsinn, an den die aufgeklärten Menschen von heute glauben, heißt »Europa« mit Vor- und »Klima« mit Nachnamen. Das sind die säkularen Religionen des 21. Jahrhunderts. Schulden-Europa ist ein großes Labor der EU-Eliten, und die Bürger sind die Versuchskaninchen. Das Experiment heißt: Erschaffung einer europäischen Identität.

Dieses Experiment gleicht dem Versuch, einen Astronauten mit einem Trampolin auf den Mond zu schicken, wie Henryk M. Broder ausführt. Der Versuch, einen neuen Menschen zu schaffen – in diesem Fall: sozial, klimaneutral, europabegeistert und selbstentmündigt –, ist bisher in der Geschichte noch immer furchtbar gescheitert. Am Ende hinterlässt uns das westliche Modell des völlig überschuldeten Wohlfahrtsstaates das, was uns auch Karl Marx hinterlassen hat: einen Schrottplatz der Illusionen. Die jetzige Politik ist also nichts anderes als die Sinngebung des Sinnlosen – und die Bürger sind des Wahnsinns fette Beute. Bei Henryk M. Broder heißt es weiter treffend:

»Im Grunde ist die Sache ganz einfach: Alles, was man zum Verständnis der aktuellen Krise wissen muss, findet man in zwei Märchen. Des Kaisers neue Kleider von Hans Christian Andersen und Vom Fischer und seiner Frau der Brüder Grimm. Für den letzten Rest an Klarheit sorgt eine alte jüdische Anekdote:

Ein aller Jude sitzt im Zug unterwegs von Berdytschew nach Zytomar. Es ist ein Personenzug, der an jeder Station hält. Und wann immer der Zug an einem Bahnhof hält, bricht der alte Jude in lautes Jammern aus. Ojwej, Ojgewalt! Was tu ich nur, was tu ich nur! Mit jedem Stopp wird das Jammern lauter und lauter. Schließlich erbarmt sich einer der Mitreisenden und fragt den alten Juden: Was haben Sie denn, geht es Ihnen nicht gut, kann ich etwas für Sie tun? Sie können nichts für mich tun. Ich sitze im falschen Zug und mit jeder Station wird die Rückreise länger.«

Mit Witz entlarvt Henryk M. Broder die gesellschaftspolitische Realität unserer Zeit: Es handelt sich um eine regelrechte Idiotie. Und mit dieser Idiotie zeichnet sich der endgültige Abschied vom freiheitsbewussten Citoyen bzw. vom bürgerlichen Zeitalter ab. Stattdessen sind wir auf dem Weg in eine kollektivistische »DDR-light«, über der passend eine »EUdSSR« thront. Im Staatssozialismus wird die individuelle Freiheit zerstört und die Führer verfolgen vor allem ihre persönlichen Interessen, wie es bereits Herbert Spencer (1820–1903) formulierte.

Der kollektivistische Sozial-Sozialismus, auf den die EU zusteuert, ist im Gegensatz zum Liberalismus eine Sozialphilosophie, die die Befugnisse und die Zwangsgewalt des Staates aufs Äußerste erweitern will. Sie setzt eine strikte Teilung in Regierende und Regierte, Befehlende und Gehorchende voraus. Alles, was in die privatwirtschaftliche und privatrechtliche Sphäre gehört, wird ins »Politische« gewandelt: Der Markt wird zur regulierten und sozialstaatlich beaufsichtigten Angelegenheit; Privatrecht zum Staatsrecht; Bedienung und Beratung zur Abfertigung; Preisbildung zur staatlich überwachten und kontrollierten Angelegenheit; Konkurrenzkampf zum Kampf um Einfluss und Herrschaft im Staate um Parteiämter und Regierungsstellen; Eigentum zu einem Begriff der Staatssouveränität; Geschäftsentscheidungen zu strafrechtlich sanktionierten Staatsakten; Devisentransaktionen, vermeintliche Steuerkürzungen zu Kapitalverbrechen; freie Gemeinschaften zu Zwangsbürokratien und abendländisches Christentum zu blankem Atheismus. Die Bevölkerung hat sich jetzt derjenigen Verwendung der Produktivkräfte zu unterwerfen, die die den Staat beherrschende Gruppe für gut befindet. Je weiter die Entbürgerlichung bzw. Proletarisierung um sich greift, umso stürmischer wird das Begehren der Entwurzelten, sich Versorgung und soziale Sicherheit von Staat und Gesellschaft garantieren zu lassen, umso mehr verkümmern die Reste von Selbstverantwortung und Selbstbewusstsein, umso größer wird der vom Staat beanspruchte, dirigierte und umgeschichtete Teil der Einkommen. In jeder kollektivistischen Gesellschaftsordnung werden die Menschen durch Polizei und Strafen zu tugendhaftem Gehorsam angehalten, wie sie auch mit einer leidenschaftlichen Ideologie und aufpeitschenden Emotionen durch die Massenmedien im gewünschten Zustand der sogenannten Politcal Correctness gehalten werden. Der Versuch, eine Wirtschafts- und Gesellschaftsordnung auf einer kollektivistischen Moral zu gründen, die wesentlich höher ist als die durchschnittliche und den Menschen gemäße, muss auf Zwang und organisierte Massenbeeinflussung durch die Lüge der Medienpropaganda zurückgreifen. Der Kollektivismus setzt einen Grad der insektenhaften Selbstentäußerung des Individuums voraus, den die konstruktivistische Zwangslehre des Kollektivismus grausam aber folgerichtig als »Umbau des Menschen« bezeichnet. Atheismus und Kollektivismus bedingen einander, sie läuten stets das Ende einer humanen Gesellschaft ein. Denn die Geschichte lehrt laut Alexis de Tocqueville, dass eine Gesellschaft ohne Religion von Chaos und Despotismus bedroht ist. Das größte Problem für Europa sei demnach der Glaubensverlust, die fortschreitende Schwächung des Christentums. In einer atheistisch-kollektivistischen Gesellschaft sind Charakterlosigkeit, krumme Rücken, geschlossene Lippen und kriecherische Anpassung das sichere Ergebnis. Diese Verstaatlichung des Menschen führt zwangsläufig über die Selbstversklavung in das größte organisierte Unglück der größten Anzahl von Menschen.

Es steht zu befürchten, dass die heutige Wohlfahrtsgesellschaft den locken-den Sirenenklängen nach sozialer Sicherheit und kollektiver Wärme erliegt, da sie diese als regelrechte Narkotika gegen ihre innere Leere empfindet. In ihrem Hunger nach Einbettung und Integration sucht die durch Vereinze-lung, Selbstsucht, mangelnde Zivilcourage und fehlende Bildung zerrütte-te Wohlfahrtsgesellschaft nach Surrogaten und Heilmitteln jedweder Art: niveaulose infantile Unterhaltung in den Massenmedien, Erlösungs- und Beglückungsideologien wie die Klimarettung, sektenhafte Aktivitäten aller Art, Cocooning als Rückzug ins Private, Massensport, fragwürdige Gesund-heitslehren, Rauschgifte, Massenevents usw. Dabei geht die sprichwörtliche Tüchtigkeit vieler Bürger in Deutschland mit einer geradezu abenteuerli-chen politischen Naivität, Unkenntnis und Indifferenz einher. Dies erklärt auch ihre traditionelle Schwäche für *Leitfiguren*, die ihnen den Weg weisen.

David Ricardo, einer der Gründungsväter der Nationalökonomie, hat schon vor fast 200 Jahren die Grundproblematik des modernen Wohl-fahrtsstaates entdeckt:

»Wenn jeder Mensch, der Unterstützung benötigt, sicher sein könnte, sie zu erhalten, und zwar in einem Ausmaß, dass dadurch sein Leben angenehm würde, dann würde die Anstrengung des Arbeiters sich allein darauf zu kon-zentrieren, diese Unterstützung zu erlangen.« Dies führt zwangsläufig in die Staatsverschuldung. *»Wie spielsüchtige Saufköppe müssen die Staaten, genau-er gesagt die Finanzminister und Notenbank-Chefs, versuchen Geld aufzu-treiben, das sie längst verprasst, aber noch nicht eingenommen haben. Und nie mehr einnehmen können. Die Manöver, die sie hierzu ausführen, erfüllen mittlerweile alle Voraussetzungen schwerer Straftaten. Allerdings – mit einer Zweidrittelmehrheit im Parlament wird aus dieser Straftat ein Gesetz. Die Manövriermasse des Staats ist der Steuerzahler. In vorderster Linie der kleine und mittlere Unternehmer und völlig ausgeliefert der versicherungspflichtig Beschäftigte.«* (Peter Urbansky)

Das rettungslos überschuldete westliche Wohlfahrtsstaatsmodell bzw. die Wählerbestehungsdemokratie liegt längst am Boden und röchelt nur noch. Der Schulden-Crash wurde durch die EU-Währungsunion aufgefangen – nichts anderes war nämlich die Euro-Einführung, gestattet sie doch den Aufbau weiterer Kredit- bzw. Schuldenpyramiden und die Verteilung unbezahlbarer Schulden auf Dritte sowie eine schleichende Teuerung zulasten der Sparer und Rentner. »Der Schulden-Crash wurde dadurch vorläufig aufgefangen, von einem riesigen Airbag, dem Euro,« schreibt Peter Urbansky. Der westliche Staatsgeldsozialismus taumelt seinem langsamen Ende entgegen.

Die Zauberlehrlinge der staatsgläubigen, keynesianischen Makroökonomie stehen vor den Trümmern ihrer realitätsfremden Konstrukte. Weiteres Gelddrucken entspricht leider der im politischen Betrieb verbreiteten Neigung, sich zunächst einmal Zeit zu kaufen, sich irgendwie durchzumogeln, die fundamentalen Probleme zu leugnen oder ihre Lösung hinauszuschieben. Das macht alles natürlich nur noch schlimmer. Doch die Zuschauer dieses traurigen Schauspiels in den hinteren Reihen haben es noch nicht begriffen, sie erkennen nicht, dass ein Geld (Euro), das man retten muss, gar kein Geld ist. Sie sind froh, dabei sein zu dürfen, sie juxen, stopfen sich Popcorn hinein, schlürfen Cola oder Bier – und all das mit Geld, das keinen realen Gegenwert besitzt. Die Börsenwerte klettern, dank virtuellem Geld, das der grölenden Menge wie zu Karneval zugeworfen wird, um ihre Wählerstimmen zu kaufen. Viele halten die künstlich aufgepumpten Vermögenspreise immer noch für ein Zeichen erstarkender Wirtschaft, dabei ist es genau das Gegenteil. Es ist vielmehr das sichere Signal dafür, dass die westlichen Währungen (Staatswährungen!) allesamt vor dem Untergang stehen. Das jähe Ende der monetären Gladiatorenspiele steht bevor. Die Party ist vorbei! Der Abgesang auf ein marodes, in dieser Form zum Scheitern verurteiltes Systems steht bevor: »Nichts geht mehr«, sagt der Groupier. Gleiches gilt für die EU. Holger Steltzner:

»In weiten Teilen der Eurozone herrscht inzwischen japanische Tristesse: hohe Staatsschulden, kaum Wachstum, Zombiebanken [...] Aus Verzweiflung nähert sich nun auch die Geldpolitik japanischen Verhältnissen an, je mehr sich die EZB in den Dienst der Politik stellt (dazu zählt auch der Kampf gegen

den angeblich zu hohen Eurokurs), desto geringer wird der Druck auf Frank-
reich und Italien, ihre Wettbewerbsfähigkeit durch Verringerung der Lohn-
stückkosten zu erhöhen. [...]wenn der reale Zins für längere Zeit unter dem
realen Wachstum der Wirtschaft liegt, treibt das die Preise für Immobilien in
schwindelnde Höhen – bis diese Blase irgendwann platzt. Die EZB sorgt mit
einem Zins für die Eurozone nicht für gleichmäßiges Wachstum, sondern für
wandernde Blasen.«

Von der Euro-Einführung bis zum unaufhaltsam kommenden Bankrott
der Gemeinschaftswährung zieht sich ein roter Faden an gebrochenen
Versprechen und Lügen von Politikern, die die Wähler in vermeintlicher
Sicherheit wiegen und die Wahrheit über das Ausmaß der Krise tabuisieren und unterdrücken.

Das Versprechen der Eurokraten, mehr Wohlstand für alle zu schaffen,
hat sich nicht erfüllt: In den meisten Staaten schwindet die Mittelschicht
und sinken die Realeinkommen. Die Vernichtung kleiner bis mittlerer
Unternehmensstrukturen durch Vorgaben der EU zugunsten durchratio-
nalisierter Großbetriebe vernichtet unterm Strich Arbeitsplätze und trägt
u. a. auch zur Vergrößerung der Schere zwischen Arm und Reich bei. Die
Massenarbeitslosigkeit unter den Jugendlichen in der EU nimmt drama-
tisch zu. Für viele Menschen in Griechenland ist es keine Selbstverständlichkeit mehr, täglich etwas essen zu können. Was in Griechenland nie
an Verwaltung vorhanden war (trotz eines monströsen Beamtenappara-
tes), hat die beamtete Planungsbehörde in Brüssel zu viel (Budgetrahmen
2014–2020 für die EU-Verwaltung: 56,5 Milliarden Euro). Der portu-
giesische Ministerpräsident empfahl seinen Landsleuten die Auswande-
rung. Mehr als 300 000 Portugiesen verließen inzwischen ihr Land in
Richtung Brasilien und sogar in die ehemaligen Kolonien Angola und
Mozambique. In Irland kehrten seit 2008 rund 300 000 Menschen ihrer
Heimat den Rücken. Zum ersten Mal nach dem Zweiten Weltkrieg sieht
sich das Rote Kreuz in Großbritannien gezwungen, Lebensmittel an die
Bedürftigen auszugeben. Frankreich steht vor einer rapide schrumpfen-
den Wirtschaftsleistung. Allein in Spanien mussten bisher 400 000 Fa-
milien ihre Wohnungen räumen; die Höhe der faulen Kredite bei den
Banken erreicht immer neue Rekordwerte. Fast die Hälfte aller jungen
Italiener ist arbeitslos, der italienische Staatspräsident warnt offiziell vor

dem Ausbruch massiver sozialer Unruhen. Nur die »EU-Armutserhaltungsindustrie« (Sven Kesch) profitiert vom zunehmenden wirtschaftlichen und sozialen Abstieg vieler Menschen. Die EU-Währungsunion war eine große Illusion – nun erleben die Menschen das Ende dieser Illusion, die nur noch von der politischen Klasse und den entsprechenden Massenmedien krampfhaft beschworen wird. Dies gilt insbesondere für Deutschland: Deutschland hat zwar seine Einheit zurückgewonnen, aber seine Seele nicht wiedergefunden – und so füllt das zwanghafte Bekenntnis zu Europa dieses Vakuum. Während die anderen EU-Staaten lediglich nationalen Machtzuwachs und monetäre Transfers aus Deutschland im Auge haben, hat sich der Europagedanke in Deutschland zur Ideologie entwickelt: Man möchte die Schande von Auschwitz hinter sich lassen und in einen Bundesstaat Europa aufgehen. Daher das »Alternativlose« der Europapolitik, schreibt Alexander Gauland.

Weil die eigentlichen Probleme im politischen Betrieb nicht mehr vermittelbar erscheinen, steigt die Tendenz zur rein symbolischen Inszenierung und zu populistischem Ersatzhandeln. Von Politik und dem, was diese heute eigentlich leisten müsste, führt beides weg. So spielte denn auch im Bundestagswahlkampf 2013 die Politik kaum eine Rolle: Das einzig wirklich wichtige Problem, die Finanz- und Staatsschuldenkrise, wurde einfach ausgespart bzw. tabuisiert. Es geht praktisch ausschließlich nur noch um den heiligen Gral der Wohlfahrtsgesellschaft: dem unbedingten Ziel der »sozialen Gerechtigkeit«. Ansonsten will die Wohlfahrtsgesellschaft von der Politik nicht weiter gestört, irritiert oder beunruhigt werden. Wird jedoch der Bürger doch irgendwann von der Politik behelligt, weil irgendein Problem nicht mehr weiter verschleppt werden kann, so mutiert der ansonsten gleichgültige Bürger flugs zum Wutbürger. Alle entscheidenden Zukunftstechnologien werden abgelehnt (Fracking, Drohnen, Atomtechnologie, Gen- und Biotechnologie usw.). Stattdessen wird Deutschland zum Museum der sozialen Gerechtigkeit. »Wir sind dann zukünftig für immer Gefangene unserer heutigen Realitätsverweigerung«, heißt es in einem Leserbrief von Rainer Ohler. Die Große Koalition (»Groko«) steht für trübe Aussichten: Die »Staatsdampfwalze« (*Welt*-Herausgeber Thomas Schmidt) rollt an. Vom großen Glück durch den Staat schwadronieren die Politiker, Marktwirtschaft und Freiheit sind ihnen lästig. Harald Martenstein schreibt im *Zeit-Magazin* vom 21.11.2013.

»Die Suche nach dem vollkommenen Glück ist der Totalitarismus des kleinen Mannes. Gefährlich wird die Sache, wenn sie Staaten oder Bewegungen erfasst. Wenn ein System vollkommene Gerechtigkeit verspricht, totale Freiheit (Permissivität) oder das Glück auf Erde für alle, kann man nur sehen, dass man schnell das nächste Flugzeug erwischt, in ein Land, in dem die Leute in Ruhe ein bisschen unglücklich oder ungerecht sein dürfen.«,

Bei John Rawls heißt es:

»Gegenüber einer Gesellschaft, die Gleichheit produziert, ist diejenige vorzuziehen, die zwar Ungleichheit produziert, in denen es aber denen, die am unteren Ende der Einkommensskala stehen, immer noch besser geht als denen, die in einer Gesellschaft leben, in der alle gleich wenig haben.«

Doch die obrigkeitsstaatlich geprägten Deutschen haben laut Lucius D. Clay stets einen Hang zum Staat und zum Sozialismus, weil sie lieber in »Reglementierungen« als in »Ordnungen« denken.

Das westliche Demokratiemodell wird in seiner jetzigen Form scheitern, weil es an vier Konstruktionsfehlern leidet, die nicht reparaturfähig sind, weil zu viele Entscheidungsträger und Mitläufer von der jetzigen Situation selber profitieren:

1. Das staatliche Geldmonopol
2. Das Prinzip der kandidatengebundenen Listenwahl
3. Die staatliche Zwangsfinanzierung der Parteien
4. Fehlende direkte Demokratie (zumindest auf kommunaler Ebene)

Das staatliche Geldmonopol ist die finanzielle Grundlage der fatalen Wählerbestechungsdemokratie, die zwangsläufig zur Überschuldung und schließlich zum Crash führt. Der materiellen Enteignung der Privatvermögen geht eine »Enteignung des Denkens« der Bevölkerung voraus (Thor v. Waldstein). Die »Info-Dementen« (Botho Strauss) stehen für die Kapitulation des Geistes, sie lassen sich von dem narzisstischen Geschwätz der Meinungsführer in Politik und Medien bevormunden. Thomas Jefferson (1743–1826), der 3. Präsident der USA, sah die Sache hingegen völlig klar.

»Falls das amerikanische Volk jemals die Kontrolle über die Herausgabe ihrer Währung auf Banken übertragen sollte, werden diese und die Firmen, die sich um sie bilden, unter dem Einsatz von Inflation und Deflation, dem Volk solange ihr Eigentum wegnehmen, bis die Kinder obdachlos auf dem Kontinent, den ihre Väter einst in Besitz nahmen, aufwachen. Die Herausgabe von Geld soll von den Banken weggenommen werden, und zurück auf den Kongress und das Volk übertragen werden. Ich glaube aufrichtig, dass Banken, mit dem Recht Geld herauszugeben, gefährlicher für die individuellen Freiheitsrechte sind als eine stehende Armee.«

Mayer Amschel Rothschild wird der Spruch zugeschrieben:

»Gebt mir die Kontrolle über die Währung einer Nation, dann ist es für mich gleichgültig, wer die Gesetze macht.«

Ohne das beliebig vermehrbare staatliche Monopolgeld würde die Welt heute nicht am Abgrund, kurz vor dem finanziellen Zusammenbruch stehen. Die Weltwirtschaft bewegt sich in einer gigantischen Finanzblase – dank der modernen Volkswirte, den keynesianischen »Inflationomics« (Robert Sennholz). Der größte Schuldner ist der Staat, der sich mit immer neue Kreditpyramiden finanziert, die billig durch das staatliche Papiergeld beschafft werden. Die größte Gefahr für das westliche Demokratiemodell geht laut Peter Sloterdijk von der schamlosen Schuldenpolitik der keynesianisch vergifteten Staaten aus. Die Finanzmärkte degenerieren zu einem reinen Schneeballsystem und sprechen damit aller marktwirtschaftlicher Ordnungspolitik Hohn. Nicht nur im internationalen Investmentbanking-Bereich entsteht eine bizarre Welt aus Gier, Aggression, Dekadenz und Zynismus – *American Psycho* lässt grüßen. Die dem ungedeckten staatlichen Papiergeld systemimmanent anhaftende Geldentwertung trifft vor allem die sozial Schwächeren, was wiederum die Sozialpolitiker zu noch mehr staatlicher Intervention und Schuldenmacherei veranlasst.

Das Prinzip der kandidatengebundenen Listenwahl führt die Demokratie auf Dauer automatisch in eine Art von Ochlokratie (Herrschaft des Pöbels), d. h. es handelt sich um einen politischen Negativ-Ausleseprozess. Stattdessen müsste das Prinzip der freien Persönlichkeitswahl eingeführt werden, wie sie Dietrich Eckardt vorschlägt.

Der Umstand, dass Politik heute ein Beruf im bürgerlichen Sinne ist, also ein Mittel der persönlichen Existenzabsicherung und Existenzbereicherung, ist die Ursache für den beschämenden und entwürdigenden Opportunismus und Populismus, den wir heute erleben. Weil Machthaber von der Politik leben, wird Politik zur Gefälligkeitsveranstaltung, die das Sich-lieb-Machen beim Wähler zeitgeistkonform kultiviert, bis sich am Ende die Demokratie selbst pervertiert. Zur Pervertierung der Demokratie trägt natürlich auch bei, dass sich die Parteien den Staat zur Beute gemacht haben (Karl Braunschweig). Trotz kümmerlicher Mitgliederzahlen, zocken die Parteien und Politiker unverhältnismäßig viel Geld vom Staat (sprich Steuerzahler) ab. Im Jahr 2013 haben die Parteien allein 154 Millionen Euro an Parteienförderung abkassiert. Bei den meisten Bundestagsabgeordneten liegt die Höhe der Diäten weit über dem Gehalt, das sie in ihrer angestammten Tätigkeit erhalten. Die »Parteien-Demokratur« ist also ein cleveres Geschäftsmodell. Über die EU erhalten die Parteien noch einmal Millionen-Beträge. Das Geschäftsmodell von Politik als einer zwangsfinanzierten, geschlossenen Gesellschaft ist sehr einträglich und obendrein sehr bequem. Die Parteien denken nicht an die Bürger, sondern an sich selbst – und ihre »Angestellten«. Die etablierten Parteien wehren sich natürlich gegen das Eindringen von neuen Parteien. Sie haben kein Interesse an neuen Mitbewerbern, die am Kuchen mitknabbern wollen. Diese Art der Parteienherrschaft stellt eine systematische Aushebelung der Demokratie mit dem Geld derer dar, die eigentlich als Souverän agieren sollten.

Die Frage: »Repräsentative oder direkte Demokratie?« beschäftigt die Politische Ökonomie seit jeher. Philipp Plickert hat diesen Punkt wie folgt erläutert:

»Längst hat man sich von der Vorstellung verabschiedet, dass Politiker sich für das Allgemeinwohl engagieren. In ganz wenigen Ausnahmefällen mag dies noch der Fall sein, aber die große Mehrheit strebt wie andere Menschen danach, ihren eigenen Nutzen (Macht, Einkommen, Personal, Prestige) zu vergrößern. Und so entwickeln Politiker eigene Ziele und Maßnahmen, die sich nicht mit den Interessen der Bürger decken. Je mehr Diskrepanzen hier auftreten, desto mehr muss die Politik die Bürger bevormunden und auf Linie bringen. Dies geschieht vor allem im Rahmen der ›political correctness‹ mit tatkräftiger Unterstützung der Massenmedien, die in aller Regel machtloyal

zur Politik handeln. Die Politiker handeln zunehmend abgehoben von den Bürgerwünschen. In zahllosen politischen Organisationen, deren Aufgaben und Bedeutung die Bürger gar nicht mehr überblicken und einschätzen können, wachsen Personal und Bezahlung auffallend stark.«

Die bürokratischen Monster verselbstständigen sich und entwickeln eine eigene Wachstumsdynamik, um ihre Macht zulasten des Bürgers ständig zu vergrößern. Diese Entfremdungsprozesse zwischen Politik und Bürgern gibt es auch auf lokaler Ebene. Studien über die Schweiz zeigen, dass die Bürger, wenn es um Steuergeld geht, sparsamer haushalten als die Politiker. In Gemeinden, in denen die Bürger direkt über Haushalt und Fiskalpolitik abstimmen können, sind die Ausgaben niedriger und die Abgabenlast geringer als in Gemeinden, in denen der Stadtrat den Bürgern die Haushalts- und Steuerpolitik nicht vorlegen muss. Wenn die Leute mitbestimmen, was mit ihrem Geld geschieht, ist im Übrigen auch die Steuerhinterziehung geringer. Die Schweiz und die EU sind in vielerlei Hinsicht totale Gegensätze – wobei der Vergleich stark zugunsten der Schweiz ausfällt. Während in der Schweiz die Bürger ihre subsidiären Rechte und ihre Eigenverantwortung verteidigen, bewegt sich die EU in Richtung einer »EUdSSR« mit einem alles lähmenden bürokratischen Wasserkopf und einer abgehobenen politischen Klasse in Institutionen, denen die Bürger zu Recht misstrauen, aber machtlos gegenüberstehen. Es herrscht ein Kartell der etablierten, EU-freundlichen Parteien, die stets für »mehr Europa« plädieren, obwohl die Bürger das Vertrauen in die EU-Institutionen und die EU-Politik längst verloren haben. Gäbe es direkt-demokratische Referenden, könnte der Bürger seinen Widerspruch wirkungsvoll einlegen.

»Diese deutschnationale Psychose nährt das abgrundtiefe Misstrauen gegenüber dem ungebundenen Individuum und somit die Angst vor der direkten Demokratie. Im Gegenzug werden alle Ausländer als bessere Wesen überhöht mit Anspruch auf jeglichen Beistand«,

schreibt Urs Paul Engeler.

Der wirtschaftliche und gesellschaftliche Zusammenbruch des westlichen Wohlfahrtsstaatsmodells scheint wegen der aufgezeigten grundsätzlichen

Konstruktionsfehler unvermeidlich. Am Ende steht der finanzielle und moralische Bankrott der desorientierten Wohlfahrtsgesellschaft.

Unsicher ist allein, was bis dahin geschehen wird.

Der Autor weiß sehr wohl, dass seine klassisch-liberalen Streitschriften den Niedergang des westlichen Wohlfahrtsstaatsmodells und den Euro-Wahnsinn zwar erklären, aber sicher nicht aufhalten. So wird man unvermeidlich zum Geschichtsschreiber eines kulturellen Niedergangs.

Der Untergang des Römischen Reiches lässt grüßen: Die Moral der Zukurzgekommenen, die laut Friedrich Nietzsche das Römische Reich zu Fall gebracht hat, war die Moral des ausgebeuteten, oft christlichen Mittelstandes, der einer Tyrannei die Gefolgschaft verweigerte, die sie an ihrer korrupten, sklerotischen Verwaltungsbürokratie und inflationären Geldpolitik ersticken ließ (Robert Grözinger). Die sinnentleerte und permissive Wohlfahrtsgesellschaft verspielt das unvergleichlich vielfältige Erbe des klassischen Liberalismus auf der Grundlage der christlich abendländischen Kultur. Robert Grözinger:

»Europa ist nicht nur die Kernregion des Christentums, sondern auch der Entstehungsort jener freien, kapitalistischen Marktwirtschaft, die heute fälschlicherweise für alle Übel der Welt verantwortlich gemacht wird, obwohl sie den größten, dauerhaftesten und am gerechtesten (weil ohne Zwang) verteilten Wohlstand hervorbringt – wenn man sie nur lässt.«

Für jeglichen Sozialismus, gleich welcher Ausprägung, gibt das christliche Menschenbild nichts her. Es ist die Lebenslüge der Unionsparteien, dass sie sich aus Gründen des Regierungserhalts dem permissiven Zeitgeist hingeben und damit christliche Grundwerte wie Familie, Kinder, Privateigentum und Marktwirtschaft verraten.

Denn sie wissen nicht, was sie tun – möchte man zu all denjenigen sagen, die auf der Welle des modernen Zeitgeistes surfen, selbst aber keinen Geist haben. Dazu gehören vor allem auch die vielen Medienschaffenden, die eigentlich für neutrale Information und Aufklärung sorgen müssten, in Wirklichkeit als loyale Sprecher der Mächtigen fungieren, auch wenn sie sich als »aufklärerische Enthüllungsjournalisten« geben. Ulrich Clauss beschreibt die Situation sehr treffend: »Die Vervielfachung der Nachrichtenmedien im Digitalzeitalter geht mit einer Hyper-Trivialisierung der Berichterstattung einher.« Peter Sloterdijk hat zu Recht beklagt, dass die selbst ausgesuchte Aufgabe der Medien nur noch in »Empörungs- und Beneidungsvorschlägen« besteht, die Sentimentalität und Angstbereitschaft fördern. Der Trend zu Skandal- und Empörungsbefriedigung ist in der Tat unverkennbar. Sloterdijk:

>»Ein Paradebeispiel dafür ist sicherlich die Wetter- und Klimaberichterstattung, die alle paar Monate neue ,Jahrhundertkatastrophen' ausruft, wenn sie nicht gleich den unmittelbar bevorstehenden Weltuntergang auf die Flachbildschirme malt.. Es entsteht eine mehr oder weniger substanzlose Veröffentlichungsflut im rasenden Stillstand eines in Eigenrotation gefangenen Medienwesens. Aus Katastrophenfilmen entlehnte Stilmittel sind mittlerweile im Nachrichtengeschäft gang und gäbe, allerlei Kunstgriffe scheinobjektiver Kategorisierung inbegriffen«.

Umgekehrt werden alle wirklich wichtigen Probleme, wie Überschuldung, Eurokrise usw. entweder konsequent ausgeblendet, oder im Sinne der politischen Klasse völlig einseitig behandelt. Darüber hinaus kann man jeden Tag eine Verrohung der digitalisierten Medienlandschaft erleben:

Man kann insgesamt von einer regelrechten »De-Zivilisierung der Massenkommunikation« sprechen. Die durch die Medien regelrecht verdummte Masse der Bevölkerung erkennt nicht einmal die fatalen Risiken und Folgen der gewaltigen Krisis, in die wir hineinschlittern.

Maßgebliche Gruppen unserer heutigen Wohlfahrtsstaat-Gesellschaft sind in ihrer politischen Naivität mit der wilhelminischen Gesellschaft vergleichbar, denn sie sind nicht bereit, sich den Paradoxien der Politik zu stellen. Herfried Münkler: »Man hält die Reinheit der Gesinnung, die Aufrichtigkeit, die Gutherzigkeit der Absichten […] für den Schlüssel zum richtigen politischen Handeln und ist nicht bereit, vom Ende her zu denken.« Erneut ist eine Verkettung von Fehleinschätzungen, Missgriffen, Illusionen und gutgemeinten Irrtümern zu erkennen. Deutschland als (ungewollte) europäische Zentralmacht droht zu scheitern – in gewissem Sinne also wie vor 100 Jahren.

Noch tanzt Europa – im vielleicht letzten schönen Zeitabschnitt – vor heranrückenden dunklen Jahren.

Fest steht: Die fetten Jahre sind bald vorbei – und es ist unsere Schuld, weil wir den teuflischen Verlockungen des Sozialismus und Kollektivismus (erneut) nicht widerstehen. Dabei ist individuelle Freiheit die wichtigste Vorbedingung dafür, dass eine Gesellschaft zu wirtschaftlichem Wohlstand kommt. Doch feige Bürger, die ihre Freiheit weder lieben noch verteidigen, sondern sie nur für ihr privates Erwerbstreben missbrauchen, gefährden eine freie Gesellschaft am meisten. Wenn sich die Bürger und die Unternehmer nur noch dem Wohlstandstreben hingeben und darüber die Freiheit hintansetzen, wird schließlich die Freiheit durch den Wohlstand zerstört (Alexis de Tocqueville), zumal die Sozialwissenschaften ein Konzept der Macht vertreten, das aus der obrigkeitsstaatlichen Tradition Kontinentaleuropas übernommen wurde.

Nur wahrhaft religiöse, christlich geprägte Menschen vermögen dem Kollektivismus und Despotismus zu widerstehen. Deshalb sah Tocqueville im Glaubensverlust, in der fortschreitenden Schwächung des Christentums das große Problem für Europa. Edmund Burke (1729–1797) warnte seine Landsleute vor dem Atheismus als dem ärgsten Feind der bürgerlichen Gesellschaft. Der fehlende Gottesbezug in der EU-Verfassung ist nicht nur ein Beleg für die Entchristlichung des Abendlandes, sondern auch ein Zeichen für den sukzessiven Niedergang der Freiheitsrechte. Das ist die Chance der falschen Propheten. Die Verdunstung christlichen Glaubens korreliert nicht zufällig mit einem besonders stark ausgeprägten Wohlfahrtsstaat. Roland Baader:

»*Und wenn christliche Kirchen glauben, sie könnten auf Dauer mit der Schizophrenie überleben, einerseits für den Sozial- und Umverteilungsstaat einzutreten und andererseits die christlich abendländische Werte- und Glaubenswelt bewahren zu wollen, dann werden sie und ihre Lehren langsam aber sicher von der geistigen und gesellschaftlichen Bildfläche Europas verschwinden. Wenn man die christlichen Fundamentalprinzipien – wie Unantastbarkeit des Eigentums, Gewaltlosigkeit, Freiwilligkeit des karitativen Handelns und hohe Wertschätzung der individuellen Person (wegen der Einzigartigkeit der individuellen Seele) – aufgibt und sie dem kollektivistischen und zwingenden Umverteilungsstaat ausliefert, dann hebt sich dieser Widerspruch auf, indem er zu null wird. Und null heißt in diesem Fall Gleichgültigkeit. Der Klerus rennt heute nicht mehr dem Teufel hinterher, sondern der Wohlfahrtsbüro-kratie. Der ökologische Wahn füllt das Vakuum angesichts des Niedergangs vom christlichen Glauben als Ersatzreligion und als Vehikel für eine Staats-legitimierung in Form eines säkularisierten Gottesgnadentums (nämlich des ‚Naturgnadentums‘) aus. Der Klerus hat vergessen, dass Arbeit und Leistungs-bereitschaft nicht nur notwendige Mittel zur Existenzsicherung sind, sondern, dass darin auch eine ernste Würde und ein tiefreligiöses schöpferisches Ele-ment liegt. In einer mitunter unappetitlichen Anbiederung an die politischen Machthaber und einer unbiblischen Anhänglichkeit an den Zeitgeist wurde von manchem Kleriker und Laien die christliche Durchformung der Welt für den beipflichtenden Applaus der ‚Kinder der Finsternis‘ geopfert. Mit ihrer Verbeugung vor dem sozialsozialistischen Zeitgeist begeht die Kirche, um es in biblischer Metaphorik auszudrücken, den vierten Verrat des Petrus.«*

Herbert Spencer (1820–1903) wies bereits vor über 120 Jahren darauf hin, dass der Sozialismus zum Bereich der alten absolutistischen Gesell-schaftsformen gehört. Der soziale Wohlfahrtsstaat verteilt die Anteile am gemeinsamen Arbeitsertrag nach ideologischer Vorstellung statt nach Leistung, verhindert so den natürlichen Wettbewerb und führt zum Ver-fall der Gesellschaft. Außerdem entsteht eine totale Staats- und Überwa-chungsbürokratie, die vor allem den politischen Funktionären dient.

Nur die Marktwirtschaft ist gleichbedeutend mit Freiwilligkeit und Frie-den, mit gesichertem Eigentum und Wohlstand – also mit persönlicher Freiheit. Der Sozialismus zerstört folgerichtig und zwangsläufig die indi-viduelle Freiheit.

Laut dem aus Russland stammenden Schriftsteller Wladimir Kaminer lehrt die Erfahrung, dass ein Volk, das auf seine Freiheit verzichtet, frü-her oder später im Krieg landet und als Folge davon im »Mülleimer der Geschichte«.

Angesichts der Schulden- und Eurokrise könnte man regelrecht verzweifeln. Doch es ist vermutlich sinnvoller, sich an den Ausspruch von Lew Rockwell (Leiter des amerikanischen Mises-Instituts) zu orientieren: »Verzweiflung ist ein Laster, das den menschlichen Geist zermürbt und vernichtet. Hoffnung dagegen ist schöpferisch und aufbauend.«

Was letztlich alle Liberalen im klassischen Sinne einigt, ist die Ablehnung jeder Form des Kollektivismus bzw. der staatlichen Zentralplanwirtschaft. Sie halten es mit Hölderlin: »Immerhin hat das den Staat zur Hölle gemacht, dass ihn der Mensch zum Himmel machen wollt.«

Es ist wichtig, den Sozialisten in allen Parteien und allen Schichten der Gesellschaft immer und immer wieder den Spiegel vor das Gesicht zu halten und ihnen die ungeschminkte Wahrheit über den Sozial-Sozialismus zu zeigen, der als Wolf im Schafspelz daherkommt und erst dann, wenn es zu spät ist, seine grausam-totalitäre Fratze zeigt.

Von Roland Baader (1940–2012), dem wortgewaltigen und zu früh verstorbenen Freiheitsdenker, der sich tapfer gegen den religiösen, politischen und moralische Niedergang gestemmt hat, seien zum Schluss folgende aufrüttelnden Worte zitiert:

»Unter Freiheit hat man jahrhundertelang Freiheit von obrigkeitsstaatlichem Zwang verstanden; heute dominiert die perverse Vorstellung einer Freiheit von Verantwortung und hoheitliche Gewalt wird regelrecht herbeigerufen. Freiheit war einmal die Leitidee der westlichen Zivilisation; heute ist die Feigheit an ihre Stelle getreten. Und die unaufhörlichen mit Kollektivschuldvorwürfen überschütteten und sich selbst geißelnden Deutschen (Henryk Broder: ‚Sündenstolz‘) geben sich selbst auf: Weil du träge bist, Bürger, verantwortungslos und sicherheitsgeil; weil du ängstlich bist, staatsgläubig und obrigkeitshörig; und weil du neidbehaftet bist, und weil du, Frau, es verlernt hast, eine Frau zu sein, denn Mann und Frau sind füreinander und ihre Kinder da und nicht für das Kollektiv.« (in: Fauler Zauber)*

Quellen:
Roland Baader: *Die belogene Generation*, 3. Aufl., Gräfeling, 2001, S. 209 ff.
Roland Baader: *Fauler Zauber*, 2. Aufl., Gräfeling 1997, S. 80.

Roland Baader: *Freiheitsfunken II*, S. 80.

Ulrich Clauss: Ist alles so schön schwarz-weiß hier, in: *Welt am Sonntag* vom 12.1.2014, V.

Urs Paul Engeler, in: Weltwoche 37/2013, zitiert in: *Komma*, 109–110, 2013, S. 24–25.

Alexander Gauland: Das ausweglose Stattdessen, in: *Junge Freiheit* vom 3.1.2014, S. 37.

Thomas Piketty, zitiert nach Nils Minkmar: Wie kann Europa wieder stark und schön werden?, in: *FAZ* vom 8.5.2014, S. 11.

Philipp Plickert: Eine Stimme gegen den Superstaat, in: *FAZ* vom 29.12.2013, S. 22.

Horst Poller: *Die Philosophen und ihre Kerngedanken*, München 2011, S. 304, 395.

Peter Sloterdijk, in: *FAZ* vom 10.6.2009.

Holger Steltzner: Die Alchemisten, in: *FAZ* vom 5.6.2014, S. 1.

Peter Urbansky: *Anmerkungen zu Geld*, Hamburg 2013, S. 108 und 186.

Thor v. Waldstein: Die Enteignung des Denkens, in: *Sezession* Nr. 57/2013, S. 12–16.

Literaturhinweise

Um den Lesefluss nicht unnötig zu behindern, wurde auf Fußnoten und Literaturverweise im Text verzichtet. Stattdessen sind unter jedem Kapitel die jeweiligen Quellen angeführt. Wer sich für die Gesamtthematik näher interessiert, findet einen großen Literaturschatz. Die nachfolgende Aufstellung bietet einen Überblick über diejenigen Veröffentlichungen, die der Autor für sich ausgesucht hat. Es werden nur Buchveröffentlichungen genannt.

Daron Acemoglu, James Robinson: *Wie Nationen scheitern*, Frankfurt a. M. 2012.

Sascha Adamek: *Die Macht Maschine*, München 2013.

Roland Baader: *Das Kapital am Pranger*, Gräfeling 2005.

Roland Baader: *Die belogene Generation*, Gräfeling 2005.

Roland Baader: *Fauler Zauber. Schein und Wirklichkeit des Sozialstaats*, 2. Aufl., Gräfeling 1997.

Roland Baader: *Freiheitsfunken und Freiheitsfunken II*, 2. Aufl., Düsseldorf 2012.

Roland Baader: *Geld, Gott und Gottspieler*, Gräfeling 2007.

Roland Baader: *Geldsozialismus*, Gräfeling 2010.

Roland Baader: *Kreide für den Wolf*, Böblingen/Gräfeling 1991.

Roland Baader (Hrsg.): *Logik der Freiheit* (Ein Ludwig-von-Mises-Brevier), Thun 2008.

Roland Baader: *Markt oder Befehl*, Lichtschlag Nr. 5, 2. Aufl., Grevenbroich 2014.

Roland Baader: *totgedacht*, Gräfeling 2007.

Roland Baader (Hrsg.): Vom Sozialismus zum Sozialstaat, in: *Die Enkel des Perikles*, Gräfeling 1995.

Philipp Bagus: *Die Tragödie des Euro*, Frankfurt 2011.

Bruno Bandulet: *Die letzten Jahre des Euro*, Rottenburg 2010.

Bruno Bandulet: *Vom Goldstandard zum Euro*, Rottenburg 2012.

Bruno Bandulet, Wilhelm Hankel, Bernd-Thomas Ramb, Karl Albrecht Schachtschneider, Udo Ulfkotte: *Gebt uns unsere DM zurück*, Rottenburg 2012.

Arnulf Baring: *Ist Deutschland noch zu retten?*, Stuttgart 1997.

Alain de Benoist: *Am Rande des Abgrunds*, Berlin 2012.

Charles B. Blankart: *Das deutsche Gesundheitswesen zukünftig gestalten*, Berlin 2009.

Charles B. Blankart: *Öffentliche Finanzen in der Demokratie*, München 2008.

Stefan Blankertz: *Das libertäre Manifest*, 2. Aufl., Berlin 2002.

Gérard Bökenkamp (Hrsg.): *Markt, Freiheit und Reform* (Ein Milton-Friedman-Brevier), Zürich 2012.

Norbert Bolz: *Die ungeliebte Freiheit*, Paderborn 2010.

Gustave Le Bon: *Psychologie der Massen*, Köln 2011.

Silvio Borner, Frank Bodmer: *Wohlstand ohne Wachstum. Eine Schweizer Illusion*, Zürich 2004.

Norbert Borrmann: *Die große Gleichschaltung*, Schnellroda 2013.

Hardy Bouillon (Hrsg.): *Philosophie der freien Gesellschaft*, Zürich 2013.

Christoph Braunschweig: *Die demokratische Krankheit*, München 2012.

Christoph Braunschweig: *Wohlfahrtsstaat – leb wohl!*, Münster/Berlin 2013 .

Christoph Braunschweig u. Susanne Kablitz: *Kluge Geldanlage in der Schuldenkrise*, BoD, Norderstedt 2014.

Geoffrey Brennan: *Explaining Norms*, Oxford University Press, USA (Nov. 15, 2013).

Henryk M. Broder: *Die letzten Tage Europas*, München 2013.

Michael Brückner, Udo Ulfkotte: *Politische Korrektheit*, Rottenburg, 2013.

Wolfgang Caspart: *Das Gift des globalen Neoliberalismus*, Wien 2008.

Wolfgang Caspart: *Politische Philosophie eines modernen Idealismus*, Frankfurt 2012.

Marianne u. Claus Diem (Hrsg.): *Der Staat – die große Fiktion* (Ein Claude-F.-Bastiat-Brevier), Thun 2001.

Ralf Dahrendorf: *Auf der Suche nach einer neuen Ordnung*, Stuttgart 2003.

Felix Dirsch: *Authentischer Konservatismus*, Münster/Berlin 2012.

Detmar Doering (Hrsg.): *Freiheit, Tradition, Revolution* (Ein Edmund-Burke-Brevier), Thun 2009.

Mathias Döpfner: *Die Freiheitsfalle,* Berlin 2011.

Gérard-F. Dumont: *Europa stirbt vor sich hin*, Aachen 1997.

Dietrich Eckardt: *Die Bürgergesellschaft. Eine Alternative zur Staatsgesellschaft*, Kreuzlingen 2008.

Dietrich Eckardt: *Die freie Gesellschaft*, Heiligenberg 2014.

Dietrich Eckardt: *Eine missratene Beziehung*, Kreuzlingen 2007.

Dietrich Eckardt: Wahlfarce und Fassadendemokratie, in: *Zeitschrift für direkte Demokratie*, 24/1994.

Dietrich Eckardt: *Was ist Geld?*, Wiesbaden 2013.

Günter Ederer: *Die Sehnsucht nach einer verlogenen Welt. Unsere Angst vor Freiheit, Markt und Eigenverantwortung*, München 2000.

Günter Ederer: *Träum weiter Deutschland*, Frankfurt 2011.

Wolfram Engels: *Einseitige Betrachtungen*, Düsseldorf 1986.

Wolfram Engels: *Schlussfolgerungen*, Düsseldorf 1987.

Wolfram Engels: *Soziale Marktwirtschaft. Verschmähte Zukunft?*, Stuttgart 1973.

Wolfram Engels: *Wendemarken*, Düsseldorf 1988.

Hans Magnus Enzensberger: *Sanftes Monster Brüssel oder die Entmündigung Europas*, Berlin 2011.

Ludwig Erhard: *Deutsche Wirtschaftspolitik. Der Weg der Sozialen Marktwirtschaft*, Düsseldorf 1962.

Ludwig Erhard: *Wohlstand für Alle*, Düsseldorf 1990.

Walter Eucken: *Grundlagen der Nationalökonomie*, Jena 1941.

Walter Eucken: *Grundsätze der Wirtschaftspolitik*, Bern/Tübingen 1952.

Niall Ferguson: *Der Niedergang des Westens*, Berlin, 2013.

Joachim Fest: *Aufgehobene Vergangenheit*, Stuttgart 1981.

Joachim Fest: *Die schwierige Freiheit*, Berlin 1993.

Jan Fleischhauer: *Der schwarze Kanal*, Reinbek 2012.

Jan Fleischhauer: *Unter Linken,* Reinbek 2009.

Milton Friedman: *Kapitalismus und Freiheit,* 6. Aufl., München 2009.

Milton Friedman/Rose Friedman: *Chancen, die ich meine. Ein persönliches Bekenntnis,* Frankfurt a. M./Berlin/Wien 1983.

Carlos A. Gebauer: *Rettet Europa vor der EU,* München 2014.

Silvio Gesell: *Die natürliche Wirtschaftsordnung,* Lüdenscheid 1950.

Robert Grözinger: *Jesus, der Kapitalist. Das christliche Herz der Marktwirtschaft,* München 2012.

Gottfried von Haberler: *Prosperität und Depression,* Bern 1948.

Gerd Habermann, Marcel Studer: *Der Liberalismus – eine zeitlose Idee,* München 2011.

Gerd Habermann (Hrsg.): *Der Weg zum Wohlstand* (Ein Adam-Smith-Brevier), Thun 2008.

Gerd Habermann: *Der Wohlfahrtsstaat – Ende einer Illusion,* München 2013.

Gerd Habermann (Hrsg.): *Freiheit oder Gleichheit* (Ein Alexis-de-Tocqueville-Brevier), Thun 2005.

Gerd Habermann: *Freiheit oder Knechtschaft?,* München 2012.

Gerd Habermann (Hrsg.): *Philosophie der Freiheit* (Ein Friedrich-August-von Hayek-Brevier), Thun 2008.

Gerd Habermann: *Vision und Tat,* Zürich 2005.

Rainer Hank: *Die Pleite-Republik,* München 2012.

Wilhelm Hankel: *Die Euro-Lüge,* 3. Aufl., Wien 2010.

Friedrich A. von Hayek: *Der Weg zur Knechtschaft,* München 2011.

Friedrich A. von Hayek: *Die Anmaßung von Wissen,* Tübingen 1996.

Friedrich A. von Hayek: *Die Entnationalisierung des Geldes,* Tübingen 1977.

Friedrich A. von Hayek: *Die Verfassung der Freiheit,* Tübingen 2005.

Friedrich A. von Hayek: *Die verhängnisvolle Anmaßung. Die Irrtümer des Sozialismus,* Tübingen 1996.

Friedrich A. von Hayek: *Individualismus und wirtschaftliche Ordnung,* 2. Aufl., Salzburg 1976.

Hans-Olaf Henkel: *Die Abwracker,* München 2011.

Hans-Olaf Henkel: *Rettet unser Geld,* München 2010.

Hans Jörg Hennecke: *Friedrich August von Hayek,* Hamburg 2008.

Gregor Hochreiter: *Krankes Geld – kranke Welt,* Gräfeling 2010.

Gregor Hochreiter: *Geld, Gesellschaft, Zukunft: Roland Baader – Porträt eines unbequemen Freiheitsdenkers,* München 2014.

Gertrud Höhler: *Die Patin,* 4. Aufl., Zürich 2012.

Hans-Hermann Hoppe: *Demokratie, der Gott, der keiner ist,* Waltrop/Leipzig 2003.

Hans-Hermann Hoppe: *Der Wettbewerb der Gauner,* Berlin 2012.

Hans-Hermann Hoppe: *Eigentum, Anarchie und Staat. Studien zur Theorie des Kapitalismus,* Leipzig 2005.

Karen Horn: *Die Soziale Marktwirtschaft,* Frankfurt 2010.

Karen Horn: *Hayek für jedermann,* Frankfurt 2013.

Samuel P. Huntington: *Der Kampf der Kulturen,* München 2002.

Jörg Guido Hülsmann: *Die Ethik der Geldproduktion*, Waltrop/Leipzig 2007.

Jörg Guido Hülsmann: *Krise der Inflationskultur*, München 2013.

Joachim Jahnke: *Es war einmal eine soziale Marktwirtschaft*, Books on Demand, (30.1.2014).

Oliver Janich: *Die Vereinigten Staaten von Europa*, München 2013.

Bertrand de Jouvenel: *Die Ethik der Umverteilung*, München 2012.

Birgit Kelle: *Dann mach doch die Bluse zu*, Berlin 2013.

Michael Kelpanides: *Politische Union ohne europäischen Demos? Die fehlende Gemeinschaft der Europäer als Hindernis der politischen Integration*, Baden-Baden 2013.

Sven Kesch: *Kurs halten, bis zum Untergang Europas. Unglaubliche »Erfolgsgeschichten« aus dem Brüsseler Tollhaus*, Wien 2013.

John Maynard Keynes: *Allgemeine Theorie der Beschäftigung, des Zinses und des Geldes*, Berlin 1952.

Peter Graf Kielmansegg: *Die Grammatik der Freiheit*, Baden-Baden 2013.

Václav Klaus: *Europa?*, Augsburg 2011.

Manfred Kleine-Hartlage: *Die liberale Gesellschaft und ihr Ende*, Schnellroda 2013.

Hartmut Krauss: *Der Islam als grund- und menschenrechtswidrige Weltanschauung: Ein analytischer Leitfaden*, Osnabrück 2013.

Helmut Krebs: *Klassischer Liberalismus: Die Staatsfrage – gestern, heute, morgen*, BoD, Norderstedt 2014.

Egon W. Kreutzer: *Das Euro-Schlachtfest*, Elsendorf 2013.

Anne Osborn Krueger: The Political Economy of the Rent-Seeking Society, *American Economic Review*, 64.3, 1974, S. 291–303.

Gabriele Kuby: *Die globale sexuelle Revolution*, Kisslegg 2012.

Kurt R. Leube: *Über Ludwig von Mises*, Düsseldorf 1996.

André F. Lichtschlag: *Libertarism*, Books on Demand GmbH, 2000.

Vera Linß: *Die wichtigsten Wirtschafsdenker*, Wiesbaden 2012.

Andreas Lusser: *Einspruch!*, München 2014.

Michael Maier: *Die Plünderung der Welt*, München 2014.

Andreas Marquart, Philipp Bagus: *Warum andere auf Ihre Kosten immer reicher werden*, München 2014.

Paul C. Martin: *Wann kommt der Staatsbankrott?*, München 1995.

Gerhard Matzig: *Einfach nur dagegen*, München 2011.

Ulrich Menzel: *Globalisierung und Fragmentierung*, Berlin 1998.

Ulrich Menzel: *Paradoxien der neuen Weltordnung*, Berlin 2004.

Ilana Mercer (Into the Cannibals Pot's), zitiert nach: Interview in der *Jungen Freiheit* vom 9.5.2014, S. 3.

Friedrich Merz: *Mehr Kapitalismus wagen*, München 2010.

Christa Meves: *Verführt-Manipuliert-Pervertiert. Die Gesellschaft in der Falle modischer Irrlehren*, 4. Aufl., Gräfeling 2007.

Dirk Meyer: *Euro-Krise. Austritt als Lösung*, Münster/Berlin 2012.

Alfred C. Mierzejewski: *Ludwig Erhard*, München 2005.

Kenneth Minogue: *Die demokratische Sklavenmentalität*, Waltrop 2013.

Ludwig von Mises: *Die Gemeinwirtschaft*, Jena 1932, Lucius & Lucius, 2007.

Ludwig von Mises: *Kritik des Interventionismus*, München 2013.

Ludwig von Mises: *Nationalökonomie*, Genf 1940.

Ludwig von Mises: *Theorie des Geldes und der Umlaufsmittel*, Berlin 2005.

Ludwig von Mises: *Vom Wert der besseren Ideen*, München 2012.

Michael Müller (Hrsg.): *Die leise Diktatur*, 3. Aufl., Aachen 2010.

Alfred Müller-Armack: *Wirtschaftslenkung und Marktwirtschaft*, Hamburg 1948

Michael Morris: *Was Sie nicht wissen sollen*, Rottenburg, 2011.

Reinhard Neck (Hrsg.): *Die Österreichische Schule der Nationalökonomie*, Frankfurt 2008.

Robert Nef: *Der Wohlfahrtsstaat zerstört die Wohlfahrt und den Staat*, Zürich 2005.

Robert Nef (Hrsg.): *Dichter der Freiheit* (Ein Friedrich-Schiller-Brevier), Thun 2006.

Robert Nef u. Gerhard Schwarz (Hrsg.): *Neidökonomie. Wirtschaftliche Aspekte eines Lasters*, NZZ, Zürich 2000.

Mancur Olson: *The Rise and the Fall of Nations*, New Haven/London 1982.

Christian Ortner: *Prolokratie*, Wien 2012.

Karl-Heinz Paqué: *Wachstum! Die Zukunft des globalen Kapitalismus*, München 2010.

Ron Paul: *Mises and Austrians economics: A personal view*, Ludwig von Mises Institute, Auburn (Alabama) 2008.

Thomas Piketty: Das Kapital im 21. Jahrhundert, 2014, zitiert nach Nils Minkmar: Wie kann Europa wieder stark und schön werden?, in: *FAZ* vom 8.5.2014, S. 11

Akif Pirincci: *Deutschland von Sinnen*, Waltrop 2014.

Thorsten Polleit: *Der Fluch des Papiergeldes*, München 2011.

Thorsten Polleit u. Michael von Prollius: *Geldreform*, 3. erweiterte Aufl., München 2014.

Thorsten Polleit (Hrsg.), Philipp Bagus, Hans-Hermann Hoppe, Guido Hülsmann: *Ludwig von Mises*, München 2013.

Horst Poller: *Die Philosophen und ihre Kerngedanken*, München 2011.

Horst Poller: *Mehr Freiheit statt mehr Sozialismus*, München 2010.

Karl R. Popper: *Auf der Suche nach einer besseren Welt*, München 1984.

Karl R. Popper: *Die offene Gesellschaft und ihre Feinde*, 2. Bd., Bern 1957/58.

Karl R. Popper: *Die Zukunft ist offen*, München 1985.

Michael von Prollius: *Die Pervertierung der Marktwirtschaft*, München 2009.

Michael von Prollius: *Die Euro-Misere*, Jena 2011.

Hans-Peter Raddatz: *Von Allah zum Terror?*, 2. Aufl., München 2002.

Gerard Radnitzky: *Das verdammte 20. Jahrhundert*, Hildesheim 2006.

Gerard Radnitzky: Die demokratische Wohlfahrtsdiktatur, in: Roland Baader (Hrsg.), *Die Enkel des Perikles*, Gräfeling 1995.

Bernd Thomas Ramb: *Der Zusammenbruch unserer Währung*, Hamburg 2010.

George Reisman: *Capitalism. A Treatise on Economics*, Illinois: Jameson Books, 1996.

Wilhelm Röpke: *Civitas Humana*, Bern/Stuttgart 1979.

Wilhelm Röpke: *Die deutsche Frage*, 3. Aufl., Erlenbach-Zürich 1948.

Wilhelm Röpke: *Die Lehre von der Wirtschaft*, Erlenbach-Zürich 1949.

Wilhelm Röpke: *Jenseits von Angebot und Nachfrage*, 5. Aufl., Bern/Stuttgart 1979.

Wilhelm Röpke: *Marktwirtschaft ist nicht genug*, Waltrop 2009.

Wilhelm Röpke: *Maß und Mitte*, 2. Aufl., Bern u. Stuttgart 1979.

Ingo Resch: *Islam und Christentum. Ein Vergleich*, Gräfeling 2011.

Barbara Rosenkranz: *Wie das Projekt Europa zerstört wird*, Graz 2014

Murray Newton Rothbard: *Das Schein-Geld-System*, Gräfeling 2005.

Murray Newton Rothbard: *Die Ethik der Freiheit*, St. Augustin/Bonn 1999.

Barbara Rosenkranz: *Menschinnen*, Graz 2008.

Bertrand Russel: *Denker des Abendlandes*, Hamburg 2012.

Boualem Sansal: *Allahs Narren. Wie der Islamismus die Welt erobert*, Vastorf 2013.

Thilo Sarrazin: *Der neue Tugendterror*, München 2014.

Thilo Sarrazin: *Deutschland schafft sich ab*, München 2010.

Karl Albrecht Schachtschneider: *Die Rechtswidrigkeit der Euro-Rettungspolitik*, Rottenburg 2011.

Eugen Schmalenbach: *Der freien Wirtschaft zum Gedächtnis*, Köln/Opladen 1949.

Erwin u. Ute Scheuch: *Cliquen, Klüngel und Karrieren*, Reinbek 1992.

Günter Schmölders: *Der Wohlfahrtsstaat am Ende*, München 1983.

Günter Schmölders: *Konjunkturen und Krisen. Leitfaden der Volkswirtschaftslehre* Band 8, Hildesheim 1950.

Günter Schmölders: *Psychologie des Geldes*, München 1966.

Günter Schmölders: *Volkswirtschaftslehre und Psychologie*, Berlin 1962.

Eugen Maria Schulak/Herbert Unterköfler: *Die Wiener Schule der Ökonomie*, Weitra 2009.

Heidi Schüller: *Die Alterslüge. Für einen neuen Generationenvertrag*, Berlin 1995.

Joseph A. Schumpeter: *Theorie der wirtschaftlichen Entwicklung*, 5. Aufl., Berlin 1952.

Manuel Seitenbrecher: *Mahler, Maschke & Co. Rechtes Denken in der 68er-Bewegung?*, Paderborn 2013.

Bernd Senf: *Der Nebel um das Geld*, Kiel 1996.

Hans F. Sennholz: *Money and Freedom*, Libertarian Press, Spring Mills, Pennsylvania, 1985.

Hans F. Sennholz: Über den Abbau von Armut und Ungleichheit, in: Roland Baader (Hrsg.), *Wider die Wohlfahrtsdiktatur*, Gräfeling 1995.

Hans-Werner Sinn: *Die Target-Falle*, München 2012.

Hans-Werner Sinn: *Ist Deutschland noch zu retten?*, Berlin 2004.

Adam Smith: *Eine Untersuchung über das Wesen und die Ursachen des Reichtums der Nationen*, Erster Band, Berlin 1976.

Jesús Huerta de Soto: *Die österreichische Schule – Markt und Kreativität*, Hayek-Institut, Wien 2007.

Ludwig von Mises

Prof. Dr. Thorsten Polleit

Ludwig von Mises (1881–1973) gehört zusammen mit Friedrich August von Hayek zu den wichtigsten Vertretern der Österreichischen Schule der Nationalökonomie. Er gilt als bedeutendster Wirtschafts- und Geldtheoretiker des zwanzigsten Jahrhunderts.

Erstmals geben vier profilierte und ausgewiesene Kenner der Arbeiten von Mises' einen Einstieg in die Lehren und Sichtweisen des großen Ökonomen. Hans-Hermann Hoppe gibt eine Einführung in Ludwig von Mises' Leben, sein Werk sowie den Liberalismus. Jörg Guido Hülsmann beleuchtet Mises' Geldtheorie. Philipp Bagus widmet sich seiner Staats- und Interventionismuskritik und Herausgeber Thorsten Polleit erläutert von Mises' wissenschaftliche Methode.

160 Seiten | Broschur | 14,99 € (D) | ISBN 978-3-89879-824-2

Ökonomie der Sexualität

Gérard A. Bökenkamp

Warum ist die Scheidungsrate in Deutschland so hoch und die Geburtenrate so niedrig? Warum gibt es Ehrenmorde und warum ist die Prostitution das älteste Gewerbe der Welt? Warum ist Doppelmoral so weit verbreitet? Und in welchem Zusammenhang stehen Kapitalismus und sexuelle Revolution?

Auf diese und andere Fragen gibt Gérard A. Bökenkamp verblüffende Antworten und zeigt die rationalen Ursachen vordergründig unvernünftiger Entscheidungen. Anhand der Theorien der Österreichischen Schule der Nationalökonomie erklärt er, wie Menschen auf Beziehungsmärkten ihre Vorteile maximieren und ihre Nachteile minimieren.

240 Seiten | Broschur | 17,99 € (D) | ISBN 978-3-89879-881-5

Rettet Europa vor der EU!

Carlos A. Gebauer

Die Europäische Union will ein historisch einzigartiges und vorbildliches System der Regierungsherrschaft darstellen. Doch mit ihrer Geld-, Steuer- und Subventionspolitik entsteht eine gigantische staatliche Planwirtschaft, die sämtliche Lebensbereiche des Bürgers kleinteiligst erfasst und sich bei alledem auch noch zunehmend außerhalb des Rechts bewegt. Der edelste Gedanke Europas, die Würde des einzelnen Menschen unverbrüchlich zu respektieren, droht in Vergessenheit zu geraten.

Nach einer langen Periode intellektueller, wirtschaftlicher und politischer Freiheitsgewinne scheint auch die Bereitschaft der Bürger erlahmt, sich weiter effektiv für ihre Rechte zu engagieren. Carlos A. Gebauer entzaubert das politische und bürokratische Monster aus Brüssel und plädiert für eine zügige Rückbesinnung auf dezentrale, subsidiäre Selbstverantwortung und – vor allem – auf das Recht.

272 Seiten I Broschur I 17,99 € (D) I ISBN 978-3-89879-846-4

Die 24 wichtigsten Regeln der Wirtschaft

Henry Hazlitt

In kaum einem Bereich spuken so viele Irrtümer herum wie in der Ökonomie. Zudem sind sie so weit verbreitet, dass sie als gültige Lehrmeinung angesehen werden. Deshalb ist es wichtig zu wissen, was wirklich hinter den Begriffen steckt, wie sie zusammenwirken und welche praktischen Folgen (staatliche) Eingriffe haben. Niemand könnte das besser als Henry Hazlitt. Als einer der ganz Großen der Österreichischen Schule wird er in einem Atemzug mit Mises, Hayek und Rothbard genannt. Seine Begabung für elegante, populäre Darstellungen wirtschaftlicher Zusammenhänge haben dieses Buch entstehen lassen. In 24 kurzweiligen Kapiteln vermittelt er sein umfassendes Wissen, von Steuern über die Idee der Vollbeschäftigung bis zu Preisen und Inflation. Die 24 wichtigsten Regeln der Wirtschaft, ein Klassiker der Ökonomie jetzt auf Deutsch und heute noch so aktuell wie zur Erstveröffentlichung 1946.

272 Seiten I Hardcover I 24,99 € (D) I ISBN 978-3-89879-855-6

Warum andere auf Ihre Kosten immer reicher werden

Andreas Marquart I Philipp Bagus

Deutschland hat wie alle Länder der Welt ein reines Papiergeld-system, in dem neues Geld quasi aus dem Nichts entsteht. Andreas Marquart und Philipp Bagus zeigen spannend und für jeden verständlich, wie Geld entsteht und warum unser jetziges Geld schlechtes Geld ist. Der Leser erfährt, wie wichtig gutes Geld für eine Volkswirtschaft ist und welchen Einfluss schlechtes Geld auf jeden Einzelnen in der Gesellschaft hat.

Welche Rolle zudem Staat, Regierung und Politik bei der Umver-teilung zugunsten Superreicher spielen und warum die naive Staatsgläubigkeit keine Zukunftsstrategie für den einzelnen Bür-ger ist, zeigen Marquart und Bagus anhand vieler Beispiele. Wer hingegen Politikern – und sei es nur aus einem Bauchgefühl her-aus – noch nie vertraut hat, wird den Beleg dafür erhalten, dass er mit diesem Gefühl richtig liegt. Ein leicht verständlicher Einstieg in die Frage, warum Geld für viele Missstände in unserer Gesell-schaft verantwortlich ist.

192 Seiten I Broschur I 16,99 € (D) I ISBN 978-3-89879-857-0